饭店管理概论

（第二版）

牟昆　主编

清华大学出版社

北京

内 容 简 介

《饭店管理概论(第二版)》一书是根据应用型本科教育教学特点的要求编写的。全书共十二章，内容包括：饭店管理概述、饭店组织管理、饭店营销管理、饭店前厅服务与管理、饭店客房服务与管理、饭店餐饮服务与管理、饭店康乐服务与管理、饭店人力资源管理、饭店财务管理、饭店安全与危机管理、饭店后勤保障管理、饭店服务质量管理。

本书重点突出，深入浅出，通俗易懂，并且注重理论与实践相结合。本书突出了应用型本科注重能力培养这条主线，有机地融合知识、技术、能力、素质等要素，帮助学生学以致用、学有所用，具有一定的前瞻性和操作性。

本书是应用型本科旅游与酒店管理专业规划教材，既可作为应用型本科高等院校有关专业的教学参考书，也可作为旅游与饭店管理工作者的自学读物。

图书在版编目(CIP)数据

饭店管理概论 / 牟昆　主编. —2版. —北京：清华大学出版社，2016（2023.8 重印）
ISBN 978-7-302-45405-2

Ⅰ. ①饭⋯　Ⅱ. ①牟⋯　Ⅲ. ①饭店—企业管理　Ⅳ. ①F719.2

中国版本图书馆 CIP 数据核字(2016)第 257082 号

责任编辑：施　猛　马遥遥
封面设计：周晓亮
版式设计：方加青
责任校对：曹　阳
责任印制：丛怀宇

出版发行：清华大学出版社
　　　网　　　址：http://www.tup.com.cn，http://www.wqbook.com
　　　地　　　址：北京清华大学学研大厦 A 座　　　　邮　　编：100084
　　　社 总 机：010-83470000　　　　　　　　　　　邮　　购：010-62786544
　　　投稿与读者服务：010-62776969，c-service@tup.tsinghua.edu.cn
　　　质 量 反 馈：010-62772015，zhiliang@tup.tsinghua.edu.cn
印 装 者：北京鑫海金澳胶印有限公司
经　　销：全国新华书店
开　　本：185mm×260mm　　　印　　张：23　　　字　　数：560 千字
版　　次：2014 年 7 月第 1 版　　2016 年 9 月第 2 版　　印　　次：2023 年 8 月第 7 次印刷
定　　价：59.00 元

产品编号：071693-03

第二版前言

本书第一版出版后，受到高等学校广大师生的欢迎，经各学校广泛采用，反馈良好，鉴于以上情况，我们对教材在原来的基础上做了进一步修订并再版。

此次修订，基本保持了上一版的特点和结构体系，并在原有基础上针对部分知识进行了更新，尤其对第六章、第七章、第八章进行了较大的修改，引用了著名学者Raphael R. Kavanaugh, Jack D. Ninemeier、KATHLEEN M. IVERSON、蒂莫西·R.辛金、格林豪斯的观点，使之与市场更加紧密结合。

本书是校企合作建设成果，是应用型本科旅游与酒店管理专业规划教材之一。本书可作为高等院校有关专业本科教学的参考书，也可作为旅游管理与饭店管理工作者的自学读物。

本书由牟昆(沈阳大学)担任主编，万娇(沈阳绿地铂瑞酒店)担任主审，李明宇(沈阳大学)、姚中正(沈阳绿地铂瑞酒店)、侯爽(沈阳大学)、王璐(沈阳大学)、杨光(沈阳大学)参与编写。写作分工情况如下：第三章、第四章、第五章、第六章、第十二章由牟昆编写；第一章、第七章、第八章、第十章由李明宇编写；第二章由姚中正和杨光编写；第九章由侯爽编写；第十一章由王璐编写。

在本书的编写过程中，我们参考了国内外许多专家和学者的专著，并借鉴了其中部分内容，在此谨向他们表示深深的谢意！由于作者水平有限，书中难免会有错误和不妥之处，敬请专家和读者不吝指正。反馈邮箱：wkservice@vip.163.com。

编　者
2016年6月

第一版前言

　　饭店管理是以管理学的一般原理为基础，综合运用多学科知识，与具体实践相结合，从饭店本身的业务特点和管理特点出发而形成的一门独特的管理学科。具体来说，饭店管理实际上是饭店经营管理的简称，包括经营和管理两个方面，是指饭店管理者在了解市场需求的前提下，为了有效实现饭店的既定目标，遵循一定的原则，运用各种管理方法，对饭店所拥有的人力、财力、物力、时间、信息等资源进行计划、组织、指挥、协调和控制等一系列活动的总和。它是管理科学的一个分支，有其特定的研究对象——饭店经营，并已形成独特的管理体系和管理内容。

　　本课程的培养目标是：培养德、智、体全面发展，适应生产、经营和服务等方面第一线需要，具有从事饭店服务与管理等工作所必需的岗位知识和服务技能的高等技术应用型人才，使其具有较强的分析解决实际问题的能力和实践动手能力。

　　饭店管理课程的教学要求是：饭店管理是一门应用性很强的学科，在教学过程中应使用理论分析与案例分析相结合的方法，通过课堂讲授与实际操作相结合的方式，使学生能真正理解和掌握该学科的基本内容、基本知识、基本方法和基本技能。

　　本书在编写过程中，注重理论与实践相结合，力求满足酒店管理专业、旅游管理专业对饭店管理教学的要求。在编写内容方面，各章都紧扣饭店的实际运行规律展开，理论与实务兼备，突出了实务的可操作性；在编写风格方面，围绕基础理论，采用朴实的行文风格，深入浅出地阐述了饭店管理的基础理论，突出了理论阐述的通俗性；在编写体例方面，采用新形式，每章都附有知识目标、技能目标、引导案例、本章导语以及本章小结、案例分析和复习思考题，突出了教材编写体例的务实性。同时，本书还把国内外对饭店管理的最新理论吸收在内，使其具有新鲜感和时代感。

　　本书既可作为高等院校有关专业本、专科教学的参考书，同时也是旅游管理与饭店管理工作者的理想的自学读物。

　　本书由梁瑜(辽宁现代服务职业技术学院)、牟昆(沈阳大学)担任主编，李明宇(沈阳大学)、张虹薇(辽宁现代服务职业技术学院)和阎文实(辽宁林业职业技术学院)担任副主编。全书由牟昆、梁瑜总撰修改，终审定稿。

　　本书在编写过程中，我们参考了国内外许多专家和学者的专著，并借鉴了其中部分内容，在此谨向他们表示深深的谢意！由于时间和水平有限，书中难免会有错误和不妥之处，敬请专家和读者不吝指正。反馈邮箱：wkservice@vip.163.com。

编　者

2014年7月

目　录

第一章
饭店管理概述

知识目标

- 掌握饭店的含义、功能与作用
- 掌握饭店的类型与等级
- 了解饭店业发展简史及趋势
- 掌握饭店管理的概念
- 掌握饭店集团的定义
- 熟悉饭店管理的基本内容

技能目标

- 熟悉饭店管理的常用方法
- 熟悉饭店集团的经营模式
- 了解饭店集团化经营的优势
- 了解中外知名饭店集团概况

引导案例 | 细心感动客人

平凡而忙碌的一天又开始了，客房服务员小娄照例为1015房的长住客清理房间。细心的小娄在给房间抹尘时，发现客人放在茶几上的一块月饼已经开始发霉。小娄忽然想起客人在冰箱里也储藏了很多食品，而且已经放了很长时间了，该客人出差在外，如果不注意，把过期的食品吃到肚子里，万一食物中毒怎么办？想到这里，小娄打开冰箱把所有食品的保质期都检查了一遍，发现存放的几袋鲜奶和面包已经过了保质期，还有一些食品还有不到一个月的保质期，小娄庆幸自己今天能够及时帮助客人检查出来，如果晚几天再检查，客人不小心食用后会影响身体健康的。可是小娄又犯了愁，因为这个房间的客人一直都是早出晚归的，服务员一般见不到他，怎么才能通知到客人呢？小娄急中生智，想起了使用留言条的方式，分别把已过期和快要过期的食品进行分类，然后在留言条上注明："郭先生您好，我是负责为您清理房间的服务员，在为您清理房间时发现您放在茶几上的月饼已经发霉了，所以对您放在冰箱里的食品也进行了检查。首先非常抱歉，在未经您允许的情况下动了您存放在冰箱内的食品，但为了您的健康着想，我还是动了，请您原谅。已经过期和快要过期的食品我已经给您分类放好，快要过保质期的食品请您尽快食用，超过保质期的食品请不要食用，否则不利于身体健康。"留言完毕，小娄还不忘在留言条的最底端画了一张小笑脸。

第二天，小娄再次清理1015房间时，发现了客人给她留的小便条，在便条的一边很显眼的位置放着一个大苹果。便条上写着："感谢你的细心周到，我为住到你们饭店而感到高兴，你的细心让我感受到了家的温暖，冰箱里的食品我会尽快食用，同时我也请你吃个苹果，并且还要麻烦你帮我把那些已经过期的食品扔掉，谢谢！"

(资料来源：全国旅游星级饭店评定委员会办公室. 星级饭店经典服务案例及点评. 北京：中国旅游出版社，2008)

思考：

结合案例，请你评价服务员小娄的行为。

本章导语

饭店业是伴随着人类社会政治、经济、文化的高速发展而不断发展的。随着经济的快速发展，人们的生活水平获得了提高，除要求获得物质满足外，还不断追求个人的精神需求满足，旅游业在此背景下得到了飞速的发展。饭店业作为旅游业的三驾马车之一，在旅游业中扮演着极为重要的角色。饭店业不但成为旅游业经营发展中必不可缺的主要支柱，也成为世界经济产业中发展最迅速、最富活力的行业之一。饭店业的发展需要有饭店管理知识作为支撑，因而，作为未来的饭店服务及管理人员必须掌握扎实的饭店管理相关知识。

第一节 饭店的含义、功能与作用

一、饭店的含义

饭店(Hotel)一词源于法语，原指贵族在乡间招待贵宾的别墅。之后，英、美等国沿用了这一名称泛指所有商业性的住宿设施。用中文表示住宿设施的名称有很多，如"饭店""宾馆""旅馆""大厦""中心""度假村""俱乐部""旅社"等。

饭店的基本功能是向客人提供食宿条件，满足其旅居生活的需要。它是一个具有盈利性质的场所。同时，它又是一座浓缩的小城市，一个功能丰富的小社会，一个多行业的高密集型的综合体。一个城市星级饭店的多少以及档次的高低，可以体现这个城市的形象和接待能力。尽管随着经济的发展，饭店业有了很大的变化，但是饭店的基本特征并没有改变。通常而言，饭店应具备以下特征。

(1) 饭店经营须经过政府有关部门的许可。政府相关部门的许可意味着饭店可以获得营业执照，要符合政府制定的饭店行业的相关标准，接受检查与监督，遵守消防、卫生、价格、经营范围等的规定。

(2) 饭店必须提供住宿、餐饮等基本项目与服务。

(3) 饭店还应提供商务、娱乐、购物等项目及服务。

(4) 饭店的接待服务对象应当大众化，对待客人应无歧视。

(5) 饭店设施与场地具有商业性质，公开经营，有偿服务。

(6) 饭店作为企业组织，独立经营，自负盈亏，合理竞争，自谋发展。

综合上述特征，可以将饭店定义为：达到相应设定标准，能够为旅居宾客及社会大众提供住宿、饮食、购物、娱乐等项目与服务的综合性服务类的企业组织。

二、饭店的功能

饭店的功能是指饭店在满足客人的需求的过程中所发挥的作用。而饭店最主要的功能是向宾客提供住宿和餐饮服务。随着社会的发展、客源及其需求的变化，现代饭店的功能也逐步呈现多样化的发展趋势，具体包括以下方面。

(一) 住宿功能

饭店的客房类型繁多，较常见的有标准间、大床房、单人间、套房等。客房一般都有地毯，配有沙发、书桌、床头柜、凳子、茶几等家具，以及彩电、空调、电话、灯具等设备，还有包括浴缸、淋浴、梳妆台、洗脸盆、抽水马桶等在内的整套洁具。中高档饭店的客房通常还配有电吹风、迷你冰箱、小酒吧、保险箱等。现代饭店通过清洁、舒适的环境和热情、细致的服务，可使宾客在旅途中得到便利和休息，并以让宾客获得"宾至如归"的感受为服务宗旨。

(二) 餐饮功能

饭店一般设有不同种类的餐厅，以良好的环境、精美的菜肴、严格的卫生条件和优质的服务，向宾客提供自助餐、点菜、小吃、糕点、饮料，以及酒席、宴会等多种形式的餐饮服务。通常而言，饭店根据自身的等级不同设有不同档次的酒吧和咖啡厅，甚至在顶层设旋转餐厅等。

(三) 会务功能

为了方便宾客从事商务活动，饭店会提供各种方便快捷的服务设施。例如，设置商务会议室、商务中心、商务楼层、传真，以及国际、国内直拨电话和其他现代通信设施等。目前更出现了客房商务化的趋势，传真机、两条以上电话线、打印机、宽带接口等，都逐步出现在高档饭店中。有的饭店提供电子会议设备，设有各种通信所需要的终端。还有的饭店为从事商业、贸易展览、科学讲座等活动的客人提供会议、膳食和其他相关的设施与服务。饭店内通常设有大小规格不等的会议室、演讲厅、展览厅，并能提供多语种的同声翻译，有的饭店还能举行电视会议。

(四) 交通通信功能

通常情况下，饭店设有商务中心，为客人提供国际、国内长途直拨电话，以及传真、邮件、特快专递等服务。客房内设有电话装置，中高档饭店的卫生间一般设有电话副机，有些商务型饭店、中高档饭店的客房内还有传真机和电脑等设备。有些饭店有自己的车队或与汽车租赁公司合作，有些高档饭店还有定点定时的穿梭车。此外，不少饭店配有来往于饭店与机场或车站的班车。饭店与当地的航空、铁路、航运或市内交通公司一般都建立了各种协议关系，可为客人提供便捷的服务。

(五) 康乐功能

随着度假旅游市场的兴起和发展，宾客对度假型饭店的需求也日益增长。度假饭店一般位于风景区内或附近，注重提供家庭式环境，客房能适应家庭度假、几代人度假及游客独自度假的需要，康乐设施也很齐备。此外，商务型饭店也配备了基本的康乐设施供客人使用。目前，现代饭店的康乐设施越来越趋向多样化、实用化，歌舞厅、棋牌室、台球室是比较常见的娱乐设施。中高档饭店还配有游泳池、桑拿浴、按摩室、健身房、保龄球、高尔夫球、网球、壁球、电子游戏等设施。度假型的饭店还设有一些很有特色的康乐项目，如滑水、冲浪、帆板、沙滩排球、汽艇等。

(六) 购物功能

饭店的商场多以出售当地特产、特色礼品、工艺品、精品服饰为主，部分商场为满足住店旅客的需要也出售生活日用品。在某些情况下，还有一些商场沿街开设门面，面向社会消费者。低档饭店通常也会设有超市，以满足住店旅客的日常需求。

■ 三、饭店发挥的重要作用

(一) 饭店是旅游业的"三驾马车"之一

旅游业的"三驾马车"包括：旅行社、饭店和旅游交通。可以说，饭店是发展旅游业的重要物质基础，是为旅游者提供在旅游活动中的饮食、住宿、休闲娱乐、商务、购物等相关需求的场所。饭店已从传统的吃住场所转变为综合性的、多功能的"小社会"。饭店以一种特殊的商品形式，吸引人们去感受和体验在家庭和其他地方享受不到的东西，并以提供各种优质服务来获得盈利，这不仅能促进旅游业的进一步发展，还能为地区经济的发展做出贡献。

(二) 饭店是对外交往的窗口和经济发展的前沿

饭店已成为一个城市及地区社会公共设施必不可少的组成部分，也是当地对外交往的重要窗口。饭店业的发展对所在地的政治、经济和文化等方面的发展有重要影响，能够刺激和促进对外开放程度的加深，能够不断提升社会文明程度。饭店业的发展不仅给人们带来了新的文化和新的生活方式，而且饭店在经营过程中的创新和发展带来了新的管理理念和管理制度。一个地区和一个城市的饭店业构成了当地投资环境的重要组成部分，直接影响着外商对当地投资环境的认可程度，因而也是各地经济发展的前沿阵地。

(三) 饭店在旅游和外汇创收中扮演重要角色

饭店业的发展水平往往是衡量接待国家或地区旅游业的发展水平的重要标志之一。有关资料表明，饭店业的收入往往占旅游业总收入的一半以上。此外，我国把旅游业作为三大外汇来源之一，而饭店外汇收入占了其中相当大的一部分。这是因为饭店经营方式是一种不出口的商品贸易经营方式，是赚取外汇的重要行业，有利于国家平衡外汇支出。因而，饭店提供的服务具有就地劳务出口的性质，其创汇率比一般外贸出口要高，对于平衡国际收支有着重要的作用。

(四) 饭店是提高社会就业率的重要途径

根据国际统计资料和我国近年来的实践经验，高星级饭店每增加一间客房，可以直接和间接为5～7人提供就业机会。国外有关研究也证实，近年来新增的劳动就业人口中，每25个人中就有1个人就职于饭店行业。饭店相关配套行业如饭店设备和物品的生产和提供行业，也相应带动了大量人员就业。因此，饭店建设是提高社会就业率的重要途径之一。

(五) 饭店业将带动其他行业的共同发展

饭店业在经营发展过程中，需要相关行业提供产品和服务，如建筑行业、电气业、装修业、食品制造业及轻工业等。因而，饭店业在快速发展的同时，也将对上述产业起到拉动效应，促使其共同发展。

第二节　饭店的类型与等级

一、饭店的类型划分

(一) 根据饭店市场及顾客特点分类

1. 商业型饭店

商业饭店通常位于城市商业街区，接待的对象一般是商旅客人或外国游客。这类饭店除了讲究外观外，对内部的设备也要求高档舒适。为了满足客人的需要，必须要有完整的通信系统，如总机服务、电传、电脑等；客房、餐厅、公共场所、会议室要配有音响设备；饭店要配有空调设备；饭店内要设置宽敞的大厅、走廊、洗手间等公共场所；餐厅内要设置宴会厅、小餐厅、音乐厅或夜总会厅；要设有各种类型的会议室，并配备全套会议设备；饭店要有训练有素、服务周到的员工，以及专业化的各级管理人员。

2. 度假型饭店

度假型饭店一般建在风景名胜区，主要为度假的游客提供服务。度假饭店的地点至关重要，应尽量建在海边、湖边、山区，便于游客开展各种户外娱乐活动。尽管度假饭店的市场目标一直是度假游客，但为了扩大客源，也开始接待各种会议团体，以便在饭店业的竞争中求得生存空间并盈利。有些大型度假饭店配备了适宜各种会议的全套设施，将会议与度假融为一体，相辅相成。

3. 会议饭店

会议饭店用于接待参加各种会议的客人，是为各种会议而服务的。会议饭店的客房数量不等，有250～2000间，并有面积较大的公共场所及完备的附属设施。从20世纪60年代中期开始，会议饭店受到重视，并有了较快的发展。但是，近年来，商业饭店和度假饭店打入了会议饭店的市场，也开始接待会议客人。

4. 公路饭店

公路饭店亦称为汽车饭店。此类饭店在美国最多，自20世纪20年代开始发展。这是随着近代公路网的形成、汽车的广泛使用、交通的日益畅通而产生的一种新型饭店。公路饭店通常建在公路边，为驾车外出的游客提供食宿及各种服务。近年来，公路饭店逐渐向市区转移，使得它与商业饭店难以区分。不过，公路饭店提供免费或低价的停车场，这是商业饭店难以做到的。公路饭店的设计着眼于空间的利用，重点放在客房设施的配备上，房内配有电视，另有餐厅和游泳池。

5. 机场饭店

现代航空事业的突飞猛进，在很大程度上促进了旅游业的快速发展。从国外来到中国旅游的宾客，基本上都乘坐飞机这一交通工具。可见飞机在旅游业中占有重要的位置。在这种背景下，航空公司以自己的优势介入旅游业，在各大国际机场附近建立了许多饭店，接待来往的乘客，有的航空公司还将饭店建到市内以及游览区内。比如，美国和日本的航空公司就在各大城市建成自身的饭店系统，将交通与旅游统一起来。机场饭店与商业饭店基本一样，但侧重于接待搭乘飞机的乘客或旅行团。

6. 长住型饭店

这类饭店主要接待长住的商务和度假客人，要求长住客人先与饭店签订一项协议书或合同，写明居住的时间和服务项目。有的长住型饭店提供正常的客房和餐饮服务。例如，一些商业集团、商业公司，都在饭店租用房间作为办公地点和场所，租用的时间一般在半年或一年以上。另一种长住型饭店只提供住宿，不提供专门的客房和餐饮服务，这类饭店的客房由几个套房组成，备有生活设施，因不提供日常的饭店服务，收费也较便宜。

(二) 根据饭店规模大小分类

1. 大型饭店

大型饭店是指拥有600间以上标准客房的饭店。大型饭店由于客房数量多，客人每天的流量非常大，每个客人的消费需求不同，所以大型饭店的服务项目非常齐全，服务的标准化程度高。大型饭店由于投资规模大、回收期长、经营风险较大，一般应定位于豪华饭店，建筑位置一般选在城市的商业中心。

2. 中型饭店

中型饭店是指拥有300～600间标准客房的饭店。这种饭店规模适中，多为商业、会议、度假等多种类型的饭店。可以是豪华饭店，也可以是中档饭店，而尤其以中档饭店所占比例最大。中型饭店价格合理，服务项目比较齐全，设施相对现代化，所以其目标市场可定位为大众化消费者。

3. 小型饭店

小型饭店是指拥有300间以下标准客房的饭店。一般饭店内的设施和服务能基本满足旅游饭店的标准和要求，由于规模小，服务设施有限，只提供一般性服务，价格比较低廉，多数属于经济型饭店。

(三) 根据饭店计价方式划分

1. 欧式计价饭店

这种饭店的客房价格仅包括房租，不含食品、饮料等其他费用。世界上绝大多数饭店均属此类。

2. 美式计价饭店

这种饭店的客房价格包括房租和一日三餐的费用。目前，尚有一些地处偏远的度假型饭店仍属此类。

3. 修正美式计价饭店

这种饭店的客房价格包括房租和早餐以及午餐或晚餐的费用，以便顾客有较大的自由空间去安排白天的活动。

4. 欧陆式计价饭店

这种饭店的客房价格包括房租及一份简单的欧陆式早餐，即咖啡、面包和果汁。此类饭店一般不设餐厅。

5. 百慕大式计价饭店

这种饭店的客房价格包括房租及美式早餐的费用。

(四) 根据饭店资金来源划分

1. 独资饭店

它是指由一个人或一家企业单独出资建造的饭店。从所有权的角度来讲，饭店完全归个人所有，独立经营管理、独享利润、独担风险。我国的饭店既有外商独资饭店，即外资饭店，也有内资饭店。

2. 合资饭店

它是指由两个或两个以上的人或企业共同出资、共同经营、共同管理、共同负责的饭店，通常以股份形式或契约形式进行权利和利润分配。

3. 合作饭店

它是指通过各种非股权方式合营的饭店。由双方提供资金、物资和服务，但不作为股本投入饭店，盈利按合同规定分配，风险按合同规定由单方或双方不同程度地分担，合作双方的权利、责任、义务和还本付息方式在协议中有明确规定。合作形式可分为合作建造、合作经营管理或合作技术投资等。

(五) 根据饭店所有权划分

1. 董事会所有饭店

它是指由众多拥有饭店股权的股东联合组成的董事会实施经营、管理的饭店。

2. 国有饭店

在以公有制为主体的国家，例如我国，在饭店业发展初期，国有饭店是饭店业的主导。

3. 私营饭店

在我国，私营饭店是改革开放后成长起来的一种经济实体。当前，我国政治、经济和文化的发展为我国旅游业，也为饭店业的发展创造了良好的环境，一些财力雄厚的民营资本开始不断地流向饭店业。

(六) 新兴的饭店业态

1. 主题饭店

主题饭店通常以某一主题来体现饭店的建筑风格、装饰艺术及文化氛围，并将服务项目融入主题，让客人获得个性化的感受。音乐、建筑、历史、科技、自然、神话、童话故事等都可成为饭店借以发挥的主题。主题饭店的推出在国外已有几十年的历史，目前在我国也出现了一批个性鲜明的主题饭店，但仍然处于起步阶段。

2. 分时度假型饭店

分时度假是指饭店将客房的使用权分成52周次，按10～40年甚至更长的期限，以会员制的方式一次性出售给客户，会员获得每年到饭店住宿一周即7天的一种休闲度假方式。购买此类服务的客户，还可通过交换系统交换到参加这一系统的世界其他地方的同等饭店的使用权，以此实现以低成本到各地旅游度假的目的，同时还享有转让、馈赠、继承等系列权益以及对饭店其他服务设施的优惠使用权。分时度假饭店起源于20世纪60年代的法国，在20世纪70年代被引入美国，之后在世界上很多国家开始流行。

3. 产权式饭店

产权式饭店是指饭店将每间客房分割成独立产权出售给投资者(拥有产权证)，投资者一般不在饭店居住，而是将客房委托给饭店经营分取投资回报，同时还可获得饭店赠送的一定期限的免费入住权。产权式饭店是由"分时度假型饭店"演变而来的，不过其买断的是产权而不仅是时段。

4. 经济型饭店

经济型饭店以大众旅游者、出差者为主要服务对象，客房是其核心产品，不提供附加配套服务，价格低廉、服务标准、环境舒适，其卫生条件和房间舒适度很高，是性价比较高的饭店。经济型饭店不等同于低星级饭店，因而其建造并不是按照星级饭店的标准设计的，而是重点突出客房功能，而淡化餐饮、商务及娱乐功能，以满足客人"只住宿一晚"的基本要求。

5. 青年旅社

青年旅社是指为了方便青年及各类学生出游、交流而设计的一种以床位论价的旅社。它一般位于市中心或风景区，交通便利、价格便宜，且安全、卫生。旅社内至少要有100个床位，以拥有4～8个床位的房间为主，房间使用上下两层的大床，每床配一个带锁的柜子，配有公共的厨房、洗衣间，客人自己收拾整理床铺、处理垃圾。青年旅社成立的最初目的是鼓励世界青年走出去相互交流、亲近自然，回归健康、自然的生活方式。

二、饭店的等级划分

(一) 世界上常用的等级表示方法

不同的国家和地区采用的分级制度各不相同，用以表示级别的标志与名称也不一样。目前，常见的方法有以下几种。

1. 星级制

饭店根据一定的标准分出等级，不同的等级分别用不同的星号表示。比较流行的是五星级制，即一颗星代表一星级饭店、两颗星代表二星级饭店，星号越多，说明饭店的级别越高，最高级别为五星级。这种星级制被世界各国广泛应用，尤其是欧洲各国，我国国家旅游局也采用这种方法进行饭店星级的评定。

2. 字母表示法

许多国家将饭店的等级用英文字母表示，即A、B、C、D、E共5级，A为最高等级，E为最低等级，如日本就采用这种方法对饭店进行等级划分。

3. 数字表示法

采用数字表示法进行分类时，最高级别的饭店用"豪华"来表示，继豪华之后依次是1、2、3、4，数字越大，等级越低，如罗马尼亚就采用这种方法对饭店进行等级划分。

4. 钻石表示法

采用钻石符号代替星号，饭店可被评为一颗钻石至五颗钻石级别。五颗钻石级的饭店等级最高，如美国就采用这种方法对饭店进行等级划分。

5. 皇冠表示法

用皇冠代替星号，皇冠越多，饭店等级越高，如英国就采用这种方法对饭店进行等级划分。

(二) 饭店评级的机构

从世界各国来看，饭店评级的机构可以分为三大类：一是政府部门，特别是由政府主管饭店业的职能部门制定统一的评级标准，如中国、西班牙、日本等；二是由协会组织核定饭店等级，如美国既有饭店协会的评级体系，又有美孚汽车协会和美国汽车协会的评级体系；三是由政府和协会联合起来评定饭店等级，如法国、意大利等。有些国家强制规定饭店必须参加等级评定，有的则由饭店企业自愿申请参加评定。

(三) 我国饭店的星级评定

我国饭店的星级评定是参照国际上一些国家核定饭店等级的方法进行的。由于饭店业务具有综合性的特点，饭店的星级评定工作是一项复杂的系统工程。我国饭店星级评定的内容是由《中华人民共和国旅游涉外饭店星级标准》和《中华人民共和国评定旅游涉外饭店星级的规定》以及修改后的《旅游饭店星级的划分与评定》所确定的。

1. 划分及依据

《旅游饭店星级的划分与评定》的主要内容有9个方面，具体包括：①范围；②规范性引用文件；③术语和定义；④符号；⑤总则；⑥星级的划分条件；⑦星级的评定规则；⑧服务质量要求；⑨管理制度要求。我国饭店的星级划分：星级用星的数量和颜色表示旅游饭店的等级；星级分为5个等级，即一星级、二星级、三星级、四星级、五星级(含白金五星级)；最低为一星级，最高为白金五星级；星级越高，表示旅游饭店的档次越高；预备星级作为星级的补充，其等级与星级相同。

2. 星级评定的基本步骤

1) 申请

饭店向具备相应评定权限的旅游星级饭店评定机构递交星级申请材料；申请四星级以上的饭店，应按属地原则逐级递交申请材料。

2) 受理

接到饭店星级申请报告后，具备相应评定权限的旅游饭店星级评定机构应在核实申请资料的基础上于14天内做出受理与否的答复。

3) 检查

受理申请后，旅游饭店星级评定机构应在1个月内以明察和暗访的方式，安排星级检查员对饭店进行评定检查。

4) 评审

接到检查报告后1个月内，旅游饭店星级评定机构应根据检查员的意见对申报星级的饭店进行评审。评审的主要内容有：审定申请资格、核定申请报告、认定本标准的达标情况、查验违规及事故和投诉的处理情况等。

5) 批复

对于经评审认定达到标准的饭店，旅游饭店星级评定机构应给予评定星级的批复，并授予相应星级的标志和证书。评定批复的星级饭店可以享有5年有效的星级及其标志使用权。预备星级饭店有效期为1年。对于经评审认定达不到标准的饭店，旅游饭店星级评定机构不予批复。

6) 复核

对已经评定星级的饭店，旅游饭店星级评定机构每年派检查员按标准进行复核。对严重降低星级标准或复核认定达不到相应标准的星级饭店，星评机构可根据情节轻重给予相应的处分，直至取消星级，并在相应范围内公布处理结果。

第三节 饭店业发展简史及趋势

一、饭店业发展简史

(一) 世界饭店业发展史

按照传统分期理论，世界饭店业发展史分为古代客栈时期、大饭店(豪华饭店)时期、商业饭店时期和现代新型饭店时期4个阶段。古代客栈时期，起源于上千年前，其特点是设备简陋，仅提供基本住宿，服务质量差，不安全，被认为是低级行业等；大饭店时期，也称为豪华饭店时期，起源于18世纪中叶，其主要特点是规模大、设备豪华、服务正规、讲究礼仪等；商业饭店时期，起源于20世纪初，其特点是设备配备更加突出了方便、舒适、清洁、安全等特点，服务健全、简单，价格合理，经营方向开始转向以顾客为中心等；现代新型饭店时期，起源于20世纪50年代，其主要特点是规模扩大，出现了大量的饭店集团，类型多样化，服务具有综合性等。

(二) 中国饭店业发展史

按照传统分期理论，中国饭店业发展史分为古代客栈时期、近代饭店时期、行政事业单位时期和现代旅游饭店时期4个阶段。古代客栈时期，驿站、旅店仅仅是一种简单的投宿地点，其规模较小、设备简陋、服务单调，管理没有形成专门的职能；近代饭店时期，从19世纪末20世纪初起到1949年止，其特点是饭店规模大、设备舒适，服务项目较多，经营管理也已从服务中独立出来成为专门的职能；行政事业单位时期，从1949年起到1978年止，其特点是饭店为行政事业单位，饭店的接待服务工作完全按照上级行政机关的计划和行政指令进行，价格由上级行政机关统一确定，财务统收统支，内部管理处于经验管理阶段；现代旅游饭店时期，从1978年起到今天，其特点是饭店设施和服务日臻完善，事业单位体制转型为企业化体制，多种经营形式并行，并开始引进外资和中外合作管理，整体的经营管理水平日趋先进。

二、饭店业发展的趋势

(一) 绿色化趋势

绿色饭店的兴起实际上是饭店行业在可持续发展理念的指导下响应环境保护倡议的一种自觉行为，值得大力宣传和推广。绿色饭店推出绿色产品、提供绿色服务、提倡绿色消费，对于饭店自身而言，积极意义是多方面的。一方面，绿色饭店讲究生态化设计，其环境保护的社会形象很容易深入人心，受到消费者的青睐；另一方面，绿色饭店引入循环经济的概念，可以在很大程度上降低饭店的运营成本。目前，我国正在开展绿色饭店资格的评定审批，向绿色饭店方向发展是未来饭店业发展的一大趋势。

(二) 主题化趋势

主题饭店的概念起源于美国，著名的迪士尼度假俱乐部、太阳国际度假公司等都是经营主题饭店的专业机构。在宾客需求日益多元化的今天，主题饭店可以看成市场高度细分的结果，它能够极大地满足对应市场群体的特定需求，因而在全球范围内迅速普及开来。

(三) 科技化趋势

科学技术是第一生产力。自20世纪末以来，世界范围内新科技革命的迅猛发展，促进了人类社会生产力的大幅度提高，对人类生活的众多领域都产生了广泛而深刻的影响。饭店业也不例外，科技革新成果在饭店领域的运用也使饭店业的发展步入一个新的历史时期。高科技手段的应用简化了许多饭店服务工作环节，使饭店服务的工作效率和质量得以有效提高。在智能化饭店中，客人可以通过计算机终端直接在客房内办理购物消费和结账退房手续。客人的一些关于旅游业务方面的咨询和预订服务也可以足不出户地通过国际互联网络完成，非常快捷。

(四) 品牌化趋势

品牌意味着广泛的知名度和美誉度，其强大的市场号召能力是毋庸置疑的。由于饭店业的竞争日渐白热化，塑造品牌已经成为饭店生存与发展的必由之路。国内外的饭店都非常注重品牌的培育，例如洲际饭店集团推行品牌战略，在饭店的各个层次都不遗余力地打造出享誉世界的著名品牌，在高端市场有洲际饭店，在中端市场有假日饭店，在经济型层次则有智选快捷等。实践证明，顾客在选择饭店时，确实存在品牌偏好，这也是很多品牌饭店拥有大量回头客的重要原因之一。

(五) 集团化趋势

饭店集团，也称连锁饭店，是第二次世界大战以后为适应不断扩大的旅游市场而产生的，它一般是指在本国或世界各地直接或间接地控制两个以上的饭店，以相同的店名和店标、统一的经营程序和管理水平、一致的操作程序和服务标准进行联合经营的饭店企业。饭店集团与单体饭店相比，在经营管理、人力调配、市场运作、资金筹集、物资采购、风险规避等方面都占有明显的优势，而这些优势大都来自饭店集团所享有的规模效应。国外的大型饭店集团，如万豪集团、洲际集团、喜达屋集团、雅高集团等，旗下的成员饭店遍及世界各地。目前，我国的饭店集团发展虽刚起步，但诸如首旅建国、锦江集团、开元旅业、岭南花园等国内饭店集团也凭借自身努力取得了辉煌的成绩。因而，推进饭店集团化进程，进一步打造中国饭店集团航母，将成为我国饭店业未来发展的又一重要趋势。

第四节 饭店管理的概念、内容和方法

一、饭店管理的概念

饭店管理是饭店经营与管理的简称，既包括经营又包括管理，是指饭店管理者在进行市场分析的基础上，为有效实现预定目标，遵循一定的原则，运用多种科学管理方法，对饭店拥有的人力、物力、财力、信息等生产要素进行计划、组织、领导、协调和控制等一系列活动的综合。饭店管理的概念表明如下几点。

(1) 饭店直接面对市场，只有充分了解市场需求、准确地进行市场定位，饭店管理才可能有所作为。

(2) 饭店管理的目的是实现预定目标，包括社会效益和经济效益等，前者如饭店的知名度、美誉度等，后者如营业收入、投资增值等。

(3) 饭店管理的对象是其拥有的各种生产要素，如人力资源、物力资源、财力资源、信息资源等。

(4) 饭店管理的手段是饭店管理者在管理过程中遵循一定的原则，把饭店管理的基本理论、科学方法等转化为实际运作的形式和方法。

(5) 饭店管理表现为管理者通过执行计划、组织、领导、协调和控制等职能来实现饭店内外各要素的不断调整并获得和谐的动态过程。

二、饭店管理的基本内容

(一) 饭店计划管理

饭店计划管理是指饭店根据内外环境条件，用目标管理的方法，编制、实施并控制计划，以保证饭店取得预期效益的管理活动。饭店计划管理明确了饭店管理者在未来一段时间内应该做什么、何时做、由谁去做、怎样做，也就是制定工作目标和实现目标的行动方案。它具有双重含义：一是指对计划编制本身的管理；二是实施计划，用计划指导饭店的管理。

(二) 饭店组织管理

饭店组织管理是指饭店根据经营目标，建立有效的组织结构，合理分配人员，明确责任和权力，协调各种关系，以达到饭店经营的目标。饭店组织管理是实现饭店所有者利益、顾客满意和员工价值的保证，是调动饭店员工积极性，激发其潜能，进而提高饭店核心竞争力的重要途径。

(三) 饭店人力资源管理

饭店的一切经营管理活动都离不开资源，饭店的资源有4大类，它们是：人、财、物、信息，而人力资源是饭店最重要的资源。饭店人力资源管理是指运用现代管理学中的计划、组织、指挥、协调、控制等职能，对饭店的人力资源进行有效的开发、利用和激励，使其得到最优的配置，使其积极性得到有效发挥，从而提高饭店劳动效率的一种管理。人力资源管理水平不仅影响其本身的利用效果，还会影响其他资源的利用程度。

(四) 饭店市场营销管理

饭店为了生存发展，必须运用各种营销策略，来沟通饭店与市场的供求关系，让饭店的管理能满足市场的需求，令客人满意，在此基础上实现饭店的经营目标。其主要内容包括：市场调查分析、确定营销计划；针对市场进行饭店产品设计，制定产品组合、价格组合；开拓市场，引导客人消费，满足客人的需求，扩大市场占有率。

(五) 饭店服务质量管理

一个饭店要在激烈的市场竞争中站住脚，起决定性作用的因素很多，但最根本的就是饭店产品的质量，而饭店产品又是由有形的设施、环境与无形的服务构成的。因此，要抓好饭店产品质量，服务质量管理是关键。

饭店服务质量管理是指确定饭店及各部门的服务质量标准，制定服务规程，建立服务质量管理体系，采取有效的服务质量管理方法，来提高饭店服务质量。

(六) 饭店后勤保障管理

后勤保障工作的好坏，直接影响饭店的经营是否能顺利开展。饭店后勤是饭店一线人员的坚强后盾，是以设备管理为核心，以物质保障、安全卫生管理为基础，以维护饭店正常运转为目标的一个重要部门。饭店后勤工作涉及面广、责任大，服务质量和水平直接影响饭店的形象。

(七) 饭店安全与危机管理

饭店的生存与发展都与很多因素密切相关。饭店在经营过程中，会经历各类涉及饭店客人、员工及饭店自身经营发展的安全及危机问题。对饭店而言，能否正确地认知自身安全及危机两方面存在的潜在和突出问题，并及时采取相应的措施予以解决，将是饭店在经营和发展过程中必须面对的重要问题。

(八) 饭店财务管理

饭店的经营离不开资金的投入，对整个资金运行过程的管理就是财务管理。饭店财务管理的主要内容包括：资本筹资管理，投资管理；资金的运营管理；利润与成本费用的管理；财务制度管理。

(九) 饭店业务管理

饭店业务部门主要有前厅部、客房部、餐饮部、康乐部等。业务管理的主要内容包括：确定各部门的业务内容与范围；对饭店各业务进行设计；对各项业务运行全过程进行管理；保证各项业务顺利进行。

三、饭店管理的常用方法

(一) 表单管理法

表单管理法，就是通过表单的设计制作和传递处理，来控制饭店业务经营活动的一种方法。表单管理法的关键是设计一套科学完善的表单体系。饭店的表单一般可分为三大类：一是上级部门向下级部门发布的各种业务指令；二是各部门之间传递信息的业务表单；三是下级向上级部门呈递的各种报表。

表单管理必须遵循实用性、准确性、经济性、时效性的原则，并在以下5个方面做出具体规定：一是表单的种类和数量，既要全面反映饭店的业务经营活动，又要简单明了，易于填报分析；二是表单的性质，既属于业务指令，又是工作报表；三是传递的程序，即向哪些部门传递，怎样传递；四是时间要求，即规定什么时候传递，传递所需的时间；五是表单资料的处理方法，饭店的管理者必须学会利用表单来控制饭店的业务活动，如通过检查、阅读各种工作报表来掌握并督促下属的工作，通过阅读、分析营业报表来了解并控制饭店的经营活动等。

(二) 定量管理法

定量管理法，就是通过对管理对象数量关系的研究，遵循其量的规定性，以通过分析数量关系进行饭店管理的经营活动。要通过尽可能少的投入，取得尽可能多的有效成果，不仅要有定性的要求而且必须要有定量分析，无论是质量标准，还是资金运用、物资管理以及人员组织，均应有数量标准。一般来说，运用定量方法管理经营活动，具有信息准确、经济实用、能够反映本质等优点。

(三) 制度管理法

制度管理法，就是通过制度的制定和执行来控制饭店业务的经营活动的方法。要使制度管理真正切实可行，要注意以下三个问题：一是制度的科学性，即饭店的制度必须符合饭店经营管理的客观规律，必须根据饭店经营管理的需要和全体员工的共同利益来制定。同时要注意制度条文要明确、具体、易于操作。二是制度的严肃性，即维护制度的权威性和强制性。在制定制度时，必须要有科学严谨的态度，制定什么制度、制定到什么程度，均应认真研究；在执行制度时，要做到有制度必遵、违反制度必究、制度面前人人平等；在处理违章时，要有严格的程序，要以事实为依据，以制度为准绳，注意处罚的准确性。此外，还必须注意修订制度的严肃性，既要在实践过程中不断完善制度，又要保持制度的连续性。三是制度管理的艺术性。一方面我们要严格按制度办事，另一方面要把执行制度和开展思想工作结合起来，注意批评和处罚的艺术，同时还要把执行制度和解决员工的实际问题结合起来。

(四) 现场管理法

现场管理法，是要求管理者深入现场，加强巡视检查，调节饭店业务经营活动中各方面关系的方法。饭店业务经营的特点之一，就是提供服务和消费服务的统一性。因此，要有效控制饭店的业务经营活动。应该及时发现和处理各种疑难问题，纠正偏差，协调处理各方面关系。同时也要及时和下属员工沟通思想、联络感情，实施现场激励，并善于发现、培养人才。

(五) 感情管理法

感情管理法，实际上就是对人的需要、动机和行为进行控制的方法。它是通过对员工的思想、情绪、爱好、愿望、需求和社会关系进行研究并加以引导，给予员工需求以必要的满足，以实现预期目标的方法。

第五节 饭店集团概述

一、饭店集团的定义

饭店集团在国外一般被称为饭店联号、饭店公司，以区别于单体饭店。饭店集团是以经营饭店为主的联合经营的经济主体。它在本国或世界各地以直接或间接的方式控制多个饭店，以相同的商标和名称、统一的经营程序、同样的服务标准和管理风格及水平进行联合经营。

二、饭店集团的经营模式

现代饭店集团的经营模式主要采用联合的形式。联合的形式分为横向联合、纵向联合和多种经营联合。横向联合就是饭店与饭店之间互相联合。一切饭店集团都是以横向联合的形式结合起来的。纵向联合有两种：一是前向联合，即饭店与可能为饭店带来顾客的行业的联合；二是后向联合，即饭店与饭店产品供应商、生产商的联合。前向联合能够帮助饭店赢得顾客，并且能够加强与相关行业的商业合作，相互达到延伸服务的目的和实现彼此间的服务支持，如饭店与旅行社、航空公司、铁路运输公司、驻外机构等的联合；后向联合能够帮助饭店获得产品生产的保障，如与绿色食品生产基地、酒类企业、纺织企业、家具制造行业等的联合。多种经营联合是以上联合的交互，但现代饭店集团的多种联合经营更多地体现为与网络有关的门户网站、专业网站的联合，如与基于网络的全球预订中心、混合销售代理、会员制与非会员制的中央预订系统等的联合。

三、饭店集团化经营的优势

(一) 饭店集团自身实力雄厚且知名度高

饭店集团具有一定的信誉，能为所属饭店筹措资金提高资信度。此外，饭店集团还能为所属饭店提供金融机构的信息，有的还帮助介绍贷款机构；饭店加入饭店集团，往往还会得到饭店集团公司的一部分投资，集团公司通常会以入股、控股、合资、合作、贷款、集资等形式在资金上支持饭店，产权多样化势必会提高各饭店的资金利用率；饭店集团一般在国际上享有较高的声誉，在公众中有较高的知名度，加入饭店集团后，所属饭店可使用集团的名称、店名、店标，加大饭店产品的宣传力度，可增加顾客对饭店产品的信心，更能吸引顾客。

(二) 饭店集团具有成熟优秀的管理系统

饭店集团可为所属饭店制定统一的经营管理方法和程序，为饭店的硬件设施和服务规定严格的标准，为服务和管理订立统一的操作规程。这些标准和规范被编写成经营手册，可帮助所属饭店达到经营标准，使饭店形象名副其实。饭店集团还可为所属饭店在生产和技术上的专业化提供条件，技术上的帮助还包括在饭店的开发阶段和更新改造阶段提供饭店所需的可行性研究、建筑设计、装潢等服务。此外，饭店集团在食品的生产和加工、设备的维修和改造、布草的洗涤等方面进行集中管理，可达到降低饭店经营成本的目的。

(三) 饭店集团拥有自身的订房销售系统

饭店集团拥有高效率的电脑中心和直通订房电话，可为集团中的饭店成员做好预订客房工作，并可处理集团中各饭店间推荐客源的业务。饭店集团在各地区都拥有一支精明的销售团队，可在各大市场为各饭店销售团队、会议业务，并为各饭店及时提供市场信息，这大大有利于饭店拓展客源渠道和开发国际市场。

(四) 饭店集团为所属饭店员工进行系统培训

规模较大的饭店集团拥有自己的培训基地和培训系统。例如，洲际集团在其总部美国的孟菲斯有一所假日大学，希尔顿集团在美国休斯敦大学设有自己的饭店管理专业。饭店集团内部还设有培训部门，负责拟订培训计划，并聘请各类饭店经营管理专家为所属饭店的在职员工提供优质、系统的培训。

四、饭店集团的管理模式

(一) 委托管理

委托管理是通过饭店业主与管理集团签署管理合同来约定双方的权利、义务和责任，以确保管理集团能以自己的管理风格、服务规范、质量标准和运营方式来向被管理的饭店输出专业技术、管理人才和管理模式，并向被管理饭店收取一定比例的基本管理费和奖励管理费的管理方式。

(二) 特许经营

特许经营即饭店集团向个人或饭店转让特许经营权，允许受让饭店使用该集团具有知识产权性质的饭店品牌、名称、标志、管理技术和操作程序，加入该集团的订房网络和市场营销系统，成为饭店集团的成员饭店，以借助饭店集团的品牌提高知名度，获得理想的经营业绩。但受让饭店在产权上和财务上保持独立，不受饭店集团的控制。特许经营出让者有责任对受让者在饭店可行性研究、饭店选址、资金筹措、建筑设计、人员培训、广告宣传、原料采购、客房预订、管理方法、操作规程和服务质量等方面给予指导和帮助。受让者向出让者支付特许经营转让费用。

(三) 租赁管理

饭店集团与业主签订租约，租赁业主的饭店、土地、建筑物或家具、设施与设备等。然后由饭店集团作为法人直接经营管理。一般租赁整个饭店建筑的情况比较多见，包括店内的设施设备和家具等，对于固定资产的更新费用，可在租约中预先规定双方的责任范围。在通常情况下，多由承租的饭店集团承担。租赁经营中，也有仅租赁土地的例子，在这种情况下，饭店集团要投资建造饭店建筑物，购买设施设备以及家具等。土地租赁期限较长，一般有30年、40年、50年或60年不等。承租经营时，承租者要承担房地产税、保险费、使用费等固定费用，但收取的也是全部经营利润。

(四) 带资管理

带资管理是通过独资、控股或参股等直接或间接的投资方式来获取饭店经营管理权并对其下属系列饭店的品牌标识、服务程序、预订网络、采购系统、组织结构、财务制度、政策标准、企业文化及经营理念等进行统一管理的方式。香格里拉饭店集团是在我国最早采用此方式的国际饭店管理集团，2000年以前基本上以合资经营为主，对其管理的大多数饭店拥有绝对控股权。

(五) 联销经营

近年来，伴随着全球分销系统(GDS)的普及和互联网实时预订功能的实现，国外的"联销经营集团"应运而生并且发展迅猛。饭店联销集团是由众多的单体经营管理的饭店自愿付费参加并通过分享联合采购、联合促销、联合预订、联合培训、联合市场开发、联合技术开发等资源共享服务项目而形成的互助联合体。

五、中外知名饭店集团简介

(一) 洲际饭店集团

1. 集团概况

洲际饭店集团的前身是美国的假日饭店集团(Holiday Inn)，后于1989年被英国的巴斯有限公司收购兼并，2001年更名为六洲集团，2003年变更为洲际饭店集团，集团总部设在英国。洲际饭店集团是全球、亚洲和中国第一大饭店管理集团。目前，在全球十多个国家和地区拥有、管理、出租或托管4000多家饭店，超过610 000间客房。拥有世界上历史最悠久、最具知名度的皇冠假日、快捷假日等饭店品牌。集团同时管理着全球最大的饭店忠实客户计划优悦会，会员超过3300万。洲际饭店集团为旗下的饭店提供全方位的全球系统支持。

2. 集团旗下分支品牌简介

1) 洲际饭店及度假村

洲际饭店及度假村致力于高端饭店市场。目前，该品牌拓展到全球60多个国家和地区，经营147家饭店的49 132间客房。这一品牌是世界上最早的超豪华国际饭店品牌，主要为国际商务客人提供服务，同时也接待当地的高消费游客。洲际饭店及度假村是集优雅与品位于一体的豪华饭店品牌，注重从细微之处满足挑剔的旅客对饭店的需求。饭店员工为客人提供24小时的贴身服务。包括"店内礼宾服务"和"环球联络"在内的细致周到的服务内容使得洲际品牌屡获殊荣，其中包括商务旅行杂志在欧洲评选的"最佳连锁饭店"。

2) 皇冠假日饭店

皇冠假日是由假日饭店于1983年衍生的饭店品牌，1994年发展为独立的饭店品牌，以突出其高品位、高消费的市场形象及以商务旅客为主的特色。皇冠饭店及度假饭店以合理的价格提供高档的饭店住宿设施。它专为满足今日精明的旅客的需求而设，并以提供更优质的服务及设施来迎合那些追求物有所值的商务旅客。目前，超过140家皇冠饭店分布于全球40多个国家，每家皇冠饭店均提供先进的会议设施、专职负责会议的专业员工及完善的商业服务；同时，还配备设备齐全的健美中心，以及多样化的餐饮和休闲活动场所。

3) 假日饭店及度假村

假日饭店以超值的价格为今日的商务及休闲旅客提供可靠、友善的服务以及现代化的设施。无论是在大小城镇、寂静的公路沿线，还是在熙来攘往的机场附近，均可看到假日饭店的踪影。因为提供全面服务的假日饭店都位于交通方便的地区。目前，假日饭店在全球已开设了1600多家饭店，其不仅保持着全球最具规模的单一饭店品牌的地位，同时也是世界上最广为人知的饭店品牌之一。

4) 智选假日饭店

洲际饭店集团的前身六洲饭店集团于1991年推出快捷假日饭店,这一举动成为饭店业史上最成功的事件之一。该集团通过创造这一品牌,迅速地划分出一类中档饭店市场,这类饭店只提供有限的饭店服务而不包含餐饮设施。在不到10年的时间里,快捷假日饭店品牌在世界各地的饭店数目已增至1000多家。清新、简洁是快捷假日饭店的特色,它针对商务及休闲旅客制定的收费价格也极具竞争力。

5) 英迪格饭店

这一品牌创建于2004年,通过树立全新的经营理念向客人提供高档的入住体验。英迪格饭店在设计和风格方面均可满足特殊消费人群对"个性饭店"的需求,非常重视饭店的风格和设计,不满足于传统饭店的服务范围,崇尚个性元素。由于此类顾客更注重饭店的风格和品位,因此对独特的品牌的期望较高。

6) 假日套房公寓饭店

1997年年底,假日饭店下属的假日套房公寓饭店正式开业,这是巴斯集团为打入新兴的延长住宿饭店市场而创立的品牌。首间假日套房公寓饭店于1998年12月在美国佐治亚州Alpharetta开业,而现今在美国和加拿大地区共有50多家饭店。假日套房公寓饭店是洲际饭店集团目前仍在积极拓展的一个品牌。

假日套房公寓饭店品牌秉持别具一格的饭店经营理念,专为满足那些来自世界各地需连续入住饭店五晚或以上的旅客的需求。饭店设有无间隔的、包括一间或两间睡房的套房,套房设施包括双人床或特大单人床、沙发床、互动电视、面积宽敞及光线充足的工作室,并设有备有煮食用具及家用电冰箱、微波炉的厨房,以及其他具有家居特色的设备。

7) 蜡木公寓饭店

蜡木公寓是一家全套房的饭店,设有一室公寓和单卧室套房,配置所有居家设施。房间宽敞舒适,从宽大的办公桌到家庭娱乐设施等,都会使客人在工作时精神抖擞,休息时舒适放松。此类饭店适合团体旅游、婚宴、会议或商务旅游。饭店坐落在世界各购物商圈(论坛商店、时装秀)、餐厅附近和知名娱乐区。

(二) 温德姆饭店集团

1. 集团概况

温德姆饭店集团的前身是圣达特饭店集团(又译胜腾饭店集团),其总部在美国的新泽西州帕瑟伯尼。2006年8月3日,圣达特饭店集团收购了豪华五星级知名饭店品牌——温德姆,由此,圣达特饭店集团也更名为温德姆饭店集团。

温德姆饭店集团是世界上最大的饭店特许经营商。旗下拥有很多著名的饭店集团,如豪生国际饭店集团、天天饭店集团等。在特许经营饭店客房数量上,温德姆饭店集团居于首位。近九年来,温德姆饭店集团在全球饭店集团300强的排名中一直居于冠亚军之位。

2. 集团旗下分支品牌简介

1) 豪生国际饭店

豪生国际饭店集团是母公司温德姆饭店集团旗下的9个饭店品牌中的顶级品牌。豪生国际饭店于1925年在美国缅因州成立,到现在已有80多年的历史,是一家拥有多家连锁饭店的跨国饭店管理集团。1990年，豪生国际饭店集团加入圣达特集团。加入圣达特饭店集团后的豪生国际饭店集团，利用圣达特的集团优势，进行了一系列成功的市场推广活动，使豪生饭店集团的业务得到了快速发展。1992年，豪生国际饭店集团发展成为专业经营三星级至五星级中、高档饭店的全美最佳品牌集团。1993年，豪生国际饭店集团开始走向国际市场。仅在1998年一年内，豪生国际饭店集团就创下了新增75家饭店的纪录。1999年，豪生国际饭店集团在全球34个国家拥有650多家饭店。1999年9月，豪生国际饭店集团(中国)将总部设在上海，豪生将全球最先进的饭店业经营管理理念引进中国，以中国市场为中心，积极开发了全新的饭店市场。

2) 天天饭店

天天饭店集团(又译天天客栈)是母公司温德姆饭店集团旗下的9个饭店品牌中的中档饭店品牌。天天饭店集团的总部设在美国新泽西州，其饭店大多分布在城镇、机场和海滨度假地。天天饭店集团是由地产商塞西尔·戴(Cecil B. Day)于1970年创立的。当时其第一家饭店在佐治亚州沙文拉海滨开业，共有60个房间的汽车旅馆，将豪华饭店和经济型饭店的特色充分融合起来，以满足那种支付能力有限的中等家庭的旅游需求。同年9月，天天饭店集团已增加三家。以亚特兰大为基地的美国天天饭店集团在1972年开始采用特许经营的模式，8年中在加拿大和美国就创立了一个饭店数量超过300家的饭店体系。1992年，圣达特集团收购了天天饭店集团。经过30多年的发展，天天饭店集团已成为世界上最大的特许经营商之一。

3) "速8" 饭店

"速8"饭店是温德姆饭店集团旗下的9个饭店品牌中的经济型饭店品牌精英。1974年10月，一家简朴的饭店在美国南达科塔州阿伯丁开业，每晚只收8.88美元，这就是第一家"速8"饭店。从那时起，直到现在，"速8"始终致力于为每一位客人提供干净的房间、标准一致和友好的服务。"速8"饭店是世界上最大的特许经营经济型饭店。每家"速8"饭店的平均规模为61间客房。1993年，母公司圣达特收购了"速8"饭店，"速8"饭店是北美最大和发展最快的经济型连锁饭店之一。"速8"饭店遍布美国和加拿大。"速8"饭店承诺提供顾客需要的舒适，对待客人就像对待自己一样，经营价格合理。"速8"饭店为保证其所有饭店的质量，每年检查4次。

4) 骑士客栈

第一家骑士客栈于1972年在俄亥俄州的哥伦比亚开业。骑士特许经营系统公司是一家真正的经济连锁饭店。该饭店提供有限的服务项目，平均每家客栈拥有85间客房。骑士特许经营系统公司分布在美国和加拿大。骑士特许经营系统公司的座右铭是"每一个骑士都是正确的"，并通过高素质的人员为顾客提供超过其预期的服务。

5) 华美达饭店

华美达饭店集团于1954年在亚利桑那州的弗莱哥斯达夫成立。如今，华美达已发展成为分布在美国等134个国家拥有1000多家华美达饭店的大型饭店集团。圣达特于1990年收购了这个品牌。华美达饭店分为三种不同的层次，即提供有限服务的饭店、客栈和广场饭店，以满足不同层次的商务游客和度假客人的需求，以及部分商务游客的特殊需求。

6) 旅游住宿饭店

1935年，商人斯高特·金意识到市场上已出现对家庭式住宿的需要，并在圣地亚哥建立了第一家汽车旅馆。1996年，圣达特收购了这一品牌，该饭店主要分布在美国、加拿大和墨西哥。旅游住宿品牌包括5个层次：经济住宿饭店、优越经济住宿客栈、完全服务住宿饭店、旅游住宿套房和世界旅游住宿度假村。

7) 村民客栈

村民客栈品牌于1989年由投资者在亚拉巴马州的蒙哥马利建立。他们开创了一种延伸住宿设施，增加了简单的厨房设备，改变了房间结构，以支持周末住宿。这个品牌的经营宗旨主要是满足短期和长期居住客人的需求，为他们提供家外之家的舒适的住宿服务。该饭店主要分布在美国、加拿大和墨西哥。村民客栈包括三个层次：村民住宿、村民总理以及村民家庭延住饭店。村民品牌的经营战略是服务于传统的短期旅游者以及延期逗留顾客。

8) 赢门客栈

第一家赢门客栈于1996年7月正式开业。这一连锁饭店定位于中高档市场，采用全新的建筑模式，应用了尖端的科技成果。房间风格以大型、舒适为主，主要满足工业代表和季节性旅游者的需要。该饭店在美国有100多处分店，在加拿大的埃尔波有两处分店。

9) 美国主人客栈

美国主人客栈于1989年在俄亥俄州的雅典开业，于2000年被圣达特公司收购。在美国境内，共有80多家美国主人客栈。美国主人客栈根据两个原型设计建造，保证了连锁店产品的一致性。美国主人客栈是专门为商务和休闲旅游者设计的，可提供独一无二的优质、舒适和超值的联合产品。

(三) 万豪国际饭店集团

1. 集团概况

万豪国际饭店集团又译马里奥特集团。万豪国际集团是世界上著名的饭店管理公司和入选财富全球500强名录的企业。万豪国际集团创建于1927年，总部位于美国华盛顿。万豪国际集团目前拥有18个著名饭店品牌，在全球经营的饭店超过2700家，年营业额近200亿美元，多次被世界著名商界杂志和媒体评为首选的饭店业内最杰出的公司。

2. 集团旗下分支品牌简介

1) 丽兹·卡尔顿

丽兹·卡尔顿是全球最豪华的饭店品牌，由"世界豪华饭店之父"凯撒·丽兹于1898年创办，距今已有一百多年历史。1995年，万豪国际集团收购了丽兹·卡尔顿公司49%的股份。自从被万豪国际集团兼并以来，丽兹·卡尔顿迎来了前所未有的全球增长机遇，同时保持了自身特有的企业形象与认知度。1998年，丽兹·卡尔顿饭店公司99%的股份归到万豪国际集团名下。

2) JW万豪饭店及度假饭店

1984年，以公司创办者的名字命名的JW万豪饭店在美国华盛顿开业，时至今日，万豪国际集团已经在全球13个国家及地区建立了34家饭店。该饭店品牌是在万豪饭店标准的基础上升级后的超豪华饭店品牌，可向客人提供更为华贵舒适的设施和极有特色的高水准服务。

3) 万豪饭店及度假饭店

万豪饭店及度假饭店乃是享誉全球的万豪国际旗下的旗舰品牌，拥有逾70年的历史，饭店数目超过470家，遍布全球多个旅游热点。该饭店可提供一整套的高质量服务，以及完备的设施、设备，包括各种餐厅与休息厅、设备齐全的健身中心、游泳池、礼品商店、服务中心、商务中心和会议设施。

4) 万丽饭店及度假饭店

万丽饭店及度假饭店，是一个为高消费阶层服务的品牌，并为商务、会议以及度假旅游的客人提供全方位服务及完备的住宿设施。该饭店一般位于世界各大名市的商业中心和机场附近，毗邻旅游景点，提供多种餐厅、商务中心、健身中心、游泳池、服务中心和宴会设施，其中有80~150间宽敞的客房是专为商务旅游者设计的。

5) 万怡饭店

万怡饭店是一个中档品牌，主要为商务和观光客人提供良好的住宿服务。它在设计风格上注重为客人营造一种家的感觉，大部分的房间都朝向室外游泳池和公共露台的风景区。部分饭店提供免费宽带上网服务，可作为客人的流动办公室。

6) 万豪行政公寓

万豪行政公寓于1997年在布达佩斯首创，是一家新型的针对高消费阶层的饭店，公寓式住宅的设计满足了商业行政客人的需要。这些客人一般要求住在大城市，住店时间为一个月以上。万豪行政公寓既有饭店的豪华，又有公寓的方便，如摆设时尚家具、设置独立厨房和提供先进的娱乐配套设施，并专设工作间，可使客人感受到在家居住的自如与随意。

7) 万豪居民客栈

万豪居民客栈是世界上最好的适于持续停留的连锁店，以"家外之家"为宗旨设计而成。它的特色是：每天早晨提供免费的早餐和报纸，并提供游泳池和旋流温水浴。客人套房的起居室与卧室分开，同时备有独立厨房及完备的设施，如电气用具和烹调器具等。饭店内的每间客房亦增设宽带上网服务。在活动安排上，饭店设有住客欢聚时间，每星期都会举办烧烤晚会。

8) 万豪公平客栈

万豪公平客栈是一个具有经济性的品牌，主要为各种商务和旅游客人提供服务，它以非常经济的价格提供干净、方便、舒适的住宿环境。此外，还提供免费大众化早餐、免费室内电话、可移动的大型工作台，以及室内游泳池。

9) 万豪国际度假俱乐部

万豪国际度假俱乐部是万豪国际集团旗下的世界最大的度假旅游公司，拥有38家专门的度假区，在世界各旅游热点地区提供分时度假服务，饭店内拥有一居室、两居室、三居室三种不同风格的房间，设有900~1600平方米的工作室，以及宽敞的起居室和餐厅、主人卧房和浴室、个人阳台、洗衣房和设施齐全的厨房。无论在全球哪个地区旅游，客人都可以入住周全完善的万豪国际度假俱乐部。

(四) 雅高国际饭店集团

1. 集团概况

雅高集团总部设在巴黎，成立于1967年，是欧洲最大的饭店集团。截至2004年底，法国雅高集团拥有15.8万名员工，饭店业务涉及140个国家，是欧洲饭店、餐饮行业的领导企业，也是世界上最大的饭店和服务集团之一。雅高在世界范围内约有4000家饭店，可提供全系列不同档次的饭店服务，满足不同需求层次的顾客的需要。雅高饭店兼顾经济性与豪华性，可根据每一位客人的需要提供周到的服务。雅高精神是一门综合的艺术，它融合了历史的传统与现代的创新，兼顾宽容、纪律、想象和热情等因素，从而促使雅高员工的工作达到一种高超的水准，进而可为客人提供更加优质的服务。

2. 集团旗下分支品牌简介

1) 索菲特

索菲特是雅高饭店集团旗下的五星级饭店品牌，多分布在世界最受欢迎的经济文化发达的休闲城市或度假村，为豪华型或度假型饭店，目标客户定位于国际具有豪华型偏好的客人。为了在高度竞争的豪华饭店市场中建立领袖地位，雅高饭店集团与全球顶尖的建筑师、室内设计师和厨师合作，将法国最优雅的室内设计和多元的饮食文化展现给客人，让住在索菲特的每一位客人都有归家般的感受。对客人服务的一致性、共融性以及与众不同的特色是每一间索菲特品牌饭店强调的待客之道。

2) 铂尔曼

铂尔曼饭店是雅高饭店集团在全球新推出的高档饭店品牌，饭店均坐落于全球各大地区及国际都市的中心地段。雅高饭店集团顺应饭店市场发展的两大基本趋势——高档饭店细分市场和商务客源，推出铂尔曼饭店品牌，将目标市场准确地定位于商务旅行人士，强化了其在高档饭店市场中的地位，同时增强了集团品牌组合的凝聚力。铂尔曼饭店凭借创新的理念和优质的服务，在高档饭店细分市场中脱颖而出。铂尔曼饭店营造的愉悦、恬静和和谐气氛，为高端商务旅行人士提供了优于当前市场水平的服务。

3) 美爵

美爵饭店是雅高饭店集团新推出的高档饭店品牌，现在全球5个国家拥有39家饭店，客房多达5271间。亚太地区的美爵饭店遍布主要城市和度假胜地，以其充满个性特色的设计、风格诠释并展现着当地的独特风采和风土人情。

4) 美憬阁

美憬阁是雅高集团最新推出的高端饭店品牌，于2009年9月正式登场，在17个国家拥有28家饭店。目前，除了在巴黎、布拉格、苏黎世、马赛、里昂、维也纳等欧洲名城及墨尔本、新西兰皇后镇等地设有加盟店外，美憬阁还迅速在亚洲扩张，中国第一家美憬阁系列饭店选址于香格里拉。该品牌饭店的特色是强调个性，特别注重饭店地址的选择，一般会选择在风景优美、视野宽广的地方，也强调所在地点的历史及文化氛围，希望入住的客户在饭店里也能获得一种独特的旅行体验。

5) 诺富特

诺富特是雅高饭店集团四星级饭店品牌，也是最古老的饭店品牌。饭店秉承"创新、和谐、自由、统一"的文化理念，创立至今得到了飞速发展。诺富特饭店在全球57个国家拥有399间饭店和69 106间客房。至1977年年末，整个欧洲已拥有76家诺富特饭店。1978—1983年，饭店将目光转向整个欧洲市场，在邻国建成28家诺富特饭店，其中19家位于德国。1987—1994年，在英国市场建立13家诺富特饭店。时至今日，诺富特饭店已在18个欧洲国家成立214家饭店，多分布在首都或重点城市贴近商务文化中心的地方或繁华的中心地带，成为欧洲饭店业市场的主力军。

6) 美居

雅高饭店集团的美居品牌是一个多层次的饭店品牌，在全球45个国家拥有715家饭店，涵盖了经济型到豪华型的各个消费档次，拥有饭店、服务式公寓和休闲度假饭店等几个不同的类型。从旅游胜地的豪华度假村饭店到便利经济的经济型饭店，展示了各个美居品牌饭店不同的风格。美居品牌的特色是通过饭店体现当地特色。

7) 宜必思饭店

宜必思饭店是雅高饭店集团经济型饭店的代表，饭店的目标客户为商务客人，因此多位于主要城市的商务区域和枢纽地带。1990年，饭店采取以管理合同为主的强劲发展策略，以双倍速度进行扩张。宜必思饭店除了延续传统，立足于法国和德国两个市场的发展之外，在英国、爱尔兰、葡萄牙、澳大利亚、印度尼西亚均得到飞速发展。

8) 套房饭店

套房饭店是雅高饭店集团旗下三星级的连锁饭店，创建于1999年，在全世界6个国家拥有26家饭店。目前，套房饭店在欧洲的扩张速度加快。

9) 一级方程式

一级方程式是雅高饭店集团旗下的经济型饭店之一。1985年，第一家一级方程式开张，至今在全世界13个国家共有94家饭店，主要分布在欧洲，此外，在南美、澳大利亚、巴西甚至日本也设有一级方程式饭店。该饭店以较为经济的价格为主要优势，人均不到35法郎，可为客人提供简单的住宿服务。

(五) 精选国际饭店集团

1. 集团概况

精选国际饭店集团又译精品国际饭店集团、选择国际饭店集团，是世界排名第二的饭店特许经营公司。该集团成立于1939年，在世界上48个国家连锁经营并发展了一系列国际知名饭店名牌。集团总部位于美国的马里兰州(银泉)(Silver Spring)。

2. 集团旗下分支品牌简介

1) 号角饭店

号角饭店是一个提供高档、全面服务的度假饭店品牌，在17个国家建有各种类型的饭店，所处地理位置从市中心到度假胜地无所不包，主要为商务客人提供服务。

2) 舒适旅馆

舒适旅馆又译舒适客栈。舒适旅馆是精选国际饭店集团所辖七个品牌中规模最大、投资回报率最高的品牌，同时也是美国发展最快的饭店连锁品牌。该饭店定位于大众市场，是一个提供有限服务的领先品牌，房间舒适，价格适中。

3) 住宿旅馆

住宿旅馆是现代饭店业中最具创新风格的饭店品牌，服务适中、价格中等，整个饭店的艺术氛围较为浓厚，但又去除了所有浮华的元素。

4) 罗德威旅馆

罗德威旅馆主要面向城市或大小城镇的高级旅游市场，提供价格适中的房间。为满足国内老年人旅游市场需求，该饭店向老年人提供满足其需要的特定房间，包括更加明亮的灯具、大按键的电话、遥控电视、闹钟、杠杆式门把和洗涤槽、有扶手的沐浴间和易于操作的咖啡机等。

5) 质量旅馆

质量旅馆又译品质客栈。质量旅馆是一个提供全面服务的中档客栈、饭店及套房饭店品牌。它已经以中等价格向旅游者提供了50年的服务，并以盛情待客而闻名世界，其经营模式已被世界各地的饭店品牌广为借鉴。

6) 经济客栈

经济客栈以大众可以接受的中等价格提供整洁、经济的服务，可带给顾客超值的享受，在世界相同档次的饭店中较为突出。经济住宿饭店成立于1969年，是美国东海岸最早出现的经济连锁店，它以为高级旅游者提供特殊房间为特色，旗下的3A级饭店中有75%是二星级的。1990年，经济住宿饭店加入精选国际饭店集团。

7) 延长期套房饭店

延长期套房饭店是一个适宜旅客逗留的中档饭店品牌。延长期套房饭店是精选国际旗下最新的住宿品牌，它是住宿业中第一家配备住宿设施、为延长任务的专职人员服务的中档特许经营饭店。

(六) 希尔顿饭店集团

1. 集团概况

希尔顿饭店公司总部设在美国西海岸的大都市洛杉矶，希尔顿国际饭店公司总部设在美国东海岸的大都市纽约。希尔顿国际饭店公司原是希尔顿饭店公司的子公司，两家公司的创始人都是康拉德·希尔顿。1967年，美国环球航空公司收购希尔顿国际饭店公司，使其成为它旗下的子公司。于是，这两家希尔顿公司便成了各自独立的饭店公司了。

2. 集团旗下分支品牌简介

1) 康拉德饭店

康拉德·希尔顿于1982年在得克萨斯州开创了康拉德饭店品牌。康拉德饭店是希尔顿旗下的豪华品牌，它旨在营造充满现代感的氛围，采取高档饭店经营策略，饭店专门开设在欧洲、亚洲、澳洲、南美和中东地区的国家首都以及极具异国情调的旅游胜地。

2) 希尔顿

希尔顿饭店是集团的品牌旗舰店，享誉全球饭店住宿业。康拉德·希尔顿于1919年在得克萨斯州的西斯科购买了第一家饭店，时至今日，希尔顿饭店遍布全球各地。希尔顿饭店关注客人在旅行中的需求，专为商务和休闲旅行者打造舒适的住宿体验，提供优质的住所、设施和服务。

3) 希尔顿花园客栈

在希尔顿所有品牌中，这一饭店连锁品牌是比较国际化的。希尔顿花园客栈的品牌定位是一流的中等价位的饭店，目标顾客是那些目前不断增长的中档游客，下榻的客人多为以休闲和商务为目的的旅行者，但更侧重于后者。

4) 希尔顿度假俱乐部

希尔顿度假俱乐部总部设在奥兰多，在世界上的许多地方提供分时度假服务和设施，为了提供三星级的标准服务，公司还开发了两个俱乐部会员项目，即希尔顿度假俱乐部和希尔顿俱乐部，为超过10万的俱乐部会员提供设施交换、休闲旅行和预订服务。

5) 双树饭店

双树品牌建于1993年，由位于波士顿的宾客中心和位于菲尼克斯的双树饭店合并而成，是当时第一家全国高档连锁饭店。从那以后，双树成为全美成长最快的高档饭店品牌之一，在美国和其他国家拥有众多饭店，包括墨西哥的蒙特雷和秘鲁的利马。

6) 使馆套房

使馆套房饭店创建于1983年，是全套房概念的先行者。使馆套房饭店是全美最大的高档、全套房饭店品牌，套房总数超过其他任何竞争饭店全部套房之和。

7) 汉普顿客栈

汉普顿的服务宗旨——全程伴随您，创新服务。汉普顿客栈的总部在美国，在全美共有1000多所分店，它的业务以美国为主。在整个美洲，汉普顿客栈坐落于乡间、郊区和城市中，为追求价值的旅游者提供设备完善的房间、友善周到的服务等，旨在让入住的客人获得舒适、愉悦的体验。

(七) 喜达屋饭店国际集团

1. 集团概况

喜达屋饭店及度假村国际集团，原名为喜达屋住宿设施投资公司/喜达屋膳宿公司。1998年，喜达屋完成了更名、对ITT集团和Westin饭店的购并三件大事，这在其发展历程中具有相当大的影响。喜达屋以其饭店的高档、豪华著称。提到企业文化，每一个喜达屋人都会脱口而出：喜达屋关爱。这是集团2001年推出的服务理念，概括起来就是关爱生意、关爱客人、关爱同事。三者的关系看起来如同食物链一样简明：没有满意的员工就没有满意的客人，没有满意的客人就没有令人满意的饭店收入；回到起点，丰厚的收入又是培养优秀员工的物质保证。三个关爱中，员工关爱是顾客满意、生意兴隆的起点。关爱强调真诚，喜达屋饭店为员工提供的独树一帜的周详考虑和安排，也是喜达屋企业文化的核心。

2. 集团旗下分支品牌简介

1) 圣·瑞吉斯饭店

圣·瑞吉斯饭店是世界上最高档饭店的标志，代表着绝对私人的高水准服务。圣·瑞吉斯饭店历史久远，第一家圣·瑞吉斯饭店于1904年由阿斯托上校在纽约开办，阿斯托上校采用了全欧洲化的服务来款待自己的朋友和商务伙伴。这种服务在业内独树一帜，使圣·瑞吉斯饭店成为全球饭店业的典范。

2) 威斯汀饭店

威斯汀饭店主要是五星级或超五星级饭店,在饭店行业中一直位于领先者和创新者行列。威斯汀饭店分布于重要城市的商业区、中央区。每一家威斯汀饭店的建筑风格和内部陈设都别具特色。

3) 至尊精选饭店

至尊精选饭店是喜达屋集团为最上层客人提供独出心裁的服务的饭店和度假村的独特组合。全球最好的饭店所具有的特点——华丽的装饰、壮观的摆设、无可挑剔的服务、最先进的设施、便利的用具等,都可以在至尊精选中找到。

4) 喜来登饭店

喜来登是集团旗下最大的一个品牌,在全球70多个国家拥有400多家饭店。喜来登饭店是进入中国的第一家国际饭店管理集团,于1985年开始管理北京的长城饭店。

5) W饭店

W饭店是喜达屋在购并了喜来登和寰鼎饭店后新创的一个高端饭店品牌,将专门为商务客人而设的设施和服务与独立精品饭店的特点相结合,把市场定位在由70%~75%的个体商务旅游者和15%~20%的商务小团队客人组成的目标市场。

6) 艾美饭店

艾美饭店诞生于1972年,当时由法国航空公司创建,目前饭店集团的总部设于伦敦,在全球56个国家拥有超过130家豪华高级饭店,遍及欧洲、美洲、亚太地区、非洲及中东地区。在2005年的“奢侈品牌排行榜”中,艾美国际饭店集团被评为世界15大豪华饭店品牌之一。

7) 福朋饭店

作为喜来登旗下品牌,福朋饭店是提供全方位服务的中档饭店,主要针对商务客人和消遣旅游者。此连锁品牌的经营理念与众不同,它是提供全方位服务的中档饭店,在现今流行有限性服务(Limited Service)的时代是很特别的。福朋饭店主要分布于机场、大都市的商务中心、中小城市和度假胜地。

(八) 凯悦饭店集团

1. 集团概况

凯悦饭店集团,是世界知名的跨国饭店集团,在世界各国管理数百间饭店。目前,在全世界43个国家,共有213间凯悦饭店及度假饭店,共提供超过9万个房间,另有29座凯悦饭店正在兴建之中,其中10座位于中国。集团总部设在美国芝加哥,集团旗下柏悦、君悦、凯悦全部为五星级饭店,以豪华驰名于世。

2. 集团旗下分支品牌简介

1) 凯悦饭店

凯悦饭店属于凯悦饭店集团的高档旗舰品牌,数量最多,是较小型的豪华饭店,主要为那些追求个性化服务和欧洲典雅风格的散客提供服务。

2) 君悦饭店

君悦饭店是专为商务和休闲旅行者以及大规模会议活动服务的豪华饭店品牌,以其规模宏大、设施先进而著称。该饭店以提供高水平的个性化服务、较高的舒适度和顾客满意度为宗旨。

3) 柏悦饭店

柏悦饭店是专为追求私密性、个性化及高质量服务的旅行者设计的世界级豪华精品饭店品牌，该品牌的每一家饭店都建在地理位置极佳的地段。

(九) 卡尔森饭店集团

1. 集团概况

卡尔森环球饭店公司在82个国家拥有逾1700家饭店、度假村、餐厅，并开展游轮业务，为美国最大的私营公司之一。该公司麾下拥有Regent(丽晶)、Radisson(丽笙)、Park Plaza(丽亭)、Country Inns & Suites(丽怡)和Park Inn(丽柏)品牌。Regent(丽晶)是卡尔森环球饭店公司的顶级品牌。这些品牌皆以向宾客提供优质、热情和出众的个人化服务而著称，并通过清晰而独特的市场定位促进每家饭店的成功，同时带给宾客绝佳的入住体验。

2. 集团旗下分支品牌简介

1) 丽晶饭店及度假村

丽晶是卡尔森环球饭店公司的顶级品牌，20世纪70年代诞生在亚洲，坐落在香港的一家丽晶饭店因为2001年香港新世界集团与英国巴斯集团的合并而撤出。1997年，卡尔森饭店集团收购了丽晶品牌，现在中国的北京、台北开办了丽晶饭店。

2) 丽笙饭店及度假村

丽笙及度假饭店属五星级和超五星级，在64个国家拥有400多家饭店，是全球领先的高档全套服务饭店品牌之一，在亚太地区的分布十分广泛。其经营理念为真诚待客，坚定、敏锐、贯通。

3) 丽亭饭店及度假村

丽亭饭店及度假村是一个中高档全套服务饭店品牌，在全球10个国家的38个地点向宾客提供热情的接待服务。每一家丽亭饭店都处于主要城市、地区和机场商业区以及休闲胜地的便利位置，并且都以独辟蹊径和友好休闲的服务风格为特色。

4) 丽怡饭店

卡尔森丽怡饭店是一个中档饭店品牌，在世界各地逾380个地点提供令人神往的超值住宿服务。丽怡饭店品牌利用其特色鲜明的建筑与典雅精致的室内设计，提供超凡的价值以及宾至如归的便利和舒适。该饭店明确承诺实现"绝对宾客满意"，并赢得了高达98%的返客率，凭借品质和宾客满意度获得诸多业界奖项。

5) 丽柏饭店

丽柏饭店是一个新兴的中档饭店品牌，在全球超过80个城市、郊区和休闲胜地服务于广大宾客群体。通过实现卓越的客户服务和提供便利的位置以及舒适的设施，成为重视价值的旅行者的理想居停之所。饭店位置便利，在便于休闲和家庭旅行者轻松前往餐厅和景点的同时，也便于商务旅行者往来于会议中心和商务区。

(十) 美国最佳西方国际集团

1. 集团概况

美国最佳西方国际集团(Best Western International)成立于1946年，在全球近一百个国家和地区拥有成员饭店4200多家，总客房数超过33万间，是全球单一品牌规模最大的饭店连锁集团，在美国、加拿大及欧洲具有广泛的影响。全世界每天有超过25万人下榻其旗下的饭店。最佳西方饭店管理集团于2002年起进入中国，目前已有18家四星级以上的饭店，通过系统的预订以100%以上的速度在递增。

2. 集团旗下分支品牌简介

最佳西方国际集团是世界上最大的单一品牌饭店集团，旗下只有最佳一个品牌。最佳西方国际集团是世界上最大的饭店品牌之一，它是独立拥有并经营、使用同一品牌的世界性饭店组织。特色才能出新，特色才能发展。最佳西方在50多年的时间里迅速成长为世界著名的饭店品牌之一，是因为它具有其他饭店无可比拟的独特优势。

(十一) 凯宾斯基饭店集团

1. 集团概况

凯宾斯基集团始建于德国，已有一百多年的历史，是传统的欧式风格饭店的典型代表。凯宾斯基饭店大多坐落于风景优美、令人向往的城市。如柏林、汉堡、慕尼黑、日内瓦、布拉格、旧金山、孟买、雅加达、东京等。凯宾斯基饭店集团在目标市场的选择上如同其地理上的扩张一样，也采取了重点集中营的策略，主要以商务客源市场为主，并在商务饭店领域获得了许多奖项。在经营上，凯宾斯基的理念是：充分满足客人。为了充分满足客人的需要，凯宾斯基推出了"金钥匙"全能服务项目。通过金钥匙服务，凯宾斯基集团在"充分满足客人"的经营理念的指导下，以其最为先进的设施和最优良的服务为宾客提供了休闲、度假、差旅的良好去处。

2. 集团旗下分支品牌简介

凯宾斯基集团的首家豪华大饭店创立于1897年的柏林，当时成立的是一家饭店股份公司，后来以"凯宾斯基"为名，并在世界范围内赢得了良好的声誉。1953年，柏林的M.凯宾斯基有限责任公司取得了该饭店股份公司100%的股权。

(十二) 香格里拉饭店集团

1. 集团概况

总部设在香港的香格里拉饭店集团是亚洲最大的豪华饭店集团，成立于1971年，且被视为世界最佳饭店管理公司之一。香格里拉饭店集团是香格里拉亚洲有限公司旗下的品牌，该公司在香港股票市场上市。起源于马来西亚的郭氏集团是由郭鹤年先生创建的一家大型综合企业集团，拥有香格里拉亚洲有限公司的大部分股权。郭氏集团的经营涉及多个领域并延及亚洲许多国家。

2. 集团旗下分支品牌简介

1) 香格里拉饭店

香格里拉品牌的市场定位是五星级饭店市场，主要位于亚洲和中东主要城市，主要有城市型五星级饭店和度假型五星级饭店两种产品类型。香格里拉城市饭店力争"为繁忙的旅客打造豪华的下榻地"，来自全球各个国家和地区、品味高端的商务和休闲旅客选择下榻香格里拉饭店，都可以享受闻名遐迩、热情周到的香格里拉服务。香格里拉度假饭店极力为顾客打造一个能够恢复精力、放松身心、体验异国风情的静谧的度假胜地，客人在这里可以融入魅力无穷的大自然中，体验活力四射的文化活动、休闲活动，享受各种美食等。

2) 香格里拉商贸饭店

在香格里拉品牌成功打响以后，为了更好地细分市场，香格里拉饭店集团于1989年推出了"商贸饭店"品牌，它定位于四星级商务饭店，以适中的价格为商务旅客提供完备的设施和优质的服务。香格里拉商贸饭店号称"商贸人士下榻的金字招牌"。在中国五千年历史中，招牌对商人来说意义非凡。这块金字招牌显示了香格里拉商贸饭店为商务旅行人士提供一流、实惠的服务的经营理念。

(十三) 半岛饭店集团

1. 集团概况

素以拥有并管理高档饭店、商用或民用住宅著称的半岛集团是以建于1928年的香港半岛饭店为核心发展起来的一个饭店集团，而它的上级公司HSH则是从1922年开始在上海管理第一家饭店的。1972年成立半岛集团的目的是将管理与营销这两部分的运作单列开来。纵观半岛饭店集团的成长历程，它的成功源于多方面。就大的方面而言，其经营特点有以下几个方面：注重区位战略，保持和加强品牌建设，纯粹而简单的扩展观，成功的市场细分，别具一格的饭店文化及紧跟世界技术潮流。

2. 集团旗下分支品牌简介

香港半岛饭店一直以来都被誉为世界最佳饭店之一。半岛饭店始创于20世纪20年代，当时这座富有传奇色彩被誉为"远东贵妇"的饭店，如今依然是全球一流饭店的典范。半岛饭店融东方神韵与西方风情为一体，将高贵与优雅凝聚成一种无与伦比的非凡气质。

(十四) 首旅饭店集团

1. 集团概况

饭店业是首旅集团的支柱性板块，正逐渐形成符合国际惯例的、各档次配置合理的运营体系。首旅饭店集团的饭店业主要包括饭店经营和公司管理两大块。目前，集团投资及管理的饭店总数已超过100家，其中全资及控股的饭店有30多家，涵盖各个档次，主要集中在长安街沿线、西苑、燕莎商圈等地。饭店管理公司是首旅集团发展的重点之一，首旅集团目前有多家管理公司，包括首旅建国饭店管理有限公司、首旅日航国际饭店管理有限公司、凯燕国际饭店管理有限公司、如家饭店集团、欣燕都经济型饭店连锁，其中以"首旅建国"和"如家"两大品牌最为杰出。

2. 集团旗下分支品牌简介

1) 首旅建国饭店

作为首旅集团创建民族品牌理念的杰出践行者，首旅建国定位于中高档商务饭店及度假饭店，专门从事饭店品牌开发。公司主要通过全权委托管理进行品牌推广，为业主提供从开业策划、规划、设计、开工、设施设备选型、功能布局分配、饭店筹备开业、开业技术支援到运营中的运营管理、质量控制、成本控制、人力资源管理与培训、网络营销等一系列服务与支持。

2) 如家饭店

如家饭店创立于2002年，2006年10月在美国纳斯达克上市(股票代码：HMIN)，作为中国饭店业海外上市的第一股，如家始终以顾客满意为基础，以成为"大众住宿业的卓越领导者"为愿景，向全世界展示着中华民族宾至如归的"家"文化服务理念和民族品牌形象。如家饭店集团旗下拥有如家快捷饭店和颐饭店两大品牌，现已在全国30多个省和直辖市建有分店，覆盖100多座主要城市，拥有连锁饭店500多家，形成了遥遥领先业内的最大的连锁饭店网络体系。

(十五) 锦江国际饭店管理集团

1. 集团概况

锦江国际饭店管理有限公司是锦江国际集团核心产业之一，主要从事星级饭店营运与管理、经济型饭店营运与特许经营以及餐厅营运等业务。锦江国际饭店管理有限公司的总部设在上海。锦江国际集团前身为"上海市锦江(集团)联营公司"(锦江集团)，成立于1984年3月，先后在美国、韩国、日本等国投资创建海外企业，被《亚洲周刊》列为全球500家华资企业之一。

2. 集团旗下分支品牌简介

1) 上海锦江饭店

锦江饭店建于1929年，是当之无愧的锦江旗下最大的旗舰店。悠久的历史，深厚的文化底蕴，赋予了锦江饭店很多意义，是锦江的无形资产，确立了锦江的品牌认知度。锦江饭店是一家花园式饭店，其北楼原名华懋公寓，属英国哥特式建筑；其贵宾楼原名峻岭公寓，始建于1935年，为装饰艺术派建筑。饭店亦包含锦江小礼堂，这是著名的《中美上海联合公报》签署地。锦江饭店至今已经接待过多个国家的多位政府首脑。

2) 上海和平饭店

和平饭店原名华懋饭店，坐落于外滩，位于上海商业和文化区。它建于1929年，属芝加哥学派哥特式建筑，在建成后的20年一直享有"远东第一楼"之誉。它拥有具有不同国家特色的套房，装潢考究、富丽堂皇。和平老爵士乐队闻名遐迩，擅长演奏20世纪30、40年代的爵士名曲，深受海内外宾客欢迎。最近集团花费5亿元对和平饭店进行改造，改造后的和平饭店已成为锦江集团的一个新亮点。

3) 北京昆仑饭店

北京昆仑饭店是由锦江国际饭店管理有限公司管理的具有国际水准的五星级豪华商务型饭店，于1989年正式开业。1999年全面翻新，饭店共29层，拥有900余间客房。饭店坐落于风景秀丽的亮马河畔，毗邻使馆区，周边有京城大厦写字楼、中国国际展览中心、燕莎购物中心和众多写字楼环绕。

4) 上海锦荣国际饭店

上海锦荣国际饭店是按四星级标准建造的涉外饭店。总面积达2.5万平方米，是集饭店客房、餐饮、会议、娱乐于一体的新型商务饭店。饭店地处交通十分便利的黄金地段，临近上海地铁一号线。拥有各式豪华客房、套房以及行政楼层客房共158间，客房装修典雅精致，设施一应俱全。此外，饭店还拥有音乐茶座、酒吧、桑拿健身、棋牌室等娱乐设施。作为商务型饭店，饭店所有的会议室配备了先进完善的视听设备，有一支专业队伍为客人的会务做妥善安排。

5) 锦江之星旅馆

锦江之星旅馆有限公司是国内最大的饭店集团——锦江国际饭店管理有限公司的子公司。公司创立于1996年，注册资本为人民币17 971.22万元。

(十六) 开元饭店集团

1. 集团概况

开元饭店集团是中国最大的民营高星级连锁饭店集团，位列最具规模中国饭店集团第二名。同时根据世界饭店业权威杂志《HOTELS》在其官方网站上公布的全球饭店业排名，开元饭店集团名列全球饭店集团100强。

2. 集团旗下分支品牌简介

1) 开元名都大饭店

该饭店为五星级豪华商务饭店品牌，主要为阔绰的商务及休闲游客提供豪华住宿，并满足政企部门大型高档会议及宴会的需求。主要的目标客户是高端商务散客，大中型的企业会议、政府交流会议、协议会议与会者和公司奖励旅游游客，以及休闲度假散客。

2) 开元大饭店

该饭店为四星级高档商务饭店品牌，主要目标客户是商务客人。

3) 开元度假村

该饭店为五星级豪华度假饭店品牌，主要目标客户是高端休闲度假散客和旅游团队、奖励旅游及会议游客，以及度假产权业主及分时度假俱乐部业主。

4) 开元·曼居饭店

该饭店为中档商务饭店品牌，目标市场定位于关注性价比的商务差旅人士、旅游者和休闲散客。

5) 大禹·开元饭店

该饭店为文化主题类饭店品牌，目标市场定位于商界名流、文人雅士、都市精英等高端散客市场、高端政务接待市场、小规模高层次团队市场等。

案例分析●

喜来登饭店的成功秘诀
——喜来登十诫与亨德森的生意经

喜来登集团的创始人欧内斯特·亨德森是一个有很强责任感和严于自律的人。他的特点是精力充沛、勤奋、敏捷、爱猜忌、精明。他也是个机会主义者——随时准备购买或出售饭店。他坚持决策要依赖于事实与数据。他推崇自律、正直与守信的美德。他的饭店管理思想集中体现在喜来登十诫上。

1. 不要滥用职权。

2. 不要收取那些有求于你的人的礼物。

3. 不要让你的夫人插手饭店的装潢工作。

4. 不要反悔已确认的预订。

5. 下达指令之前，要明确你要达到的目的。

6. 小饭店的成功经验很可能是大饭店失败的教训。

7. 经商时不要放尽人家的"最后一滴血"。

8. 放凉了的饭菜不得上桌。

9. 决策要靠事实，靠计算和知识，而非靠感觉。

10. 下属出现差错时不要不问缘由就大发脾气(这有可能是你的错)。

亨德森与其说是一个饭店管理专家，不如说是一个资产经营专家。他把资产经营的经验总结为"最大最小原理"：成本最小化，投资收益最大化。他投资是为了盈利而非地位或声誉。每投资1美元来改造饭店，亨德森希望得到2美元的回报。

亨德森的生意经包括以下几个方面。

1. 价格竞争策略。1962年，亨德森做了一件非常大胆的事情，所有喜来登饭店房价下降，使他的饭店出租率迅速上升，超过希尔顿，直逼假日，他坚信客户出租率上升及餐饮收入的增加能弥补降价的损失。他特别注重长远利益，要求管理人员不要在乎一时一地的得失，要算大账，算总账。只要顾客进了店，顾客就要吃、要娱乐、要购物，可通过收入多元化来弥补客房的损失。亨德森为与汽车饭店竞争还首先实施免费停车的优惠策略。但今天看来，亨德森的价格竞争并没有取得预期的效果，他毕竟忽视了这样一个哲理："要弥补降价10%的损失需要增加15%的客房出租率。"降价导致当年每股纯利由前一年的60美分降为17美分。

2. 严格监控。亨德森深知千里长堤溃于蚁穴的道理，亨德森一生犯的最大错误是从1961年至1964年对财政、经营方面缺乏严格的控制，导致饭店在1962年至1965年利润大滑坡。意识到自己的错误后，亨德森集中了饭店经营及预算的控制权，强化了对饭店收入及利润的预测工作。集权领导是亨德森饭店管理的一大特色。

3. 顾客的建议是改进饭店经营的良方。亨德森认为顾客会有不合理的期望，并不认为顾客永远是对的。他发现改进管理、提高服务效率的有效方法是给顾客发放问卷，从顾客的建议中获得有益的建议，他相信顾客能帮助他把饭店经营得更好。

4.销售闪电战。亨德森继承了拉尔夫·希兹的经验，对饭店所在城市做狂轰滥炸式的宣传促销。销售人员蜂集目标城市，针对潜在的顾客频繁开展促销活动，大量发放喜来登信用卡。

(资料来源：唐文.现代饭店管理(下).北京：企业管理出版社，2003)

思考：

1. 喜来登饭店管理思想的"十诫"对你有什么启发？

2. 亨德森先生的生意经对现代饭店业的发展有何现实意义？

本章小结

饭店管理的基本内容包括：饭店计划管理、饭店组织管理、饭店人力资源管理、饭店市场营销管理、饭店服务质量管理、饭店后勤保障管理、饭店安全与危机管理、饭店财务管理和饭店业务管理。饭店管理的常用方法有：表单管理法、定量管理法、制度管理法、现场管理法和感情管理法。了解中外知名饭店集团的发展历史、经营理念、企业文化等方面，有助于更好地掌握饭店管理与经营的相关理论内容与体系。

复习思考题

1. 饭店的含义是什么？有哪些功能与作用？

2. 简述饭店的类型与等级。

3. 未来饭店业的发展趋势包括哪些方面？

4. 简述饭店管理的概念。

5. 什么是饭店集团？

6. 饭店管理的基本内容是什么？

7. 饭店管理有哪些常用方法？

8. 饭店集团包括哪些经营模式？

9. 饭店集团化经营的优势有哪些？

第二章

饭店组织管理

● 掌握饭店组织管理的概念与内容
● 掌握饭店正式组织与非正式组织
● 熟悉现代饭店组织设计的影响因素与一般原则
● 了解现代饭店组织管理体系的构成

● 熟悉现代饭店组织结构框架的主要形式
● 能够画出饭店的组织结构图

引导案例 | 领导为何对他失望

　　王形走出饭店总经理办公室，心头涌起一阵阵按捺不住的喜悦。总经理刚刚同他谈了话，向他宣布上一任总经理助理已经退休，他被任命为新任助理。王形回到办公室，冲了一杯咖啡，坐下来后，不禁回顾起自己走过的道路：23岁时，在饭店管理学院学习4年毕业，取得了饭店管理学士学位；毕业后到飞翔饭店工作，由于工作表现出色，不到两年就被提升为饭店前厅部经理助理，一年后，又被提升为前厅部经理；令他感到特别骄傲和得意的是自己在前厅部经理的位置上工作不到一年又战胜了竞争对手——餐饮部经理李卫，荣升为总经理助理。李卫在这个饭店已经工作了10年，他不像王形那样富有冒险和改革精神，但他谦虚、工作努力、勤奋，受到餐饮部员工的尊敬，大家一致认为饭店总经理助理的职位应属于李卫。因此，王形意识到，作为新任总经理助理，自己将面临新的考验和挑战。

　　飞翔饭店有380间客房，12个中餐厅，1个酒吧，1个西餐厅，还有游泳池和两个网球场等康乐设施。无论是饭店的地理位置还是设施，对客人都有相当的吸引力。在过去的几年中，饭店的效益不错。

　　但是，近两年来，由于邻近两座新饭店的开业，飞翔饭店的营业状况开始出现下降的趋势。这使得总经理认识到，面临激烈的市场竞争，饭店急需年轻有为、思维敏捷、有创新精神、文化素质较高的人才充实到管理队伍中来。总经理还认识到，饭店要发展，必须制定长期发展战略。为此，他请王形在做好市场调研的情况下，考虑制订一份饭店营销长期战略方案。

王形欣然接受了这个任务，坐下来认真思考这个战略方案的内容和形式。为了"亮"一手，王形决定把自己关在办公室里三个星期，独自完成这个艰巨的任务。王形告诉助手，除紧急情况外，其他事情他一律不介入，由助手去处理。三个星期后，当完成长达两万字的市场营销战略方案时，他显得非常得意、非常自信。他把这份方案匆匆发到各部门去传阅，同时附上一份问卷调查表。

饭店各部门经理：

众所周知，我已被任命为本饭店总经理助理。总经理请我制定未来五年内提高饭店销售收入的新的市场战略。扩大老市场，开拓新市场，不断增加饭店的营业收入，是本店每个部门和全体员工义不容辞的责任。我认为你们应该仔细阅读这份战略方案，对方案中提出的各部门在五年内应达到的营业收入和利润指标应认真考虑，并提出实施措施。由于时间紧迫，希望你们能够尽快回答下述问题，填好此问卷，并于本周内交到我办公室，我将不胜感激。

1. 作为饭店的部门经理，你打算在你的部门中如何实施饭店的市场战略？

2. 要实现新的销售和利润目标，你认为还需要增加哪些人力、财力和物力？

3. 你还有哪些好的办法或途径来扩大市场、增加销售量、提高饭店的收益？如有，请写于后！

总经理助理　王形

王形是星期一将这份市场营销战略方案和问卷调查表发到各个部门的，他希望在星期五能得到回复。但王形在星期五那天收到的不是各部门对问卷的回答，而是总经理的电话，请他马上去总经理办公室。他立即从椅子上跳起来，快速到了总经理办公室，当他看到满脸怒气的总经理时，异常惊诧。下面是他与总经理的一段对话。

总经理：王形，我想，我不用费时间告诉你请你来见我的原因，我必须毫不掩饰地让你知道问题的严重性。我很惊讶，一个我信任的被我提拔的人在升职后的短短四个星期内会使各部门经理都变得情绪低落、消极失望。

王形：对不起，总经理，我真不明白您在谈什么？是不是哪个新毕业的大学生在管理见习中做了错事，我予以纠正，导致他不满意？

总经理：不，完全不是。今天我必须明确告诉你，鉴于你好像还弄不清我请你来的原因，我不得不向你指明，我只是请你去完成饭店的长期市场营销战略方案，但你却因此而搞得饭店的所有部门经理都情绪低落，员工工作混乱，而且有两名部门经理今早提出了辞职申请。我不明白，你究竟在干什么？

王形：好，如果李卫是提出辞职的部门经理之一，如果您不介意，我想应该接受他的辞职。自从我担任总经理助理以来，我感觉他似乎一直对我有意见，我认为他是在嫉妒我。

总经理：好了。王形，我知道你做这件事的动机是好的，但是你却把事情办砸了。你自己认真想一想错在什么地方？如何调整自己？

(资料来源：饭店管理案例集. 百度文库. http://wenku.baidu.com/view/491826c80c22590102029d21.html)

思考：

本案例暴露的问题是什么？应怎样解决？

组织管理是我国饭店管理实践中比较薄弱的环节,但却是不可或缺的基础工作。针对我国饭店组织管理方面存在的主要问题,本章着力论述了饭店组织设计、组织管理体系和组织创新的相关内容。由于饭店的组织管理不仅是一个系统的工程,更是动态发展的体系,所以本章还结合知识经济时代的新趋势、新特点对饭店组织管理进行了梳理,以期在组织革新的可行方向上做出合理的总结。

第一节 饭店组织管理概述

一、饭店组织管理的概念与内容

(一) 饭店组织管理的概念

组织(Organization)是管理的重要职能之一。人们对于组织的认识,可以归结为以下两个角度:其一是指一种实体,其二是指一种活动,即分别从组织的静态结构和动态行为两个方面来理解组织的概念。一般情况下,组织是指具有确定的共同目标、特定的分工协作体系和结构链条,存在于一定环境和信息网络中的社会实体。

根据现代静态和动态的组织理论,可以把饭店组织管理定义为"根据饭店的经营目标,建立组织机构,合理分配人员,明确责任和权力,协调各种关系,促进饭店经营目标实现的过程"。这个定义一方面强调饭店在成立之初就应确定自己的使命与经营目标,并选择科学的组织战略,设计合理的组织结构,进而进行持续性的组织综合管理;另一方面,由于饭店内部因素和外部环境的影响,其目标与战略必然会发生策略性的改变,在这种情况下,组织管理的统筹兼顾与有效控制尤为重要,饭店必须依据现实条件与未来发展趋势进行综合调整。

(二) 饭店组织的功能

1. 服务提供与保障功能

饭店的日常运营具有综合性的特征。饭店提供的并非单一的产品,而是与住宿、餐饮、娱乐等有关的配套产品和服务,同时在向客人提供的产品中包含着饭店员工提供的服务。

绝大多数现代饭店采用"业务区分式"的组织结构,即按照业务的范围、特性设置部门。这一方式把饭店的机构分为两大类:业务部门和职能保障部门。业务部门可以独立存在,有自身特定的业务内容,如前厅部、客房部、餐饮部等;职能保障部门是为业务部门服务的,它们行使着某种管理和服务保障职能,如人力资源部、培训部、财务部等。由于饭店运营的综合性特征,客观上要求管理者树立整体观念,不可将以上两种性质的部门人为地分开，从而割裂两者的有机联系，这将会降低饭店总体的工作效率。

2. 信息流通与反馈功能

饭店的组织结构实际上也是一个信息的沟通与反馈系统。饭店管理系统能否高效运转，关键在于信息能否在纵横两个方向上正常而且通畅地流动。饭店组织中的各级人员，正是通过组织的信息传递和反馈功能，在筛选的基础上对信息加以甄别，再用于指导经营决策和工作实践的。

3. 经营创新与拓展功能

组织管理将饭店的资源有效地整合在一起，是饭店实现资源优化配置和经营目标的基础。饭店组织创新大致有两种方式，一种是运用现代制造技术和新的信息技术；还有一种是重新设计组织结构或者通过管理实践来增进效率。饭店已有业务的深化以及新业务的开发，与组织的改善与创新是互相促进的。

(三) 饭店组织管理的重要性

组织管理对于现代饭店的重要性主要表现在以下三方面。

1. 组织管理是实现饭店所有者、顾客和员工价值的保证

饭店作为一个经济组织，其主要目标是获取利润。为了实现获取利润的目标，就必须对饭店的各种资源进行合理科学的组织，并分析饭店自身的业务流程中哪些能创造价值，在此基础上，向顾客提供高质量的产品和服务，并且也只有在这一不断循环的过程中，饭店员工才能实现其自身的价值。因此，组织管理是实现饭店所有者、顾客和员工价值的重要保证。

2. 组织管理是调动饭店员工积极性，进而激发其潜能的重要途径

任何工作归根结底都是由人来完成的，饭店作为人力资本密集的服务型行业，员工的重要性更是不言而喻。有效的组织管理、清晰的层级制度、明确的权责安排、通畅的组织关系，可以使员工专注、高效率地工作；相反，冗余低效的组织只能阻碍员工积极性的发挥，对客服务的质量也就无从谈起。

3. 组织管理是提高饭店核心竞争力的重要手段

现代饭店需要通过核心竞争力在市场竞争中开创并保持自己的地位。科学合理的组织管理，可以优化配置饭店的各种资源，又能以内在的组织弹性适应不断变化的外部经营环境，从而提高饭店的经济效益和应变能力，并以此来保证和提高饭店的核心竞争力。

(四) 饭店组织管理的内容

饭店组织管理实际上就是对饭店所承担的任务在全体成员之间的分工合作进行管理。组织结构决定饭店的整体功能，并影响着饭店管理的效率与效能。我国目前较为普遍的饭店企业经营管理落后的问题，在很大程度上是由于组织结构不合理所造成的。

饭店的组织管理职能是通过一定的组织机构和各种其他因素的作用，把饭店的资金、物资和信息转化为可供出售的有形或无形的产品及服务，使饭店的管理经营理念由观念形态转化为现实形态的过程。

具体来说，饭店组织管理的内容包括以下4个方面。

1. 组织结构设计

由于饭店的服务对象、经营模式和内容各不相同，如果没有一个严格、科学合理的组织机构设置，日常的工作计划难以有效地实施，饭店管理的目标也难以实现。饭店组织设计的目的是对饭店员工之间的分工协作关系做出正式、规范的安排，建立一种有效的组织结构，以实现饭店的战略和经营目标(有关饭店组织结构设计的一般原则和主要影响因素方面的内容，将在下一节中讲述)。

2. 组织人员配备

组织人员配备就是为饭店各个岗位配备合适的员工。员工在总体上可以分为管理人员、技术人员和服务人员三大类。各类人员的配备，都需要满足饭店经营管理的需要，同时也必须考虑员工的个人愿望。只有这样，才可能在提高饭店整体运营效率的同时，增强员工对饭店的忠诚度。

3. 组织管理体系(组织运作)

饭店组织建立起来后，要维持组织的运作，促进组织的发展，必须按照职务和岗位的内在要求来制定相应的组织管理体系，并严格地贯彻实施。只有这样，才能保证饭店组织的正常运转，在稳定中实现动态的平衡。

4. 饭店组织创新

饭店组织创新主要包括饭店组织的调整、变革和再造。饭店内外经营环境的不断变化，决定了饭店组织结构不能只是被动地接受影响，而是要积极地根据新的变化对组织进行调整、改革，甚至再造。这是饭店组织实现发展和提升的根本途径。

二、饭店的正式组织与非正式组织

(一) 饭店正式组织

饭店正式组织(Regular Organization)是指为了有效地实现饭店的经营目标而设立的，规定员工之间相互关系和职责范围的组织结构。饭店正式组织，即我们通常所讲的饭店组织，有共同的组织目标、具体的机构形式、明确的责权分配、规范的信息渠道和沟通方式，否则饭店运转的效率会降低，从而极大地影响饭店的经济效益。因此，必须对饭店正式组织进行合理科学的设计。这方面的内容，我们将在本章第二节中进行讲述。

(二) 饭店非正式组织

1. 饭店非正式组织的概念与类型

饭店非正式组织(Irregular Organization)，是指在饭店的正式组织结构中自发产生的，为寻求正式组织不能满足的需要而自然形成的一种群体，是与正式组织相对而言的。

饭店正式组织一般只能满足员工的谋生、职业成长、事业成就等方面的需要，而饭店员工的实际需要还包括情感、兴趣和生活方式等多个方面，加之人所具有的社会性本质，使他们倾向于依赖团体形式来满足自己的需求，所以，非正式组织的产生和存在是必然的。

但如果正式组织中有着过多的非正式组织，则间接预示着饭店组织结构亟待改进。因此，饭店的管理人员应正视饭店中非正式组织的存在，进而加以认真研究，以期对其充分加以引导和利用，最大限度地调动饭店员工的积极性，从而从根本上提高饭店的效率和效能。

对饭店非正式组织进行有效的管理，必须建立在正确、全面了解并分析饭店非正式组织分类的基础上。饭店非正式组织的类型和形式有很多，下面从三个角度对其进行分类。

(1) 按非正式组织的不同行为特征，可以将非正式组织分为利益型、学习型、兴趣型和情感型4种形式。利益型，是以非正式组织成员共有的利益需要为基础而形成的非正式组织，其目的就是满足和维护其成员对某种共同利益的需求；学习型，是为了实现某一重大目标而形成的，其目的是满足成员在知识、思想、信仰、志向等方面的追求；兴趣型，是以饭店员工个体心理特征为基础而形成的，其目的是满足和维护成员的共同兴趣和爱好；情感型，是以饭店员工日常建立起来的深厚情感为基础而形成的，以满足成员间共同的思想交流、情感沟通等方面的需求。

(2) 按非正式组织人员构成的不同，可将非正式组织分为纵向型、横向型、网络型、内外型和亲缘型5种形式。纵向型，是指非正式组织的成员由饭店中不同管理层次的人员组成，从目的上讲，多属利益型或情感型；横向型，是指非正式组织的成员主要来自饭店同一层次的不同部门或单位，从目的上讲，多属于兴趣型和情感型；网络型，是指非正式组织兼容了纵向和横向两种非正式组织的成员，因而错综复杂地形成一种网络型人员集合；内外型，是指构成非正式组织的成员不仅有饭店内部员工，也有饭店外部人员；亲缘型，是指具有一定亲缘关系的员工所组成的非正式组织，亲缘型的非正式组织成员在饭店组织管理中常产生连锁反应，应予以加倍重视。

(3) 按非正式组织作用的不同，可以分为积极型、无害型、消极型和破坏型4种形式。积极型，是指非正式组织的行为特征符合饭店经营目标要求，从而对饭店正式组织的有效运转具有积极的推动作用；无害型，是指非正式组织的目标和行为特征，虽然不符合饭店的经营目标要求，但也不对饭店经营活动造成任何危害；消极型，是指该类非正式组织没有明确的目标和稳定的行为特征，如员工聚众性质的酗酒、赌博等，表面上对饭店经营活动没有什么影响，但实际上却对饭店员工的观念、行为、思想甚至信仰等产生很大的消极作用；破坏型，是指非正式组织对饭店正式组织产生一定的对抗心理，甚至在思想上、工作中及行为特征方面与饭店相逆而行，其在饭店中虽然数量不多，但危害较大，应慎重对待和处理。

2. 饭店非正式组织的特点

为了更深入地认识非正式组织，有必要区别并归纳非正式组织的特点，具体包括以下几个方面。

(1) 非正式组织内聚力高。由于饭店非正式组织是在相近的心理需求的基础上自发形成的，一般具有共同的背景、兴趣、爱好或观点，所以成员之间情感亲密、相互信任、互相帮助，具有较高的内聚力，能将组织内成员紧密地联系在一起。

(2) 非正式组织协调性好。在非正式组织中，有比较通畅且快速的信息交流渠道，因此，可以方便、高效地传递信息、交流思想，从而使组织内成员的思想和行为达到趋同和协调。

(3) 非正式组织控制性强。正式组织是通过纪律、权力来约束成员行为的，而非正式组织则以一种潜在的不成文的常规来约束成员的行为。这种无形的规范，不仅能强化组织内成员的行为和态度，而且有着强大的控制力，可使成员产生从众行为。

非正式组织的群体压力对于塑造饭店文化、团队精神具有非常现实且重要的作用，饭店的管理人员应认真研究这种力量，将之运用到饭店正常的经营之中，提高饭店的效率和效益。其具体的作用机制见图2-1。

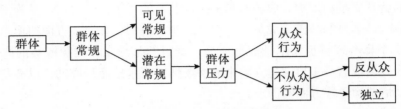

图2-1　运用群体压力提高饭店效能图

(4) 非正式组织依赖性强。相较于饭店的正式组织，非正式组织对于稳定的环境有着很强的依赖性。因此，非正式组织往往厌恶、反对各种变化或变革，对各种动向保持高度的敏感性。变化或变革对非正式组织的影响表现在：一方面，一旦非正式组织的生存环境发生了变化，其一般情况下会难以适应，甚至会随之解散，而被另外一个非正式组织所替代；另一方面，变化同时还会影响非正式组织内成员的层级和关系。

(5) 非正式组织的影响较大。非正式组织在饭店经营管理中的作用是非常大的。这不仅表现为对其成员的观念和行为的约束，还表现为对饭店其他员工的影响。

(6) 非正式组织的领导人权威大。非正式组织的领导人具有非常大的权威，这不同于正式组织中由职位所赋予的权力，而是自然产生的，有着威信高的特征，因而这些领导人甚至能左右整个组织成员的思想和行为，且较正式组织要有效得多。同时，非正式组织领导人往往会成为影响饭店利用非正式组织的最关键因素。

3. 有效管理饭店的非正式组织

有效管理饭店的非正式组织，通常要从以下几个方面着手。

(1) 正确认识饭店非正式组织。客观、全面地认识饭店非正式组织，是对其进行有效运用的第一步。一方面，要承认非正式组织在饭店中的客观存在及其对饭店的两方面作用，进而端正对非正式组织的认识，提高对饭店非正式组织研究和运用的自觉性和主动性；另一方面，要转变对饭店中非正式组织的态度，认识到通过合理运用非正式组织可以全面了解饭店员工的需求和心理状况，更加有针对性地引导饭店员工的行为，进而弥补正式组织的不足，明确其在实现饭店经营目标等方面的不可或缺的重要作用。

(2) 合理引导饭店中的非正式组织。以往，饭店的管理人员往往将非正式组织当作企业中的不安定因素和潜在威胁因素，给予压制，甚至取缔，但往往只能适得其反。因此，要切实改变对非正式组织的这种做法。例如，可以通过对非正式组织领导人的确认来帮助饭店实施工作计划。如前所述，非正式组织往往通过其领导人来减少内部分歧和保持内聚力，同时与饭店组织发生密切的联系，所以在具体的工作中，饭店管理人员应将对非正式组织领袖的引导工作纳入计划之中，可能的话，甚至可以将非正式组织的领导人任命为正式组织的领导人。可以通过目标导引法，把饭店的经营目标同员工的切身利益结合起来，引导非正式组织的目标向饭店的经营目标靠拢。具体来讲，可以通过开展文明经营、优质服务等活动，针对饭店员工的心理特征，由饭店举办各种有益的活动，把饭店员工的兴趣和爱好转移到饭店经营目标范围之内。

(3) 科学控制饭店中的非正式组织。为充分利用饭店非正式组织和发挥其积极作用，要加强对非正式组织正、负两方面作用的研究、利用和控制。非正式组织的消极作用是在没有减少正式组织管理人员责任的情况下，削弱他们的权力。因此，首先要完善饭店的正式组织，加强对正式组织的合理协调、科学领导，尽量使饭店的员工能够在正式组织中得到全面的个性发展，从而削弱产生非正式组织的条件和基础；其次，饭店的管理人员应认真地对饭店非正式组织进行研究和分析，了解和掌握饭店非正式组织的活动，取缔破坏型的非正式组织，促进积极型的非正式组织的发展，使饭店员工真正围绕饭店经营目标，充分发挥自己的创造性和潜能。

第二节　饭店组织结构设计与创新

一、饭店组织结构设计

(一) 组织结构与组织设计

饭店组织结构(Organization Structure)是指全体员工为实现饭店的目标而进行分工协作，在职务范围、责任、权力等方面所形成的结构体系。这一定义包含了三个方面的含义。

(1) 组织结构的本质是员工的分工协作关系；

(2) 组织结构是实现饭店目标的一种手段；

(3) 组织结构的内涵是员工在职、责、权等方面的结构体系。

用来描述饭店组织框架体系的组织结构，在饭店组织管理中居于核心地位，是实现饭店战略和经营目标的重要保证。组织结构主要包括三种要素：复杂性、正规化和集权化。

复杂性(Complexity)指的是组织分化的程度。一个组织愈是进行细致的劳动分工，具有愈多的纵向等级层次，组织单位的地理分布愈广泛，则协调人员及其活动就愈困难。

组织依靠规则和程序引导员工行为的程度就是正规化(Formalization)。不同组织对规范准则的重视和依靠程度是不同的。一个组织使用的规章条例越多，其组织结构就越正规化。

集权化(Centralization)程度是指决策权的分布情况。在一些组织中，决策是高度集中的，问题与相应的决策自上而下传达；而在另外一些组织中，决策权被大量地授予下层人员，这被称为分权化。

管理人员对组织结构的设立与变革，就是组织结构设计。

(二) 饭店组织结构设计应考虑的因素

饭店组织结构的设计，是建立在分析以上三种要素的基础之上的。具体来说，在进行设计时，要考虑到以下因素。

1. 饭店经营环境

任何企业组织都是在一定的社会经济与文化环境中进行运转的。饭店的经营环境具体包括行业特点、原材料供应、人力资源条件、市场特点、政府的政策法令、经济形势和文化背景等。这些因素会从两个方面来影响组织结构的设计：环境的复杂性和环境的稳定性。饭店的环境因素越是复杂，则组织结构设计就越要强调适应性，以采取多种对策来消除外部环境对饭店的不利影响。在环境的稳定性方面，如果饭店经营环境稳定，宜采用集权式组织，以提高组织的运转效率；如果饭店经营环境极其欠缺稳定性，则应采用分权式组织形式，以提高饭店的市场应变能力。

2. 饭店经营战略与目标

饭店战略决定组织结构，而饭店的组织结构又是实现饭店经营战略的重要工具。不同的战略要求具备不同的组织结构。战略对组织结构的影响主要体现在两个方面：一是不同的战略要求不同的业务活动类型，从而影响组织设计；二是战略重点的转移和改变也必将带来工作重心的变化，从而使得对饭店组织各部门及相关岗位进行调整成为必要。例如，饭店经营领域不同，有的实行单一经营战略，有的实行多种经营战略，反映在组织结构上，对组织形式(是采用职能制还是事业部制)及职权的集中程度(是集权多些还是分权多些)的设计，会产生很大的影响；又如，不同的战略决定了饭店的不同职能，从而要求建立不同类型的组织结构，饭店经营战略的改变，必将引起其组织结构的相应改变。

同时，饭店经营组织的设计也必须以饭店的经营目标为核心，经营目标不一样，则采取的组织形式也有差别。如饭店以提供住宿、餐饮服务为主，则宜采用直线职能制组织形式；如饭店采用集团化发展策略，且服务项目较多，采取事业部制的组织形式就较为合适。

3. 饭店经营规模

饭店经营规模是影响组织结构设计的一个基本因素。如果饭店规模不大，则宜采用集权式组织形式，组织结构简单，管理层次少；如果饭店经营规模较大，组织结构复杂，管理层次也较多，则宜采用分权式组织形式。另外，饭店组织的设计有时也会考虑饭店经营的地域分布情况。

4. 饭店生命周期

分析这一因素，就要明确饭店在其发展过程中处于哪一个阶段或时期，如初创阶段(幼年期)、正规化阶段(青年期)和精细阶段(成熟期)等。饭店处于不同的发展阶段，组织结构所面临的主要矛盾和问题就不同，因而组织结构设计的主要任务也就不同。例如，饭店在初创阶段，常常面临组织结构不稳定、职责分工不明确、规章制度不健全等问题；而许多有悠久历史的饭店集团，则常遇到机构设置陈旧、制度僵化、缺乏创新等问题。对于不同的问题需要采取不同的方法去解决。

5. 饭店员工素质

饭店员工素质，包括各类员工的价值观、工作态度、行为风格、业务知识、管理技能、工作经验以及年龄结构等方面的因素。人员素质制约着组织结构的设计，影响集权程度、分工形式、人员定编等方面。不少饭店组织机构改革的经验已经表明，人员素质是影响饭店机构改革能否顺利实施的一个重要因素。如果员工素质水平高，自我控制能力强，主动性和创造性强，则应采用分权式组织形式；若员工素质差，独立工作能力弱，则应采取集权式组织形式。但在经营管理的具体实践中，应时刻注意吸引员工参与决策和管理。另外，一般来说，组织结构的设计，固然不应当"因人设事"，但也应从实际出发，考虑饭店在近期内招收到合格人员的现实性，以及通过培训提高现有员工素质的可能性。

6. 技术水平因素

这里讲的技术，含义比较广泛，不仅包括设备、生产工艺，而且包括员工的技术知识和技能。这种知识和技能，不仅指生产技术方面，而且包括业务与管理方面的知识和技能。技术水平因素对组织结构的设计有着广泛的影响，它不仅包括整个饭店生产技术特点对组织结构的影响，而且包括饭店内部不同部门的技术特点对组织分工、岗位设置和人员素质的要求。例如，计算机和网络信息技术在饭店中的推广和运用，使许多岗位降低了工作强度，减少了人员配备，但对相关员工的素质却提出了新的、更高的要求。

7. 同类饭店的经验

饭店在进行组织设计时，应注意吸取同类饭店在组织建设和管理方面的经验和教训，再结合本饭店的实际，设计出适合本饭店的组织形式。

(三) 饭店组织设计的指导原则

1. 目标一致原则

这一原则的含义就是，饭店的组织设计必须为实现饭店的战略任务和经营目标服务。首先，饭店的任务、目标是饭店组织设计的"出发点"。饭店的组织体制和机构是一种管理手段，而饭店的任务、目标则是采取这种管理手段的目的，两者是行为和目的的关系。其次，饭店的任务、目标也是组织设计的"归宿点"，即衡量饭店组织设计是否合理有效的最终标准，是看其最终能否更好地促进饭店任务和目标的实现。

2. 权责对等原则

管理学家法约尔很早就已提出责任要与权利相符的原则。职责与权利是组织管理中的两个基本要素，也是有效完成任何一项工作任务不可分割的两个方面。职责，是指在确定的岗位上应履行的义务和责任；权利，是指在确定的岗位上应具有的权力和应获取的利益。有权无责，会导致滥用职权，甚至谋取不正当的利益；有责无权，则无法把工作有效率地做好，也缺乏内在的动力。

3. 统一指挥原则

饭店管理体制和机构的设置，应当保证经营指挥的集中统一，这是现代化大生产的客观要求。贯彻统一指挥的原则，要求现代饭店在组织设计中必须使上下级之间形成一条连续不断的指挥链。在这一链条上，任何上级都不允许超越下属的职责权限对更低一级的下属进行直接指挥；同样，任何一个下属都只对直属上级负责，接受直属上级的指令和安排。

4. 分工协作原则

分工与协作是社会化大生产的另一个客观要求。现代饭店组织管理的工作量大、专业性强，因此需分别设置不同的专业部门，这样才有利于把管理工作做得更深、更细，提高各专业部门的管理效率，迅速培养一批专业化管理人才。但专业分工并不是越细越好，而是有限度的，即要有利于提高工作效率。当分工未达到这个限度时，专业分工带来的是利大弊小；一旦超过这一限度，则弊大于利，管理效率反而下降。判断饭店组织管理中专业分工合理程度的主要标志，就是看饭店经营效率的高低。

有分工，也就必然要求有协作。在分工的条件下，各专业管理部门之间会在管理目标、价值观念、工作导向等方面产生一系列的差别，但饭店的运作效率与效能的提升却主要取决于饭店管理系统对饭店拥有的资源的整合程度。因此，必须在饭店组织设计中重视部门间的协作配合，加强横向协调，以同时实现社会化和专业化的生产。

贯彻分工协作原则，应注意组织机构的设置要精干、高效、节约，因事设职，因职选人。只有这样，才能增强饭店组织的凝聚力，产生较高的组织效率与效能。

5. 管理跨度原则

管理跨度是指一个管理者能够直接而有效地管理下属的人数。一名管理者受其精力、知识、经验等条件的限制，能够有效管理的下属人数是有限度的，超过一定限度，就不可能进行有效的管理。

管理跨度同饭店的管理层次是成反比例关系的。同样规模的饭店，如果加大管理跨度，即管理的下属人数增多，则管理层次可适当减少；反之，则层次可能要增加。它们的关系可用下列公式表示

$$管理层次 = 企业规模 / 管理跨度$$

现代管理理论认为，随着管理下属人数的增加，要处理和协调的关系也呈几何级倍数增长，管理的复杂性和难度也相应增加。管理者要处理的可能存在的人际关系数可通过以下公式计算

$$C = n(2^{n-1} + n - 1)$$

式中：C——可能存在的关系数总和；

n——下属人数。

因此，在饭店的组织设计中，必须根据各项工作的性质，管理人员的知识、能力和精力，以及下属人员的素质确定合理的跨度。古典管理学派的厄威克根据经验，把有效管理跨度确定为5~6人。其实，有效管理跨度并不是一个固定的数值。如上所述，不同职位的管理者，其有效管理跨度的大小不等，这受职务性质、管理人员素质、职能机构的健全程度等条件的影响。如果是基层的管理工作、素质好的管理人员或职能机构健全的单位，有效管理跨度就可能大一些；反之，则可能小一些。

(四) 饭店组织设计的一般程序

从饭店组织管理过程的角度，饭店在组织设计时一般应按照以下程序来进行。

1. 明确组织设计的基本方针和原则

要根据饭店的任务、目标以及所处的外部环境和内部条件，确定饭店进行组织设计的基本思路，规定一些设计的主要原则和主要参数。

2. 进行职能分析和职能设计

这个步骤的任务是：确定为了完成饭店的任务和目标需要设置的各项管理职能，明确其中的关键性职能；确定总的管理职能及其结构，并且分解为各项具体的管理业务；在确定具体管理业务的同时，进行初步的管理流程总体设计，以优化流程、提高管理工作效率。

3. 设计组织结构的框架

这一步骤即设计承担前一个步骤所确定的管理职能和业务的各个管理层次、部门、岗位及其权责，这是组织设计的主体工作(有关较为成熟的饭店组织结构框架方面的内容，下文中将详细阐述)。

4. 组织沟通方式的设计

这一步的主要工作是设计上下管理层次之间、平行管理部门之间的协调方式和控制手段。这一步的工作非常重要，是饭店的组织结构能够成为一个有机整体的关键。

5. 管理规范设计

这一步骤是在确定了组织结构的框架及沟通方式的基础上，进一步确定各项管理业务的管理工作幅度、管理工作应达到的要求(管理工作标准)和管理人员应采用的管理方法等。

6. 人员配备和培训

完成上一步任务后，组织结构本身的设计工作可以说已经完成，但是组织结构的实施和运行要通过"人"来实现，所以组织结构运行的一个重要问题是为各个岗位配备合适的人员并对这些人员进行培训。一般来说，饭店在进行组织结构设计时不应考虑现有人员的具体情况，而是在设计实施时按设计要求的数量和质量来配备各类管理人员。

7. 组织运行制度的设计

组织结构的正常运行还需要有一套良好的运行制度来保证，所以这一步的工作应包括建立管理部门和管理人员的绩效评价、考核制度以及管理人员的激励制度等。

8. 信息反馈与组织创新

组织设计是一个动态的过程，在组织结构运行的过程中，会发现前述步骤中尚有不完善的地方，新的情况也会不断出现，这就要求对原设计做出必要的修改。因此，饭店要将组织结构运行中的各种信息反馈到前述各个环节中，定期或不定期地对原有组织结构做出修正，并根据不断出现的新情况进行创新，使之不断完善。

二、饭店组织结构框架的主要形式

(一) 金字塔结构

金字塔制，又称层级制，是一种最简单的组织形式。按此建立的饭店组织结构，可用

图2-2来形象地表示。将饭店的全体员工按照其担任的具体工作划分为4个层次:决策层、管理层、督导层、操作层。饭店的管理自上而下层层控制,实行垂直领导。

图2-2   饭店组织结构的金字塔形框架

1. 决策层

决策层由饭店中的高层管理者(如总经理、副总经理等)构成,其主要职责是对饭店的发展战略和经营活动中的重大问题进行决策。

2. 管理层

管理层由饭店中的中层管理者(如部门经理等)构成,其主要职责是对饭店的发展策略和日常经营活动进行决策。

3. 督导层

督导层由饭店中担任基层管理工作的人(如主管、领班等)组成,其主要职责是执行饭店及部门的经营计划,指导操作层的员工完成具体工作。

4. 操作层

操作层包括饭店的服务人员和其他部门的普通员工。

金字塔结构具有结构简单、权责分明、命令统一、运转敏捷、信息沟通迅速等特点,但由于它把管理职能集中在少数几个人身上,所以要求管理者必须具有全面的知识和才能,而这在实际管理中是很难做到的。因此,金字塔结构只适用于产品单一、规模较小、业务简单的小型饭店。

(二) 直线职能制

直线职能制,也叫"业务区域制"。它是以直线制的严密控制为基础,吸取职能制中能够充分发挥专业人员作用的优点综合而成的一种组织结构。目前,我国饭店普遍采用这种组织结构形式。直线职能制的组织结构框架形式,如图2-3所示。

在直线职能制的组织结构形式下,饭店的各部门分为业务部门和职能保障部门两大类。业务部门是直接为饭店创收的部门,如客房部、餐饮部、商品部等;其他非直接创收的部门称为职能保障部门,如财务部门、人力资源部门等。在业务部门工作的员工为业务人员,在职能保障部门工作的员工为职能人员。

在直线职能制组织框架里,下级只接受直接上级的指令,同时又注意发挥职能保障部门的专业化特点。职能保障部门的专业人员在计划、财务和其他专业技术方面的决策对饭店的经营管理至关重要。在这种组织结构中,协调好业务人员与职能人员的关系,使他们密切合作是饭店组织管理中的一个重要课题。

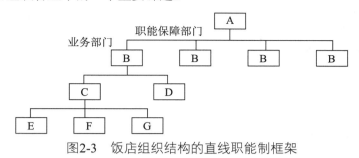

图2-3　饭店组织结构的直线职能制框架

(三) 事业部制

事业部制是一种适用于饭店管理集团的分权式组织结构框架形式，实行集中决策下的分散经营。随着经济的高速发展，我国饭店业的集团化趋势愈发明显，一些大型饭店已经开始采用这种组织形式。

事业部制的特点是分权管理。饭店集团依据地区、产品、市场等因素，成立若干个事业总部，每个事业部即为集团拥有的某个饭店。事业部具有法人地位，进行独立的经济核算，对事业部内的计划、财务、销售等方面有决策权。饭店集团总部确定各事业部的盈利指标，负责筹集资金和任免事业部主要负责人等。饭店集团总部的工作重点是进行新的市场开发和新技术的引进。饭店集团成立事业部的主要目的是实现利润目标，因此事业部又被称为利润中心。

实行事业部制组织结构形式可减轻管理人员(尤其是高层管理人员)的负担，使之集中精力于饭店的发展战略和重大经营决策；同时，各事业部可以针对本企业或本地区的实际情况对环境的变化做出快速反应，从而有利于集团的发展和产品的差异化。但是，由于各事业部管理职能存在重复和交叠，管理费用较高；此外，各事业部对集团的整体意识减弱，会因为本部的局部利益、眼前利益而牺牲集团的长远利益，这些也是事业部制的缺点所在。

饭店组织结构的事业部制框架形式如图2-4所示。

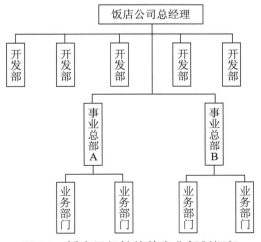

图2-4　饭店组织结构的事业部制框架

(四) 网络式结构

采用这种组织结构框架模式的饭店(公司)，由许许多多个组织单元构成，组织单元之间运用信息通信技术，依靠共同的价值观念，形成有机的网络化结构。组织单元具有规模小、灵活性强、财务相对独立等特点。组织单元充分有效地运营将使饭店(公司)具有极强的环境适应能力。网络式组织的另一个重要特征是实行内部倒闭制度。组织单元虽然拥有高度自治权，但它仍面临着优胜劣汰的命运。组织单元不仅与饭店(公司)内其他组织单元有业务往来，还可直接与其他饭店开展业务，从而把市场机制全面引入组织内部，组织单元之间也形成了服务者与被服务者、供应商与顾客之间的关系。

综上所述，饭店组织结构的各种形式各有利弊。采用何种形式应视饭店具体情况而定。管理者要从本饭店的实际出发，选取一种最适合本饭店的组织结构框架形式。组织结构框架的选取应有利于饭店的经营管理，有利于提高工作效率，使饭店的组织结构效率与效能得到最大限度的发挥。

三、饭店组织机构的设置

按照饭店各部门的性质，可将饭店划分为营业部门、职能部门和其他组织。

(一) 饭店营业部门

1. 前厅部(Front Office)

前厅部也称总台服务部，是饭店经营活动的中心。前厅部的工作始终贯穿于宾客与饭店接触、交流的全过程。前厅部通过预订客房、办理登记手续、安排住宿房间、分发行包、代客储存物品、邮电服务、外币兑换、结账等，为宾客提供全面的服务。前厅部运行和管理的水平不仅反映了整个饭店的工作效率和服务水平，而且直接影响饭店的经营收益。此外，前厅部还担负着联系和协调饭店各部门工作，并为饭店最高决策层提供决策信息和数据的重任，所以前厅部是饭店组织管理的关键部门和中心环节。

前厅部的主要机构有：预订处(Reservation Desk)、接待处(Reception Desk)、问讯处(Information Desk)、行李处(Bell Service Desk)、电话总机(Telephone Switchboard)、收银处(Cash Desk)等。

2. 客房部(Housekeeping Department)

客房是宾客住宿和休息的场所，也是饭店设施的主体部分。随着现代旅游业的发展，宾客对客房环境、住宿设施、清洁卫生设备及服务质量等都提出了很高的要求。因此，为宾客提供一个整洁、舒适、安全的房间，是客房部的主要任务。客房服务质量和管理水平的高低，不仅关系整个饭店的声誉和经营效果的好坏，而且直接影响饭店的经营收入和效益的高低，因而必须妥善做好客房部管理工作，不断提高饭店的经营管理水平。

客房部的主要机构有：客房管事部、楼层服务组、公共区域服务组、棉织品组、洗涤组等。

3. 餐饮部(Food & Beverage Department)

餐饮部是饭店又一个主要创收部门，虽然其创收能力通常小于客房出租的总收入，但该部门所获得的经营收入仍然是相当可观的。饭店餐饮服务的规模不论大小，一般均包括食品原料采购供应、厨房加工烹调、餐厅酒吧三部分业务活动，因而设置的业务部门相应有以下几个：原料采购供应部、厨房、餐厅、酒吧。

此外，饭店为了竞争和发展的需要，日益重视向客人提供更加完善的新型餐饮服务，以满足宾客多方面的需求。

4. 康乐部(Recreation Department)

在许多饭店中，特别是度假型饭店，都设有专门的部门为旅游团体和旅游者个人提供康乐服务，其中包括高尔夫球、网球、保龄球、健身、游泳等活动。这些活动均由康乐部组织安排，并设专门人员负责组织和指导工作。

康乐部还通过向客人提供娱乐设施，保证饭店娱乐活动的正常进行来获得相应的经营收入。康乐部的主管和其他专职人员，一般都具备组织娱乐活动的能力和专长。他们经常为饭店组织一些别开生面和富有吸引力的娱乐活动，以满足客人的娱乐需求。

5. 商品部(Shopping Arcade)

现在几乎所有的饭店都设有商品部或商品销售点，大型饭店的商品部和市区内的零售商场类似。但饭店商品部装饰豪华，商品价格通常高于饭店外的同类商品的价格。饭店商场和商品部出售的商品，一般以当地特有的旅游商品为主，同时也经营一些日常生活用品。在有些大型饭店中，商品部属于业务部门，其经营收入在饭店营业总收入中占有一定的比例。

6. 旅游部(Tourism Department)

现在许多饭店均设有组织旅游的专业部门。它一方面为饭店组织客源，另一方面为饭店的客人提供游览观光和继续旅行的各种便利服务。旅行社设有专门人员负责提供交通工具(车船)、导游、订票等各种专门的服务。

(二) 饭店职能部门

饭店职能部门是不直接从事饭店接待和供应工作，而是为业务部门服务，执行自身某种管理职能的部门。饭店的人力资源部、安全保卫部、销售部、财务部和工程部均属于饭店的职能部门。

1. 人力资源部(Personnel Department)

人力资源部的主要职责是为了满足饭店经营管理的需要，协助其他部门负责饭店管理人员和服务人员的选聘、培训及具体的管理工作。人力资源部是饭店中的一个非常重要的部门，一般直接受总经理的领导和指挥。人力资源部除设有经理和副经理外，还设有负责人员调配、职工培训、工资管理等工作的专职人员。有些饭店的人力资源部还设有专门的培训机构。

2. 销售部(Sales Department)

销售部的主要职责和工作目标是为饭店组织客源。为了保证饭店有充足的客源，销售部的人员要进行市场调研，了解市场需求，掌握客源流向并负责推销饭店产品。

饭店销售部的大小规模是有差异的。销售部通常设经理和主管销售业务的专职人员。有些大型饭店的销售部还设分管旅游销售、会议销售、宴会销售的经理以及负责维护公共关系等的专职工作人员。为了做好销售工作，饭店总经理也要分出一部分时间来处理销售部的有关事宜。

3. 工程部(Engineering Department)

工程部的主要职责是负责饭店房屋及设备的维修工作，使饭店的外部及内部装修等保持在完好和较高的水平上，并经常对饭店的各种设备及设施进行修理、保养和更新。工程部还需要按计划对饭店的能源消耗进行有效的管理。

工程部的组织机构包括：工程部办公室(由工程部经理、助理调度员等组成)；锅炉冷冻组(由锅炉房和冷冻机房组成)；电工组(由交配电组与强弱电组组成)；维修组(由综合维修人员组成)；电梯组(由电梯操作、维修人员组成)；土建维修组(由土建、木工、油漆工组成)。有的饭店只设锅炉、冷冻、水电、土建4组。

4. 安全保卫部(Security Department)

安全保卫部是饭店非常重要的职能部门之一，宾客在饭店中不仅需要完备的住宿条件，同时需要一个安全、舒适、宁静的环境。安全保卫部对饭店的各种设施、财产的安全以及宾客的人身和财产安全负有重要的责任。

饭店一般设有安全保卫部经理和专职的安全保卫工作人员，对全饭店进行24小时的安全保卫和巡视。虽然安全部的人员负责饭店整体的安全保卫工作，但是饭店的所有工作人员都应当关心安全工作，并积极参加安全保卫措施的具体实施工作。

5. 财务部(Financial Department)

财务部门负责处理饭店经营活动中的财务管理和会计核算工作。财务部的人员数量取决于饭店的经营规模。一般来说，饭店财务工作直接由一位副总经理领导，财务部门设有经理、副经理、主管会计、会计员、出纳员。

(三) 其他机构设置

根据我国的国情、法律、政治经济体制，饭店还要设置其他机构：一是党组织的领导机构。它要对饭店的经营决策、正常运行、组织目标的实现起监督保证作用。二是工会、共青团、妇女组织机构。工会是职工代表大会的常设机构，通过职工代表大会的形式可使职工行使民主管理的权利，并维护广大职工的利益；共青团、妇女组织是饭店的群众组织，根据该组织章程，它们一方面要从该组织成员的特点出发，引导他们在饭店中发挥积极作用，另一方面要保护该组织成员的权益。

四、饭店组织机构图

饭店组织机构图是用于描述饭店组织内部主要的、正式的结构关系的一种常用工具。组织结构中的一些主要方面都可以通过组织图反映出来，如它能通过显示组织的概况来表现组织结构内部的各种关系。

饭店组织结构图一般都采用纵向型组织机构图，用一览式表示组织结构，用阶段表示组织阶层。其主要特点是醒目易懂，主管与部属的正式关系、各部门的基本关系，以及职位、授权的路线十分明晰。图2-5为一般大中型饭店的组织机构示意图。

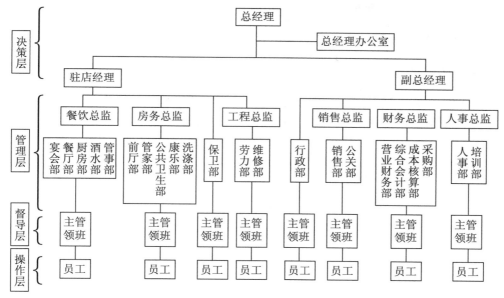

图2-5 大中型饭店组织机构示意图

五、现代饭店组织结构创新

(一) 饭店组织结构创新的动因

与发达国家的饭店业相比，我国饭店业起步较晚，虽然改革开放二十多年以来，我国饭店业在组织管理和组织结构设计上取得了长足的进步，但仍然存在着许多不足和弊端。在入世后日益激烈的市场竞争中，变革和创新饭店的组织结构形式，克服目前饭店结构中存在的弊端，仍是每个饭店经营者必须认真研究的课题。

具体来说，我国饭店组织结构存在的弊端主要可以归纳为以下三个方面。

(1) 结构重叠臃肿。在向市场经济过渡的过程中，传统计划体制下的僵化的组织设置模式及其影响仍然存在。由于过分强调分工、分工过细、管理人员能上不能下、人员素质差等因素，造成管理机构庞大臃肿、冗员过多，从而极大地影响了饭店的工作效率。

(2) 管理费用过高。这与构构重叠臃肿直接相关。人浮于事、职责不清，必然会加大不必要的管理开支，增加成本，同时也使自身的竞争力受到削弱。

(3) 组织结构复杂化。各部门各自为政、过分地强调分工和行政隶属关系，使得饭店统一的生产经营活动被人为地割裂。这种状况必然导致整个饭店运作效率的降低和经营决策的延误。

饭店组织结构创新是饭店有效参与市场竞争、求得生存和发展的关键。理想的饭店组织模式不是一成不变的，而是在实践中不断发展的。饭店组织的发展史表明，组织结构形式是不断地被人们在实践中认识并创造出来的。

在入世后激烈的市场竞争中，饭店要想高效顺畅地运行，必须要有一套与经营管理、员工素质、硬件设施相配套的组织结构，要随着社会经济环境和市场形势的变化而变化，这是饭店组织的内在需要，也是饭店自身获得生存发展的必由之路。

(二) 饭店组织变革与创新的系统模式

饭店组织的变革与创新不能孤立进行，它必须同有关的技术支持配套、同步地进行。对此，美国的哈罗德·莱维特曾提出整个企业(或其他组织)变革与创新的系统模式。他认为，组织变革与创新的内容，包括4个方面，即任务、人员、技术和结构，如图2-6所示。

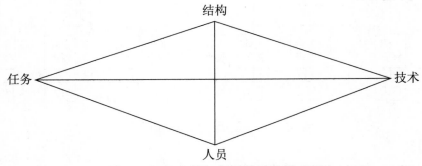

图2-6 组织变革与创新的系统模式图

1. 任务

任务是指组织设立的目标和任务。对饭店来讲，就是饭店提供给社会的产品或服务。这个任务，具体到饭店内部，就分解为各级各部门的具体工作任务。饭店产品或服务的变革与创新，如调整产品结构、提供新服务等，是饭店革新的重要内容。

2. 人员

人员是指饭店管理人员及员工的态度、知识、技能、经验、期望、信念、风格等状况。饭店人员结构及素质的变革与创新是饭店革新的又一项重要内容。

3. 技术

对饭店行业来讲，技术是指饭店的技术装备和软硬件应用环境。技术改革，新工艺、新材料等的采用，是饭店技术变革与创新的主要内容。技术变革是饭店革新的重要内容。

4. 结构

结构即饭店的组织结构，如权责分工、机构设置、集权程度、协调方式等。

莱维特组织变革与创新的系统模式表明，这4方面的变革与创新，具有很高的相互依赖性。饭店提供新的服务项目，与此同时，便要求革新某些软硬件技术，提高饭店管理与技术人员的素质，调整组织层级甚至结构。他还指出，在许多企业中，这4方面的革新往往是同时发生的。

这一理论模式带给我们的启示有以下两个方面：一方面，当组织任务、技术、人员素质等状况发生较大改变后，饭店的组织结构也必须相应做出必要的调整；另一方面，孤立地变革与创新饭店组织结构，并不能完全解决饭店存在的问题，必须高瞻远瞩，从整个饭店的全局出发，综合治理，相互配套，才能取得预期效果。把组织结构的变革与创新当作一项孤立的事情来做，单纯地从机构增减、权力上收下放等方面做工作，往往达不到预期的效果。

(三) 饭店组织结构创新的可行方向

富有生命力且高效的组织结构应达到两个标准：一是这个组织结构要有吸引顾客和员工的个性特征；二是这个组织方式要有利于促进饭店的管理，提高饭店的工作效率，增加饭店的经济效益。为此，在饭店组织结构的创新中，应遵循以下一些可行的方向和原则。

1. 饭店组织结构应为饭店的经营理念和发展战略服务

组织结构是一个饭店的框架，确定了饭店纵向的层次隶属和横向的分工协调，是反映饭店的经营理念、贯彻并实施饭店发展战略的有形载体和基础；同时，作为饭店灵魂的经营理念和发展战略，也必须在饭店的各个经营细节中得到体现。因此，组织结构必须服务和服从于饭店的经营理念和发展战略。这是保证饭店具有持久的生命力、有效的协调力、统一的运作力的基础。

2. 饭店组织结构应逐步趋向扁平化

过度的劳动分工导致冗长、复杂的工作流程，在管理时就不得不跨越多个单位和部门，同时也意味着要雇佣更多的管理人员，使组织进一步变得官僚化、等级化。传统的金字塔形的组织形态，在信息技术不断发展的今天，越来越显示出管理层次过多、机构庞大、信息沟通缓慢且容易失真等缺陷。而现在，"一对多"式的信息传递方式已经被"多对多"式的水平、对等的信息传递方式所取代。在这样的背景下，以前高耸的组织结构逐渐成了信息沟通的障碍，饭店组织结构的形态必然要趋向于扁平化。

在实际操作中，我国饭店的组织结构形态扁平化改造可采用的主要思路是，取消某些不必要的分工，对业务进行重新整合，压缩管理层次，精简管理机构，充分利用现代信息和计算机技术，逐渐加大管理幅度和减少结构层次，使上层管理者的指令和下层管理者的信息实现快速的双向沟通。

3. 增强员工对饭店组织的认同感是饭店组织结构创新的落脚点

员工对饭店组织的认同感是指饭店组织内的员工对本组织的真正认可，不能简单地认为加入饭店组织的每个员工都对饭店产生了认同感。增强饭店员工对饭店组织的认同感是营造组织良好氛围的根本出发点，也是饭店组织结构创新的落脚点。

提高员工对饭店组织认同感的基本方法是增强饭店组织的凝聚力，改革饭店与员工之间单纯的雇佣关系，培养饭店员工的自豪感。

4. 项目管理小组在饭店组织结构中的运用

项目管理作为现代管理新的实现方式，有着灵活、利于协调的特点。在日益激烈的市场竞争中，饭店要生存、发展，必须常常进行开拓和创新，而要打破传统的部门分工，实现高效的组织和协调，充分利用智力资本，项目管理小组是一种十分可行的方法。比如，针对某一新服务项目的开发，饭店可成立由市场、销售、技术、财务、一线服务等部门的专业人员组成的项目管理小组，利用已有的各种资源，高效率地沟通信息，发挥各自的优势，使项目产品得到高效开发。

5. 将过程整合的理念引入饭店组织的架构中

1993年，Michael Hammer和James Champy的著作《再造企业：企业革命的宣言》在企业管理领域引发了一场意义深远的革命，其中关于企业流程再造和组织结构的许多真知灼见至今仍具有宝贵的价值。他们在对企业组织结构进行研究后发现：基于细碎化、专门化的功能组织越来越难以适应当今快速变化的市场需要，按照过程而非任务来设计组织将成为企业组织结构改革的趋势之一。

饭店组织结构的过程整合，包括工作程序整合、任务整合和知识整合。应当达到的目标是：通过工作程序整合，减少服务和工作程序组成部分的数目；通过任务整合，让员工在独立的团队中互相协调地进行工作，而非机械地被限制在工作程序的某一个流程之中；通过知识整合，使员工具备成功地在任何工作环节上与其他人进行沟通和协调的能力，而非只按单独、简单的指令行事。这也是饭店全面质量管理和全员服务的理念中应有的内涵。

第三节　现代饭店组织管理体系

现代饭店是一个复杂的大系统，为维持这个系统的正常运转和促进饭店组织更进一步的发展，必须依靠一套科学、严密的组织管理体系。饭店组织管理体系应包括两方面的含义：一是从宏观管理的角度，指国家、地方、部门、行业对饭店经济活动的管理体系；二是从微观管理的角度，指饭店内部对所属范围的经营活动的管理体系。

这里将主要从微观的角度来讨论现代饭店组织管理体系的构成。如前所述，饭店组织为了实现组织目标和经营计划，需要制定一系列的规章制度，建立相应的管理机构，通过管理机构的计划、组织、指挥、控制和协调，有效地执行管理制度，来保证目标的顺利实现。因此，饭店组织的管理体系主要由组织管理机构和组织管理制度构成。

一、饭店组织管理机构

饭店组织管理机构是饭店组织设计的结果，是为执行饭店经营战略与策略而建立的决策、指挥和协调机构。饭店组织管理机构主要包括董事会、经理层、监事会和职工代表大会。

(一)董事会

董事会是现代饭店企业在所有权和经营权分离的条件下，饭店资产的所有者为了追求和保护自身利益而设立的饭店经营管理体系中的核心组织。

董事会一般不干涉饭店管理者的日常经营活动，在饭店的经营中主要发挥激励和制约功能。具体来说，所谓的激励功能是指董事会应代表全体股东，授权饭店经理层，使其充分发挥经营管理的智慧和才能，完成资本增值的目标，使股东收益最大化；所谓的制约功能是指饭店股东为了保证投资安全，赋予董事会对饭店经理层进行监督和制衡的权力，如对重大资本运作、大额资金支付等的审议和对经理层的奖惩进行规定等。

董事会作为现代饭店的最高决策机构，其在饭店经营活动中的主要职权可以细化为以下几个方面。

(1) 决定召开股东大会并向股东大会做报告；

(2) 执行股东大会决议，协调饭店与股东之间的关系；

(3) 选聘、任免饭店的总经理及其他高级职员(副经理、财务总监等)；

(4) 对饭店的经营发展战略、发展方向和目标等做出决策和计划；

(5) 决定饭店的筹资方式并制订计划，审定饭店投资项目及大额资金的使用；

(6) 检查饭店的经营和财务状况，审议饭店的年度财务预算、决算；

(7) 决定饭店的分立、合并、承包、终止等重大事项；

(8) 制定饭店的章程及履行相应职权。

饭店董事会应定期召开会议，对饭店经营中的重大问题做出决策。董事会开会时，所有董事均应亲自出席会议，并履行自己的职责权限。因故不能出席会议的，应书面委托其他董事代理，并写明授权范围。董事会由董事长主持召开，董事会议的内容应作记录以备查询。

董事会议做出的决策或决定，由饭店总经理负责执行，并将执行结果在下一次会议上进行报告。

(二) 经理层

现代饭店的经理层，是指以饭店总经理为代表的饭店管理层。在由饭店决策层、管理层、督导层和操作层组成的4级饭店组织结构中，经理层包括前三个层次。经理层应全面贯彻执行董事会做出的各种决策和决定，并对董事会负责；同时，以总经理为主对饭店的一切经营活动进行指挥、协调和控制。为了确保经理层指挥的权威性，使饭店的经营活动能够有效地进行，现代饭店通常采取经理负责制，即由总经理统一领导和指挥整个饭店的经营活动，而饭店的副总经理及其他高级管理人员，均由总经理提名，由董事会任命，协助总经理履行各部门的职责。

经理人员，尤其是总经理，是现代饭店经营活动的总指挥和最高领导，因而在选择经理人员时必须充分考虑经理人员的知识素质、心理素质、智能素质及身体素质，应能保证经理人员赴任后能够有效地完成自己的职责，为饭店带来最佳的效益。

(三) 监事会

监事会是现代饭店经营的监督机构，负责监督、检查饭店资本运营及经营管理的状况，并对饭店董事会及经理层行使监督职能。由于监事会成员也是由股东或所有者选举产生的，并且与董事会相分离，因而使监事会的监督活动具有独立性，从而保证了监事会工作的公正性和客观性。

现代饭店监事会的职权主要有以下几个。

(1) 列席董事会议；

(2) 监督董事、经理人员有无违法、违纪行为；

(3) 检查公司业务、财务的执行状况；

(4) 审核董事会提交股东大会的各种报告，对存在的问题可组织复查；

(5) 对饭店不称职的经营管理人员提出处分和罢免的建议；

(6) 可建议召开临时股东大会，并代表股东与董事交涉或起诉董事。

总之，监事会的根本目的，就是防止董事会和经理层滥用职权、牟取私利甚至侵害饭店股东的权益，以使饭店在有效监督的条件下，健康地运营和发展。

(四) 职工代表大会

职工代表大会是饭店民主管理的主要形式，是职工行使民主管理权力的机构。饭店董事会和经理层分别代表饭店所有者和饭店经营者对饭店的生产经营进行管理，而职工代表大会则是代表劳动者对饭店的经营实行民主管理，审议饭店的各项规划和策划，监督各级管理人员，维护饭店全体员工的切身利益。充分发挥职工代表大会的管理职能，可以使全体员工真正以主人翁的姿态积极工作，对于饭店的发展有着十分重要的意义。

二、饭店组织管理的内容

饭店组织管理的核心内容是"先框架、后实体，规章制度为管理"。确定饭店组织结构的框架后，就要建设组织的实体，即确定饭店组织管理的具体内容。

(一) 业务的分工与协作

饭店组织管理对实体的建设先要按照分工的原则对业务进行专业化划分，同时又要使专业化的组织活动和业务活动保持高度的协调一致性。饭店业务内容差别较大又自成体系，各业务是在一定的区域空间内进行的，因此，饭店业务的分工通常把业务和区域合在一起进行。

1. 制作饭店组织图

饭店组织图是全面反映饭店业务内容、部门组成、业务区域划分、组织结构、权责关系、岗位分工、人员安排的综合图解。组织图的要素有：在明确业务分工的情况下进行一个层次的部门设置；按直线制的形式对部门下属业务单元和班组进行设置；对饭店组织做层次的划分，包括饭店的基本层次和各部门的层次；对职位的规定。对组织图的每一个层次、每一个结点都可以做职位的规定。

2. 业务分工及界面划分

业务分工就是把饭店所有的业务按性质的不同进行分解，并把分解后的业务划归各部门、各层次。饭店业务从大处着眼是泾渭分明、范围明确，但从小处着眼则纵横交错、互相牵扯。为了分清职责，在业务分工后，还要对牵涉两个部门的业务做界面划分。

3. 建立岗位责任制

业务最终要人去完成。什么人、去完成什么工作、达到什么标准，由岗位责任制来规定。

4. 业务的组织联系

业务的组织联系包括饭店的业务设计、连接点衔接和业务信息系统设计。

(二) 管理人员的配备和使用

1. 用人理念

管理人员的配备就是组织用人。用人应遵循一定的用人理念。饭店的用人理念应是"德才兼备为重"。德的重要方面是符合管理人员的道德标准，要与饭店同心同德。坚决克服裙带关系等坏风气，选人用人时必须公平、公正。

2. 确定用人标准

饭店选拔管理人员既要考虑共性的标准，又要考虑个体的特性，要把这两者最佳地结合起来。从这点出发，饭店的用人标准包括以下三个方面。

(1) 基本素质，包括基本品质、道德意识、学历阅历、个性气质、思想观念等。

(2) 管理能力，包括管理理论、管理思想、管理方法，还有心理成熟程度和应变能力等。

(3) 业务知识和业务能力，包括本专业知识的深度和广度、饭店各方面的业务知识、与饭店相关的各种业务能力等。

3. 管理人员配备程序

管理人员配备应有一套规范的程序，力戒按个人意志任命管理人员。具体程序如下。

(1) 由该岗位的直接上司提出候选人名单，候选人可以有多个。如是对外或对内公开招聘，则由招聘领导机构提出名单。

(2) 由人力资源部门和饭店相应层次的管理层对候选人进行考察、考核。

(3) 根据管辖层次，由相应的管理层通过集体决策的方式确定该管理岗位的管理人员。

4. 使用和授权

配备饭店管理人员是为了使用，要使用就要对他们授权。使用和授权是组织管理的重要内容。

(1) 管理人员进入角色。组织是一种权责角色结构，组织配备了管理人员，就要让他们进入角色，使其处于最佳角色状态。管理人员的角色状态越好，管理活动就越有成效。

(2) 授权。权力是有效管理的必要条件。根据权力和职责相一致的原则，当管理人员确定后，应由正式组织以制度明文规定的形式授予管理人员相应的权力。

(3) 制约机制。组织应通过行政的、制度的、信息的形式形成对权力的制约机制。

(4) 爱护培养，能上能下。用人就是对人才的使用。任何物品在使用的过程中，都应注意维护保养，对管理人员更要爱护培养。饭店要制订人才培养计划，有计划、有步骤地培养和造就管理人员。对管理人员要建立能上能下的机制，这一方面是为了保证管理的质量，另一方面也是对管理人员的一种激励机制。

(5) 严格考核。对管理人员既要关心爱护，也要严格要求、认真考核，即"爱之深，律之严"。

(三) 任务的分配

组织管理中的任务分配，简单地说就是把组织目标的具体任务分解落实到各部门。任务分配和业务分工有着密切的联系，组织管理是把这两者联系在一起做整体性安排。

1. 确定组织目标

饭店是以决策后制订计划的形式确定饭店目标的。饭店计划还要确定各部门各阶段的目标和业务活动，由此组成饭店的计划目标体系。

2. 分解指标和分配任务

饭店的计划指标和目标是由各部门在开展实际业务过程中完成的。饭店组织管理要在综合平衡的基础上，对计划指标进行分解，分解后把具体指标落实到各部门；根据分解的计划指标、饭店的业务决策及业务设计，把与指标配套的任务分配到各部门；各部门根据指标和任务制订本部门的部门计划；在对计划任务进行分配后，还要对临时任务作分配。计划任务是常规性的、定时的(如年、季、月)，临时任务是随机的、不定时的。

3. 目标考核

有了任务的分配，必定有对目标和任务的考核。考核是按部门和阶段进行的，可按各部门不同的考核项目进行，对于阶段的确定，则可以月、季、半年、全年为单位。

4. 编制定员

编制定员是核定并配备各岗位、各班组、各部门及全饭店管理人员和服务员的数量。编制定员工作从业务上来说属于人力资源部门的工作范围，从管理职能上来说属于组织管理职能范围。

(1) 编制定员核定。包括：以班组为基础进行人员核定；定量分析；分析相关因素，确定定员。

(2) 用工类型。用工类型是指饭店所有员工因与饭店的关系性质的不同而形成几种不同的类型。饭店用工类型的不同决定了员工与饭店的所属关系、契约关系、经济关系、劳动关系的不同。饭店用工类型主要有正式工、合同工、聘用工，对员工都应按照企业的规定给以应有的地位，维护他们的合法权益；编制定员是个定数，而饭店实际用工是个变数，它是围绕编制定员上下浮动的。

(四) 劳动组织

劳动组织是通过一定的形式和方法使人和设施合理结合，组成岗位劳动，再使岗位劳动连贯成业务流程，最终使流程相互联系和协作，以顺利地完成宾客接待的过程。

1. 业务流程和协作

饭店的业务流程是把前后有联系的相关岗位按一定的程序连贯起来的过程。饭店业务流程的特点是对业务做时空上的组织。

(1) 业务流程时序上的设计。其思路是按宾客活动时间的先后，排列有前后时序关系的相关作业岗位的作业程序，使之成为一个连续的过程，形成时间上的业务流程。时间上的业务流程形成了劳动组织的纵向联系。

(2) 业务流程空间上的联系。宾客的活动有空间上的运动，饭店岗位协作也要有空间上的横向联系。业务流程设计要把具有空间作业联系的岗位和业务联系起来，把同一空间的业务作业联系起来形成流程。

(3) 业务流程的时空结合。业务流程不可能是一个单纯的时间流程或空间流程，它是时空的结合。业务流程要强调时序性，同样要强调协作性。

(4) 业务流程是实体，与流程相配套的有服务规程和信息流。因此，在对业务流程进行设计时，应同时设计服务规程、信息流。

2. 排班

排班就是排定班次，是根据各岗位及由岗位组成的班组的业务规律，规定它们的工作时间和时间段，规定它们的作业内容。排班有两种形式：一是按作业时间区分，排成早、中、晚等时间班。二是按业务内容排成业务班，如客房的卫生班和值台班，前厅的总台班和总机班等。时间班和业务班不是截然分开的，它们是交错在一起的。

饭店业务内容较多，各业务内容又不相同，饭店各部门的排班也多种多样。排班只能从实际出发，因事因时而定。排班主要是基层管理者的职责，小区域部门由部门经理排班。对于排班的最后核定和认可则由部门经理负责。

三、饭店组织管理制度

现代饭店组织管理制度，是用文字的形式对饭店各项组织管理工作和组织活动做出的规定，是饭店管理的基础和全体员工的行动准则，是现代饭店进行有效经营活动必不可少的规范。现代饭店管理制度的内容和形式都很广泛，概括起来主要包括基本管理制度、专业管理制度、岗位责任制和经济责任制4个方面。

(一) 饭店组织基本管理制度

1. 总经理负责制

现代饭店建立以总经理为首的经营管理系统，并在饭店组织管理制度中处于中心地位，这是适应市场竞争、按饭店管理规律管理饭店的需要。

总经理负责制的主要内容是：明确总经理既是饭店经营管理的负责人，又是饭店的法人代表。总经理对饭店的经营管理拥有决策权、人事权和员工奖惩权。在总经理行使权力的同时，也必须承担相应的责任，实现饭店的各项经营目标。总经理还应自觉接受上级组织和员工的监督。

2. 职工民主管理制

饭店是社会化大生产分工协作的典型企业，员工的个体因素对饭店的管理和服务水平有着极为重要的影响，因此，实行职工民主管理制十分必要。其基本形式是饭店职工代表大会，它具有管理、监督、审议三方面的权利。具体工作包括以下方面。

(1) 听取和审议总经理工作报告；

(2) 审议饭店的发展规划、经营计划以及一些重要的经营管理问题；

(3) 审议饭店各项基金的使用以及饭店福利等，监督饭店各级干部，对成绩显著的干部提出表扬和嘉奖，对不称职的干部提出撤换的建议。

3. 员工手册

饭店员工手册是饭店的"基本法"。员工手册规定了饭店每一个员工拥有的权利和义务——每个员工可以享受的待遇以及应该遵守的纪律和规章制度。

员工手册一般包括以下内容。

(1) 序言。主要是饭店的欢迎词,对员工加入饭店工作、成为饭店大家庭的一员表示欢迎,并提出期望。

(2) 饭店简介。介绍饭店的历史沿革、规模、档次和特色。

(3) 饭店文化。传达饭店的企业精神、经营宗旨和指导思想。

(4) 饭店组织结构和形式。

(5) 饭店劳动及人事规定。说明饭店职工的工作时间、加班的规定、报酬的支付方式,以及招聘、培训、录用、辞退等劳动人事方面的管理规定。

(6) 报酬的评定与发放。说明饭店工资报酬的评定方法及职务、技能、贡献与所得报酬的内在联系。

(7) 员工福利。规定员工的医疗费用、病事假和其他请假制度、带薪假期、膳食、津贴等。

(8) 纪律。员工必须遵守的各项纪律规定以及奖惩条例。

(9) 安全守则。在意外发生时,员工必须遵守的原则和应尽的义务和责任。

(10) 签署人。每位员工在学习并接受、认可员工手册所提出的各项条款后,必须签名,交人事部门备案,以便将来对照实施。

(11) 员工手册要明确员工在劳动合同书以外附带的权利和责任;条文内容不能与国家法规相抵触。

(二) 饭店组织专业管理制度

现代饭店组织的专业管理制度,是指为了保证饭店经营活动的正常进行,保证经营服务过程中各环节的协调,实现饭店各项专业管理职能而制定的各种管理工作的规范,是饭店组织管理制度的重要内容。

其具体包括饭店经营计划、技术、财务、质量、设备、动力、安全、劳动、环保、营销、人事及部门、班组等方面的管理制度,也是各职能组织部门有效履行其职能责任的重要依据。

(三) 饭店岗位责任制

现代饭店岗位责任制,是根据饭店内各个不同的工作岗位而规定的工作内容、服务程序、服务标准及职责权限的制度,是实行经济责任制的基础。饭店岗位责任制是保证饭店优质服务的前提,是不断提高饭店服务质量的依据。因此,必须不断地建立和健全岗位责任制,使每一个岗位都有严格的分工、明确的责任,从而形成相互联系、相互协调的饭店责任体系。饭店每个岗位都需承担不同的岗位经济责任,关系每一位饭店员工,主要内容包括以下几方面。

(1) 岗位的职责范围和具体的工作任务；

(2) 每项工作任务的基本要求、标准和操作程序；

(3) 应承担的责任和应遵守的制度；

(4) 协作要求；

(5) 奖惩办法。

(四) 饭店经济责任制

饭店经济责任制，是以提高饭店经济效益和社会效益为目标，实现责、权、利相结合的一种经营管理制度，也是有效地调动饭店各部门和员工的积极性的一种现代化管理方法。

饭店经济责任制的实施，是指根据饭店经营目标，按照责、权、利相结合的原则，把各项经济指标分解，并层层落实到各饭店组织和个人，然后提供相应条件，提出要求，以保证经济责任的落实和目标的完成。通过个人目标和组织目标的实现，最终保证饭店经营目标的实现。

案例分析

吴某是某四星级国营酒店的老总，在其任职的6年间，酒店由原来的年创利近500万元"发展"至年亏损近100万元！后因群众举报，当地检察机关对吴某立案侦查，发现吴某竟将该酒店当作自己的私有财产，并设有自己的小金库。其权力在酒店中至高无上，什么事情都是由他说了算，员工更是敢怒不敢言。

据了解，吴总当初刚刚走马上任时还是为酒店的发展尽心尽力的，其能力也得到了酒店各级管理人员及普通员工的认可。在其上任的第一年，酒店即有了较大的发展，生意红火，并通过了国家星级酒店评定，挂牌四星级，年创利达500万元。据吴某交代，他发现该酒店的体制不健全，组织管理监督和民主机制更是无从谈起，他越来越觉得他在该酒店中的权力可以凌驾于任何人之上且不会被发觉，私欲的膨胀逐渐把吴某推向了罪恶的深渊。他在酒店建立自己的小金库，肆意挥霍公款用于赌博和物质生活享受，先后去澳门和美国以考察为由豪赌，导致国家财产大量流失。吴某疏于对酒店的日常管理，这使得酒店人心涣散，经营状况每况愈下，从最初年创利近500万元到负债经营，实在令人痛心！吴某也因贪污并挪用公款被判刑。

(资料来源：饭店组织管理案例. 百度文库. http://wenku.baidu.com/view/491826c80c22590102029d21.html)

思考：

你认为该酒店的组织设计缺陷在哪里？如何在日常经营管理中监督总经理的职权行使？

本章小结

组织管理是饭店管理中的系统工程，饭店应建立相关的管理制度，加强组织管理是提高饭店管理水平和服务质量的重要内容。本章论述了饭店组织设计、组织管理体系和组织创新的相关内容，并结合知识经济时代的新趋势、新特点对饭店组织管理进行了系统分析。

📖复习思考题•

1. 饭店的非正式组织与正式组织相比，有哪些特点？如何有效地对其进行管理？
2. 饭店非正式组织有哪些主要的类型？
3. 饭店组织设计的影响因素和指导原则是什么？
4. 饭店组织设计的一般程序中有哪些主要步骤？
5. 饭店组织结构的主要框架形式有哪些？
6. 思考知识经济时代饭店组织变革与创新的可行方向。

第三章
饭店营销管理

知识目标

- 了解饭店营销的含义
- 了解饭店营销观念的演变过程
- 熟悉饭店营销的特殊性
- 掌握饭店营销的新理念

技能目标

- 灵活运用多种营销方法
- 对饭店产品进行营销策划

案例导入 | 阿吉帕汽车旅馆的经营之道

意大利特兰托市有一家"阿吉帕汽车旅馆",最初,主要接待驾车和因公出差的客人;后来,由于竞争激烈,生意开始萧条。这家旅馆决定采用新的招数吸引客人。为了吸引各种类型的客人,该旅馆针对不同类型的客人的特点,制定了不同的价格。

(1) 散客。这类客人多因公出差,是旅馆原来的主要客源市场。由于出差者的支出由企业开销,因此这部分人不在乎价格的高低。旅馆决定对这类客人收取全价,餐费另计。

(2) 团队。这类客人主要由旅行社带来,并且客量较大,旅馆决定对这类客人采用优惠价格,折扣为13%。

(3) 家庭客人。这类客人主要是驾车出游的家庭。旅馆决定对三人以上的家庭提供优惠,三人同住的客房平均每人的房价只有单人价格的65%,不满11岁的小孩可以免费同父母同住。

这家旅馆采用的这种政策很受客人欢迎,促使出租率大大提高,很快就在激烈的竞争中生存下来,并增加了盈利。

(资料来源:市场营销经典案例. 百度文库. http://wenku.baidu.com/view/d53b163a580216fc700afdbe.html)

思考:

1. 这家旅馆采用的是什么营销策略?

2. 采用这种营销策略有什么好处?

本章导语

饭店营销是满足顾客需求以获得经济效益的经营活动过程，它是为了让顾客满意，并实现饭店企业经营目标而展开的一系列有计划、有步骤、有组织的活动，是针对产品、价格、销售渠道及促销进行策划和实施的全过程。饭店营销管理是饭店重要的管理活动。

第一节 饭店营销概述

一、饭店营销的含义

营销是企业的一种市场经营行为，它是以买方市场为对象，在动态的市场环境中研究卖方市场的产品或服务如何转移到消费者手中的过程。从不同的角度来看，这种行为大致有以下几种表述。

营销学奠基人之一、美国学者菲利普·科特勒在其《营销学》中给出这样的定义：营销是个人和团体通过为他人创造产品和价值并进行交换而满足其需要和欲望的社会过程和管理过程。

盖里·特莱帕给出这样的定义：了解顾客需要，使产品尽可能满足这些需要，劝说顾客满足自己的需要，最后，当客人愿意购买该产品时，保证购买方便。

安德逊给出这样的定义：营销的真正意义在于听取市场需求，满足需求，创造利润。据此，出色的营销自然应该意味着，你比自己的竞争者更注意倾听市场意见，也比竞争者更有效地满足市场需求。

我们可以把上述定义以及其他一些作者对营销的定义结合起来，对营销定义为：营销是企业的一种市场经营活动，即企业从满足消费者出发，综合运用各种科学的市场经营手段，把商品和服务整体地销售给消费者的经济活动。

根据以上定义，我们又根据饭店企业及产品的特点，对饭店营销进行如下界定：饭店营销是饭店管理人员为了在变化的市场环境中，通过市场调研，了解顾客需求，然后努力提供适合这种需求的产品和服务，使顾客满意、饭店获利而开展的一切活动。

二、饭店营销观念的演变

饭店营销观念的演变大致经历了5个阶段：生产导向；产品导向；推销导向；营销导向；社会营销导向。

1. 生产导向阶段

这种观念认为："我的饭店能提供什么，就销售什么。"

在饭店业发展初期，产品与服务供不应求，在许多地方成为一种普遍现象。虽然当时饭店简陋，且服务项目稀少，但前来投宿的旅游者却络绎不绝，饭店经营者除了淡季之外，几乎从来不为客源发愁，在旅游旺季甚至出现蜂拥而至的现象。由于客房不足，凡能找到下榻之处，即使设施简单，餐食一般，投宿者也心满意足。于是店方只需关心客房有无、餐食有无，无须把力气花在改善设施、增加服务项目、提高餐饮质量等方面。实际上，常常是店方能提供什么，旅游者便购买什么。旅游者的需求完全被放在一个并不重要的位置上。严重的供不应求造成了纯粹的卖方市场，也造成了饭店经营者中普遍存在的生产导向观念。

2. 产品导向阶段

这种观念认为："客人喜欢良好的设施和优质的服务，因此饭店工作的核心是提供良好的设施和优质的服务。"

产品观念是典型的质量中心论，"酒香不怕巷子深"便是产品导向观念的集中表现。与生产导向相比，产品导向无疑是一种明显的进步。因为它毕竟考虑到消费者对产品质量、性能、价格等方面的需求和愿望。就客人而言，他们下榻饭店所能获得的最基本的好处，即客房可供休息下榻，餐厅可以就食用餐。饭店若能提供良好的设施和优质的服务，客人一般来说会感到满意。

然而，产品导向的最大不足之处在于"营销近视症"，即饭店经营者把精力仅仅集中在设施的改进与服务质量的提高上，而忽视了对市场即客人需求的了解与研究。实际上，客人来自五湖四海，他们的需求不仅千差万别，而且不断变化。饭店的设施与服务再好，若不考虑客人的需求，也很难适应市场的需要，从而会被市场淘汰。

3. 销售导向阶段

这种观念认为："我推销什么，客人就会买什么。"

饭店一方面要增加设施、改进服务，一方面需要组织人员外出推销，唯有如此才能使客人了解产品，并在竞争中战胜对手。

由于技术进步、设施改善，再则由于饭店增多、竞争加剧，此时供不应求的局面已不复存在；相反，供大于求迫使饭店经营者把经营重点从生产转向销售。销售导向观念促使饭店企业开展有组织的销售，并应用各种各样的推销术，建立分销渠道和开展广告宣传。与产品导向下的"等客上门"相比，一个饭店能有专人从事销售总是一种进步。

然而，销售导向指导下的一切推销努力并没有把客人的需求放在最重要的位置上来考虑，这种销售的努力主要出于饭店自身利益的考虑，销售人员也许四处奔走，但是他们并没有做过周密的市场调研，不了解顾客的真实需求，因此他们的努力并不能保证给饭店带来更多的客源与利润。

4. 营销导向阶段

这种观念认为："满足客人需求是饭店必须优先考虑的事。"

饭店管理者首先考虑的不是饭店有什么可供销售，而是客人对饭店有哪些需求。了解客人需求，努力满足这些需求，饭店才能创造利润，才能在激烈的竞争中获得发展。

随着竞争的日益激烈，技术的进一步提高，消费者的需求越来越多样化、个性化，导致供过于求或供求不对应等情况发生。与此同时，越来越多的饭店经营者掌握了现代管理知识，提高了管理水平。人们开始认识到，单纯的推销努力并不能保证顾客满意，增加销售量；企业只有主动地了解消费者需求，并采取措施满足消费者需求，才能长期占领市场，获得高额利润。

企业经营指导思想从"销售导向"到"营销导向"的转变，可以说是企业经营思想的一次质的飞跃。在销售导向观念中，饭店最关心的是设法为自己已经生产出来的产品找到买主(客人)；在营销导向观念中，饭店首先关心的是市场需求，是了解和满足客人的需求，是根据客人需求调整产品、改进服务。现在我们把销售导向和营销导向作一对比，见表3-1。

表3-1　销售导向与营销导向特点对比

观念区别	起　点	方　法	目　的
销售观念	企业现有产品	推销、促销	从销售中获利
营销观念	消费者的需求	整体的营销活动	从满足消费者需求中获利

5. 社会营销导向阶段

这种观念认为："置身于社会整体中的饭店和其他任何企业一样，不能孤立地追求一己的利益，而必须使自己的行为符合整个社会与经济发展的需要，力求在创造饭店的经济效益的同时，能为整个社会的发展做出贡献，创造社会效益。"

在20世纪70年代，人口激增，资源过度开发，生态环境恶化，使人们越来越清楚地认识到环境与资源保护的重要性。社会营销导向主要是在这种背景下提出的。一些国际连锁饭店在这方面已经开始做出值得赞赏的努力。如为了节约纸张而减少森林砍伐，它们提供的卫生纸是用再生纸做的；办公室的一些非正式文件使用电传纸的反面；在客房里放置小册子，宣传保护环境与资源的日常方法，如为节约水资源而减少棉织品的洗涤次数，取消一次性牙具等；组织员工参加植树活动，等等。

三、饭店营销的特点

饭店营销的特点明显受其产品特点的影响，因此，饭店产品的诸多特点决定了饭店营销活动的特点。

1. 产品的无形性给营销活动带来脆弱性

饭店提供的产品是以服务为主体的组合，饭店借助各种设施设备和物品原料，通过员工的劳动，满足宾客各种旅居生活所需。而服务是无形的，宾客在首次购买饭店产品之前无法触及和感受它们，这就给企业营销带来较大的难度。因此，饭店应巧妙地提供各种有形的证据来吸引宾客，让宾客眼见为实。这些有形的证据包括设施设备、人员形象、环境布置等。

2. 产品的不可储存性给营销活动增添艰巨性

饭店产品与其他商品不同，其价值不能储存，当天的产品卖不出去当天的产品价值就消失了，并且无法再挽回。因此，饭店在提供产品时，要掌握恰当的时机，提高产品的时间效用，在恰当的时间里提供恰当的产品，尽量实现产品的使用价值而减少损失率。如可采用量时销售、分时计价等方法减少损失。

3. 产品的不可运输性使营销活动丧失灵活性

饭店的产品是固定在饭店内的，具有不可移动性，其产品只能在饭店内交换，不能带走而只能就地消费。这就使其丧失了一定的灵活性。因此，饭店应对其产品进行大力宣传，吸引广大宾客到店消费，以保证一定的客源。

4. 产品生产和销售的限制性减少了营销活动产生规模效应的机会

由于饭店产品的不可储存性和不可移动性并且存在一定的淡旺季，导致其产品不能像其他产品那样集中批量生产和销售。因此，饭店在营销时最好通过实行连锁经营、组建饭店联盟、进行团队促销等方式，统一服务标准、服务程序、服务风格，来达到饭店产品的规模生产和规模销售，以获得较高的利润。

5. 产品消费的随意性使营销活动必须着眼于刺激宾客的消费欲望

饭店的大部分宾客是旅游者，而且宾客的消费行为在很大程度上受情感、兴趣、动机等心理因素的影响，产品的消费随意性很大。因此，饭店应灵活掌握宾客的消费心理，进行有针对性的促销，以激发宾客更多的消费行为。

6. 产品的非专利性促使营销活动必须讲究独特性

饭店产品具有非专利性的特点，一旦有新颖的产品出现，很容易被竞争对手模仿运用。因此，饭店在营销中要积极创新，不断开发具有特色的新颖产品，才能永远保持有利的市场地位。

四、饭店营销新理念

在饭店营销领域，相继出现了许多新的营销理念，对提高饭店企业市场竞争力具有很重要的意义。

1. 主题营销

主题营销是饭店企业在组织策划各种营销活动时，根据自身特色、时令季节、时尚潮流、顾客需求、社会热点等因素，选定某一主题作为活动的中心内容，以此实现经营目标的一种营销方式。主题营销的最大特点是赋予一般的营销活动以某种主题，围绕该主题来营造饭店的气氛。店内所有的产品、服务、色彩、造型以及活动都为主题服务，使主题成为客人识别饭店的特征和产生消费行为的刺激物。主题营销不仅是一种差异营销，而且是一种品牌营销，更是一种文化营销。

主题的选择可以是民俗地域，如古埃及文化、玛雅文化、酒文化、茶文化等；主题的选择可以是历史文化，如唐、宋、元、明等；主题的选择可以是文学艺术，如西游宴、红楼宴等；主题的选择可以是娱乐文化，如音乐、舞蹈、戏剧等；主题的选择可以是休闲运动，如奥运会等。

2. 分时营销

分时营销是指饭店将客房的使用权分时段出售给顾客，顾客购买了该时段的使用权后，可以享有转让、馈赠、继承、分时使用等权益以及对公共配套设施的优惠使用权。分时营销具有销售价格相对较低、使用方式较为灵活、饭店产品具有家庭气氛的特点。

典型的分时营销过程包含饭店、销售代理商、交换公司、购买者4方之间的多种关系。因此，分时营销的运作模式可分为双边式(饭店与购买者)、三边式(饭店、购买者与销售公司)和多边式(饭店、购买者、销售公司与交换公司等)三种类型。

3. 机会营销

机会营销是指企业根据市场环境，寻找到与本企业的经营条件和经营目标相吻合的市场机会而开展的市场营销活动。饭店的市场营销机会具有广泛性、隐蔽性、瞬时性、随机性和对应性等特点。因此，要正确运用机会营销策略，关键是要找到、发现、捕捉、利用和开发各种营销机会，然后根据市场营销机会来组织与开展机会营销活动。

发现、创造和捕捉市场机会的方法很多，可从信息情报中去发现和捕捉，如报纸、电台、电视、政府和上级新出台的政策、文件等；可从社会潮流和趋势中去发现和捕捉，如环保潮流、科技潮流、消费时尚、健康潮流、文化潮流等；可从社会重大事件中去发现和捕捉，如北京2008年奥运会期间、上海2010年世博会期间可能带来的市场营销机会等；可从经济文化发展中去发现和捕捉。

4. 绿色营销

绿色营销是指企业以促进可持续性发展为目标，为实现企业经济利益、满足消费者需求和保护环境利益，统一而有目的、有计划地开发和交换产品的一种营销活动。其宗旨是保护生态环境，防治污染，充分利用并回收再生资源，以利于社会。

绿色营销的途径有：树立绿色形象，如绿色产品形象、绿色员工形象；做好绿色培训，如绿色计划制订、绿色能力训练；开发绿色产品，如绿色客房、绿色餐厅；加强绿色沟通，如绿色广告、绿色公关等。

5. 内部营销

内部营销理论认为，为实现企业经营目标，必须首先把饭店内部看作一个内部市场，将饭店的员工看作饭店的内部宾客，必须先于外部营销活动做好内部营销活动。满意的员工才能提供宾客满意的产品，满意的宾客会频繁光顾饭店为饭店带来经济效益，收益良好的饭店会给员工带来更多的利益，满意的员工会为饭店提供更加出色的产品和服务，依次良性循环。

内部营销的途径有：尊重员工；了解员工；关心员工；发展员工；激励员工等。

6. 网络营销

网络营销是指饭店以互联网为传播手段，借助网络、电脑通信和数字交互式媒体等技术来沟通供求之间的联系、销售企业的产品和服务的一种现代市场营销方式和策略。网络营销的价值在于使生产者与消费者之间的价值交换更便利、更充分、更有效率。

网络营销的方式有：网络调研；网络广告宣传；网络预订等。

第二节　饭店营销市场分析

饭店企业营销市场分析，是对饭店生产经营活动所处的内外环境以及影响饭店消费者购买决策的因素的分析，它是饭店有效进入市场前的一个重要环节。

一、饭店市场营销环境分析

饭店市场营销环境分析包括宏观环境分析和微观环境分析两个方面。

1. 宏观环境分析

宏观环境中包含企业无法控制的众多因素，如政治制度、法律法规、经济发展水平、科学技术发展状况、人口资源、社会结构与发展趋势、市场竞争结构等。这些环境对于饭店企业的经营发展有着巨大的影响，它们影响着宾客对饭店产品的需求，决定着饭店营运的规模与水平，牵引和制约着饭店产品开发的方向和速度。而且这些环境是企业无法控制的，这就要求企业能够预见环境演变的规律和趋势，提前对企业的营销战略做出相应的调整。例如，目前国际上禁烟运动日益普及，人们希望公共场所辟有无烟区，许多顾客进入饭店时通常要求住在无烟区，如果饭店充分利用这一机会，开辟无烟楼层和无烟客房，就可以满足这一部分宾客的需求，吸引更多的客源。

2. 微观环境分析

微观环境是由一些与企业经营活动密切相关的外部因素构成的小环境，包括消费者群体、竞争者、供应商、销售代理商、社区组织机构与居民、地方政府部门以及相关利益团体等。对于这些环境，企业能够通过自身的经营对它们施加影响、选择、限制或引导。这些机构或个人的策略性行为也将在很大程度上制约着饭店的经营效果。例如，竞争对手的经营状态和形象以及各种营销手法对本饭店都会产生较大的影响，甚至形成极大的威胁和压力。因此，对竞争对手进行详细的分析，有利于了解主要的经营威胁所在，做到知己知彼，从而在市场竞争中处于有利的地位。

二、饭店消费者购买决策影响因素分析

对饭店来说，最基本的消费者类型有两种：一种是个人消费者，一种是组织机构消费者。前者以个人支付为特征，后者以组织形式购买饭店产品。这两种消费者都是饭店的重要客人。

(一) 饭店个人消费者购买决策影响因素分析

影响消费者个人购买决策的因素很多，主要包括背景因素、外部因素、人口统计因素以及心理因素等几个方面。这些因素对消费者的购买决策起到非常重要而又微妙的影响，而且，在不同的环节，这些因素的作用力度会呈现一定的差异。

1. 背景因素

最突出的背景因素是指一个人所属的文化和亚文化类型及其在社会群体当中所处的地位(通常以社会阶层来表示)。这些背景因素对个人的消费行为有着十分重要的影响。例如，体现东西方文化差异的文化特质，在饮食方面表现为进餐工具的不同：刀叉与筷子；又如，南北方亚文化的差异形成了饮食上"南甜、北咸、东辣、西酸"的口味差异。

2. 外部因素

外部因素包括宏观环境和微观环境中的政治制度、法律法规、经济发展水平、科学技术发展状况、人口资源、社会结构与发展趋势、市场竞争结构与消费者群体、竞争者、供应商、销售代理商、社区组织机构与居民、地方政府部门以及相关利益团体等因素。

3. 人口统计因素

人口统计因素主要包括年龄、性别、受教育程度、家庭生命周期、收入和职业等变量。这些因素在很大程度上影响着消费者的购买行为，因为这些因素常常会决定一个人属于什么样的亚文化群体、什么样的社会阶层，同时也可能决定了一个人具有什么样的心理和行为特点。如针对老年宾客特点，饭店在布置客房中就要充分重视卫生间的防滑地砖、浴缸边的把手、夜灯、备用毯以及大字印刷的服务指南等方面。

4. 心理因素

影响消费者行为的心理因素可以从不同层次上予以探讨。从过程的角度看，内驱力、需要、动机和行为是一个系列性的过程，尽管它们之间并非严格连贯的。这当中最重要的一个心理环节是需要，需要的形成也同样受其他一些心理因素的影响，包括个性、信念、感知等。

(二) 饭店组织机构消费者购买行为分析

饭店组织机构消费者对于饭店来说，是一个庞大而有利可图的市场，具有4个特点：购买的数量大、总金额高；在时间上有一定的规律性，可预见性强；购买决策过程所需信息多，决策时间长；对价格比较不敏感。其中，团体会议承办机构是饭店尤其是商务型饭店或会议中心的最重要的组织机构购买者。

第三节 饭店营销市场进入

饭店市场是由具有不同特征的细分市场组成的。因此，对饭店市场进行有效的细分，选择好目标市场，并在市场中准确地进行定位分析是饭店企业在市场中开展有效经营活动的重要前提。

一、饭店市场细分

1. 饭店市场细分的含义

饭店市场是由饭店产品消费者个体组成的总体。购买饭店产品者人数众多，并广泛分布于各个地区，有不同的需求和欲望，且支付能力、购买态度和消费方式也不尽相同。消费者个体的差异性决定了任何一家饭店都无法同时满足所有购买者的需求。而饭店要想实现使消费者满意的目标，就必须进行详细的市场细分。

饭店市场细分是指饭店按照细分变量，把总体市场划分为若干个具有不同需求特征的亚市场的过程。如按照购买方式，饭店消费者市场可分为团队客人和零散客人。

2. 饭店市场细分的作用

(1) 市场细分有利于饭店，特别是中小饭店发现最好的市场机会。

饭店通过市场细分，可以了解各个亚市场的需求状况和目前其需要满足的程度，从而发现那些需要没有得到满足或没有得到充分满足的亚市场，进而发现最有利的市场机会。市场细分对小饭店尤其重要，因为小饭店一般资金少、实力薄弱，在整个市场上竞争不过大饭店。小饭店通过市场细分，就可以发现那些未满足的需求，见缝插针，拾遗补缺，从而在竞争中求得生存和发展。

(2) 市场细分可以使企业获得最大的经济效益。

饭店通过市场细分，可以按照目标市场的需求及时正确地调整营销组合策略，同时还可以将企业的人、财、物集中到已选定的目标市场上，以增强饭店企业的市场竞争能力。

3. 饭店市场细分的标准

饭店可以按照某些因素把整个市场细分为若干个不同的亚市场，这些因素叫作细分变量。饭店市场细分变量主要有：地理变量、人口统计变量、心理变量和行为变量。

(1) 地理变量包括地区、城市规模、密度、气候等。

(2) 人口统计变量包括年龄、性别、家庭规模、家庭生命周期、收入、职业、受教育程度等。

(3) 心理变量包括个性、态度等。

(4) 行为变量包括购买时机、购买频率、购买数量、购买目的等。

二、饭店目标市场选择及定位

(一) 饭店目标市场选择

饭店目标市场选择是指确定饭店即将进入的或计划为之服务的某个或某些细分市场。它是对企业最有价值的市场。目标市场覆盖策略有以下三种类型。

1. 无差异性营销策略

饭店不考虑细分市场的差异性，对整个市场只提供一种营销组合，见图3-1。

图3-1 无差异性营销策略

2. 差异性营销策略

饭店选择几个细分市场作为目标市场并分别为每个目标市场设计营销方案，见图3-2。

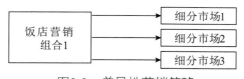

图3-2 差异性营销策略

3. 集中性营销策略

该策略是指选择市场中最有吸引力的一个作为目标市场，见图3-3。

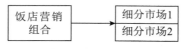

图3-3 集中性营销策略

(二) 饭店目标市场定位

饭店目标市场定位是指借助于各种营销组合工具努力在消费者头脑中创造一种有关产品与服务的特性、功能及意义的形象的过程。

饭店目标市场定位既服从于市场竞争的需要，又服务于市场竞争。尽管定位方式千差万别，但从市场竞争的角度分析，定位的基本模式有以下三种。

1. 对抗性市场定位

对抗性市场定位即紧逼主要竞争者的市场定位。饭店业的进入门槛较低，产品之间的差异较小，吸引的都是同质客源，因此多采用与竞争对手定位相同的方法，以争取更多的市场份额。采用此种策略的饭店通常拥有竞争对手饭店的优势，再加上自己的优势，可使自己处于领先的地位。这种定位模式会导致彼此之间爆发激烈的正面竞争，往往实力雄厚或在某些领域确有专长的饭店，实施这一定位策略较易取得成功。

2. 差异化市场定位

这是与主要竞争对手适当拉开距离的市场定位。饭店的目标市场、产品及市场策略具有自身特色，因此与竞争者有显著差异，这就避免了与竞争者的恶性竞争，使企业赢得了更大的生存与发展空间及宝贵的时间，因此，这是大多数饭店常用的产品定位方法。

3. 补缺性市场定位

当市场有潜在需要，但竞争者没有或不愿意或没有能力提供相应的饭店产品，而本饭店却有能力和专长提供相应的产品时，宜采用此种定位模式。饭店定位于这样的市场"空白"地带，可迅速占领细分市场。

第四节　饭店营销市场组合策略

饭店企业在选择了目标市场，并确定进入目标市场的策略后，就要围绕着目标市场，结合饭店企业的实际情况，制定一个合理的、由市场营销组合构成的整体营销策略，即市场营销组合。它是饭店企业对可控制的各种营销手段的综合应用，综合起来主要有4种基本营销手段，也可称之为4种基本的市场营销策略，即产品策略、价格策略、渠道策略、促销策略(即4Ps)。

一、饭店产品策略

(一) 饭店产品的含义及构成要素

1. 饭店产品的含义

饭店产品是指饭店出售的能满足旅游者需要的有形产品和无形服务的总和。饭店产品是饭店企业生产经营体系的综合产出，饭店的各种目标，如市场占有率、利润等，都在很大程度上依附于饭店产品。饭店产品对开拓旅游市场、提高企业在旅游市场中的竞争地位，都起着关键的作用。

从现代营销理论的产品整体观念看，饭店产品包括三个层次的含义。

(1) 核心产品。它是指客人从产品中得到的根本利益。这种利益表现为宾客在入住饭店过程中希望由饭店解决的各种基本问题。

(2) 实际产品。它是指从物质上能展示产品核心利益的多种因素。如饭店的设计风格、建筑特色、地理区位、周边环境、饭店的设施设备的品牌名称、服务项目、服务水平等。这一系列因素都能展示饭店产品的核心利益，使产品的核心利益更容易被客人认识。

(3) 延伸产品。它是指在客人购买其产品和服务时所提供的附加利益。这种利益对于客人来说是必不可少的，它能给客人带来更大的满足感。因而，对客人购买实际产品和服务具有一定的影响力。

2. 饭店产品构成要素

营销学家梅德里克全面地阐述了饭店产品的构成要素，主要由5部分组成。

(1) 饭店地理区位。饭店地理区位的好坏意味着可进入性的高低、交通是否方便、周边环境是否良好，不同的地理区位构成了饭店产品的某些不同的内容。

(2) 饭店设施。客房、餐厅、酒吧、多功能厅、会议厅、娱乐设施等在不同类型的饭店中，其规模大小、面积、接待量和容量也不相同，而且这些设施的装潢、营造出的气氛也不一样。饭店设施是饭店产品的一个重要组成部分。

(3) 饭店服务。包括服务内容、方式、态度、速度、效率等。各级饭店的服务种类、服务水平是不可能完全相同的。

(4) 饭店产品的形象。它是指客人对饭店产品的一致看法，它是由饭店设施、服务和地理区位等多种因素共同创造的。

(5) 饭店产品的价格。价格既表现了饭店通过其地理区位、设施设备、服务和形象给予客人的价值，也可从侧面反映产品的不同质量。

(二) 饭店产品策略的类型

饭店产品策略是指饭店用哪些产品和服务来满足市场需求。常见的产品策略有以下几种。

1. 单一化产品策略和多样化产品策略

这里指的是饭店经营范围。饭店可以将经营的业务集中在较小的范围之内，如传统的食与宿两个方面，甚至仅提供住宿，配以必要而简单的服务，此为单一化产品策略。当然，如果条件许可，饭店也可以扩大经营范围，以食宿为基础，提供康乐设施与购物中心，经营与旅游有关的各种业务，如出租汽车、导游服务等，此为多样化产品策略。究竟采取单一化产品策略还是多样化产品策略，取决于饭店的人力、财力、物力，取决于饭店的定位，更取决于市场需求。

2. 升档产品策略和降档产品策略

所谓"升档产品策略"，是指在现有产品的基础上增加高档、高价的产品；所谓"降档产品策略"，则指在高价产品中增加廉价的产品。两者手段不同，目的则都是适应市场需求，增加销售量，创造更多的利润。究竟采取升档产品策略还是降档产品策略，则取决于饭店的人力、财力、物力，取决于饭店的定位，更取决于市场需求。当前，随着许多国家与地区经济的发展，人们收入增加，来华旅游者中的相当大一部分愿意投宿高档饭店，所以提高饭店档次，更新饭店设备，在许多情况下也是很有必要的。

3. 标准化产品策略和差异化产品策略

标准化产品策略不只是指饭店应该建立各种规章制度，加强培训与质量控制，以保证自己提供的产品与服务达到一定的标准与水平；更重要的是指饭店提供的产品与服务能够为国际旅游者所接受，亦即达到国际标准。而差异化产品策略指的是，饭店在市场竞争中不断开发与提供新产品、新服务，强调自己的产品与服务不同于竞争者、优于竞争者，进而使旅游者偏爱自己的产品与服务。

4. 产品生命周期策略

(1) 投入期产品策略。在投入期这一阶段应突出"快"字，经历的时间越短越好，以便尽快通过介绍期及早地进入成长期，取得较大的市场份额。因此，在此阶段应大力开展宣传、公关工作，使尽可能多的客人了解本饭店的产品与服务的特色。

(2) 成长期产品策略。在成长期，经过一段时间的经营，饭店产品已为市场所接受。这一阶段，饭店应该突出一个"好"字，即保证产品质量。同时，要广开销售渠道，加大促销力度，培养顾客忠诚度和提高品牌声誉。

(3) 成熟期产品策略。在这一阶段，饭店应该突出一个"异"字。即产品实施差异化，在饭店产品的延伸和差异化上下力气，力争做到"人无我有，人有我优，人优我廉，人廉我转"。同时，应考虑开发新的市场和新的客户。

(4) 衰退期产品策略。在衰退期，饭店应慎重考虑产品的"转"，即饭店销售的个别产品，尤其指有形产品，而不是指整个饭店产品的转移或转轨。对亏损产品应考虑采取抛弃策略，即退出市场，以求其他发展。

■ 二、饭店价格策略

(一) 产品定价

饭店产品的价格是饭店产品价值的货币表现，它是由饭店产品的内在价值和消费者附着在饭店产品上的心理价值两方面组成的。饭店产品价格的形成受到很多因素的影响。所以，饭店企业在实际定价过程中，必须运用一定的策略与技巧。

(二) 产品定价策略

1. 新产品价格策略

(1) 撇脂定价。产品以高价进入市场，以便迅速收回投资。

(2) 渗透定价。产品以低于预期的价格进入市场，以期获得"薄利多销"的效果。

(3) 满意定价。选取一种适中的价格进入市场，吸取撇脂定价和渗透定价的优点。

2. 心理定价

(1) 尾数定价。给饭店产品定一个以零头数结尾的非整数价格，使其在宾客心目中留下一个价低的印象。

(2) 整数定价。给饭店产品定一个整数价格，以这种价格来反映产品较高的质量。

(3) 分级定价。根据产品的质量、构成、价值等因素，给饭店产品制定不同档次的价格，以体现不同产品的价值。

(4) 吉祥数定价。根据人们对数字的迷信和禁忌心理而采取吉祥数字(如6、8等数字)定价的一种定价方法。

3. 折扣定价

(1) 数量折扣。饭店根据宾客购买的产品数量或次数来决定是否给予折扣，目的是鼓励宾客重复购买。

(2) 季节折扣。根据宾客购买行为发生的时间来确定是否给予折扣或给予多少折扣。

(3) 时间折扣。根据每天早中晚不同的时间段和一星期中每天客流量的变化，拟定不同的价格。

(4) 现金折扣。饭店对宾客提前支付账单给予一定的优惠价格。

(5) 功能折扣。依据宾客的身份或产品的功能来确定折扣。一般情况下，对中间商的折扣较大。

(6) 有效的整体折扣。将饭店的一系列产品组合成一个整体进行"打包"销售，并给予较大的整体折扣。

三、饭店渠道策略

(一) 饭店渠道的含义及模式

饭店销售渠道是指饭店产品和服务从饭店向顾客移动时取得这种产品和服务的所有权(使用权)，或者是帮助转移所有权或使用权的企业和个人。它包括向饭店代订客房、餐饮和其他服务项目的代理人(中间商)，批量出售饭店客房的批发商和预订机构，以及处于销售渠道起点和终点的饭店和顾客。

饭店销售渠道模式如图3-4所示。

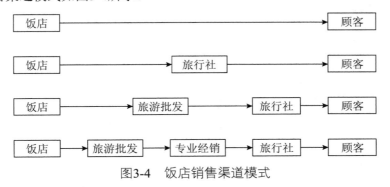

图3-4　饭店销售渠道模式

(二) 饭店渠道策略的类型

1. 直接渠道与间接渠道策略

直接渠道是指饭店直接把产品销售给顾客，而不通过任何中间环节。它有利于饭店直接了解市场、减少中间费用、加强推销、控制价格等。

间接渠道是指饭店通过中间商来销售产品。它有利于饭店充分利用中间商的销售网络优势，利于饭店减少花费在销售上的精力、人力、物力和财力等。

2. 长渠道与短渠道策略

长渠道是指饭店在产品销售过程中利用两个或两个以上的中间商。优点是渠道长、分布密、触角多，能有效地覆盖市场、扩大产品的销售，能充分利用中间商的职能作用，市场风险小等。

短渠道是指饭店产品仅利用一个中间商或自己销售产品。优点是能减少流通环节，时间短、费用省，信息传播和反馈速度快等。

3. 宽渠道与窄渠道策略

宽渠道是指同一层次或环节使用的中间商多；反之就是窄渠道。其策略具体包括以下几种。

(1) 密集分销策略。即尽可能通过较多的中间商分销饭店的产品。这一策略可导致饭店付出的销售成本增加，中间商的积极性降低。

(2) 独家分销策略。即饭店在一定时间、一定地区只选择少数中间商销售其产品。这一策略可使饭店得到中间商最大限度的支持。

(3) 选择分销策略。即饭店在一个目标市场上，依据一定的标准选择少数中间商销售其产品。这一策略兼有密集分销策略和独家分销策略的优点。

▌ 四、饭店促销策略

(一) 饭店促销的含义

促销是指采用不同促销手段去宣传推销饭店产品，广泛组织客源，扩大产品销售。它是饭店产品和服务从经营者手中转化为客人实际消费的重要条件。

(二) 饭店促销策略的类型

饭店常用的促销策略有：广告策略、人员推销策略、营业推广策略、公共关系策略。

1. 饭店广告

广告是广告主支付一定的费用，采取非人员沟通的形式，通过各种媒介把商品信息传递给广大目标受众的过程。广告是一种单向沟通；广告在传播中不借助人员；广告的功能在于传播信息；广告主要向广告媒体支付费用。广告的形式有：报纸；杂志；广播电台；电视台；直邮广告；广告牌；招贴；传单；包装纸；现场POP；网上广告；霓虹灯；旅行指南等。

2. 饭店人员推销

饭店人员推销是指通过推销人员深入中间商或消费者中，直接进行饭店产品推荐和介绍以促使客人采取购买行为的过程。饭店人员推销具有传递信息准确、针对性强，能较快地促成交易，树立饭店良好形象的特点。饭店人员推销的形式主要有：上门推销；会议推销；展台推销等。

3. 饭店营业推广

营业推广是指企业运用各种短期诱因以鼓励消费者购买本企业产品或服务的促销活动。它具有不规则性、非周期性、灵活多样性、短期效果比较明显的特点。营业推广的形式有：价格优惠；奖券和抽奖；提供饭店产品样品；退款和折让；优先照顾；红利；鼓励重复购买；饭店俱乐部；特殊活动；赠送礼品等。

4. 饭店公共关系

公共关系是指饭店为了增进与社会公众和内部员工之间的了解、信任和合作而做出的各种审慎的、有计划的、持久不懈的沟通努力。主要方式有：创造和利用新闻；举行各种会议；参与社会活动；建设企业文化等。

📖 案例分析

饭店促销手段十三招

饭店行业市场竞争日趋激烈，为了加强饭店的市场活力，商家们往往会利用一切可以利用的促销手段进行饭店的市场营销活动。那么，饭店促销手段都有哪些？又该如何去使用呢？

随着经济生活水平的提高，饭店行业的同质化竞争也越来越严重，在这样一个由钢筋混凝土筑成的城市森林里，不声不响地低头走路是找不到出路的。因此，大大小小的饭店都绞尽脑汁，推出各种各样的促销活动，以使自己的饭店为大众所了解。

简单地说，饭店行业跟其他行业不同，它是在销售一种服务，是利用有形的外在物质加上无形的内在服务融合在一起向客户呈献一种"产品"，我们要利用这种融合的硬件与软件条件，有针对性地来选择饭店促销手段。

下面是饭店促销手段十三招，希望可以对饭店促销活动的开展有所帮助。

1. 最后一分钟促销

例：当日晚上10点后，商务客房以特价出售或赠一百元左右的礼品。因个人思想不同，有很多顾客为礼品前来。使用说明：建议为防止顾客出现期待效应，而且在不影响客房正常销售的情况下，饭店应只针对某些入住率偏低的房型进行促销。截止日期和入住率的标准，由饭店根据实际情况决定。

2. 礼品房

例：饭店根据之前一段时间的客房销售情况，对某些总体入住率较低的房型，采用赠送礼品的销售方式。此种方式不限时段，起始终止时间由饭店自行确定。

3. 超级团购价

例：买10送1，凡当日一次性同时入住11间客房，可减免1间价格最低的客房房费或一次性同时入住10间以上(含10间)送结款人两百元左右的礼品。很多结款人会因此成为长期客户。使用说明：此类促销多用于集团客户和团队客户。

4. 延时促销

例：如果连续住宿4夜，则免一夜住宿费！或连续入住4夜送一百五十元的礼品一份。

有很多顾客既报销了房费又得到了礼品，也会因此成为饭店的忠诚客户。使用说明：此类促销多用于同种房型的续住，而续住不同房型遵循多则不退少则补的原则。

5. 提前预购价

例：提前两个月预订某房型并即时确认，可享受5折疯狂优惠。使用说明：此种促销手段要求提前预订的时间相隔较长，多出现在淡季促销中，且限定某些房型，对付款或确认也有要求。

6. 常客礼品体验

例：在三个月内，住宿超过6次，第7次入住时送一百元左右的礼品一份。使用说明：此种促销旨在提高顾客的忠诚度，所以建议按入住的次数，而不是以入住房间的天数为标准。而礼品的价值，也可由饭店根据当日的客房入住情况作灵活处理。

7. 热点事件促销

例：高考期间，所有考生凭准考证入住饭店可享受8折优惠或送礼品以增加其对饭店的认知度。使用说明：此类促销多以社会事件为契机，如高考、妇女节、奥运会等，但受制于热点的时效性，只能在短期内使用。

8. 特殊人群促销

例：新住客超值体验价，所有第一次入住饭店的客人可享受8折优惠或送礼品以增加其对饭店的认知度。使用说明：此类促销多为饭店根据自身特点而定，并且可以长期使用，但需限定房型。

9. 商家联合促销

例：凡持××卡的顾客入住饭店，结账时可再享受9折优惠。使用说明：此类促销多以商家强强联合、共享用户资源为目的，而且可不限房型并长期使用。

10. 限量超值抢购价

例：百元超值体验价！标准房每日限量10间且只能预订一晚，先确认先得！使用说明：此类促销在短期内具有很强的广告效应，但为保证饭店效益，促销房间不宜过多。

11. 最低承诺价

例：××××年×月，某顾客可以多次以一定价格入住某房型。在有房的情况下，在规定时段内，可多次享受此房价。使用说明：此类促销多用于淡季促销活动，建议预收房费并限定入住次数。

12. 全国/全城联通价

例：××××年×月，预付4000块，可享受本品牌内所有饭店的限房型数量但不限夜数的优惠。使用说明：此类促销多用于连锁饭店，也多针对异地旅游者或出差较频繁的顾客。

13. 优惠顾客拓展奖励计划

例：××××年×月，每月只要介绍新顾客累计达三名且每位新顾客在当月消费达200元，可送一百元左右的赠品。使用说明：此类促销需要饭店做好顾客的推荐人的相关资料的记录工作(如有推荐人)。

饭店应根据自身的情况选择适合的促销方案，同时配以其他方面的广告宣传，再加上人员派发DM单。宣传周期为两个月，可大大提高客房入住率，从而使饭店客房的整体入住率达到一个新水平。

(案例来源：职业餐饮网. http://www.canyin168.com/)

思考：

综合案例，根据你附近某家饭店的实际情况，有针对性地选择促销手段并进行说明。

本章小结

营销活动是连接饭店与市场的桥梁，营销活动的成败直接影响饭店经营的成败。本章介绍了饭店营销活动的含义、特点、观念的演变过程以及新的营销理念；重点介绍了饭店营销活动中的市场分析、市场进入、市场营销组合各环节的营销策略和技巧。

复习思考题

1. 饭店营销活动的特点有哪些？

2. 饭店营销有哪些新的营销理念？

3. 什么是饭店市场细分？它有哪些作用？

4. 饭店营销环境有哪些？

5. 什么是目标市场？如何对其进行市场定位？

6. 什么是饭店营销组合策略？常见的营销组合策略有哪些？

◀ 第四章 ▶
饭店前厅服务与管理

▍知识目标▍

- 了解前厅部的内涵
- 了解前厅部在饭店中的重要地位
- 熟悉前厅部的组织机构
- 掌握前厅部的基本业务项目

▍技能目标▍

- 能够熟悉前厅部的主要任务
- 能够掌握前厅部的基本业务技能

案例导入 | 前台接待与收银的并岗

前台是饭店业务运行的活动中心,不仅负责销售饭店产品,还负责联络和协调各业务部门对客人的服务,接受客人的投诉,解决客人的疑难问题,为客人提供多种多样、尽善尽美、规范和超前的服务。可见,前台布局的合理化、工作程序的简洁化对于整个饭店的服务而言,无疑是一个良好的开端!

众所周知,饭店前台在一般情况下设置两个主要岗位,即接待与收银。接待主要是接待客人登记入住的地方,而收银则主要是办理客人结账、离店手续的地方。也就是说,分体式的前台有着明确的工作程序分割点。试想如果您是一位客人,您是愿意来到前台任意一个位置就能把自己要办的手续办好,还是愿意来到一个位置解决不了,然后再换到另外一边才可以办妥?我们认为绝大多数客人均会选择前者。这就涉及前台接待与收银的并岗问题。

(资料来源:中国酒店网. http://chinahotel.com)

思考:

1. 前台收银处和接待处合并的好处有哪些?
2. 岗位合并以后怎样更好地做好相关管理和监督工作?

▍本章导语▍

在饭店的大厅里有时会碰到出席重大会议的国际名人、社会领袖、商人和家庭度假人士,这很令人兴奋。细细地去品味、感受这种兴奋将是你理解饭店为宾客提供优质服务的重要性的开始。当你开始掌握经营饭店的一些原则时，你将会发现饭店前厅部在维持你的这种兴奋感方面发挥着重要的作用。而在这种总体的兴奋感的背后是前厅部高效的工作效率、高标准的服务要求，以及精心营造的饭店营业氛围。本章首先介绍了前厅部的含义、地位和工作任务；其次，重点介绍了前厅部八大服务与管理业务。

第一节 前厅部概述

一、前厅部的含义

饭店前厅部是负责招徕并接待宾客，销售饭店客房及餐饮娱乐等产品和服务的部门。它能沟通与协调饭店各部门的对客服务，能为饭店管理层及相关职能部门提供各种信息，还能为宾客提供各种综合服务。前厅部通常由预订、礼宾、接待、问讯、收银、电话总机、商务中心、大堂副理及车队等组成。

二、前厅部在饭店中的地位与作用

(一) 前厅部是饭店的营业橱窗

前厅犹如饭店的"脸面"，这张脸是否"漂亮"，不仅取决于大堂的设计、布置、装饰、灯光等硬件设施的豪华程度，更取决于前厅员工的精神面貌、办事效率、服务态度、服务技巧、礼节礼貌以及组织纪律性。

(二) 前厅部是给客人留下第一印象和最后印象的地方

前厅部是客人抵店后首先接触的部门，因此，它是给客人留下第一印象的地方。从心理学上讲，第一印象非常重要，客人总是带着第一印象来评价一个饭店的服务质量。此外，客人离开饭店时也是从前厅离开的，因此，这里也是给客人留下最后印象的地方，而最后印象在客人脑海里停留的时间最长。优质的服务将会使客人产生依恋之情，成为回头客。

(三) 前厅部是为饭店创造经济收入的关键部门

通常情况下，饭店营业收入中的50%~70%来自客房的销售，而销售客房是前厅部的首要任务。前厅部的有效运转可提高客房的出租率，从而为饭店创造出较高的经济效益。

(四) 前厅部是饭店业务活动的中心

前厅部是饭店的神经中枢，是饭店的信息集散中心，前厅部的服务是建立良好客店关系的重要环节，贯穿于客人在饭店居留的全过程。

三、前厅部的工作任务

(一) 销售客房

参与饭店的市场调研；参与促销方案的制订和实施；开展预订业务；开展接待业务；办理客人入住手续，安排住房并确定房价；控制客房的使用状况等。

(二) 联络和协调对客服务

将通过开展客房销售活动所掌握的信息资料及时通报给有关部门，并将客人的需求及接待要求等信息传递给有关部门，同时将客人的投诉意见及处理意见及时反馈给有关部门，使各部门有计划地安排好各自的工作。

(三) 提供前厅系列服务

前厅提供的服务有：礼宾服务；问讯服务；商务中心服务；电话总机服务；委托代办服务等。

(四) 管理客账

饭店为登记入住的客人提供最终一次结账服务。因此，前厅部应为住店客人分别设立账卡，接收各部门传达的客账资料，及时记录客人在住宿期间产生的各种赊款，每天晚间加以累计审核，保持最准确的客账账目，并为离店客人办理结账、收款或转账等事宜。

(五) 建立客史档案

主要针对VIP客人、常住客人建立档案，记录客人在店逗留期间的主要情况及数据，形成资料库，可供饭店分析客源市场状况、客人消费项目及能力，提高饭店的销售能力和服务的针对性，以赢得回头客并扩大市场份额。

(六) 显示及控制客房状况

主要显示和控制当前客房状况，以便正确有效地销售客房。前厅部通常利用客房长期状况显示系统来汇总和显示饭店在今后一段时期的客房预订情况，以便能对客人的订房要求做出迅速而正确的反应，并且能在订房客人抵达前做好预先排房工作。

四、前厅部的组织机构

前厅部的组织机构如图4-1、图4-2和图4-3所示。

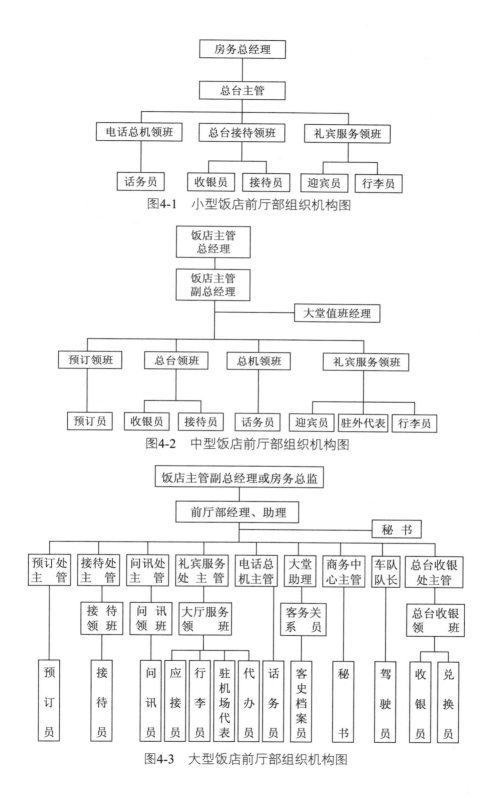

图4-1　小型饭店前厅部组织机构图

图4-2　中型饭店前厅部组织机构图

图4-3　大型饭店前厅部组织机构图

第二节 前厅预订业务

一、预订的意义

客房预订是指客人在未到达前向酒店预先提出用房的具体要求。即客人通过使用电话、传真、信函和网络等方式与饭店联系预订客房，饭店则根据客房可供出租的情况来决定是否满足客人的订房要求。饭店开展预订业务，不仅能使客人所需的饭店设施得到预先保证，同时也能最大限度地利用饭店设施，从而为饭店带来利润。因此，客房预订业务对饭店来说具有重要的意义，对饭店来讲，是一种非常重要的市场手段。

二、预订的渠道、方式和种类

(一) 预订渠道

客房预订的渠道种类很多，总体上可分为两种：即直接渠道和间接渠道。直接渠道是指客人不通过任何中介而直接向饭店预订客房；间接渠道是指客人需通过中介机构(如旅行社、航空公司等)代为办理订房手续。

1. 直接渠道

1) 直接向饭店预订的客人订房

客人本人或亲朋好友等通过电话、邮件或面谈等方式直接向饭店预订客房。

2) 与饭店签订商务合同的单位订房

现在很多公司、企业都与饭店签订订房协议，根据协议，饭店会为这些公司、企业的职员或客人提供低于柜台房价的客房。

3) 通过饭店加入预订系统的客人订房

客人可通过计算机网络向饭店预订客房。连锁饭店拥有强大的计算机订房网络，可相互提供免费的订房服务。另外，一些独立饭店为了与连锁饭店竞争，也建立了自己的订房网络，相互介绍预订的客人。

2. 间接渠道

1) 旅行社订房

旅行社通过与饭店签订合同，负责为饭店提供客源，并收取一定比例的房价回扣。这类订房大都是团队订房，且房价较低。

2) 航空公司订房

近年来，随着旅游事业的发展，航空公司的乘客、机组人员和本公司职员的订房量在不断地增加。

3) 会议组织机构订房

会议的组织者一般会根据饭店的会议设备、会议室规格等情况来做出选择。这类订房的特点是：除了要预订房间外，还会有其他的服务需求，如餐饮、用车等。

4) 政府机关订房

政府机关邀请社会团体、贵宾、专家学者等客源的用房，或政府举行大型活动所邀请和带来的诸如记者等客源的用房。

(二) 预订方式

1. 电话订房

电话订房是指客人通过电话向饭店预订房间，它是一种比较普遍的预订方式。它适用于提前预订时间较短的情况，常被称为"免费预订热线"。

电话订房的特点是：直接、迅速，客人与饭店沟通快捷，并可当场回复和确认客人的订房要求。但由于区域不同和存在语言障碍，往往会受电话的清晰度以及听话人的听力等影响，容易听不清或理解错误。

2. 信函订房

信函订房是指客人以明信片或信件的方式向饭店预订房间。这是一种最古老的方式，但很正规。信函订房适合于提前预订时间较长的客人和以度假或参加会议为入住目的的客人。

信函订房的特点是：速度较慢；订房内容完整、准确；信函因附有客人本人的签字或已备案的代理机构印章及负责人签字而犹如一份订房协议，对双方起到一定的约束作用。

3. 电传、传真订房

电传、传真订房是指客人以电传、传真等形式预订客房。这是较为常见的订房方法，是商务会议主办者和旅行社乐于采用的预订方式，已成为继电话订房之后使用频率最高的预订方式。

电传、传真预订的特点是：方便、迅速，内容清晰；有据可查，不易出现订房纠纷。但有时内容欠完整，需要几次往返才能得到全面的信息资料。

4. 口头订房

口头订房是指客人或其委托代理人直接来到饭店，当面预订客房。口头订房所占比例不是很高。

口头订房的特点是：预订员能详细了解客人的需求，并当面解答客人提出的任何问题。同时还可以根据客人的喜好、行为特点，进行有针对性的促销。必要时还可以展示客房供客人选择。

5. 计算机网络订房

计算机网络订房是指借助于现代化的计算机网络工具的新兴订房方式，客人可以通过网络直接获得饭店的信息，并发电子邮件进行客房预订。这是目前国际、国内较先进的一种订房方式。

计算机网络订房的特点是：方便、快捷、先进、廉价而又具有个性化。

(三) 预订种类

尽管客人预订时会采取不同的方式，但饭店为便于管理，将各种预订方式归纳为以下三种类型。

1. 临时性预订

临时性预订是指客人的订房日期与抵店日期非常接近，甚至是在抵店当天订房。这是预订种类中最简单的一种类型。在这种情况下，饭店没有足够的时间给客人以书面确认，只能口头确认。尤其应提醒客人饭店的"取消预订时限"。

按国际惯例，酒店对这类预先订房的客人，会为其保留房间直至抵店日当天下午6时为止，这个时限称为"取消预订时限"。若客人没在此规定时间之前到达，该预订即被自动取消。

2. 保证性预订

保证性预订是指客人通过使用信用卡、预订款或签订合同等方式预订客房。在这种预订情况下，酒店必须保证为这类客人提供所需的客房，同时客人也要保证按时入住。违约者要承担一定的经济责任。保证性预订既维护了客人的利益，同时也维护了饭店的经济利益。保证性预订通常有以下三种方式。

1) 预付订金担保

预付订金担保即客人或他们的代理人在客人抵店入住前，须先支付一定的预订金。对饭店来说，这是最理想的预订方式。预订金的多少视饭店的规定或当时的具体情况而定，但一般不应少于一天的房费。同时饭店有责任向客人说明保留客房、取消预订、退还订金等有关政策。

2) 信用卡担保

信用卡担保即客人将所持信用卡种类、号码、有效期及持卡人姓名等以书面形式通知饭店，达到保证性预订的目的。如果客人届时既未取消预订也不来入住登记，饭店就可以通过信用卡公司获取房费收入。

3) 订立合同担保

订立合同担保即酒店与经常使用饭店设施的单位(如旅行社、企业单位等团体)签订订房合同，以此确定双方的利益与责任。合同中规定了签约单位通知饭店取消预订的最后期限及违约时房费的收取，同时也明确了保证向签约单位提供所承诺的客房等条款。

3. 等待性预订

等待性预订是指在客房预订已满的情况下，再将一定数量的订房客人列入等待名单(Waiting-List)，如果有客人取消预订或有客人提前离店，酒店就会通知等待客人来店。但要注意，预订员先要征求客人的意见，是否可将其列入等待名单，并向客人说清楚等待预订的含义，以免日后发生纠纷。

三、预订业务程序的控制

客房预订业务是一项技术性较强的工作，因此必须建立一个科学的工作程序。预订业务程序的控制可分为以下几个阶段。

(一) 受理预订

接到客人的预订申请后，预订员应立即将客人的预订要求与饭店未来时期的客房利用状况进行对照，确定是否可以接受客人的预订。如果客人的预订要求与饭店的接待能力相吻合，则接受预订。预订人员要使用计算机输入预订资料或填写"预订单"，并向订房人重述主要内容。预订单的内容及格式如表4-1所示。

表4-1　预订单

客人姓名	房间数量	房间种类	客人人数	房价	公司名称
预订到店日期		预订离店日期		到达航班时间	离开航班
付款方式	□公付□含早餐 □自付15%服务费			是否确认	□是 □否
备注 特殊要求	□预付款或支票　　　□信用卡　　　□走付 □加床　　　　　　　□婴儿床　　　□双人床				
联系人姓名	联系电话或传真号码			预订人	预订日期

如果客房状况不能全部满足客人的需求，预订员可建议客人做些更改，主动提出一系列可供客人选择的建议，如变更日期、房型、位置等，尽量留住客人；如果客人不能接受这些建议，可征得客人同意，将客人的订房要求及预订人的姓名、电话等记录在"等候名单(Waiting-List)"上，一旦有空房，立即通知客人；如果客人还是不能接受的话，预订员应用友好、遗憾的态度希望客人下次光临本店。

(二) 确认预订

接受客人预订后，预订员下一步的工作就是要对客人的预订加以确认，以示对客人订房的承诺。

确认预订有以下两种方式。

1. 口头确认

对于客人在即将抵达酒店前或在抵店的当日进行的临时预订，由于时间仓促，酒店一般只能给予口头确认。

2. 书面确认

预订员采用信函、传真等书面形式向客人确认所预订的各项内容及要求。

(三) 预订的更改和取消

虽然预订已被确认，但客人在抵店前会因为各种原因对以前的预订内容，如日期、房型、人数等提出更改，甚至取消。因此，预订员要特别熟悉客房状况，做好处理此类问题的准备。

1. 预订的更改

根据客人的姓名，抽出原预订登记卡，与客人的变更要求、客房预报表、预订控制簿等进行核对，以确认能否满足客人的要求；根据更改记录，修改客房预订总表和预订控制簿，同时更改计算机存储的内容；按照接受一个新预订的工作程序办理更改预订手续；若变更的内容涉及其他部门,应尽快向有关部门发送变更通知单。

2. 预订的取消

询问客人姓名、地址及抵店日期和离店日期;建议客人进行预订更改;如客人不同意更改,向客人表示抱歉,期待客人下次光顾;将预订登记卡抽出,盖上"已取消"印章,在备注栏里注明取消日期、取消人姓名及取消理由,并由受理人签字;将预订登记卡放在取消类档案柜中存档。

(四) 订房核对

由于客人抵店前经常发生更改或取消预订的情况,因此,如果客人的预订日期离抵店日期较远,在客人抵店前,预订员应做好订房的核对工作。核对工作一般分三次进行。

1. 第一次核对

第一次核对即在客人抵店日期的前一个月,每天核对下月同一天抵店的客人名单。核对的主要对象是重要客人和重要团体。

2. 第二次核对

第二次核对即在客人抵店日期的前一周,每天核对下周同一天抵店的客人名单。核对的重点是抵达时间、更改的订房和重要客人的订房。

3. 第三次核对

第三次核对即在客人抵店日期的前一天,核对下一天抵店的客人名单。核对的主要内容是非担保订房和变更订房以及重要客人、有特殊要求的客人的订房。

(五) 抵店前准备

(1) 提前一周或数日,将主要客情(如VIP客人、大型会议团体、客满等情况)通知相关部门。

(2) 抵店前夕,将具体的接待安排以书面形式通知有关部门。

(3) 抵店当天,前台接待员根据客人名单,预先分好房间,并将有关细节(变更或补充)通知有关部门。

四、超额预订及预订过度处理

(一) 超额预订的意义

客房是一种不可储藏的特殊商品,当天的客房如果销售不出去,其价值就会永远地消失,无法弥补。所以饭店经常采取一定措施来防止损失。超额预订便是防止损失的措施之一。

超额预订是指在饭店订房已满的情况下,再适度增加订房数量,以弥补因少数客人预订不到、临时取消或提前离店而出现的客房闲置所造成的损失。

(二) 超额预订过度的处理

超额预订虽然是饭店获得最佳客房利用率的有效手段，但同时也存在一定的风险，所以一旦出现预订过度现象，饭店应积极采取补救措施，来妥善处理纠纷。建议采用以下几种应对方法。

(1) 在饭店内部挖潜，如在会议室等空地加床、打折出租轻微损坏的客房等。

(2) 与部分客人商量劝其退房，同时为其提供方便。

(3) 仅某类客房超额预订时，可采用房间升级的办法。

(4) 对一般类订房不予受理。

(5) 立即与本地区同级同类酒店联系，安排客人前往暂住。

(6) 派车免费将客人送到联系好的酒店暂住一夜。若房价超出本店，其余额部分由本店支付。

(7) 免费提供一次或两次长途电话或电传，以便客人将变更的地址通知家属和有关方面。

(8) 对连住的又愿回本店的客人，次日一有空房，可将客人接回。

(9) 客人在店期间享受贵宾级待遇。

(10) 如果客人采用保证类预订的方式，还应支付客人在其他饭店住宿期间的第一夜房费，或客人搬回本饭店后可享受一天免费房的待遇。

第三节　前厅接待业务

一、接待的意义

客人入住接待是前厅对客服务全过程的一个重要阶段，它的主要任务是负责为客人办理入住手续，根据不同客人的入住要求合理分配房间，为客人建账以及调房等。通过办理入住手续，可使饭店与客人之间的责权利用法律手段明确下来，同时通过客人填写的登记表和身份的验证，可获得客人的个人资料，为饭店营销提供重要的一手资料。总台接待处是客人抵离饭店的起点和终点，是总台的中枢部门。因此，前台接待的工作效率，对整个饭店的形象塑造和营销活动的顺利开展有着重要的意义。

二、接待业务程序的控制

(一) 识别客人有无预订

当客人向前台走来，应主动询问客人有无预订。得知客人已办理预订，应立即核对当日抵店客人名单或计算机预订记录，然后向客人复述预订内容；若客人没有预订，应主动询问客人的住宿要求并查看当日客房可出租状况，向客人介绍客房情况及饭店的其他设施及服务项目。

(二) 填写入住登记表并查验证件

(1) 对于已办理预订的客人，由于饭店在客人订房时就已掌握其基本资料，因此在客人抵店前就可以将其有关资料打印在入住登记表中，存入专用箱中，当客人抵店时，接待员找出该客人的入住登记表，由客人填写相关内容并签字即可。

(2) 对于未办理预订、直接抵店的客人，接待员应主动说明入住登记的有关手续和内容，向客人热情耐心地介绍客房特点和价格，尽可能缩短办理入住登记手续的时间。

(3) 常见的入住登记表如表4-2所示。

表4-2　入住登记表

英文姓		英文名		性别	
中文姓名		国籍		出生日期	
证件种类		证件号码		签证种类	
签证有效期		到店日期		离店日期	
接待单位		房号			
职业及工作处所		停留事由		□服务 □观光 □其他	
永久住址					
离店时我的账目结算方式： □现金 □旅行支票 □信用卡 □旅行社凭单 □其他		房价 退房时间是中午十二时整 宾客签字			
备注	前台接待		前台收银		

(4) 在填写入住登记表的同时，要请客人出示有效证件进行查验。分清证件的种类，看清证件号码，认准签证种类，核验签证有效期。

(三) 排房及定价

接待员要根据客人入住登记表的有关资料及客人的喜好、习惯、类型来分房和报价。对已办理预订的客人，由开房组预留房间；对未办理预订、直接抵店的客人，向客人推荐、介绍各种类型的客房并报价，待客人同意并确认后，安排房间。

1. 排房的顺序

(1) 贵宾和常客。

(2) 团队。

(3) 已付订金等保证类预订客人。

(4) 要求延期续租的客人。

(5) 普通预订但已通知具体航班、车次及抵店时间的客人。

(6) 无预订、直接抵店的客人。

2. 排房时应注意的事项

(1) 要尽量使团体客人(或会议客人)住在同一楼层或相近的楼层。

(2) 对于残疾、年老、带小孩的客人，尽量安排在离楼梯、电梯较近的房间。

(3) 把内宾和外宾分在不同的楼层。

(4) 对于常客和有特殊要求的客人应予以照顾。

(5) 不要把敌对国家的客人安排在同一楼层或相近的房间。

(6) 要注意不同客人对房号数字的忌讳心理。

3. 客房的报价方法

常见的报价方法有以下几种。

(1) 由高到低报价，又称之为号码讨价法。

(2) "冲击式"报价。即先报房间价格，再说出这一档次房间所提供的服务设施和服务项目等，这适合价格比较低的房间。

(3) "鱼尾式"报价。即先介绍所提供的服务设施和服务项目，最后报出房价。这种报价方式适合价格比较高的房间。

(4) "夹心面包"式报价。即在介绍提供的服务项目的过程中进行报价。这种报价方式适合中档房间。

(5) 利益引诱法。即在客人已经接受了较廉价客房的基础上，再向客人提出他只需在原来的收费标准的基础上稍微提高些，便能入住更好一点的客房。

(四) 办理宾客入住登记手续

1. 无预订散客的入住手续的程序与标准

第一步，热情微笑，主动与宾客打招呼；第二步，与宾客确认是否有预订；第三步，当确认宾客没有预订时，向宾客介绍客房的种类并进行推销；第四步，当宾客做出决定后，请宾客填写入住登记表并按其意愿分房，同时验证客人身份；第五步，与宾客进行确认，并询问宾客付款方式；第六步，按照饭店制度，向宾客收取部分押金；第七步，安排行李员引领宾客到房间；第八步，将住客登记表的有关内容输入计算机，并将资料存档；第九步，制作宾客账单。

2. 有预订散客的入住手续的程序与标准

第一步，热情、主动地与宾客打招呼；第二步，主动询问宾客有无预订；第三步，得知宾客有预订后，立即查询抵店名单和预订卡，并与宾客确认；第四步，宾客交付押金后，为其开发票或在住宿登记卡的备注栏内盖上"Deposit(押金)"的印章，同时填入所交款项的数目；第五步，把房卡交给宾客，或由行李员引领宾客到房间；第六步，将住客登记表的有关内容输入计算机，并将客人资料存档；第七步，制作宾客账单。

3. 团队的入住手续的程序与标准

第一步，团队抵店时，由大堂值班经理、团队联络员迎接；第二步，团队联络员告知团队领队及宾客有关事宜；第三步，将钥匙信封交给团队领队；第四步，团队联络员与陪同或领队再次确认房间、用餐等事项；第五步，将准确的房号、名单送到行李部，便于行李发送；第六步，接待员制作团队接待名单、更改通知单，并尽快送往有关部门；第七步，制作团队主账单及分账单；第八步，及时将有关信息输入计算机。

(五) 确认付款方式

1. 现金

对饭店而言，现金支付风险小，利于周转。但要注意及时通知客人补交预付款，防止出现逃账现象。接待员可根据饭店订金政策和客人交付的预付款额，决定其信用限额。

2. 信用卡

接待员首先核验客人所持信用卡(外币卡或人民币卡)有无残缺、破损，以及有效期限和使用范围等，然后使用压卡机影印签购单，告诉客人信用限额，最后将签购单和账单一并交到结账处。

3. 转账

接待员将客人要求与预订单付款方式核准无误后，向客人具体说明转账款项范围如房租、餐费、电话费、洗衣费等，以及办理客人自付项目的有关手续及规定。

4. 支票

通常国有企业、公司等使用支票支付，国外客人使用旅行支票支付，饭店有关部门应加强对总台接待员、收款员有关核收支票的业务培训。

(六) 完成入住手续

排房、定价、确定付款方式之后，接待员应制作房卡，请客人在房卡上签名，并将制作好的房间门钥匙交给客人。还应安排行李员运送客人行李，将客人的入住信息迅速通知总机及客房服务中心，并更改电脑记录，更新客房状态表。

(七) 建立客人账单及相关表格制作与存档

对使用信用卡结账的客人，应在印制好的账单上打印客人姓名、抵店日期、离店日期、房号、房间类型及价格，然后将账单连同住宿登记表和客人的信用卡签购单一并交由前台收款员保存。

对于使用转账方法结账的个人，需制作两份账单：一份记录应由签约单位支付的款项，另一份记录需客人自付的款项。

团队账单需有主账单和分账单两份：一份是团队主账单，这部分费用由组团单位或接待单位支付；另一份团队分账单则用来记录需由个人支付的款项。

三、客房状态显示与控制

饭店客房随着客人的入住、离店等情况随时发生变化，因此，接待员的另一重要工作内容是：显示和控制客房状态。

(1) 走客房(Check Out，C/O)。表示已退房结账，房间已经使用过。

(2) 住客房(Occupied，OCC)。客人正在住用的房间。

(3) 长住房(Long Staying Guest，LSG)。即长期由客人包租的房间，也称"长包房"。

(4) 贵宾房(Very Important Person，VIP)。表示该房间的客人是饭店非常重要的客人。

(5) 空房(Vacant Room，V)。表示该房一天前没有客人住过。

(6) 维修房(Out of Order，OOO)。该房间的设施设备发生故障正在维修，暂不能出租。

(7) 外宿房(Sleep Out，S/O)。表示该客房已经租用，但住客昨夜未归。为避免发生逃账等意外情况，客房部应将此种客房状况通知前厅部。

(8) 已清扫房(Vacant Clean，VC)。表示该客房已清扫完毕，可以重新出租，亦称OK房。

(9) 请即打扫房(Make up Room，MUR)。表示该客房因会客或其他原因，需要服务员立即打扫。

(10) 无行李房(No Baggage，N/B)。表示该房间的住客无行李，应及时通知总台。

(11) 保留房(Out of the Turn，OOT)。表示该客房住客临时外出几天，不退房。

第四节　前厅礼宾业务

一、礼宾服务的意义

为了体现饭店的档次和服务水准，许多饭店设立了礼宾部。礼宾是能提供全方位、一条龙服务的岗位，在岗位上一般设有门童、行李员、饭店服务代表等，其业务主要有：饭店代表服务、店门迎送服务、行李服务、委托代办服务等。礼宾部是饭店前厅服务的窗口，礼宾服务是给宾客留下"第一印象"和"最后印象"的关键服务阶段，对饭店的形象树立起着重要的作用。

二、饭店代表服务

饭店代表代表饭店在机场、车站、码头等主要出入境口岸迎接宾客，提供接送服务，并同时向宾客推销饭店产品。

(一) 接客服务

在领取需要接站的宾客名单后，安排好接客的车辆；宾客到站后，待确认后，向宾客问好，介绍自己的身份；安排宾客上车后，主动介绍饭店的服务与设施；将宾客接到饭店后，引领宾客到前台办理入住手续。

(二) 送客服务

对于提出送站要求的宾客，准确掌握需要送站的宾客的离店时间；与车队取得联系，安排车辆并安全、准时地将宾客送到机场、车站或码头；宾客离开时，应主动向宾客道别，并欢迎宾客再次光临。

三、店门迎送服务

店门的迎送主要由门童(迎宾员)负责，他象征着饭店的礼仪，代表着饭店的形象。门童通常站在大门口两侧或台阶上。

(一) 迎接宾客

1. 迎接散客

对于步行抵店的宾客，应主动为宾客拉门；对于乘车抵店的宾客，应帮助客人卸下行李，并查看有无物品遗忘在车内；把宾客所乘的车辆引导到适当的位子停放；走在宾客的右前方，引导宾客到前台办理手续后，应立即回到饭店正门，准备接待下一位宾客。

2. 迎接团队宾客

当团队车辆抵达时，门童应站在车门一侧迎接宾客下车；待宾客全部下车后，门童应立即指挥车辆停放在合适的地方；应走在宾客右前方引领宾客们至前台的团队接待处办理入住手续；立即回到饭店正门，准备接待下一位宾客。

(二) 送别宾客

1. 送别散客

如宾客需要，应及时安排离店车辆；车辆到达后，协助行李员为宾客搬运行李，并请宾客上车；轻关车门，同时躬身致意，向宾客道别。

2. 送别团队宾客

站在车门一侧，向每一位上车的客人点头致意，欢迎宾客再次光临；待宾客全部上车后，示意司机开车离开，并向宾客挥手道别，目送宾客离店。

(三) 其他日常工作

大门周围的安全；大门周围的环境；大门周围的秩序；回答宾客的询问；联系调度车辆；提供雨伞服务；提供《服务指南》手册。

四、行李服务

行李服务是饭店礼宾服务的一个重要环节，是由行李员来完成的，并配有各式行李车协助完成行李服务。

(一) 散客行李服务

1. 散客入店时的行李服务

对于步行的散客，如果宾客有行李，行李员应主动帮助宾客提拿；对于乘车的散客，应先将宾客的行李从车上卸下并与宾客确认件数，再帮助宾客提拿。然后，将宾客带到前台接待处办理入住登记手续，引领宾客到客房。

2. 散客离店时的行李员服务

行李员在指定的时间去宾客的房间与宾客接洽并请宾客核实；将行李运到前台，等候宾客结账；将客人的行李装上车，轻轻关上车门，躬身致谢。

(二) 团队行李服务

1. 团队入住时的行李服务

将预抵店团队名称、人数等信息填入团队行李进店登记表；团队行李车到店后，迅速卸下行李，码放在规定地点；根据排房名单，标注房号和件数，将行李送入客房；返回礼宾值班台，填写工作记录表。

2. 团队离店时的行李服务

行李员按时到楼层及宾客房间收取行李，并拴好行李牌；把行李运往指定地点，整齐码放排列，清点件数；与来店接运行李的人员办理交接手续，协助宾客将行李装车；返回礼宾值班台，填写工作记录表。

(三) 宾客存取行李时的服务

1. 行李寄存服务

客人前来寄存行李时，应请客人出示房卡或钥匙，确认客人身份；检查行李的破损、上锁情况等，填写行李寄存卡，请客人在行李寄存卡的寄存联上签名确认；将寄存卡的提取联交给客人，寄存联挂在行李上，放入行李房，填写行李寄存记录表。

2. 行李提取服务

当客人取行李时，收回客人的行李寄存卡提取联，并当场请其签名；仔细核对行李寄存卡的两联，然后将行李交由客人清点核对，与客人道别。如客人遗失了"行李寄存卡"，要请客人出示房卡、有效证件，并复印留底备查。

五、委托代办服务

委托代办服务是指礼宾部的服务员在力所能及的情况下，完成客人的各项委托代办事项。如转交物品、委托订票服务等。

1. 转交物品服务

转交物品是指住店客人的亲戚朋友、接待单位或其他有关人士有物品要送与客人，因客人外出而见不到客人，又不能久等，委托饭店将物品转交客人。

2. 订票服务

客人有时会委托饭店帮助预订机票、火车票等。

3. "金钥匙"服务

近几年来，委托代办业务在现代化饭店中逐渐演变为向客人提供全方位、一条龙的"金钥匙"服务。"金钥匙"服务是礼宾服务中的最高境界。

"金钥匙"原意为"钥匙保管者"，负责迎来送往和饭店钥匙的保管。在现代饭店中，"金钥匙"已成为向客人提供全方位、一条龙服务的代称。其标志是两把金光闪闪的交叉在一起的金钥匙，一把用于开启饭店综合服务的大门；另一把用于开启该城市综合服务的大门。"金钥匙"既是指一种专业化的饭店服务，又是指一个国际性的饭店服务专业组织，也是对具有国际金钥匙组织会员资格的前厅职员的特殊称谓。国际金钥匙组织标志如图4-4所示，中国金钥匙组织标志如图4-5所示。

图4-4　国际金钥匙组织标志

图4-5　中国金钥匙组织标志

第五节　前厅问讯业务

一、问讯服务的意义

入住饭店的客人，通常来自全国乃至世界各地，他们都需要更多地了解当地的基本情况，希望能够比较方便地在某些方面得到帮助。饭店为了使客人满意，方便客人了解各种情况，通常设有问讯处，以随时为客人提供问讯、查询服务等，解决客人的后顾之忧。问讯处一般都设在总台，其基本业务有：问讯服务、查询服务、留言服务、邮件服务、钥匙保管与控制服务及物品转交服务等。

二、问讯服务

宾客要询问的问题可能很多，主要包括饭店内部信息和饭店外部信息两大部分。

(一) 饭店内部信息

(1) 餐厅、酒吧、商务中心等所在的位置及营业时间。

(2) 宴会、会议、展览会的举办场所及时间。

(3) 饭店提供的其他服务项目的营业时间及收费标准。

(二) 饭店外部信息

(1) 最新的航空、铁路、轮船时刻表、里程表和票价信息。

(2) 饭店所在地的影剧院、展览馆、博物馆、银行、医院等的名称、地址、电话号码。

(3) 饭店所在地政府各部门、大专院校、工商企业等的地址和电话号码。

(4) 本地风景名胜点等。

三、查询服务

(一) 对客人是否住在饭店的查询

问讯员应先问清来访者的姓名、与住店客人的关系等，然后打电话到被查询客人的房间，经客人允许后，才可让来访者去找住店客人；如果住店客人不在房间，切不可将住客的房号及电话号码告诉来访者，更不可以让来访者到房间找人。

(二) 对客人房间号码的查询

未经客人允许，不能在总台或电话中将房号告诉访客，应委婉谢绝访客。尤其是在客人要求房号保密时，要问清住店客人的保密程度及起止时间。

(三) 对已离店客人和尚未抵店客人情况的查询

如果查明客人尚未抵店，问讯员可建议查询者在客人预期到达日期再联系查询；如果查明客人已退房离店，则应向查询者予以说明；如果已离店客人没有委托，问讯员一般不可将离店客人的去向告诉查询者。

四、留言服务

前来拜访住店客人的来访者，若未能见到住客，可以通过总台或总机给住店客人留言；若外出办事的住店客人不能约见来访者，也可通过问讯处给来访者留言。

(一) 访客留言服务

1. 访客电话留言

应询问留言者姓名、留言接受者的房号及姓名等信息，接受留言内容；记下留言者电话号码，并在留言条上标明日期、时间，签上记录者姓名。留言条一式三联，第一联放在总台，待宾客返回饭店时将留言条交给宾客，或开启该房间内电话机上的留言灯，通知宾客有留言；第二联送电话总机服务台，以备宾客来电话询问；第三联交由行李员送往客房，将留言簿从门下塞入客房。

2. 访客当面留言

将留言簿交由宾客填写，核查住店宾客的姓名、房号、日期、时间等信息。将留言簿的第一联放入总台，待宾客返回饭店时将留言簿交给宾客，或开启该房间内电话机上的留言灯；第二联送电话总机服务台；第三联交由行李员送往客房，将留言簿从门下塞入客房。访客留言单如表4-3所示。

表4-3 访客留言单

因为＿＿＿＿＿＿＿＿＿＿＿＿＿＿	序号＿＿＿＿＿＿＿＿＿＿＿＿
由＿＿＿＿＿＿＿＿＿＿＿＿＿＿＿	日期＿＿＿＿＿＿＿＿＿＿＿＿

□ 请电话联系 ＿＿＿＿＿＿＿＿＿＿＿＿＿＿
□ 将再次打电话
□ 留言：＿＿＿＿＿＿＿＿＿＿＿＿＿＿＿＿＿＿＿＿＿＿＿＿＿＿＿
　　　＿＿＿＿＿＿＿＿＿＿＿＿＿＿＿＿＿＿＿＿＿＿＿＿＿＿＿＿＿＿＿

经手人 ＿＿＿＿＿＿＿＿＿　日期 ＿＿＿＿＿＿＿＿＿＿　时间 ＿＿＿＿＿＿＿＿＿

(二) 住客留言服务

1. 住客电话留言服务

接到留言要求，应询问需要留言的宾客姓名及房号；将留言者姓名及所在地点记录在留言条上，记录留言内容。留言条一式两联，第一联放在总台，待宾客前来询问时将留言条交给宾客；第二联交给电话总机服务台，以备宾客来电询问。

2. 住客当面留言服务

请客人填写留言单；住客留言单通常一式两联，总台和总机服务台各留一联；在来访客人到达饭店后，经问讯员核准客人资料，按住客要求将住店客人所填写的留言单交给来访者或将留言单内容予以转告。住客留言单如表4-4所示。

表4-4 住客留言单

致 ＿＿＿＿＿＿＿＿＿＿＿＿＿＿＿＿＿＿＿＿＿＿＿＿＿
由 ＿＿＿＿＿＿＿＿＿＿＿＿＿＿＿＿＿＿　房号 ＿＿＿＿＿＿＿＿＿＿＿
我将在 ＿＿＿＿＿＿＿＿＿＿＿＿＿＿＿＿＿＿＿＿＿＿＿＿＿＿
于 ＿＿＿＿＿＿＿＿＿＿＿　上午 ＿＿＿＿＿＿＿＿＿＿＿＿＿　上午
于 ＿＿＿＿＿＿＿＿＿＿＿　下午 ＿＿＿＿＿＿＿＿＿＿＿＿＿　下午
留言：＿＿＿＿＿＿＿＿＿＿＿＿＿＿＿＿＿＿＿＿＿＿＿＿＿＿＿＿＿＿＿
　　　＿＿＿＿＿＿＿＿＿＿＿＿＿＿＿＿＿＿＿＿＿＿＿＿＿＿＿＿＿＿＿
　　　＿＿＿＿＿＿＿＿＿＿＿＿＿＿＿＿＿＿＿＿＿＿＿＿＿＿＿＿＿＿＿

经手人 ＿＿＿＿＿＿＿＿＿　日期 ＿＿＿＿＿＿＿＿＿　时间 ＿＿＿＿＿＿＿＿＿

五、邮件服务

邮件服务的种类很多，如信件、电传、传真、电报、包裹等，主要可归纳为两类，即进店邮件和出店邮件。

(一) 进店邮件服务

问讯员收到邮局送来的邮件时，应仔细清点、分类，并在邮件收发控制簿上登记，同时在邮递员的登记簿上签收，待宾客回来时交给宾客。

(二) 出店邮件服务

通常情况下，饭店不受理挂号信和包裹外寄，但客人如果急需这项服务，可以收取一定的费用后，完成此项服务。

第六节　前厅总机业务

一、总机服务的意义

总机服务是饭店内外信息沟通、联络的通信枢纽，总机室作为前厅部下辖的主管话务机构，在饭店的运行过程中，是一个必不可少的重要部门，其服务质量直接影响客人对饭店的印象，也直接影响饭店的形象。

话务员是"看不见的接待员"，话务员甜美的声音、亲切的态度、娴熟的操作、高效的节奏代表着饭店的形象。话务员发自内心的微笑和体贴入微的服务，通过电话线完全可以被客人感知到。

二、店内外电话转接服务

为了能准确、快捷、有效地转接电话，话务员必须熟记常用的电话号码，了解本饭店的组织机构以及各部门的职责范围，正确掌握最新的住客资料。话务员在转接电话时，应使用热情、礼貌、温和的服务语言，掌握熟练的转接技能。

在提供电话转接服务时，应注意如下事项。

(1) 话务员必须在电话铃响三声之内应答电话。

(2) 话务员与客人通话时，声音必须清晰、亲切、自然，通过声音向客人传递微笑服务的理念。

(3) 话务员原则上要求用普通话和饭店规定的外语提供电话服务。

(4) 在转接客房电话服务时，若来电者只告诉房号，话务员则必须根据饭店的具体规定，来判断是否直接接通房内电话；在转接贵宾房间电话时，应首先了解打电话者的姓名，征询贵宾同意后再接通电话；如客人要求转入的房间信息与实际不相符，应礼貌地示意客人，是否记错房号或姓名；对要求对房号保密的客人，且没有要求不接听电话的，有来电时话务员可先问清来电者的姓名、单位等，然后征求保密房客人的意见，经其同意后，方可转入电话。

(5) 话务员应熟记常用的电话号码。

(6) 话务员需熟悉常用的问讯资料，包括饭店服务设施和服务项目，准确回答客人的问讯。

(7) 挂电话时，一定要等客人挂断后，才能切断线路。

■ 三、长途电话服务

现在在大多数饭店，长途电话的使用都很频繁，尤其是在入住客人以商务客人为主的饭店中。饭店长途电话服务通常有两种方式：一类是人工挂拨长途，即通过电话总机进行长途电话的转接；另一类是程控直拨长途，即客人在挂长途电话时，可以不经过总机而直接拨号，自动接通线路，通话结束后，计算机系统将自动结算费用并可输出电话费用清单。通常在客人房间内的《住店指南》中，有详细的使用说明。

在提供长途电话服务时，应注意以下事项。

(1) 须在电话铃响三声之内接听电话。

(2) 明确客人的具体要求，包括通话种类(叫人、叫号)、受话人姓名、受话人的电话号码、要求电话接通的具体时间、付款方式、发话人姓名和房号等。

(3) 请客人在房间内等候。

(4) 拨通长途台，通报本机号码、分机号码、所挂电话号码等，并不断与长途台保持联系，尽量减少发话人的等候时间。

(5) 长途电话接通以后应立即通知客人，并请客人讲话。

(6) 记录长途电话通话时间，并与计算机显示结果核对。通话完毕，将实际通话时间告诉客人(对方付费电话除外)。

(7) 服务完毕以后填写长话登记表。

此外，在进行长途电话服务时，还应注意如下事项。

(1) 对于预付款或押金余额不足的客人，应语气委婉地请他到总台及时补办手续，然后方可开通长途电话。

(2) 装有国际、国内程控直拨电话系统的饭店，对于VIP房间和入住登记时已经交纳了足额长话押金的房间，需在客人进房前主动开通房间的长途电话。

(3) 对于客人房号以及需要拨打的电话号码等信息，话务员听到后最好向客人重复一遍，避免出现误听的情况。

■ 四、叫醒服务

叫醒服务是电话总机对客服务的一项重要内容，它是巧妙地利用电话为客人提供服务的一个项目，叫醒服务事关重大，它通常关系到客人的计划和行程安排，切忌发生漏叫或错叫现象，以免给客人和饭店带来不可弥补的损失。叫醒服务可分为如下两种。

(一) 人工叫醒服务

(1) 接听电话。铃响三声之内接听电话。

(2) 接受叫醒。仔细聆听并在叫醒记录簿上记录以下内容：房号、特殊要求、叫醒时间等。向客人复述一遍所填内容，确保准确无误。

(3) 叫醒设置。在闹钟上定时。

(4) 第一次叫醒。定时钟鸣响，接通客房分机，第一次叫醒客人。

(5) 第二次叫醒。间隔5分钟后，第二次接通客房分机，第二次提醒客人。第二次提醒时，可播放音乐，并播报当日的天气预报。

(6) 将实际的叫醒情况记录在叫醒记录簿上。

(二) 自动叫醒服务

(1) 接听电话。同上述人工叫醒第一步。

(2) 接受叫醒。同上述人工叫醒第二步。

(3) 叫醒设置。将叫醒时间输入计算机。如果客人需要叫早服务(Morning Call)，由夜间话务员统一输入计算机，然后由领班统一核对。

(4) 第一次叫醒。计算机根据设置的时间和分机号码，第一次自动接通客房分机，客人接听时，自动播放事前由饭店统一录制的叫醒服务录音。

(5) 第二次叫醒。间隔5分钟后，第二次接通客房分机，第二次提醒客人。

(6) 将实际的叫醒情况记录在叫醒记录簿上。

在提供叫醒服务时，应注意如下事项。

(1) 一般都提供两次叫醒服务，即叫醒服务录音和隔5分钟再用分机叫醒。若无人接听，则通知大堂副理和客服中心，视情况亲自到房间敲门叫醒。

(2) 在提供叫醒服务时，可顺便把当天的天气、气温情况告诉客人。

▌五、留言服务

(一) 接到店外客人留言要求

当店外客人要找的店内客人不在，要求留言时；当客房电话无人接听，店外客人要求留言时，话务员应认真核对店外客人要找的店内客人姓名，准确记录留言者的姓名和联系电话，准确记录留言内容，复述留言内容与店外客人核对。

(二) 将留言输入电话

使用计算机查出店内客人房间；通过固定的计算机程序输入留言内容；核实留言内容无误；在留言内容下方输入为客人提供留言服务的员工的姓名；按"ENTER"键打出留言。

(三) 亮客房留言灯

按留言灯键，敲入房间号码，按执行键——"#"键，再按一下留言灯键。

(四) 将计算机中的留言取消

将客人房间号码输入计算机程序中；计算机屏幕显示留言内容；将计算机中的留言取消。

(五) 熄灭客房留言灯

按留言灯键；敲入房间号码；按执行键——"#"键；再按一下留言灯键。

六、查询服务

(一) 接到客人问询电话

在铃响三声之内，接听电话；清晰地报出所在部门；表示愿意为客人提供帮助。

(二) 聆听客人问询内容

仔细聆听客人所讲的问题；必要时，请客人重复某些细节或含混不清之处；重述客人问询的内容，以便客人确认。

(三) 回答客人问询

若能立即回答客人，应及时给客人满意的答复。若需进一步查询方能找到答案，请客人挂断电话稍等；在计算机储存信息中查寻客人问询的内容，找到准确答案；在机台操作，接通客人房间的电话，清晰地报出所在部门，重复客人的问询要求，获得客人确认后，将答案告诉客人；待客人听清后，征询客人是否还有其他疑问之处，表示愿意提供帮助。

七、店内寻呼服务

(一) 接到外线寻呼某人的要求

(1) 认真仔细地聆听客人要求呼叫的人名和号码；
(2) 把呼叫者姓名和被呼叫者姓名及储存号记录下来；
(3) 礼貌地告诉客人"请稍等，不要挂断电话"；
(4) 将外线存入机台。

(二) 把呼叫号输入呼叫器

(1) 首先将被呼叫者的呼叫号输入呼叫器；

(2) 按呼叫器执行键;

(3) 将被呼叫者应答的号码输入呼叫器;

(4) 按完成键,呼叫完毕。

(三) 其他事项

当话务员通过呼叫器完成呼叫工作后,应经常提出被存在话机上的外线以免客人等待时间过长。

(1) 提出外线时应礼貌地说:"××先生/女士,我已帮您呼叫了,请您再稍等一下。"应每隔30秒向客人重复一次。

(2) 被呼叫人回答后,话务员应认真核对姓名和呼叫号。

(3) 提出外线接通,告诉客人被呼叫者已回答。

(4) 将内外线接通,话务员挂机。

八、免打扰电话服务

(一) 接到客人电话,要求提供"请勿打扰"服务

(1) 当客人打电话到总机,告诉话务员他要外出时,话务员应询问以下内容:客人房号、姓名及客人的去向;

(2) 将上述信息与电脑记录核对;

(3) 告知客人当他回到房间后请通知总机,取消"请勿打扰";

(4) 迅速将有关内容准确地记录在案。

(二) 将房间电话做上"请勿打扰"标记

(1) 按一下机台上的"DND"键;

(2) 当机台显示屏上出现"DND STA—"以后,输入房号;

(3) 按一下执行键——"#"键;

(4) 当机台显示屏上出现"STA—房号"之后,按"DND"键,机台屏幕上显示"STA—房号DND"。

(三) 将客人所在位置输入计算机

(1) 进入电话系统,使计算机屏幕显示"TELEPHONE"界面;

(2) 将客人房号输入,然后按"ENTER"键;

(3) 在屏幕上查出客人姓名,将序号打在姓名前,按"ENTER"键;

(4) 用简单的英文将客人当下的位置输入电脑。

(四) 取消电话的"请勿打扰"

(1) 按一下机台上的"DND"键;

(2) 当机台显示屏上出现"DND STA—"以后,将房号输入;

(3) 按一下执行键——"#"键;

(4) 当机台屏幕上显示"STA—房号DAD"后,按"ENTER"键,屏幕上的"DND"键即会消失,电话的"请勿打扰"亦同时被取消。

(五) 取消计算机中客人所在位置的记录

(1) 进入电话系统,使计算机屏幕显示"TELEPHONE"界面;

(2) 将客人房号输入,然后按"ENTER"键;

(3) 在屏幕上查出客人姓名,将序号打在姓名前,按"ENTER"键;

(4) 按"CMD3"键,客人当下所在位置的记录即从计算机中消失。

九、报警、预警服务

总机除提供上述服务外,还有一项重要职责,即当饭店出现紧急情况时,总机应成为饭店管理人员采取相应措施的指挥协调中心。饭店的紧急情况包括发生火灾、水灾、伤亡事故、恶性刑事案件等。紧急情况发生时,饭店领导为控制局面,必然要借助于电话系统,话务员要沉着、冷静、不慌张,提供高效率服务。

(1) 接到紧急情况报告电话,应立即问清事情发生的地点、时间及简单情况,问清报告者姓名、身份,并迅速做好记录。

(2) 即刻通报饭店领导和有关部门,并根据现场指挥人员的指令,迅速与市内有关部门(如消防、安全等)紧急联系,并向其他话务员通报情况。

(3) 严格执行现场指挥人员的指令。

(4) 在未接到撤离指示前,不得擅自离岗,保持通信线路的畅通。

(5) 继续从事对客服务工作,并安抚客人,以稳定其情绪。如有人打听情况(如火情),一般不作回答,转大堂副理答复。

(6) 完整记录紧急情况的电话处理细节,以备事后检查。

第七节 前厅商务中心业务

一、商务中心服务的意义

商务中心是现代商务饭店不可缺少的重要服务部门,它是商务客人"办公室外的办公室""公司外的公司"。近几年来,许多饭店相继开设了商务楼层和私人管家服务,为商务客人提供专门的、个性化的服务,赢得了客人的高度信任和赞誉,许多客人因此成为回头客。先进的服务设施,齐全的服务项目,安静、舒适、优雅的环境,高素质的专业队伍将为饭店带来更大的经济效益。商务中心可为宾客提供通信、文秘和票务等多种服务。

商务中心的主要业务内容有：通信服务，如为客人提供外线电话、电传、传真、电子邮件等服务；文秘服务，如为客人提供打字、打印、复印、翻译、名片印制、会议记录、电脑文字处理、会议设备出租、商业信息查询等服务；票务服务，如代客订购各类国内外车票、船票、机票等服务。此外，许多商务中心还为客人提供物品出售及出租、会议室出租、Internet服务、导游服务等服务项目。

二、通信服务

通信服务的主要内容是为客人提供收发电传、收发传真等服务项目。

(一) 收发电传服务

1. 接收电传

接收电传服务包括如下几个步骤。

(1) 在电脑上核实收件客人资料。

(2) 按发件人要求及时通知客人。

(3) 在"传真收发簿"上登记。

(4) 将收到的备份电传(一份复印件)复印留底，将电传发给客人。

(5) 开出账单，收取费用，或请客人签字。

(6) 如果客人挂账，请客人出示房卡并签字。

2. 发送电传

发送电传服务包括如下几个步骤。

(1) 为要求发电传的客人准备好电传纸。

(2) 请客人出示房卡，核对客人的姓名、房号。

(3) 确认客人字迹、号码、电传回号、城市号等。

(4) 打印一份草稿请客人核对，确保准确无误。

(5) 发送完毕，把发出的电传送到客人房间。

(6) 开出账单，收取费用，或请客人签字。

(7) 如果客人挂账，请客人出示房卡并签字。

(二) 收发传真服务

1. 接收传真服务

接收传真服务包括如下几个步骤。

(1) 收到传真，立即通过电脑查询。

(2) 查明传真所注明的房号、姓名是否属实。

(3) 将传真折好放入传真袋中，在封面上盖上印章，并注明房号、姓名、页数及相关费用。

(4) 核对无误后，立即通知行李员将传真送到房间。

(5) 如客人不在房间，立即填写留言单，并由行李员将留言单送入客房。

(6) 开出账单，收取费用，或请客人签字。

(7) 如果客人挂账，请客人出示房卡并签字。

2. 发送传真服务

发送传真服务包括如下几个步骤。

(1) 确认客人所发往的目的地，请客人填好传真发送表并签字。

(2) 向客人说明收费标准。

(3) 将传真按程序发出。发送完毕，将"OK"报告单与传真稿件一起交还客人。

(4) 开出账单，收取费用，或请客人签字。

(5) 如果客人挂账，请客人出示房卡并签字。

三、文秘服务

文秘服务的主要内容是为客人提供打字、打印、复印、翻译等服务项目。

(一) 文字打印服务

文字打印服务包括如下几个步骤。

(1) 接受客人稿件时，应与客人核对内容，查看字迹是否清楚，对于不清之处应请客人确认。

(2) 问清客人对打印文件的格式、排版、字体、文字语种和取稿时间等要求，复述并确认。

(3) 向客人介绍收费标准，并告知客人打印文件所需的时间。

(4) 初稿打完后，先请客人进行校对或修改。

(5) 打印客人修改过的文件，并请客人检查确认。

(6) 待客人确认定稿后，打印正式文件。

(7) 询问客人文件是否存盘，根据客人要求拷贝或删除。

(8) 开出账单，收取费用，或请客人签字。

(9) 如果客人挂账，请客人出示房卡并签字。

(二) 文件复印服务

文件复印服务包括如下几个步骤。

(1) 主动、热情、礼貌地问候宾客。

(2) 问清客人所需复印的数量和规格，介绍收费标准，填写复印登记表。

(3) 按客人要求复印。

(4) 复印完毕后，将原件和复印件如数交给客人。

(5) 开出账单，收取费用，或请客人签字。

(6) 如果客人挂账，请客人出示房卡并签字。

(三) 翻译服务

饭店商务中心在提供文秘服务时还提供翻译服务，一般提供英、日、德等语种的翻译服务，包括如下几个步骤。

(1) 向客人介绍收费标准。

(2) 取得材料后，当面核对所需翻译的内容和语种，确认无误后接收材料，并约定取稿时间。

(3) 通知饭店翻译人员，请其在约定的时间内译出材料。

(4) 将译稿打印出来，按约定时间交予客人。

(5) 开出账单，收取费用，或请客人签字。

(6) 如果客人挂账，请客人出示房卡并签字。

四、票务服务

票务服务，主要是代客订购各类国内外车票、船票、机票等。订票服务包括如下几个步骤。

(1) 当客人要求商务中心为其订票时，员工应当请客人亲自填写"订票委托单"。如果客人要求服务员代填订票委托单，填好后，经客人核实无误后须由客人签名。

(2) 请客人出示身份证，以便订票。

(3) 如果预收了客人的订票款，则应在订票单上注明金额，酒店订票所收手续费应在订票前向客人说明。

(4) 登记完毕后，将订票单第一联交给客人，作为客人取票的凭证。

(5) 取到票以后，放入取票袋内，并在取票袋上注明客人的姓名、房号、预付款数额、应退款数额等。

(6) 当客人取票时，应将取票袋和订票手续费的收据交给客人，请客人当面核对，并收回客人手中的取票联，注明"票已取"字样并存档。

第八节 前厅收银业务

一、前厅收银服务的意义

前台收银每天都要处理客人的账务事宜，工作人员责任心的强弱和业务水平的高低直接关系能否保证饭店的经济效益和准确反映饭店经营业务活动的状况，也反映了饭店的服务水平和经营管理效率的高低。从业务性质来说，前厅收银处一般直接归属饭店财务部，又由于它处在接待客人的第一线岗位，因此又接受前厅部的指挥。

前台收银是一项非常细致和复杂的工作，工作内容包括：为客人设立各自的账卡；

每天核算和整理各个业务部门收银员送来的客人消费账单；及时记录客人的各种赊账；为离店客人办理结账收款事宜；夜间统计当日营业收益，编制各种会计报表，以便及时反映饭店的营业活动情况。因此，要求前台收银员既要有较强的责任心，又要有较强的业务能力，能做到账户清楚、转账迅速、记账准确。

收银处的业务主要有：建立和核收客账、办理客人离店结账手续、外币兑换及贵重物品的保管等。

二、建立与核收客账

(一) 为散客建立与核收客账

(1) 核查账单，例如客人姓名、房号、房型、房价、抵离店日期、付款方式等项目应填写齐全、正确。

(2) 核实付款方式，如使用信用卡支付，须检查信用卡是否有效等。

(3) 检查有关附件，如住房登记表、房租折扣审批单、预付款收据等是否齐全。

(4) 将客人账单连同相关附件放入标有相应房号的分户账夹内，存入住店客人账单架中。

(二) 为团队客人建立与核收客账

(1) 检查总账单，如团队名称、团号、人数、用房总数、房价、付款方式、付款范围等项目应填写齐全、正确。

(2) 查看是否有换房、加房或减房、加床等变更通知单。

(3) 建立团队客人自付款项的分账单。

(4) 将团队总账单按编号顺序放入相应的账夹内，存入住店团队账单架中。

三、办理住客离店结账

(一) 散客离店结账

(1) 询问客人房号，收回房卡、钥匙和押金单等，通过电脑与客人核对姓名、房号。

(2) 通知客房中心查房，检查客房小酒吧的耗用情况以及客房设施设备的使用情况等。

(3) 核实退房时间是否符合饭店规定。

(4) 委婉地问明客人是否有其他临时消费，如餐费、洗衣费等，以免产生漏账。

(5) 问明客人付款方式。

(6) 打印账单。请客人核对账单，确认无误后签字。

(7) 按照客人要求的付款方式结账，开发票。

(8) 将客人离店信息通知有关部门，并及时更新房间状态。

(二) 团队离店结账

(1) 团队客人退房前一天应提前做好准备，核对清楚主账户与分项账户。

(2) 退房时，核准团队名称、房号、付款方式，打印总账单，请团队负责人确认并签字。

(3) 针对有自付账目仍未结清的团队客人打印账单、收款。

(4) 如出现账目上的争议，及时请主管或大堂副理协助解决。

四、外币兑换

饭店为方便中外宾客，受中国银行委托，根据国家外汇管理局公布的外汇牌价代理外币兑换以及旅行支票和信用卡业务。星级饭店的前厅收银处提供24小时外币兑换业务。前台收银处每天应按照中国银行公布的当日外汇牌价，及时调整并向客人公布当日外汇牌价。外汇兑换员应接受特定的技术、技能操作培训，增强识别假钞和安全防范的能力。

(一) 可兑换外币现钞种类

目前，可在国内指定机构兑换的外国货币有16种：美元、英镑、澳大利亚元、加拿大元、欧元、日元、新加坡元、港币、澳门元、菲律宾比索、泰国铢、新西兰元、瑞士法郎、瑞典克朗、挪威克朗、丹麦克朗。饭店由于受人员、设备、客源等条件的制约，通常仅提供几种主要的外币现钞兑换业务。

(二) 外币现钞兑换程序

(1) 了解客人要求，问清客人要兑换的币种，确认是否属于饭店的兑换范围。

(2) 礼貌地告诉客人当天的外币兑换率。

(3) 清点外币，通过外币验钞机或人工检验外币真伪。

(4) 请客人出示护照和房卡，确认其住客身份。

(5) 填写兑换水单，将外币名称、金额、兑换率、应兑金额及客人房号填写在相应栏目内。

(6) 请客人在水单上签名，检查客人与证件上的照片是否一致，并通过电脑核对房号。

(7) 检查复核，确保金额准确。

(8) 清点人民币现金，连同护照、水单一联交给客人，请客人清点。

五、贵重物品保管

饭店为保障住店客人的财产安全，通常在总台收银处旁边的房间内，单独设有贵重物品保管箱，由收银员负责免费为客人提供贵重物品保管服务。每个保险箱设有两把钥匙，一把由收银员负责保管，另一把由客人自己保管，只有两把钥匙同时使用，才能打开保险箱。

(一) 保险箱启用

(1) 主动问候客人，问清客人的要求。

(2) 请客人出示房卡或钥匙，核对电脑资料，确认其为住店客人。

(3) 填写贵重物品寄存单，提醒客人阅读寄存单上的宾客须知，请客人签名确认。

(4) 引导客人到保险箱所在房间，根据客人寄存物品的大小，开启大小适中的保险箱。

(5) 取出保险盒，正面递给客人，同时回避一旁，对客人寄存的物品做到不看、不问。

(6) 在寄存单上注明箱号、经手人、寄存时间等信息。

(7) 客人放好物品后，把保险盒放入保险箱内，当着客人的面锁好保险箱，一把钥匙交给客人，总钥匙由收银员保管。同时，提醒客人妥善保管钥匙。

(8) 在电脑内做好记录，并将寄存单存档。

(二) 中途开箱

(1) 请客人出示保险箱钥匙，找出寄存卡，请其在背面签字。

(2) 确认寄存单背面签字与正面签字一致。

(3) 当着客人的面用两把钥匙打开保险箱，请客人取用物品。

(4) 客人存取完毕后，再当面把保险箱锁好，提醒其保管好钥匙。

(5) 在寄存单上注明寄存时间、经手人，并存档。

(三) 退箱

(1) 核准钥匙及客人签名后，当面打开保险箱。

(2) 客人取出物品后，检查一遍保险盒，以防有遗留物品，收回保险箱钥匙，锁上该箱。

(3) 记录退箱时间、经手人，在电脑上删除记录，并将寄存单存档。

(四) 保险箱钥匙遗失的处理

(1) 收银员应呼叫大堂经理和保安部人员，请客人出示有效证件和房卡，核实其身份后，请其在寄存卡背面做出说明并签字。

(2) 与工程部人员一起当着客人的面强行钻开箱锁，请客人核对寄存物品是否完整、无遗漏，并做好记录，以备查核。

(五) 寄存贵重物品的注意事项

(1) 定期检查保险箱各门锁是否处于良好的工作状态。

(2) 饭店可规定客人寄存贵重物品的最高标准及赔偿限额，避免不必要的麻烦。

(3) 客人寄存物品时，收银员应注意回避。

(4) 严格、认真核对客人的签名。

(5) 必须请客人亲自来存取，一般不能委托他人。

(6) 交接班时，应仔细核对保险箱的使用数目、钥匙数量。注意所有保险箱钥匙不能带出总台，必须妥善保管。

(7) 客人退箱后，寄存单应至少存放半年以上，以备查核。

第九节 前厅大堂副理业务

一、设置大堂副理职位的意义

大堂副理当值对协调部门关系、处理跨部门投诉、保证对客服务的高效以及重大或紧急事件的处理具有重要的作用，是饭店对客服务的总代表、饭店形象的宣传员和对客服务的协调员。

(一) 对客服务的总代表

大堂副理是饭店对客服务的总代表，可代表饭店处理对客服务中的重大问题及部门间难以协调或协调不成功的问题；代表饭店组织、协调、落实各个部门和员工的对客服务工作；代表饭店执行饭店对客服务的相关政策，如索赔政策、优惠与折扣政策等；代表饭店处理宾客投诉等。

(二) 饭店形象的宣传员

大堂副理是饭店形象的宣传员，他可通过开展服务工作、协调工作来宣传饭店的实物产品形象、设施设备形象、服务形象、环境形象等。

(三) 对客服务的协调员

大堂副理是饭店对客服务的协调员，他负责联络与协调饭店各有关部门的对客服务工作；处理、协调宾客提出的跨部门投诉；在饭店出现特大或紧急事件时，负责组织、协调有关部门、人员做好对客服务工作。

二、大堂副理岗位职责

大堂副理在饭店中承担着饭店管理代表之一的角色，他在前厅部具有十分重要的地位，其职责主要包括以下几个。
(1) 代表饭店管理当局执行饭店对客服务政策。
(2) 代表总经理接受并处理客人的一切投诉，听取客人的意见和建议。
(3) 代表饭店管理机构检查各部门员工的纪律、着装、仪容仪表及工作状况。
(4) 联络与协调饭店各有关部门的对客服务工作。
(5) 检查饭店公共区域，消除安全隐患。
(6) 检查并指导大堂及直接相关区域的对客服务质量。
(7) 督导团队接待部门和有关部门落实VIP接待准备工作。

(8) 每日参加部门经理例会，通报客人投诉情况、员工违纪情况等，并提出相关意见。

(9) 迎送饭店重要宾客。

(10) 维持大堂及附近公共区域的秩序和环境的安静、整洁。

(11) 协助总经理或代表总经理接待贵宾和商务楼层客人。

(12) 解答客人的咨询；协助前厅部员工处理好日常接待中出现的各种问题(如超额预订、客人丢失保险箱钥匙、客人签账超额而无法付款、逃账事件以及其他账务等方面的问题)。

(13) 遇到重大或紧急情况(如突发性疾病、伤亡、凶杀、火警、失窃、自然灾害等)时，代表饭店总经理组织、调动有关人员进行处理；制止非法行为的发生(如吸毒、卖淫、嫖娼、赌博等)；劝阻客人玩危险游戏、酗酒；解决客人之间的纠纷，保障客人安全，维护客人利益。

(14) 认真填写工作日志，对重大事件认真记录存档。

三、大堂副理工作内容

大堂副理当值一般采用三班制，实行24小时轮班当值。大堂副理在对客服务中应遵循一定的程序。

(一) 接班

目的：了解饭店运行情况，获取最新信息。

(1) 与上一班大堂副理移交传呼机和饭店总钥匙，检验传呼机是否工作正常。

(2) 阅读大堂副理值班日志、宴会与会议预订单、贵宾报告单，了解饭店新近发生的投诉、接待方面的重大事件，以及当日要跟办的事宜，当日客房出租的情况。

(3) 了解团队客人抵离店及行李进出情况。

(4) 阅读饭店行政部门和其他部门发送的最新文件和通知，了解饭店的方针、政策及执行程序。

(5) 早班大堂副理负责在上班后10分钟内将值班日志送交前厅部经理。

(6) 早班大堂副理参加前厅部经理主持的早会并将会议内容记录下来供其他班次的大堂副理阅读。

(二) 贵宾的接待

目的：保证贵宾顺利入住和离店。

1. 准备

(1) 在贵宾抵店前，大堂副理必须检查他们的排房是否合理、钥匙是否预留。

(2) 和客房部主管检查贵宾预留房，保证房内物品摆放规范，卫生达到标准，设备工作正常，温度控制适当，鲜花、致意品、总经理及副总经理名片准备妥当，如不合格由客房部主管跟办。

(3) 在宾客抵店前一小时必须完成最后一次检查。

(4) 如客房内存在的问题一时无法解决，大堂副理必须通知前厅接待部给予换房，通知客房部按贵宾标准清洁整理已换的房间，转移鲜花、致意品等，重新检查，使之符合要求，并通知订房部。

(5) 督导大堂各部门人员着装整洁，站立规范。

(6) 指示订房部填写抵店贵宾的住客表、欢迎卡。

(7) 持住客表、欢迎卡、房间钥匙、留言单、传真(如有)在大堂等候贵宾到达。

(8) 视情况通知保安部控制一部客梯，停在一楼等候。

2. 贵宾抵店

(1) 贵宾抵店时，大堂副理须迎上前去，陪同宾客到房间进行入住登记。陪宾客入住途中，视情况向贵宾介绍饭店服务设施和场所。

(2) 如贵宾没有事先通知抵达饭店，大堂副理应立即通知总机，由总机通知有关部门。

(3) 在客房中为宾客履行完入住登记手续后，大堂副理应视情况简要介绍饭店房内设施，物品的位置和使用方法，房门自动锁的使用、室温调节方法，混水龙头的使用和服务简介的位置。

(4) 离开客房前须询问宾客有何服务要求，然后面向宾客，轻轻将门关上，将入住登记表交到前厅接待部。

3. 贵宾入住期间

在贵宾入住期间，大堂副理须了解并注意其在店内的各项活动，及时协调、检查各项服务。

4. 贵宾离店

(1) 大堂副理在贵宾预期离店的前一天联络贵宾(或随行人员)，问清离店的时间、行李收集时间、有何特殊服务要求。

(2) 如贵宾要求近期离店，大堂副理须将贵宾离店的准确时间通知总机，由总机通知有关部门。

(3) 提醒前台收银将贵宾账目准备好，检查账单，保证无误。

(4) 督导行李员按时为贵宾出行李。

(5) 陪同贵宾或随从到前台收银处结账。

(6) 陪同贵宾至大门外，督导行李员装车，送客上车，礼貌地向贵宾举手道别，待车辆驶出视线后转身返回。

(三) 饭店总钥匙的使用

目的：正确使用饭店总钥匙。

(1) 大堂副理因工作需要配备的饭店总钥匙直接关系饭店的安全，责任重大，应妥善保管，不得转借他人，不得带出饭店，不得丢失。

(2) 遇到紧急情况时，大堂副理应持总钥匙赶到现场，进行处理。

(3) 如需使用总钥匙进入锁闭的房间，须由该部门的员工或保安陪同方可入内。

(4) 完成任务后，须根据需要将房间重新锁上。

(5) 使用总钥匙的情况须记入值班日志。

(6) 大堂副理如需暂时离店，须征得前厅部经理的同意。如前厅部经理不在，须征得(高级值班经理)的同意，做出安排后再离店。离店前应将传呼机交前台，将总钥匙锁入保险箱，保险箱的钥匙交保安主任暂时掌管。

(四) 饭店公共区域的检查与督导

目的：维护饭店公共区域的清洁和正常的秩序。

(1) 检查饭店公共区域的卫生清洁状况，如发现不符合要求，应通知客房部派人来打扫。

(2) 督导保安劝离影响大堂正常秩序的人员，外来人员在大堂不准使用对讲机。

(3) 劝阻违反饭店店规的员工。

(4) 检查通道、车道，保证其畅通。

(5) 检查路灯、音响、标志、标语、指示牌、旗帜等，保证符合要求，完好无损。

(五) 团队接待的督导

目的：确保团队接待工作的顺利进行。

1. 准备

(1) 大堂副理应了解当日抵店团队的团数、团号、人数、房数，行李抵店时间和方式，营业部团队接待员的姓名，是否有贵宾团。

(2) 了解前厅接待部的排房情况、客房部清洁的进度，尽可能地督导他们在宾客抵店前完成。

(3) 贵宾团到店后，按贵宾接待程序进行。

(4) 确保车道和通道的畅通。

2. 团队抵店

(1) 大堂副理须站在大门口，对团队的到达表示欢迎。

(2) 督导大堂外的保安员引导车辆停靠适当位置，避免造成大堂门口的车辆堵塞。

(3) 督导团队接待员、大堂内的保安员将宾客领至前台对面的休息处，如遇多个团队同时抵店，可将其安排在相对安静的地方，避免大堂过分拥挤。

(4) 如团队进店带佛像，须请该团的领队和陪同协助将佛像放在指定的地点，验明尊数，交由大堂内保安负责看管。

(5) 如营业部团队接待员不在，大堂副理可根据饭店规定批准增设司机、陪房，由前厅接待员跟办。

(6) 如团队抵店时，客房尚未清洁完毕，应劝说宾客在大堂等候，不可让前厅接待员先发钥匙，同时通知客房部尽快完成。

(7) 如遇吃素团队或有特别饮食要求的团队或团员，大堂副理应提醒团队接待员及时请餐饮部做好安排。

(8) 督导大堂保安员有秩序地引导宾客上楼。

(9) 向宾客介绍饭店设施，解答宾客提问，帮助宾客寻亲探友，接受宾客投诉。

(10) 督导行李员迅速、准确、安全地将行李送入宾客的房间。

(11) 夜间，大堂副理须同楼层保安进行楼层巡视。有礼貌地劝阻大声喧哗、烧香、衣冠不整、脚履拖鞋在公共场所走动的宾客。

(12) 检查叫醒服务的执行情况。

3. 团队取消

团队未能抵店或取消，大堂副理须在早上4：30之前通知早餐厨师，取消该团队早餐，并告之营业部。

4. 团队离店

(1) 督导前台收银处备好杂项费用清单。

(2) 协助前厅接待部回收钥匙。

(3) 针对宾客带走或损坏的物品进行索赔。

(4) 督导保安保证大堂的正常秩序和车道畅通。

(5) 督导行李员迅速、准确、安全地将行李送上车。

(6) 向离店的团队挥手告别。

(六) 投诉的处理

目的：消除宾客不满，改进饭店服务。

(1) 选择在整洁、清静、不受干扰的地方接受宾客投诉，所携带的传呼机应关上。如投诉方人数众多，应请投诉宾客单独商谈。

(2) 了解宾客的姓名和房号，认真听取宾客的投诉，不得打断宾客的谈话，对出言不逊的宾客应容忍，不得争执。

(3) 明确事件发生的起因、时间、地点、主要人物、过程，做好记录。

(4) 对饭店的明显失误，应向宾客道歉，不可推卸责任，但不得批评饭店部门和员工，尽量满足宾客的自尊心和优越感。

(5) 尽可能多地提出解决问题的办法或建议，征求宾客的意见。如一时不能答复的，应告诉宾客解决问题的明确时间，超出自己权限和没有把握的事情，应请示有关领导。

(6) 向有关部门和人员详细全面地了解事情的经过，客观地反映给有关领导。

(7) 协助有关部门做好后续服务，客观地将跟办的情况告诉宾客。

(8) 将对投诉的处理过程记入工作日志。

(七) 索赔

目的：维护饭店设备、用品的星级标准，保证饭店利益。

(1) 大堂副理代表饭店向宾客进行索赔，须熟知物品的价格、索赔价格、减免幅度及相关政策。

(2) 得知饭店设备或用品被损坏或丢失后，应立即赶到现场，安排有关人员指看现场、保留现场，核实记录。

(3) 大堂副理经过调查，确认系住客所为或负有责任后，根据损坏的轻重程度，参照饭店的赔偿价格，向宾客提出索赔。

(4) 索赔时，大堂副理必须由有关人员陪同，礼貌地指引、查看现场，陈述客房之原始标准状态，尽可能向宾客展示有关记录和材料，如做房记录等，如果宾客外出，必须将现场保留至索赔结束。

(5) 如宾客对索赔有异议，大堂副理无法说服宾客，赔偿价在50元以下的由大堂副理酌情处理，赔偿价在50元以上的应向当班高值汇报，由高值与宾客继续商谈。

(6) 如果索赔牵涉贵宾，必须先报请高值批准，转告随行人员或具体接待单位，向他们提出索赔。

(7) 如宾客同意索赔，大堂副理应让有关人员立即开出杂项单，并将宾客易于接受的理由(如购置费)填入杂项单，让宾客付款签字。

(8) 宾客赔偿后，大堂副理须通知有关部门立即恢复标准，如宾客要求换房，视住房状况给予满足。

(八) 带客参观

目的：推销饭店产品。

1. 常客参观政策

(1) 零星散客参观，由大堂副理视情况作决定并安排。

(2) 如与饭店营业有关系的单位要求参观，应报营业部批准，由大堂副理执行。

(3) 如与饭店营业无关系的单位要求参观，应经由总经理办公室批准，大堂副理执行。

(4) 参观总统套房时应报前厅部经理批准。前厅部经理不在，则报高值批准。

2. 参观程序

(1) 参观前，大堂副理应和前厅接待部联系，查明参观房处于空房状态后，领取钥匙，通知前厅接待员封锁参观房。

(2) 参观人数多时应分批带客参观，通常每批不超过10人。

(3) 带客参观时应热情巧妙地根据不同宾客的要求推销饭店产品，劝阻大声喧哗的参观人员。

(4) 参观完毕，送客至大堂门外，通知客房部进行查房，将钥匙交还前厅接待部。

(九) 双锁客房

目的：阻止可能发生的意外情况，保障宾客和饭店的财产安全。

(1) 宾客离店出远门时，大堂副理须和房务员一起进房，提醒宾客寄存贵重物品，检查电器、水龙头开关，确认宾客返店日期，通知前厅接待部做完房间清洁工作后实施双锁，通知前厅部经理。

(2) 如宾客长期外出未归，尚未结账，在联络不到宾客时，大堂副理须报前厅部经理或高值批准后，实施双锁。

(3) 如需封闭楼层，由前厅部经理通知，大堂副理执行。

(4) 对楼层特殊房间实施双锁须向前厅部经理确认后方可执行，双锁的打开需通过前厅部经理的同意后方可执行。

(5) 第(2)、(3)、(4)种情况中的解除双锁须报请前厅部经理或高值批准后方可执行。

(十) 客房窗户的开启

目的：防止意外的发生。

(1) 宾客要求开启客房窗户时，大堂副理应了解原因，适当地给予拒绝。

(2) 如情况特殊，应请示前厅部经理(或高值)批准，如同意，大堂副理通知客房部开窗。

(十一) 饭店宾客遗物招领

目的：协助宾客寻回遗留或丢失的物品。

(1) 遗留或丢失的物品交大堂副理后，大堂副理带拾获者一同前往客房部登记、存放，如失物是身份证、文件、危险品、反动品、黄色宣传品，须带往保安主任办公室登记、存放。

(2) 了解失物的名称、拾获地点、时间、拾获者姓名。

(3) 根据提供和发现的线索寻找失主。

(4) 失主来认取时，大堂副理带失主前往存放部门。失物金额在5000元人民币以上的，领取前应通知前厅部经理(或高值)。

(5) 如失主已离店，失物需邮寄给宾客，应报请前厅部经理批准，由行李员跟办。

(十二) 查房

目的：配合公安、安全部门执行公务，保护住客的正当权益。

(1) 如公安或安全部门来店查房，大堂副理应了解查房的理由，通知保安部主任接待。

(2) 贵宾、外交官员及有关部门关照的宾客不查。

(3) 由大堂副理和保安主任带查房人员上楼，公安或安全部门的查房人员人数一般不超过两人。

(4) 进房前，大堂副理应先打电话通知宾客，敲门进房。进房后，大堂副理向宾客说明查房理由，介绍查房人员。查房后，大堂副理向宾客道歉后退出客房。

(5) 如有突发事件发生，大堂副理须立即报告高值。

(6) 如查房人员要把宾客带走，须请宾客先结账再离店。

(十三) 住客伤、病的处理

目的：保障住客的健康。

(1) 大堂副理在接到住客伤、病通知后，根据病情联系饭店医疗室的医生出诊，或请病人到医疗室就诊。如饭店医生不在，则根据病情，请宾客外出就医，说明车费与医疗费需宾客自理。

(2) 如宾客同意外出就医，大堂副理应联系车辆，建议宾客的亲朋好友陪同。如宾客没有陪同人员，大堂副理征得宾客同意通知行李部派一名行李员陪同前往。如宾客身份高，大堂副理应视情况亲自陪同前往。

(3) 如宾客要求购买治疗疾病的常用药品，大堂副理应视情况给予同意，但应请宾客写下药名，买药由行李员执行。宾客的购药单和购药发票的复印件须留存。

(4) 外出治疗的宾客回店后，大堂副理须进房探望，代表饭店慰问宾客，询问有何特殊服务要求。

(5) 如宾客需在医院住一段时间，大堂副理须问清宾客是否还需要保留房间。宾客若要办理离店，须得到宾客的授权信，然后由房务员、大堂副理和保安在场见证，行李员收拾行李存放于行李房。大堂副理替宾客到收银处办理离店手续。

(十四) 饭店员工的伤病处理

目的：使工伤、患急病的员工迅速得到治疗。

(1) 接到饭店员工工伤或患急病的通知，须立即转告饭店医疗室、保安部和员工所在部门的经理。

(2) 如医疗室医生下班，大堂副理应根据员工的伤病严重程度决定是否送外治疗。如需外出治疗，可让伤病员工从收银处暂借医疗费用，大堂副理可视情况通知保安主任派一名保安员陪同，通知车务部派车，车费单留存，次日请伤病员工所在部门的经理签字，大堂副理可在车费单上注明情况。

(十五) 失窃案件的处理

目的：妥善处理失窃案件。

(1) 大堂副理接到失窃报告后，须立即通知保安主任，一起赶往现场。

(2) 协助保安保护现场，协助保安主任做访问笔录，向保安部了解破案进展，与宾客保持联系。

(3) 如宾客要向公安机关报案，大堂副理负责与保安部联系。

(4) 宾客若离店，应请宾客留下联系地址。

(5) 破案后，大堂副理须立即通知宾客，将物品归还并与宾客当面点清。

(十六) 紧急情况处理

1. 火警

目的：在火警发生的时候，明确自己所在的位置和应做的工作。

(1) 由保安中控室打来的火警电话为确认的火警通知。大堂副理接到通知后，应立即带饭店总钥匙赶到现场，协助保安主任(消防队员)打开双锁的房间。

(2) 完成开双锁的任务后，应立即返回大堂，根据总经理的指示回答宾客的询问，与宾客保持联系。

(3) 如电话系统出现故障，大堂副理须指挥行李员前往救火指挥部负责传递消息。

(4) 引导疏散宾客到达集结地点。

(5) 督导大门外的保安指挥车辆离店。

(6) 督导大堂各岗位待命，不得惊慌失措、到处乱跑。

2. 死亡

目的：妥善处理死亡事故。

(1) 大堂副理接到宾客的死亡通知后，须立即通知保安主任赶到现场，劝阻无关人员退场，维持现场秩序，保护好现场，待公安部门来验尸。

(2) 通知前厅接待部在死者出店之前，该楼层不排房。死者应乘员工梯从后区出店，出店时应避免上下班的高峰期。

(3) 在处理过程中，应把消息封锁在最小的范围内。

3. 停电

目的：妥善处理停电造成的不便，保证饭店正常运转。

(1) 事先通知停电。第一，大堂副理根据前厅部经理的通知，做好停电的准备工作；第二，饭店工程部因工作需要安排的暂时停电，应在凌晨1：00以后执行；第三，停电之前，大堂副理应检查所有电梯是否都停在一层；第四，饭店利用发电机供电时，大堂副理应检查工程部是否安排一部客梯运行；第五，耐心回答宾客的询问，向宾客道歉；第六，恢复正常供电后，大堂副理须与保安一起巡视楼层。

(2) 突然停电。第一，通知保安部取出应急灯，保证前台、大堂外、大堂主要通道的照明；第二，了解停电原因，向宾客解释、道歉；第三，检查大堂各岗位员工在岗情况；第四，协助工程部和保安人员将困在电梯里的人员解救出来；第五，防火；第六，恢复正常供电后，大堂副理须与保安一起巡视各个楼层。

(十七) 免收宾客半日租

目的：正确处理延迟离店宾客的房租减免问题。

(1) 饭店规定超过中午12：00离店的宾客应加收半日房租，超过下午6：00离店的宾客应加收全日租。

(2) 如宾客在12：00以后离店要求免收半日租，大堂副理可根据客况、宾客身份、离店时间和原因酌情考虑，决定是否给予减免，并通知前厅接待部与前台收银处执行。

(十八) 房务报表与电脑记录差异的处理

目的：查找差异的产生原因，做出相应的处理。

(1) 发现房务报表与电脑记录有差异时，应和房务员进房确认房务报表与实际房态是否一致。

(2) 查看钥匙是否收回。钥匙带走而又未结账的，房费算到钥匙交回结账之日；钥匙带走但客房已出租的，房费算到出租之前。

(3) 向前台了解宾客的详细情况。

(4) 根据掌握的情况，做出判断和处理。

(十九) 饭店巡视

目的：及时发现不安全因素。

(1) 值大夜班的大堂副理应和保安主任进行一次巡视，巡视地点为客房楼层、公共场所、康乐场所、餐饮场所，以及饭店外围和大夜班的其他岗位。

(2) 在中午和晚上餐饮营业高峰、团队抵离店、举行大型宴会及会议、舞厅营业高峰时，当班大堂副理应在这些场所进行巡视。

(3) 一旦发现问题，应通知有关部门跟办或向有关部门反映。

在巡视过程中，应注意如下几个方面。

客房楼层：第一，留意客房楼层的任何可疑人物；第二，留意各楼层设施的损坏与丢失情况；第三，劝阻大声喧哗的住客、半夜未离店的访客；第四，留意宾客的房门是否关严；第五，督导各岗位员工遵守纪律。

公共场所：第一，留意任何不受欢迎的人；第二，留意公共场所的清洁卫生状况；第三，留意饭店设施是否运作正常；第四，留意所有通道是否畅通；第五，督导各岗位员工遵守纪律。

餐饮场所：第一，留意餐厅和厨房的清洁状况；第二，留意是否做好防火安全工作；第三，留意员工的服务是否达到标准；第四，了解营业概况。

舞厅：第一，留意任何不受欢迎的宾客；第二，留意任何违法或伤风败俗的行为；第三，留意是否有本饭店员工跳舞。

(二十) 叫醒服务的督导

目的：确保饭店及时提供叫醒服务。

(1) 大堂副理应至少提前半小时做好准备，向总机落实以下事项。

① 叫醒的记录本是否送上？

② 叫醒的房号是否输入电脑？

③ 对于迟到的团队，叫醒时间是否补充输入电脑？

④ 电脑是否有故障，是否需要人工叫醒？

(2) 如电脑发生故障，应通知值班工程师予以排除，如工程师认为必须请人来店排除，大堂副理应通知车务部派饭店车辆接送。

(3) 如电脑故障无法排除，应通知总机执行人工叫醒服务。对于团队叫醒，总机可请陪同和领队协助，如陪同和领队不给予协助，叫醒仍由总机执行；对于散客叫醒，则由总机按时间早晚逐一进行。大堂副理应代表饭店向投诉的宾客进行解释、道歉。

(4) 如遇宾客投诉没有接到叫醒或延误叫醒，大堂副理应进行调查，将调查结果记入工作日志。

(二十一) 长住客的拜访

目的：了解长住客的需求，倾听宾客的意见和建议，改进饭店服务。

(1) 大堂副理代表饭店拜访常住客、长住客，应有别于私人之间的交往。

(2) 大堂副理拜访的常住客、长住客多为持饭店VIP卡的宾客。

(3) 对长住客应每月拜访一次，对常住客则视情况而定。

(4) 拜访时应注意以下事项。

① 不要随便承诺、表态。

② 保守饭店机密。

③ 不介入宾客或公司之间的纠纷。

④ 不托宾客买东西，谢绝宾客送礼。

⑤ 拜访时间一般不超过一小时。

⑥ 传呼机交前台代管，请前台接听大堂副理的电话、留言。

(5) 拜访内容有如下几个方面。

① 对饭店服务的评价。

② 有何特殊要求。

③ 发送饭店服务水准调查表(按密件回收程序回收)。

(6) 对于宾客反映的问题，如能立即解决的，应通知有关部门马上跟办；如不能立即解决的，应向宾客作解释，反映给有关部门的经理和饭店高级管理人员。

(7) 将拜访的情况简要地记录在工作日志上以供饭店领导参考。

(二十二) 客满状态的督导

目的：保障大堂各部门在客满状态下的顺利运行，确保饭店客源不外流。

(1) 了解超额预订的情况。

(2) 督导前厅接待部按照程序，有条不紊地进行工作。

(3) 接受宾客因没房、没满意的房间或其他不便提出的投诉并加以解决。

(4) 督导订房部落实因客满而外住的宾客在第二天订到满意的房间。

(5) 安排工作人员为第二天回店的宾客发放致意品。

(6) 宾客回店后，大堂副理应在大门口迎接。

(二十三)"客房营业报告表"的审核

目的：了解饭店客房收入与宾客入住状况，确保报表准确无误。

(1) 值大夜班的大堂副理负责"客房营业报告表"的审核。

(2) 款接员向大堂副理递交报表，大堂副理须逐项进行审核，应特别注意宾客的归类、团队及散客的人数、平均房价等项目，保证正确无误后签字认可。

(二十四) 打折扣、退还误账

目的：消除宾客不满，纠正工作中的差错。

(1) 接到宾客有关打折扣和退还误账的投诉时，大堂副理既要坚持原则，维护饭店的利益，又要努力消除宾客的不满。

(2) 如宾客要求打折扣，大堂副理须检查其是否可享受优惠。如可享受优惠，按饭店政策执行；如其不可享受优惠，需进行解释，并根据宾客的身份、职业等进行判断，如是潜在的回头客或是会给饭店带来利益的宾客，可按权限给予折扣。

(3) 如宾客提出误账退还，大堂副理须核查账单，检查是否是饭店失误或是宾客误解。如是饭店失误，应一分不少地退还误账，向宾客道歉；如属宾客误解，须向宾客进行解释，讲清不退的原因。退款后，大堂副理应在退款单上注明原因、签字。

(二十五) 23：00以后的来访者与入住者的处理

目的：预防意外事件的发生，保障饭店的安全。

(1) 饭店规定未在饭店登记入住的宾客在23：00以后不得继续在饭店逗留，如发现客房仍有访客未走，大堂副理应有礼貌地向住客解释，劝其访客离开。

(2) 如果深夜23：00以后有访客来店，大堂副理应有礼貌地解释饭店的规定。如访客坚持要见住客，大堂副理应记下住客的房号、姓名，用电话通知住客，同时进行必要的解释，请住客下楼在大堂会见访客。

(3) 如住客要在房间内会见访客，大堂副理应向其解释劝说。如确系工作需要必须进客房，大堂副理必须让访客在前台登记后上楼，并通知保安加以留意。VIP宾客的访客则酌情处理。

(4) 如住客要求留宿来访者，大堂副理须请住客和访客一起到前台登记入住，但一个房间的留宿人数不得超过三人。

(5) 本市公民入住饭店，除了出示身份证外，还需出示单位或社区证明。

(6) 如宾客因购买机票等原因不能及时取回护照、回乡证、身份证等证件，仍要求入住，大堂副理须查明宾客的身份后报高值处理。

(二十六) 值班日志的记录

目的：据实向饭店高级管理部门反映饭店的运行状况，以及各部门之间的协调结果和建议。

(1) 大堂副理在下班之前必须用整洁的字体详细记录本班次饭店发生的事情和要求继续跟办的事宜。

(2) 在做记录之前，必须注明当值时间、日期、姓名和当班高值的姓名。

(3) 大堂副理在处理问题时，必须认真仔细地进行调查了解，以获得准确完整的材料，记录内容包括以下几个方面。

① 事件发生的时间、地点，主要人物的姓名和房号。

② 事件发生的起因、经过、结果。

③ 跟办解决的情况和结果。

(4) 大堂副理应客观地记录事实，不需将其个人意见写入日志。

(5) 对于与其他部门有关的、需要立即跟办的事宜，应立即通知有关部门负责人和有关领导，请他们采取措施，并作记录。

(6) 时常阅读工作日志，以便保证所有事件和工作都能得到解决和完成。

(二十七) 跟办商务中心职员下班后的业务

目的：保证饭店24小时为宾客提供商务服务。

(1) 在晚上23：00下班之后、早晨7：00上班之前，及商务中心职员用餐时间，所有的商务中心业务由大堂副理负责。

(2) 大堂副理应熟练使用传真机、电传机、复印机、四通打字机和英文打字机，掌握挂电话和发送电报的方法，迅速准确地满足宾客的要求。

(3) 大堂副理应熟悉各项业务的收费标准，负责填写账单，由宾客签字认可。如宾客挂账，需及时将账单交收银处；如宾客付现金，需妥善加以保管，待商务中心职员上班时交接，账单应留商务中心。

(4) 提供英文打字机、四通打字机出租服务，如宾客要求使用电传机，可给予同意。

(5) 宾客的姓名和房号、服务的内容、收入金额和开出的账单号码需要记录。

(二十八) 下班交接

目的：帮助前来接班的同事熟悉情况，明确任务，迅速进入工作。

(1) 浏览当值记录的内容，避免错、忘、漏。

(2) 口头提醒接班同事需跟办的事宜，并对一些复杂的问题做出解释。

(3) 移交传呼机和饭店总钥匙。

案例分析

某天下午3点左右，某位客人提着行李走出电梯，径直来到行李台旁。正值行李房行李员小李当班，小李问道："王总您好，好久没见您了，有什么事需要我帮忙吗？"王先生回答说："我昨天刚到，一会儿出去办点事儿，准备晚上7点坐飞机回去，先把行李寄存到这儿。""好的，没问题，把行李放这儿吧！"小李态度热情，顺便把行李从王先生手里接了过来。

"是不是要办手续？"王先生问。

"不用了，咱们都是老熟人了，到时您直接找我取东西就行了。"小李爽快地表示。

下午5点，小李忙着为客人收发行李，行李员小余前来接班，小李把手头的工作交给小余，下班离店。

5点半左右，王先生匆匆赶到行李台，不见小李，便对小余说："您好，下午我把一个行李箱交给小李了，请您帮我提出来，好吗？"小余说："请您把行李牌给我。"王先生说："小李是我的朋友，当时他说不用办手续，就没拿行李牌。您看……""哟，这可麻烦了，小李已经下班了，他下班时可没交代这件事。""您能不能想想办法？"王先生着急地问。"这可不好办，除非找到小李，可他已经下班走了。""请您无论如何想办法找到他，我还要赶7点的飞机呢。"

"他不在家，现在联系不上。"小余打了多遍电话，但一直未能与小李取得联系。

(资料来源：现代酒店管理案例100则. 百度文库. http://wenku.baidu.com/view/a1fedf4ecf84b9d528ea7aee.html)

思考：

1. 小李的做法有无错误？

2. 小李如果有错，错在何处？

3. 这种情况应如何处理?

本章小结

酒店前厅部是负责招徕并接待宾客、销售饭店客房及餐饮娱乐等产品和服务的部门。它也是沟通与协调饭店各部门的对客服务,为饭店高级管理决策层及相关各职能部门提供各种信息参考,同时为宾客提供各种综合服务的部门。本章主要介绍了前厅部在饭店中的地位与作用、前厅部的工作任务、前厅预订业务、前厅接待业务、前厅商务中心业务、前厅问讯业务、前厅收银业务、前厅总机业务、前厅礼宾业务、大堂副理业务等相关内容。

复习思考题

1. 前厅部在饭店中的地位与作用有哪些?
2. 前厅部的工作任务有哪些?
3. 前厅预订业务有哪些?
4. 前厅接待业务有哪些?
5. 前厅商务中心业务有哪些?
6. 前厅问讯业务有哪些?
7. 前厅收银业务有哪些?
8. 前厅总机业务有哪些?
9. 前厅礼宾业务有哪些?
10. 大堂副理业务有哪些?

◀ 第五章 ▶
饭店客房服务与管理

▌知识目标▐

- 了解客房的含义
- 了解客房部的组织机构
- 了解客房在饭店中的地位与作用
- 熟悉客房物资用品和安全管理的基本知识
- 掌握客房部对客服务的基本业务

▌技能目标▐

- 能够熟悉客房部的主要任务
- 能够掌握客房卫生清洁的基本技能
- 能够掌握客房对客服务的基本技能

案例导入丨客房地毯上的烟洞

　　张先生是某针织厂的厂长，因公务常来省城出差。某三星级酒店距离他办事的公司较近，因此张先生每次都住在该酒店。有一次，张先生办完事后去总台结账退房，前厅服务员王小姐一边熟练地为他办理离店手续，一边热情地同他寒暄。说话间张先生拿出一根烟点上，王小姐赶紧送上烟灰缸。正在这个时候，电话响了，原来是客务中心打来的，说张先生所退房间的地毯上烧了一个烟洞。王小姐当即询问张先生，但张先生矢口否认自己在房间里抽过烟。王小姐看看张先生手上的烟，觉得处理此事有点为难。

（资料来源：酒店前厅服务管理案例. 百度文库. http://wenku.baidu.com/view/8cac01f59e314332396893e5.html）

思考：

面临这种情况，王小姐该如何处理呢？

▌本章导语▐

　　对于一家饭店而言，客房部是必不可少的核心部门，满足客人的住宿需求仍是现代饭店最基本、最重要的功能。为客人创造一个清洁、美观、舒适、安全的住宿环境，为客人提供多样化的客房服务，这是客房部的重要职责和日常工作。不论从饭店的收入来看，还是从客房部在整个饭店运行中的影响力来看，客房部都占有非常重要的地位。本章阐述了客房在饭店中的地位、作用、任务、组织机构及岗位职责，客房部员工的素质要求，客房物资用品管理以及客房安全管理方面的基本理论；重点阐述了客房卫生清洁以及客房对客服务的基本业务。

第一节 客房部概述

客房部又称房务部、管家部，是饭店向客人提供住宿服务的重要职能部门，它主要负责组织生产客房产品，为客人住宿提供优质服务。客房服务是饭店运转的一个主要环节。

一、客房部的地位

客房部在饭店整体运营中占有非常重要的地位，现代饭店服务功能的增加，都是在满足宾客住宿需要这一最根本、最重要功能基础上的延伸。客房部的重要地位主要体现在以下几个方面。

(一) 客房是饭店存在的基础

人们外出旅行，首先必须有地方住宿、休息，以消除疲劳、保持身体健康，这是旅游活动能够持续进行的基本条件。客房就是人们旅游投宿的物质承担者，是饭店的最基本设施，也是宾客在饭店内唯一能封闭且独立使用的场所。饭店要向旅客提供生活需要的综合服务设施，它必须能为旅客提供住宿服务，而要住宿必须要有客房。从这个意义上来说，有客房才能成为饭店，所以说客房是饭店存在的基础。

(二) 客房是饭店组成的主体

客房是饭店的主体，客房部所提供的住宿服务是饭店服务的一个重要组成部分。按客房和餐位的一般比例，在饭店建筑面积中，客房面积一般占饭店总面积的70%左右，如果加上开展客房产品营销活动所必需的前厅、洗衣房、库房等部门，总面积可达80%左右。饭店的固定资产，绝大部分也在客房，从饭店开展经营活动所必需的各种设备、物料用品来看，客房设施、设备及低值易耗品的价值量要占饭店各种物资设备总价值的绝大部分，所以说客房是饭店的主要组成部分。

(三) 客房收入是饭店经济收入的主要来源

饭店通过为客人提供住宿、饮食、邮电、娱乐、交通、洗衣以及购物等服务项目而取得经济收入。其中，客房租金收入通常占饭店营业收入的一半以上。从世界范围来看，我国饭店业发展还比较落后，经营项目单一，缺少综合服务，再加上由于我国经济发展水平不高，人们的生产水平和消费能力有限，饭店难以依靠当地居民提高餐饮收入。在这种情况下，客房收入在营业总收入中所占的比例更高，大都超过60%，有的甚至超过80%。这反映了客房部在整个饭店经营中的重要地位。

(四) 客房服务质量是饭店服务质量的重要标志

如果宾客把饭店当作"家外之家"的话，那么客人对客房更有"家"的感觉，因为客房是客人在饭店中逗留时间最长的地方。因此，客房的卫生是否清洁，服务人员的态度是否热情、服务是否周到，服务项目是否周全、丰富等，都会对客人产生直接影响，是客人衡量"价"与"值"是否相符的主要依据。所以，客房服务质量是衡量整个饭店服务质量的重要标志，也是衡量饭店等级水平的重要标志。

(五) 客房是带动饭店一切经济活动的枢纽

饭店作为一种现代化的食宿购物场所，只有在客房入住率高的情况下，饭店的一切设施才能发挥作用，饭店的一切组织机构才能运转，才能带动整个饭店的经营管理。客人入住饭店客房后，要到前台办手续、交款；要到餐饮部用餐、宴请；要到商务中心进行商务活动；还要健身、购物、娱乐。因而，客房服务增加了客人对饭店的各种综合服务设施的需求，从而增加了饭店的营业收入。

(六) 客房部的管理直接影响全饭店的运行和管理

客房部的工作内容涉及整个饭店的角角落落，为其他各个部门的正常运转提供了良好的环境和物质条件。另外，客房部的员工数量占据整个饭店员工总数量的比例很大，饭店从业人员的分配是以客房数量为标准的，一般每间客房配备1~2个人，并且客房管理系统需要的管理人员和服务人员要占整个饭店从业人员的40%左右。可见，提升客房部的管理水平会直接影响饭店员工整体素质的提高和服务质量的改善。

二、客房部的作用

销售客房和提供相关服务是客房部的核心任务，根据客房部的主要职能，客房部的功能和作用主要体现在以下几个方面。

(一) 生产客房商品

客房是饭店最重要的商品，客房部需要向顾客提供的客房商品主要有：房间、设备设施、用品和综合客房服务等。为了满足客人的入住需求，对客房部所生产的客房商品的基本要求是：布置要高雅美观，设施设备要完备、舒适、耐用，日用品使用方便、安全，服务项目全面、周到，客人财务和人身安全有保障。总之，要为客人提供清洁、美观、舒适、安全的入住空间。

(二) 做好清洁卫生工作，为饭店创造清洁、优雅、舒适、温馨的环境

随着旅游这种高端消费方式逐渐普及，人们的消费观念、消费要求也有了很大程度的改变。顾客入住饭店，不仅需要休息的场所，更希望得到精神上的享受，而清洁、卫生则

是客人对饭店最基本的要求,是保证客房服务质量和体现客房价值的重要组成部分。饭店所有客房及公共区域的清洁卫生工作都是由客房部负责的,饭店的良好气氛以及舒适、美观、清洁、优雅的入住环境,都要靠客房服务人员的辛勤劳动来创造。

(三) 协调与其他各部门之间的关系,保证饭店整体服务质量

被称为 "客房控制指挥中心" 的客房服务中心,针对入住客人的需要,有很多工作要与各部门的各个岗位进行沟通协调,如总台、工程部、餐饮部等,这样才能保证饭店的整体服务质量。所以,在日常工作中,客房部要经常主动地与各个部门做好沟通协调工作,使各部门了解客房服务过程中的各种需求,从而为客房服务质量,尤其是整体服务质量的提高创造良好的条件。

(四) 为饭店其他部门的良好运转提供必要服务

客房部作为饭店的核心部门之一,不仅要做好客房销售和服务工作,还要协助其他部门做好辅助工作。例如,客房部设有布草房和洗衣房,负责整个饭店各部门的布草(如窗帘、沙发套等)和员工制服的选购、洗涤、保管、发放、缝补、熨烫等工作,要为饭店各部门提供洁净美观的棉织品,为饭店的对客服务提供保障。

三、客房部的管理特点

随着饭店业竞争的日益激烈,客人对客房商品的要求也越来越高,为了增加市场占有份额,饭店经营者越来越重视客房部的管理工作。客房部的特殊工作性质,使客房部的管理工作形成了自身的特点。

(一) 随机性及难以预测性

客房部涉及的工作内容繁多,工作空间广泛,与客人的吃、住、行、游、购、娱的各个环节都息息相关,在对客服务过程中具有很大的不可控性。在这种情况下,为了保证服务质量,客房管理除了按照传统的管理模式外,还需有自己的管理特色,即管理的随机性。客房的管理工作从客人入住饭店开始,到客人离开饭店为止,客人的需要是难以预料的。因此,客房的管理工作应该针对客人的不同特点、不同需要,提供不同的管理方式以服务于不同的顾客并使其满意。

(二) 复杂性

客房部的工作范围广,涉及内容复杂,除了要保持客房的清洁、安全外,还要对整个饭店的环境卫生、装饰绿化、设备保养,以及布草及制服的洗涤、保管及设计等环节负责。客房部拥有的员工数量及管理的物资设备数量较多,开支成本也比饭店其他部门高,因此管理起来也相对复杂。另外,客房的服务对象是来自世界各地千差万别的客人,要使他们在入住的短暂时间内保持满意,管理工作难度相当大。因此,客房管理是一件相当复杂的事情。

(三) 不易控制性

客房部管辖的人、财、物及工作岗位之多，在饭店中位居首位。首先，大多数工作人员的工作环境具有相对的独立性，不利于管理人员的监督检查；其次，客房物资用品皆为日常生活用品，如果管理不善，极易流失。所以，客房部加强对员工素质和自我管理的培训尤为重要。

第二节 客房部组织机构及岗位职责

客房是带动饭店一切经济活动的枢纽，为饭店的全方位发展提供基础服务，是饭店不可缺少的重要组成部分。为了确保客房部的正常运行，设置行之有效的组织机构是必不可少的。

一、客房部组织机构的设置原则

(一) 从实际出发

客房部组织机构的设置应该从饭店的规模、档次、设施设备、管理思想及服务项目等方面的实际情况出发，以饭店管理系统及运行模式为基础，力求科学合理，适应饭店现代化经营管理的需要，而不能生搬硬套。如大型宾馆饭店可能有"客房部经理—主管—领班—服务员" 4个层次，而小型宾馆饭店可能只有"经理—领班—服务员"三个层次。随着饭店业的发展，饭店各部门的组织机构应尽可能地减少管理层次，以提高沟通和管理效率，降低管理费用。

(二) 精简原则

随着人们管理理念的升华，组织机构设置的效率、效益意识不断增强，为了防止机构臃肿和人浮于事的现象产生，组织机构的设置要遵循"因事设岗、因岗定人、因人定责"的劳动组织编制原则。在防止机构重叠、臃肿的同时，还要处理好分工与合作、方便客人与便于管理等方面的矛盾，注意"机构精简"并不意味着机构的过分简单化，应避免出现职能空缺的现象。

(三) 分工明确

客房部在设置组织机构时，应确保各层次与各岗位人员的职责不重复，不留空间地带，垂直领导，以保障指挥体系及信息渠道的高效畅达。在明确各岗位人员的工作任务的同时，应明确上下级隶属关系以及相关信息的传达与反馈的渠道、途径和方法，防止出现职能空缺、业务衔接脱节等现象。

二、客房部组织机构设置

客房部组织机构的设置没有统一、固定的模式，各饭店应根据自身的规模和条件进行设计，并随着饭店业的发展及时做出调整。根据我国饭店业的发展规模，一般把客房部的组织机构分为大中型和小型两种类型。

(一) 大中型饭店客房部组织机构设置形式

在大型饭店中，客房部管辖的区域范围比较大，因此客房部组织机构设置的规模较大、机构层次多，且分工细致、职责分明。如图5-1所示，从组织机构设计的层次来看，客房部通常设置经理、主管、领班和普通职员4个层次，推行"谁主管，谁负责"的岗位责任制。

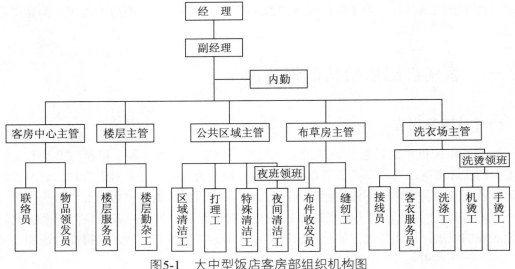

图5-1 大中型饭店客房部组织机构图

(二) 小型饭店客房部组织机构设置形式

小型饭店客房部的组织与大型饭店相比，规模较小，组织机构设置比较精简，如图5-2所示。一些小型饭店甚至不单设客房部，而是把客房部与前厅部合并为房务部。即便如此，只要能够做好部门内部或部门之间的分工与协作，仍然能够保证饭店的正常运行与管理。

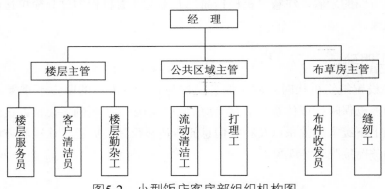

图5-2 小型饭店客房部组织机构图

三、客房部岗位职责

某酒店客房部岗位设置，见图5-3。

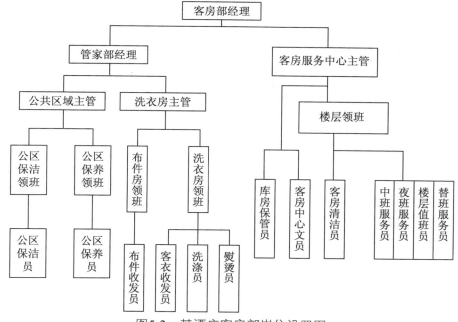

图5-3 某酒店客房部岗位设置图

(一) 客房部经理

1. 管理层次关系

(1) 直接上级：饭店副总经理。

(2) 直接下级：管家部经理、客房楼层主管。

2. 岗位职责

(1) 贯彻执行饭店副总经理的经营管理指令，向副总经理负责并报告工作。

(2) 根据饭店确定的经营方针和目标，负责编制客房部预算，制订各项业务计划，并有效组织实施与监控，实现预期目标。

(3) 以市场为导向，研究并掌握市场的变化和发展情况，适时调整经营策略，努力创收，坚持以部门为成本中心的方针，严格控制成本，降低消耗，以最小的成本获取最大的经济效益。

(4) 主持部门工作例会，听取汇报，督促工作进度，解决工作中的问题。

(5) 负责客房部的安全管理工作，遵照"谁主管，谁负责"的安全责任制，督促本部门各管区落实各项安全管理制度，切实做好安全防范工作，确保一方平安。

(6) 负责客房部的日常质量管理，检查督促各管区严格按照工作规范和质量要求进行工作，实行规范作业，每日巡视本部门各管区一次以上，抽查各类客房10间以上。

(7) 负责本部门员工的服务宗旨教育和岗位业务培训，督促各管区有计划地抓好培训工作和开展"学先进,找差距"活动,提高全员业务素质。

(8) 沟通本部门与饭店其他部门的联系,配合、协调各部门搞好工作。

(9) 建立良好的客户关系,广泛听取和搜集客人意见,处理投诉,不断改进工作。

(10) 审阅各管区每天的业务报表,密切注意客情,掌握重要的接待任务情况,及时检查和督促各管区认真做好接待服务及迎送工作。

(11) 负责客房设施设备的使用管理工作,督促各管区做好日常的维护保养和清洁工作,定期进行考核检查;参与客房的改造和更新装修工作,研究和改进客房的设备设施。

(12) 考核各管区经理、主管的工作业绩,激励员工积极性,不断提高管理效能。

(13) 做好思想教育工作,关心员工生活,抓好部门文明建设。

(二) 管家部经理

1. 管理层次关系

(1) 直接上级:客房部经理。

(2) 直接下级:公区主管、洗衣房领班。

2. 岗位职责

(1) 执行客房部经理的工作指令,负责管家部的管理和服务工作,向客房部经理负责并报告工作。

(2) 坚持预算管理和成本控制,有效地组织公共区域和洗衣部的工作,严格控制成本费用。

(3) 主持本部门工作例会,督促工作进度,解决工作中的问题。

(4) 负责管家部的安全和日常的质量管理工作,检查和督促各管区严格按照工作规范和质量要求进行工作,实行规范作业,每日巡视本部门负责的区域,及时发现问题,及时整改。

(5) 负责管家部员工的服务宗旨教育和岗位业务培训,督促各管区有计划地抓好培训工作。

(6) 加强与其他部门的联系,树立整体经营思想,互相沟通。

(7) 审阅各管区每天的业务报表,密切注意客情,掌握重要的接待任务情况,及时检查和督促各管区认真做好接待服务工作。

(8) 负责管家部设施设备的使用管理工作,督促各管区做好日常的维护保养和清洁工作,定期进行考核检查。

(9) 做好思想教育工作,关心员工生活,抓好部门文明建设。

(三) 公共区域主管

1. 管理层次关系

(1) 直接上级:管家部经理。

(2) 直接下级:保洁领班、保养领班。

2. 岗位职责

(1) 执行管家部经理指令,并向其负责和报告工作。

(2) 负责饭店公共区域的清洁及绿化工作的质量管理,组织员工严格按照工作规范和质量标准，做好饭店公共区域的清洁和绿化工作。

(3) 加强费用开支控制，负责管区内财产和物料用品的管理和领用，督导员工正确使用各种设备和节约物料用品。并做好维护保养和保管工作，发现设备故障及时报修或提出更新意见。

(4) 坚持服务现场的管理，负责对班组工作的考核、员工考勤和业务培训。

(5) 沟通与各部门的联系，协调工作。

(6) 关心员工生活，了解员工思想状况，做好思想教育工作，抓好班组文明建设。

(四) 保洁领班

1. 管理层次关系

(1) 直接上级：公区主管。

(2) 直接下级：保洁员。

2. 岗位职责

(1) 执行主管的工作指令，并报告工作。

(2) 带领和督导班组员工，按照工作规范和质量标准，做好公共区域的清洁卫生，如地毯、沙发的清洗工作，绿化布置以及养护清洁工作。

(3) 负责机械、绿化工具的清洁、保管、保养工作，以及物料用品的领用、发放工作。

(4) 了解公共区域内各种设备设施和家具的使用情况，如发现问题，及时报修并报告主管。

(5) 负责本班组员工的工作安排和考勤，以及对新员工的培训工作。

(6) 负责交接班工作，做好交接记录。

(7) 关心员工生活和思想状况，抓好文明班组建设。

(五) 保洁员

1. 管理层次关系

直接上级：保洁领班。

直接下级：无。

2. 岗位职责

(1) 服从领班的工作安排，按照工作规范和质量标准，做好责任区内的清洁卫生工作，并掌握花木的养护、培育和修剪技术。

(2) 检查责任区内各种设备设施和家具的完好情况，如发现问题，及时报告和报修。

(3) 做好清洁机械和清洁用品的保养和保管工作。

(4) 严格按照绿化工作规范和质量标准，做好花木的布置、养护和清洁工作。

(六) 保养领班

1. 管理层次关系

(1) 直接上级：公区主管。

(2) 直接下级：保养员。

2. 岗位职责

(1) 执行主管的工作指令，并向其汇报工作。

(2) 带领和督导班组员工，按照工作规范程序和质量标准做好公区内硬件设施设备的日常清洗、保养工作。

(3) 负责公区的清洗设备及保养工具的保管、维护、保养，以及物料用品的领用发放。

(4) 了解公区内各种硬件设施设备及家具的使用情况，掌握其性能，及时按要求进行保养。

(5) 负责本班组员工的工作安排和考勤，以及对新员工的培训工作。

(6) 负责与各部门的沟通协作。

(7) 负责交接班工作，做好交接及工作记录。

(8) 关心员工生活和思想状况，抓好先进班组建设。

(七) 保养员

1. 管理层次关系

(1) 直接上级：保养领班。

(2) 直接下级：无。

2. 岗位职责

(1) 服从领班的工作安排，按照工作规范和质量标准，做好各项保养维护工作。

(2) 检查责任区内各种设施设备的完好情况，如发现问题，及时报告和报修。

(3) 做好清洁机械和清洁用品的保养和保管工作。

(4) 按照保养规范和质量标准做好各项设施设备的维护保养工作。

(八) 洗衣房领班

1. 管理层次关系

(1) 直接上级：管家部经理。

(2) 直接下级：干、水洗熨烫工，布草保管员等。

2. 岗位职责

(1) 执行管家部经理的工作指令，并向其负责和报告工作。

(2) 督导员工做好各类布草和工作服的质量检查和收调保管工作，防止短缺和不符合质量要求的布草和工作服流入使用部门。

(3) 加强成本费用控制，掌握各类布草和工作服的使用、损耗情况，及时制订更新、报废和添置计划，防止调换使用脱档。

(4) 督导洗涤组员工严格按照洗涤、熨烫工作流程，做好各类布草、客衣及工作服的洗涤熨烫工作，确保质量标准。

(5) 负责洗衣房的财产和设备的使用管理，督导员工做好日常的维护保养和清洁卫生工作，做到账物相符。

(6) 坚持服务现场的管理，负责各班组的日常工作考核、员工考勤和业务培训。

(7) 负责员工的工作安排、考勤和对新员工的带教工作。

(8) 与各部门沟通，以协调工作的顺利开展。

(9) 搞好消防保卫工作，确保员工人身安全和饭店财产安全。

(10) 了解和掌握员工思想状况，做好思想工作，搞好各管区文明建设。

(11) 处理客人的各类投诉，满足客人需求，解答客人问询。

(九) 干、水洗熨烫工

1. 管理层次关系

直接上级：洗衣房领班。

直接下级：无。

2. 岗位职责

(1) 服从洗衣房领班的工作安排。

(2) 按照洗熨工作规范和质量标准，保质保量地完成各种布草、工作服及客衣的洗涤、洗熨工作。

(3) 做好各类机器设备的日常检查和维护保养工作，节约使用各种物料用品。

(4) 做好工作场所的清洁卫生和安全工作。

(十) 布草保管员

1. 管理层次关系

直接上级：洗衣房领班。

直接下级：无。

2. 岗位职责

(1) 服从洗衣房领班的工作安排，做好布草的质量检查、贮存保管和收调工作。

(2) 认真检查和验收布草的洗烫质量，收调和检验废旧的布草，对不符合质量要求的布草提出处理意见和建议。

(3) 保证贮存保管的布草账物相符，收领、发放布草手续完备，登记清楚。

(4) 负责收调的各类布草的分类清点和计数登记工作，应确保手续完备、准确无误。

(5) 保持布草房的整洁，做好清洁卫生和财产设备的保养工作。

(十一) 工服房服务员

1. 管理层次关系

直接上级：洗衣房领班。

直接下级：无。

2. 岗位职责

(1) 服从洗衣房领班的工作指令，做好工作服的质量检查、贮存保管、收发和缝补工作及改制各类报废的布草。

(2) 认真检查和验收洗净的工作服，检验废旧的工作服，对不符合质量要求的工作服提出处理意见。

(3) 认真做好收领、发放的工作服的分类、清点和计数登记工作，确保手续完备、准确无误。

(4) 确保贮存保管的工作服账物相符。

(5) 保持工服房的整洁，做好清洁卫生和财产设备的保养工作。

(十二) 客衣收发员兼文员

1. 管理层次关系

直接上级：洗衣房领班。

直接下级：无。

2. 岗位职责

(1) 服从洗衣房领班的工作安排，准确、及时地收取和送回客衣。

(2) 认真收验客衣，核对件数、房号及洗涤要求，检查客衣中是否有遗留物品，并做好记录及签收。

(3) 负责客衣洗熨后的质量检验，并把符合质量要求的客衣按送衣程序送到房间，认真做好登记。

(4) 负责送洗衣账单到前台收银处。

(5) 做好客衣洗涤记录，以及客人洗衣账目的入账和生产记录的整理和统计工作。

(6) 负责洗衣房财产设备的管理工作，建立明细账，定期清点检查，协助洗衣房领班控制成本费用。

(7) 接听电话，传达信息，做好记录，保持办公室的干净和整洁。

(8) 总结每月生产情况并向上级汇报，做好员工出勤记录，领取办公用具。

(9) 保存各种记录，安排零用现金的报销。

(10) 认真做好其他交办工作。

(十三) 客房楼层主管

1. 管理层次关系

(1) 直接上级：客房部经理。

(2) 直接下级：客房楼层领班、服务中心文员、库房保管员。

2. 岗位职责

(1) 执行客房部经理的工作指令，向其负责和报告工作。

(2) 了解当天住客情况，掌握当天客房情况，监督楼层与前台的联系和协调，确保房间正常及时地出租。

(3) 合理安排人力，组织和指挥员工严格按照工作规范和质量要求做好客人迎送和服务以及客房和环境的清洁卫生工作。

(4) 认真做好员工的服务宗旨教育和岗位业务培训，保证服务的优质、规范。

(5) 坚持服务现场的督导和管理，每天巡视楼层，检查管区内30%的住客房和OK房，督导领班、服务员的工作情况，发现问题及时指导和纠正。

(6) 计划、组织、控制每周的卫生清扫工作。

(7) 负责处理客人的遗留物品。

(8) 处理客人的特殊要求及投诉。

(9) 主持领班每天的例会和组织员工全会，并做好记录。

(10) 负责管区的成本费用控制，督导和检查库房保管员做好财产物料的管理工作，建立财产三级账，定期检查部门财产物料的领用、调拨、转移等情况，做到日清日盘、账物相符。

(11) 教育和督导员工做好维护保养和报修工作，定期安排设备维修、用品添置和实施更新改造计划。

(12) 负责客房服务中心的日常管理工作，组织指挥员工，严格按照服务工作规范和质量标准，做好客房服务中心的各项工作，认真查阅每天的各种业务报表和工作记录。

(13) 坚持现场督导和管理，保证客房服务中心24小时电话接听和监控值台的服务质量，发现问题及时指导和纠正。

(14) 做好与其他部门的沟通协调工作。

(15) 负责落实部门安全管理制度，确保安全。

(16) 了解员工的思想状况，做好思想工作。

(十四) 库房保管员

1. 管理层次关系

直接上级：客房主管。

直接下级：无。

2. 岗位职责

(1) 服从客房主管的工作安排。

(2) 具体负责本部门财产物料的管理工作。

(3) 掌握本部门固定财产的分类及使用情况，并按分级管理的要求做好各类财产的清点、登账、立卡、更新、添置、转移、出借等登记工作，编制三级账，做到有账有物、账物相符。

(4) 熟悉各种客用品和客房小酒吧酒水的名称、规格和质量标准，做好领用、发放、登记、保管和耗用报账工作，按时汇总分析盘点，并报客房主管审阅。

(5) 掌握VIP和行政楼客人的抵离情况，协助楼层管理人员按客房布置要求，及时做好各类礼品和物品的发放、登记和耗用回收工作。

(6) 熟悉本部门各种工作用具和办公用品的使用情况，做好领用、发放、登记、保管工作，按时统计汇总分析，防止浪费，并做到账物相符。

(7) 保持备用物料用品货架及橱柜的整洁、安全，防止霉变虫害。

(8) 负责领用物品的搬运工作。

(十五) 客房中心文员

1. 管理层次关系

直接上级：客房主管。

直接下级：无。

2. 岗位职责

(1) 服从客房主管的工作安排。

(2) 负责掌握房态，每天定时编发房态表，并通知客房楼层。

(3) 负责接听客人电话和掌握客情信息，根据需要及时通知服务员和有关部门提供服务，并做好记录。

(4) 做好信息收集和资料积累工作，准确回答客人问询，主动做好对客服务工作。

(5) 负责客房所有钥匙的管理和收发工作。

(6) 负责捡拾物品和遗留物品的登记、存放和处理工作。

(7) 负责整个饭店鲜花的预订和鲜花质量把关工作。

(8) 负责部门考勤和餐卡统计工作，领发员工工资、奖金、补贴。

(9) 负责每日楼层人员的统筹安排及休班。

(10) 负责对客药品的出售。

(11) 负责对讲机、值台电话的管理。

(12) 掌握VIP和行政客人的抵离情况，并按客房布置要求通知各楼层做好各类礼品和物品的配备工作。

(13) 做好工作室的日常清洁工作，保持干净整洁。

(十六) 楼层领班

1. 管理层次关系

(1) 直接上级：客房楼层主管。

(2) 直接下级：中班、夜班服务员等。

2. 岗位职责

(1) 执行上级领导的工作指令并报告工作。

(2) 负责自己管区内的每日工作的安排，保证岗位有人、服务及时。

(3) 负责检查本班组员工的仪容仪表及工作表现。

(4) 负责检查本楼面客房、公共区域的卫生及安全情况。

(5) 以让客人完全满意为服务宗旨，督导和带领员工按照客房服务规范和质量标准做好服务工作。

(6) 做好对新员工的培训工作，使之尽快适应工作要求。

(7) 负责本楼层的设施设备的维修保养和财产的保管工作。

(8) 加强成本费用控制，做好物料用品的管理、领用和发放。

(9) 负责本楼层房间酒水的消费统计、领取、发放与配置。

(10) 做好交接记录。

(11) 关心员工生活和思想状况，抓好班组文明建设。

(十七) 客房清洁员

1. 管理层次关系

直接上级：楼层领班。

直接下级：无。

2. 岗位职责

(1) 服从领班的工作安排。

(2) 按照客房清洁流程和质量标准，做好客房和责任区内的日常清洁及计划清洁工作。

(3) 保持楼层责任区域内的环境通道和工作间的干净整洁。

(4) 负责退客房的检查和报账工作。

(5) 协助领班做好VIP房和有特殊要求房的布置。

(6) 协助洗衣房做好客衣的分送工作。

(7) 按照规格要求布置客房，检查房内各类家具和设备的完好情况，及时报告和报修。

(8) 负责及时上报，处理突发事故。

(9) 做好当班工作记录和交接班工作。

第三节　客房清洁整理

一、客房类型

(一) 按照单位客房的房间数量

1. 单间客房

(1) 单人间。客房中配备一张单人床，适合商务旅行的单身客人居住。

(2) 大床间。客房中配备一张双人床，适合商务旅行的单身客人和夫妇旅行者居住。

(3) 双床间。客房中配备两张单人床，也称"双人间"，适合团队和会议客人居住。

(4) 三人间。客房中配备三张单人床，适合经济型客人居住。

2. 套房

(1) 普通套房。一般是连通的两个房间，一间做卧室，配有一张大床或两张单人床，并设卫生间；另一间做起居室，设有盥洗室，但一般不设浴缸。

(2) 豪华套房。设备用品较普通套房豪华。可以为两套间，也可以是三至五套间。除卧室、起居室外，还设有餐室、会议室、书房等。卧室配备大号双人床或特大号双人床。

(3) 总统套房。设备用品富丽豪华。一般由5间以上套间组成，多者达20多间，作为男主人房、女主人房、书房、餐室、会议室、娱乐室、警卫室、厨房等。一般四星级以上饭店拥有总统套房。

(4) 立体套房。它是指跨两个楼层的套间。一般是卧室在楼上，起居室在楼下，两者由上下楼梯连接。

(二) 按照客房的位置和朝向

(1) 外景房。窗户朝向青山、湖泊、公园、商业街等外景的房间。

(2) 内景房。窗户朝向饭店内庭院的客房。

(3) 角房。位于走廊过道尽头的客房。

(4) 连通房。室外两门毗连而室内无门相通的客房。

(5) 相邻房。隔墙有门连接的客房。

(三) 按照客房的特殊功能

(1) 行政楼层房。它是指在整个楼层为大集团或大公司的高级商务客人提供的套房。办公室中配有优良齐全的办公设备，可提供优质的服务。

(2) 无烟楼层房。专门为不吸烟的客人提供的客房。房内有明显的禁烟标志，房内无吸烟设施和用品。

(3) 女士客房。专为女士提供的客房。客房的布置和设施用品都独具女性特色。

(4) 残疾人房。专为残疾人提供的无障碍客房。房间里的设施设备和用品都从残疾人的需要和特点出发进行布置和设置，方便残疾客人的生活和出入。

■ 二、清洁整理前的准备工作

(一) 了解房态，确定清洁整理的顺序与方法

为提高客房利用率和服务质量，客房服务员应根据房间的不同状态，严格按照清洁整理的程序和方法进行，使之达到饭店规定的质量标准。

客房清洁整理应根据客房的不同状况，按一定的先后次序进行。

(1) 淡季时的清扫先后顺序为挂"请速打扫"牌的房间、VIP房间、住客房、走客房、空房。

(2) 旺季时的清扫先后顺序可调整为空房、走客房、挂"请速打扫"牌的房间、VIP房间、住客房。

客房的清洁整理方法有如下几个。

(1) 从上到下。即擦拭墙壁、窗户和物品，应按从上到下的顺序进行。

(2) 从里到外。即在为地毯吸尘和清扫房间时，应按从里到外的顺序进行。

(3) 环形整理。即在擦拭和检查卫生间及卧室的设备用品时，应按照从左到右或从右到左，即按顺时针或逆时针的顺序进行，以避免遗留死角和节省体力。

(4) 干湿分开。即擦拭不同的家具设备及物品的抹布，应严格区分使用。例如，房间的灯具、电视机屏幕、床头板等只能使用干抹布，以避免污染墙纸和发生危险。

(二) 准备工作车和清洁工具

工作车是客房服务员整理、清扫房间的主要工具，准备是否妥当直接影响清扫的效率。一般可在每一班次结束前做好准备工作，但在每班工作前应做一次检查。

准备工作的基本内容为：将车擦拭干净，将干净的垃圾袋和布草袋挂在挂钩上，再把棉织品、水杯、烟缸、文具用品及其他各种客用消耗品备好，摆放整齐；备齐各种清洁剂、干湿抹布、不同类型的刷子、清洁手套等各种清洁工具；检查清扫工具、吸尘器的各部件是否严密，有无漏电现象；检查蓄尘袋的灰尘是否倒掉。

(三) 听取领班指令，签领工作钥匙和楼层客房清扫报告单

由领班到客房服务中心统一签领所管楼层的工作钥匙，然后楼层服务员到领班处签领钥匙，下班时交还给客房服务中心。

三、客房清洁整理程序

下面以走客房、住客房为例，介绍客房清洁整理程序。

(一) 清洁整理程序

(1) 敲门。站在距门30厘米处，一次敲三下，每次间隔2～3秒，并通报"客房服务员"。

(2) 等候。正视门镜，静候门内反应。若听到客人回应，应报"客房服务员"，询问客人是否可以打扫房间；若门内无反应，敲门三次后才可用钥匙开门。

(3) 开锁。将钥匙插入门锁，开门。

(4) 开门。将门打开一半，再次通报自己的身份，观察情况。不可一次就将门完全打开。

(5) 开电源总开关。将卡插入继电器取电。

(6) 停放工作车。用工作车挡住房门，防止闲杂人员进入。

(7) 撤房间垃圾。将室内的垃圾取出，倒入蓄尘袋。

(8) 撤床上用品。将床上用品一件一件撤掉，仔细检查是否夹有客人物品。

(9) 撤杯具、烟灰缸。把客人用过的杯具和烟灰缸洗净撤出，放于工作车上。

(10) 带入干净床单铺床。将干净的床上用品带入房间，按要求进行中式或西式铺床。

(11) 环形抹擦房间。顺序为：门—衣柜—行李柜—桌前镜—梳妆台(写字台)—梳妆凳—电视机—小冰箱—茶几—圈椅—托盘—床—床头柜—挂画—床头灯—空调调节板。

(12) 清洁卫生间。刷洗脸盆、刷洗浴缸、刷洗便器，并进行抹尘、消毒。

(13) 补充房间用品。将卧房和卫生间所需的物品，按数量和规格要求补充齐全。

(14) 吸尘。用吸尘器从里到外吸净房内尘土。

(15) 自查。结束清洁整理后，进行自我检查，发现不妥之处，应及时修正。

(16) 记录。检查无误后，取卡断电，锁好房门，填写工作报表。

(二) 清洁整理注意事项

(1) 敲门时，声音大小适量，不可过急、过大，不能从门缝向里窥视，若客人在房间，应先征得客人同意。

(2) 整理房间时，要保持房门的敞开。一是方便取物；二是防止闲杂人员顺手牵羊；三是随时接受监督；四是顾及楼层安全；五是不使客人回房时受到惊吓。

(3) 不得在房内吸烟、吃东西、阅读报刊等(尤其是不能动客人的东西)。

(4) 不得使用客房内设施。

(5) 不许躺或坐在床上休息。

(6) 清理卫生间时，应专备一块脚垫，以防将水带入卧室，弄湿地毯。

(7) 抹布应分开使用(干湿分开，擦不同物品使用不同的抹布)。

(8) 做好房间检查。

(9) 不能随便处理房内垃圾。

(10) 浴帘要通风透气。

(11) 电镀部分要完全抹干。

(12) 不得将撤换下来的脏布草当抹布使用。

四、中西式铺床

(一) 中式铺床

中式铺床步骤如下。

(1) 将床拉离床头板，使床离床头板约60厘米远。

(2) 清理床垫。整理床垫和褥垫，使其规整无杂物。

(3) 铺床单。站在床尾中间，两手打开床单，床单正面朝上；左手握床单头，右手平甩另一床单头至床尾并抖开床单；双手正握床单的2/5和4/5处，离床垫70厘米高度时，双臂均匀用力，向前方振出床单以气浪和甩力使床单平铺，床单中线对齐床中央；双手下压轻拉床单，使两头留边相等。

(4) 包边角。将床单四边四角包入床垫下，四角呈90度，要求四角角度一致。

(5) 套枕套。抓住枕套开口两边，用力抖动，使之充气、松涨；右手抓住枕芯两前端，以两角为主，左手张开枕套口，将枕芯套入；双手抓住枕套口，用力往下抖，使枕芯完全装入；将枕套封口，包住枕芯，开口向下；将枕头放于床头，齐边，枕套口的放置方向与床头柜的方向相反，枕套中线与床单中线重合，枕头饱满、平整。

(6) 套被罩。将干净的被罩套在羽绒被上，要求四角饱满；将套好被罩的羽绒被铺在床上；将羽绒被头反折30厘米作为被头，整理平整。

(7) 将拉出的床推回原位。

(二) 西式铺床

西式铺床步骤如下。

(1) 将床拉离床头板。使床离床头板约60厘米远。

(2) 清理床垫。整理床垫和褥垫，使其规整无杂物。

(3) 铺第一张床单。站在床尾中间，两手打开床单，床单正面朝上；左手握床单头，右手平甩另一床单头至床尾并抖开床单；双手正握床单的2/5和4/5处，离床垫70厘米高度时，双臂均匀用力，向前方振出床单以气浪和甩力使床单平铺，使床单中线与床中央对齐；双手下压轻拉床单，使两头留边相等。

(4) 包边角。将床单四边四角包入床垫下，四角呈90度，要求四角角度一致。

(5) 铺第二张床单。铺第二张床单的方法与铺第一张床单的方法相同，只是第二张床单要反面向上；与第一张床单中线重叠，并多出床头20厘米。

(6) 铺毛毯。站在床尾，双手握住毛毯甩开一次到位，使其头部与床头卡齐，中线与床单重合，毛毯商标在右下方。

(7) 包边角。在床头处，将两张床单反折于毛毯之上，再将两张床单与毛毯一起反折30厘米；将两张床单与毛毯一起包进床垫下。在床尾处，将两张床单与毛毯一起包角，将两张床单与毛毯的四边四角一起包入床垫下，四角呈90度，要求四角角度一致。

(8) 套枕套。抓住枕套开口两边，用力抖动，使之充气、松涨；右手抓住枕芯两前端，以两角为主，左手张开枕套口，将枕芯套入；双手抓住枕套口，用力往下抖，使枕芯完全装入；将枕套封口，包住枕芯，开口向下；将枕头放于床头，齐边，枕套口的放置方向与床头柜的方向相反，枕套中线与床单中线重合，枕头饱满、平整。

(9) 铺床罩。将床罩盖在床上，使床罩尾部边线与床尾边线重合，两边边线与床重合；床罩头部盖在枕头上面，齐于枕头，并将床罩剩余部分折于两个枕头的中间和底部，形成“双枕线”；拉平床罩各处，使其平整美观。

(10) 将拉出的床推回原位。

五、做夜床

做夜床，又叫晚间服务或寝前整理，高星级饭店提供此类服务。做夜床的目的是方便客人休息，同时也体现了客房服务的档次与规格。

(一) 做夜床的服务时间

做夜床的最佳服务时间是客人晚上外出用餐的时间，这样可避免打扰客人。

(二) 做夜床的服务内容

1. 房间整理

(1) 把用过的水杯用具等撤除并予以补充。

(2) 倒掉烟灰缸内的烟灰及房内垃圾。

(3) 将客人的衣物整理好。

(4) 将房间柜面的污渍、水渍等抹干净。

(5) 将家具、物品摆回原位。

2. 开床

(1) 掀开床罩，折好放在规定的位置上。

(2) 将靠近床头一边的毛毯连同衬单向外折成45度角，将其余部分压入床垫下。

(3) 将枕头整理饱满放在床头中间。

(4) 将睡衣、晚安卡、小礼品、早餐牌等放在枕头上。

(5) 打开夜灯、床头灯，关掉其他灯。

3. 卫生间整理

(1) 冲抽水马桶。

(2) 用过的"三缸"用抹布抹干净，对于较脏的部位应重新擦洗。

(3) 更换客人用过的"四巾"、杯具，补充物品。

(4) 清倒垃圾，抹干地面，放好脚垫巾。

(5) 将浴帘底部放入缸内，并拉出1/3。

(6) 关灯，将卫生间的门半掩。

(7) 退出房间，并做好晚间服务记录。

(三) 做夜床的服务注意事项

(1) 如遇客人在房间，应征询客人意见。

(2) 若客人不需要，在报表上做好记录。

(3) 挂有"请勿打扰(DND)"牌的，可从门下塞进一张"夜床服务卡"，待客人提出要求时再做。

六、空房清洁整理

空房是指客人退房后，经过清扫但尚未出租的房间。由于暂未出租，时间长了难免落上灰尘等，造成卫生质量下降，所以必须每天进行检查并做简单的清扫。其清扫程序如下。

(1) 查看房间内有无异常(设备运转是否良好、天棚与墙有无蜘蛛、地上有无虫类)。

(2) 抹落在家具、设备、门窗等上的灰尘。

(3) 卫生间的马桶、地漏放水排异味，抹尘。

(4) 连续空置的房间，每隔3～4天吸尘一次。同时，水龙头放水1～3分钟。

(5) 检查各类用品是否齐全。

(6) 卫生间的"四巾"如有异味，应在客人入住前更换。

七、房间小整理

对于已有客人入住的房间，除了每天一次的全面清扫整理之外，在一些酒店里还提供临时的简单服务，即住客每次外出后都要对其住房进行简单整理，目的是使客房经常处于干净整洁的状态。一般酒店为VIP房间或客人午睡后的房间进行简单整理。房间小整理的内容包括以下几个方面。

(1) 更换卫生间内用过的"四巾"、杯具。

(2) 刷洗客人用过的"三缸"。

(3) 倾倒垃圾和烟灰缸。

(4) 按规范整理床铺(不必更换床单)。

(5) 将家具摆放位置复原，拉好窗帘。

(6) 清理地面杂物(如有污渍立即清洗)。

(7) 耗用过的香皂等应予以更换。

八、公共区域卫生清洁整理

客房部通常设有公共区域组，专门负责公共区域的清洁保养及绿化工作。

(一) 公共区域卫生清洁整理的特点

(1) 客流量大。

(2) 范围广，且项目繁杂琐碎。

(3) 工作条件差，专业性、技术性强。

(二) 公共区域卫生清洁整理的内容

1. 大堂清洁

大堂的日常清洁工作主要包括：地面清洁(不断推尘，雨天放伞架，不停擦洗地面泥尘和水迹，夜间打蜡磨光，地毯吸尘等)；门庭清洁(白天对玻璃门窗、门框、指示牌上的浮尘、指印和污渍进行擦抹，夜间对门口的标牌、墙面、门窗及台阶进行全面清洁、擦洗，对大门口的庭院进行清扫冲刷等)；家具的清洁(勤擦拭休息区的桌椅、服务区的柜台及一些展示性的家具，及时倾倒并擦净立式烟筒，更换烟缸，随时注意茶几、台面上的纸屑杂物，一经发现，及时清理)；扶梯、电梯清洁(主要的清洁工作是擦亮扶梯扶手、挡杆及玻璃护挡，清洁轿厢，更换并清洗星期地毯)；不锈钢、铜器清洁上光(注意使用专门的清洁剂)。

2. 公共洗手间清洁

公共洗手间的日常清洁工作包括：及时做好洗手间的消毒工作；按序擦净面盆、水龙头、台面、镜面，并擦亮所有金属镀件；将卫生间的香水、香皂、小方巾、鲜花等摆放整齐，并及时补充更换；拖净地面，擦拭门、窗、隔挡及瓷砖墙面；配备卷筒纸、卫生袋、香皂、衣刷等用品；检查皂液器、自动烘干器等设备的完好状况；热情地向客人问好、为客人拉门、递送小毛巾等。公共洗手间的全面清洁工作包括：洗刷地面及地面打蜡、清除水箱水垢、洗刷墙壁等。该工作常在夜间进行。

3. 餐厅、酒吧、宴会厅清洁

餐厅、酒吧的清洁工作主要是在餐厅营业结束后，做好对地毯的吸尘和家具、电器等的擦拭、除尘工作，对地面或地毯上的污迹及时予以清洁；宴会厅的清洁工作主要有地毯吸尘,清扫板壁上的鞋印、指印及客人张贴的画和其他饰物,擦拭大厅吊灯,每月一次的通风口除尘等;此外,餐厅、酒吧、宴会厅或其他饮食场所,常会有苍蝇等害虫出现,应随时或定期喷洒杀虫剂,防止蚊蝇等害虫滋生。

4. 后台区域的清洁卫生

食堂、浴室、更衣室、服务通道、员工公寓、娱乐室等后台区域的清洁卫生工作有:日常消毒、清洁维护、定期清扫等。

5. 绿化布置及清洁保养

绿化布置的程序为:客人进出场所的花卉树木按要求造型进行摆放;定期调换各种盆景,保持时鲜;接待贵宾或举行盛会时要根据酒店通知进行重点绿化布置。清洁养护程序为:每天按顺序检查、清洁、养护全部花卉盆景;清理花盆内的烟蒂杂物,擦净叶面枝杆上的浮灰,保持叶色翠绿、花卉鲜艳;及时清除喷水池内的杂物,定期换水,对水池内的假山、花草进行清洁养护;及时修剪、修整花草;定时给花卉盆景浇水,定期给花草树木喷药灭虫。在进行养护和清洁绿化工作时,应注意操作时避免溅出水滴弄脏地面,注意不可影响客人的正常活动。

第四节 客房对客服务

一、接待贵宾服务

贵宾是饭店接待的重要客人,应给予特殊礼遇。

(一) 贵宾服务的基本要求

(1) 酒店各部门的主要服务人员应能用客人的姓氏或尊称称呼和问候客人。

(2) 如客人初次住店,应先让客人直接进房,由大堂副理将住宿登记表交其陪同人员填写或送进客房由客人自己填写,再由大堂副理收回交至前台;如是常客,住宿登记表应直接由前台人员根据客史档案填写。

(3) 客人外出时,清扫员应立即整理干净房间。

(4) 在住店期间,如可能,总经理或副总应登门拜访;离店时,应主动征求客人意见。

(5) 除商场外,其余营业场所应实行一次性消费。

(6) 做好客史档案。

(二) 贵宾的范围

(1) 党和国家领导人、外国元首及政府首脑等。

(2) 对酒店的业务发展有极大帮助的人。

(3) 知名度很高的政界要人、外交家、艺术家、学者、经济界人士、影视明星、社会名流等。

(4) 本酒店系统的高级职员。

(5) 其他酒店的高级负责人。

(6) 酒店董事会高级成员。

(三) 贵宾的等级

(1) A级。党和国家领导人、外国元首及政府首脑等。

(2) B级。我国及外国的政府部长，世界著名大公司的董事长、总裁或总经理，省、直辖市、自治区负责人等。

(3) C级。地市级主要党政官员，各省(市)旅游部门的负责人，国内外文化、艺术、体育、新闻界的负责人或知名人士，各地星级酒店总经理，相关行业、与酒店有协作关系的负责人，酒店总经理要求按VIP标准接待的其他客人。

(四) 贵宾服务的标准

1. A级

1) 迎送

贵宾抵离饭店时，总经理要亲自迎送。

2) 客房物品配备

除常规用品外，另增配：第一，与房间格调协调的工艺品；第二，插花(盆景)，卫生间云台上放一瓶插花；第三，每天放一篮四色水果并提供相关的用具、用品和四种小点心；第四，总经理亲笔签名的欢迎信和名片；第五，每天放两种以上的报纸(外宾房放英文版的《中国日报》)；第六，开夜床时赠送一份精致的工艺品。

3) 餐饮

第一，抵店第一餐，由总经理引领客人进餐厅；第二，使用专门的小餐厅；第三，每餐开出专用菜单，交有关方面审查；第四，专人服务，专人烹制。

4) 保安

第一，事先留好停车位；第二，在酒店四周安排警卫和巡视；第三，设专用通道和客梯。

2. B级

1) 迎送

贵宾抵离饭店时，总经理、大堂副理、礼宾员等在大门口迎送。

2) 客房物品配备

除常规用品外，另增配：第一，插花(盆景)，卫生间云台上放一瓶插花；第二，总经理亲笔签名的欢迎信和名片；第三，每天放一篮两色水果并提供相关的用具、用品和两种小点心；第四，每天放两种以上的报纸(外宾房放英文版的《中国日报》)；第五，开夜床时赠送一份酒店特制的纪念品。

3) 餐饮

第一，抵店第一餐，由总经理或副总引领客人进餐厅；第二，使用专门的小餐厅；第三，每餐开出专用菜单；第四，专人服务。

4) 保安

事先留好停车位。

3. C级

1) 迎送

贵宾抵离饭店时，总经理或副总或大堂副理在大门口迎送。

2) 客房物品配备

除常规用品外，另增配：第一，插花(盆景)，卫生间云台上放一瓶插花；第二，总经理亲笔签名的欢迎信和名片；第三，每天放一篮两色水果并提供相关的用具、用品和两种小点心；第四，每天放两种或一种报纸(外宾房放英文版的《中国日报》)；第五，开夜床时赠送一枝鲜花或一块巧克力。

3) 餐饮

根据具体情况而定。

(五) 贵宾接待的服务程序

1. 抵店前的准备工作

(1) 对贵宾房进行大清扫(完成各项卫生计划)，保证清洁整齐。

(2) 检查各种设备设施，确保完好、有效。

(3) 按贵宾等级的布置要求，向领班领齐各种物品。

(4) 布置完毕后，由领班、楼层主管、客房部经理、大堂副理按顺序进行严格检查，发现问题，立即纠正。

(5) 再次进房巡视并抹尘、吸尘，确保万无一失。

2. 到店的迎接工作

(1) 接到入店通知后，相关人员应在梯口迎接客人。

(2) 面带微笑，使用礼貌用语，如"××先生，您好，欢迎光临"。

(3) 提供"五到"服务，即客到、微笑到、敬语到、茶到(茶杯放在茶碟上，配有带店标的茶垫)、毛巾到(注意保证香度、湿度、温度和柔软度)。

(4) 服务完毕后，微笑着对客人说："如果在住店期间有什么服务需要，请拨打客房中心电话××××，我们很愿意为您效劳，希望您在这里居住愉快，再见。"然后后退一步，走到房门时转身面向客人，轻轻把房门关上。

3. 住店的服务工作

(1) 尽量了解贵宾的时间安排，随时注意为客人提供各种有针对性的服务。

(2) 当客人外出时，及时对客房进行小整理。开夜床时，多配一条地巾放置床头柜前。

(3) 留心贵宾的喜好，做好记录及时传递到前台，以备完善客史档案。

4. 离店的结束工作

(1) 接到离店通知时，相关人员应立即到梯口等候，为客人按电梯，电梯到达时，请客人进入电梯，当门关上1/3时，向客人道别"祝您旅途愉快，欢迎您再次光临"。

(2) 及时查房，发现遗留物品立即通知前台送还，做好回收与检查工作，清扫房间恢复原状。

二、访客服务

随着酒店业的发展，客房的功能日益增多，它不只是客人休息的场所，也是客人进行商务会谈、接待来访客人的地方。因此，酒店应能提供相应的访客服务。

(一) 对访客的管理要求

(1) 凡是住店客人带来的访客，可不予询问，但应做好记录，记明进出时间和男女人数。

(2) 对于单独来访者，应问明情况，必要时可礼貌地查看有效证件，并先打电话征询住客同意，再将访客带入客房；如客人不在，应请访客到公共区域等候，不可在楼层内逗留。

(3) 如住客不在又没有留言，不得让访客进房等候。

(4) 到了酒店规定的访客离开时间，打电话到客房，提醒访客离开；若因事不能离开，应办理入住登记手续；若超时不走又不办手续，应报大堂副理或保安部处理。

(5) 如住店客人给访客留了房卡，应核对其有效证件，否则报保安部收缴其房卡。

(二) 接待程序

(1) 前台接待员(若客人私自到访，由客房服务员出面)问清来访者姓名、单位并查看有效证件，问清住店客人的房号、姓名、性别等情况，如相符，请来访者填写"酒店会客登记表"，如表5-1所示。

表5-1　酒店会客登记表

年　　月　　日

访客姓名	性别	年龄	工作单位或住址		证件名称	证件号码
住客姓名			房号		与访客关系	
来访时间			来访值班服务员		备注	
离访时间			离访值班服务员			

(2) 当访客来访，客人在房时，工作内容如下。

① 客房服务员首先应礼貌地询问访客姓名、有无与住店客人预约及房号等，并办理访客登记手续。

② 请来访者稍候，通过电话与住客联系，征得同意方能将房号告知访客，或带访客去，不得未经住客同意随意将住店客人的房号、姓名、电话告诉来访者。

③ 征得住店客人同意后，引领来访者至房前，敲门通报，待其进入房间后离开。

④ 若住店客人拒绝会客，应委婉告知来访者，或请访客留言；若访客无理纠缠，可通知主管或保安部，以切实保障住客安全。

(3) 当访客来访，客人不在房时，工作内容如下。

① 询问有无预约，查看有无住客留言单，若有，核对留言单上的有关事项，确认后

按留言处理，如住客外出，并交代访客可在其房内等候，服务员应按客人的吩咐做；若无留言，则请访客到大厅等候，当住客返回时通知客人。

② 为了住客的安全，不得私自为访客开门。

③ 若访客不愿或来不及等候，可请其留言，填写留言单，当住客返回时转交。

④ 若访客持有房卡，并要进入客房取物品，应礼貌地了解其对住客的熟悉程度，办理访客登记手续，陪同访客一同进入客房取物品，及时将取走的物品作记录，当住客回店后及时说明情况。若访客要取走客人的贵重物品，应请其出示授权书，否则婉言拒绝。访客留言单如表5-2所示。

表5-2 访客留言单

女士或先生：_____	房号：_____
当您外出时	
来访客人姓名：_____	来访客人电话：_____
□有电话找您　□将再来电话　□请回电话　□来访时您不在　□将再来看您	
留言_____	
经手人：_____	日期：_____	时间：_____

(4) 应及时为访客提供茶水服务。

① 当客人提出要求时，应询问客人要几杯及对茶叶品种的要求。

② 茶水服务要及时，应在最短时间内送入，并询问是否还有其他要求。如人数较多，应及时为客人续水。

③ 访客离开后，应及时撤走加椅、茶具等，整理好房间。

④ 做好访客进出时间记录。如超过访问时间，访客还未离开，根据酒店规定，服务员可先用电话联系，提醒客人，以免发生不安全事件。

⑤ 对没有住客送的访客要特别留意其带出的物品。

三、洗衣服务

饭店通常为客人提供洗衣服务，按项目的不同，可分为水洗、干洗、熨烫三种；按时间的不同，可分为正常洗和快洗两种。

(一) 洗衣服务程序

1. 收取客衣

(1) 客房服务员每天在规定的时间进房检查时要留意洗衣袋，发现洗衣袋内有衣服应及时收取。

(2) 要检查是否有客人填写的洗衣单，及洗衣单上的项目是否填齐。

(3) 服务员要将洗衣单上客人填写的房号与房间门牌号进行核对，看是否一致。

(4) 收取客人的衣服后，将洗衣袋口系紧，不要放在工作车上，以免被他人取走，造成遗失。

2. 送洗客衣

(1) 认真核对洗衣单上的项目，确保准确无误。

(2) 检查衣物是否有质量问题，以免洗后发生不必要的纠纷。

(3) 检查衣物内是否有钱物，如有，应及时返还客人。若客人不在房内，可交给领班，由专人保管，写清房号及钱物的数量、名称，请客人当面核实签收。

(4) 客人有特殊要求的，应按规定做好标记。

3. 接收及分送客衣

(1) 接收客衣。第一，清点当日洗衣房送交的已洗客衣的总件数是否准确；第二，如发现有短缺、损坏的现象，当面向洗衣房人员提出，商定处理方案；第三，烫好的客衣要挂在衣架上，不要折叠摆放；第四，检查衣服的各种装饰品是否齐全。

(2) 分送客衣。第一，18：00前服务员应将客衣送到相应客房，快洗衣物应在4小时内送还；第二，对于DND房可将衣物交房务中心，并从门下塞入"衣服已洗好"的说明卡；第三，需用衣架挂起的衣服放进壁橱，折叠好的客衣平放在桌面或床上，再次核对衣物是否与房号相符、件数是否正确；第四，若客人在房内，说明衣物的件数及洗衣费，请客人当面检查质量；第五，及时填写"客衣送洗记录表"，以备核查。

(二) 洗衣单的填写要求

洗衣单如表5-3所示。

表5-3　洗衣单

洗衣服务请拨××××与房务中心联系

姓名		房号	
日期		签字	

□送回衣折叠
　RETURN SHIRT FOLDED
□送回衣挂衣架
　RETURN SHIRT ON HANGER

请作标记RELEASE TICK
□普通服务：早上10：00收衣，当天晚上送回
　Same day service: Order before10:00，delivered at night
□24小时提供加急服务
　24-hour express service
□3小时加急服务(100%附加费，收到后3小时送回)
　3 Hours- service : (100% extra charge，delivered with 3 hours)
□5小时加急服务(50%附加费，收到后5小时送回)
　5 Hours- service : (50% extra charge，delivered with 5 hours)

　　注：① 房号、日期、填写人(经手人)一定要填写清楚，填写人姓名一定要填写全名。

　　　　② 数量、名称要与客人的要求相符。

　　　　③ 客人如有特殊交代，一定要在洗衣单上注明。

　　　　④ 洗衣单上的内容有限，如有其他要求客人可另加。

四、小酒吧服务

为了方便客人在房内食用各类饮料及小吃，并增加饭店收入，客房内往往设有小酒吧或小冰箱，放置烈性酒、啤酒、汽水及果汁等饮料，以及巧克力等小食品，由客人自由取用。

通常，在酒店客房小酒吧内，一般至少在小冰箱中放8种软饮料。吧台上通常摆放烈性酒、葡萄酒、小食品和配套用品。烈性酒品种不少于5种，葡萄酒不少于两种。每种酒的配备数量一般不得低于两瓶。有的酒店还摆放一些即食小食品，以满足夜间到店客人的需要。配套用品包括酒杯、饮料杯、调酒棒、杯垫等。还要在吧台显眼处放置"客房小酒吧账单"，账单上列有所供应的饮料、食品的品种、额定存量、价格以及小酒吧的管理说明。为方便客人填写，账单采用无碳复写，一式三联。上述所有物品都应按固定的位置摆放整齐。

(一) 客房小酒吧管理规定

1. 检查

每天清扫客房时，查看小酒吧(冰箱)内各种饮料的种类及数量是否符合酒店规定，是否使用过。

2. 酒水推销

在介绍客房设施设备时，应恰当地向客人介绍小酒吧的服务内容，如所配酒水饮料的品牌，以便客人选择和消费。

3. 酒水检查

(1) 每天上午由专人检查住客房间内的小酒吧内饮料、食品的消耗情况，填写"客房小酒吧点算单"，并交前台收银处。

(2) 及时补充，团队需与领队沟通是否提供小酒吧服务(个人收取费用)，客人离店结账时，收银员应询问客人是否动用了小酒吧的饮料，如有出入及时通知客房中心，由服务员检查。

(3) 查看账单，请客人签字确认，即为有效账单，一式三份，客人留一份，收银处一份，客房服务员一份。客房小酒吧账单如表5-4所示。

表5-4　客房小酒吧账单

请在消费数量栏内填上所用酒水的数目

房号：　　日期：　　时间：

存量 STOCK QUANTITY	品种 ITEM	单价 UNIT PRICK	消费数量 CONSUMED	合计 TOTAL AMOUNT
2	COCA-COLA可口可乐	8.00		
2	EVIAN WATER 依云矿泉水	10.00		
2	CHOCOLATE巧克力	15.00		
1	SODA WATER苏打水	8.00		
总数				
客人签名				

服务员签名：　　　　　　　　　　　　　入账人员签名：

(二) 客房小酒吧服务程序

1. 补充酒水饮料

(1) 每天清扫客房时，清点数量，如有开启饮用，核对账单，通知收银处。

(2) 添加冰箱内的饮料。按规定位置摆放整齐，注意有效期限。

(3) 查阅客人填写的账单，检查数量是否相符，特别注意瓶盖封口和罐装饮料底部，防止客人"偷龙转凤"。

(4) 核对无误后，将账单送到房务中心，电脑记账(或直接送到收银处)。将用过的杯子等用品及时撤换，随时补充新账单。

(5) 如酒水饮料少了，且客人说没有饮用，应及时上报主管。

2. 专人负责饮料补充

(1) 每天在指定的时间内由领班统计，填写楼层饮料日报表，并根据楼层饮料消耗情况及时进行补充。

(2) 有些酒店设专职酒水员，负责客房酒水即饮料的检查、送单、领取、补充、报损等工作。

3. 注意事项

(1) 客人会客时不要收取饮料费用。

(2) 因特殊情况不能及时补充物品的，应做好交接班工作。

(3) 注意核对饮料项目和房号，如有误，应注明检查时间，主动向客人说明并更正。

(4) 定期检查有效期，严禁出售过期产品。

(5) 应特别留意瓶盖封口是否完整，巧克力、饼干等食品的包装是否被拆过。

五、托婴服务

为了使带小孩的客人不会因小孩的拖累影响外出或办公，许多酒店为住店客人提供婴幼儿的托管服务，帮助客人照看小孩，并根据时间长短收取相应的服务费。托婴服务责任重大，关系儿童的人身安全，绝不能掉以轻心。该项工作一般交由客房部专门负责。凡是做兼职保育员的服务员，必须接受过专门训练，掌握照管婴幼儿的知识和技能，并略懂英语。

(一) 托婴服务的程序

(1) 接到托婴服务要求后，服务员应问明客人姓名、房号、所需照顾的日期和时间，并就相关事宜向客人说明，然后请客人填写"婴儿看护申请单"。

(2) 向客人说明收费标准。一般以3小时为一个计费点，超过3小时增收相应费用。一般在前台收银处一并结算。

(3) 征得客人同意后，服务员将资料交给客房部值班人员，请其代办。当主管确定看护人选后，于约定前10分钟向客人报到。

(4) 主管要求看护者经常与房务中心或值班人员联络，以随时掌握情况，若有任何情况发生，应迅速进行处理。

(5) 服务完成后，立即将"婴儿看护申请单"(见表5-5)送到前台收银处，以便客人离店时结算。

(二) 托婴服务的注意事项

(1) 必须向客人了解看护要求、照看的时间和婴幼儿的年龄及特点，以便提供有针对性的服务。

(2) 必须在酒店规定的区域内照看婴幼儿，不能带出客房或酒店。尤其不能带小孩到游泳池边、旋转门或栏杆等地方，这些地方容易造成意外伤害。

(3) 不得随意给婴幼儿食物，不得将尖利或有毒的器物给其充当玩具，更不得随便将其托给他人看管。

(4) 留好客人的电话，以便在发生意外时能及时联系客人，使事情得到妥善处理。

表5-5　婴儿看护申请单

房号：＿＿＿＿＿＿＿＿＿＿　日期：＿＿＿＿＿＿＿＿＿＿

要求看护时间：从＿＿＿＿＿＿＿＿＿＿至＿＿＿＿＿＿＿＿＿＿

客人签名：＿＿＿＿＿＿＿＿＿＿

我们已为您安排了＿＿＿＿＿＿＿＿＿＿小姐作为婴儿保姆，看护时间以3小时起算。

收费标准如下：

基价：＿＿＿＿＿＿＿＿＿＿元人民币/小时。

如果看护时间超过3小时将加收＿＿＿＿＿＿＿＿＿＿元人民币。

如果您要取消委托，请务必提前3小时通知我们，否则，我们将按最低看护时间收取基价。

客房部经理：＿＿＿＿＿＿＿＿＿＿　日期：＿＿＿＿＿＿＿＿＿＿

六、送餐服务

客房送餐服务是一种高级服务，往往体现了饭店的豪华程度。客人由于生活习惯或特殊要求，如赶早、患病、会客、夜餐等，需要饭店提供客房用餐服务。为了满足客人的需求，越来越多的饭店提供这种服务。当然，送餐服务应收取相应的服务费。

(一) 送餐服务的要求

(1) 简单菜品可用托盘运送，丰盛的菜品应用餐车送餐。

(2) 餐车应干净、无声响，餐具干净完好，与食物匹配。

(3) 敲门时报身份"Room Service"。

(4) 站在离餐桌一定距离处，用规范的手势逐一介绍菜品，告知客人所有菜品上齐，请客人用餐。

(5) 双手持账单，请客人签字并真诚致谢。

(6) 询问有无其他要求，祝客人用餐愉快，用餐后两小时左右收拾餐具。

(7) 收餐具时要征求客人对菜品的意见。

(二) 送餐服务的程序

(1) 当客人以电话或其他方式要求提供送餐服务时，服务员必须准确记录以下内容：

①房间号码；②客人姓名；③餐食内容；④送餐时间；⑤其他特殊要求。

(2) 将点菜单送至厨房或交给负责客房餐饮的服务员。

(3) 待厨房将餐食准备妥当后，按指定时间送至客房。

(4) 准备餐车时，要按酒店规定，将整洁的台面铺好，再依菜品内容摆放餐具、调味瓶等物品，以达到高级酒店的标准。

(5) 进入客房后，依客人指示将餐食摆放整齐，如客人无其他需要，请客人签妥账单后，道谢并转身离开，不必留在客房服务客人用餐。

(6) 按规定时间将客人用完的餐具收回。将餐具清点、分类整理，若有属于客房部的餐具须立刻清洗后归还，其余物品送回厨房或餐厅。最后，将餐车放回酒店规定地点。

第五节 客房设备用品管理

一、客房设备用品管理的重要意义

客房部的设备和用品是酒店进行对客服务的物质基础，同时也是酒店客房部管理和控制的重点。了解客房设备和物品的分类和特点可以充分发挥其在对客服务中的作用；正确合理地进行选择可节省资金的投入，并满足客人和酒店的需求，进而提高经济效益；妥善使用和管理客房设备物品则可减少问题的发生和宾客投诉，提高酒店的整体管理水平。加强酒店客房设备用品的管理对酒店来讲具有重要的现实意义。

(1) 加强客房部物品与设备的管理，可以保证酒店经营活动正常进行。每一种设备都会在对客服务的不同环节发挥作用，所有客房设备用品组成一个整体，某一个环节出问题，会直接影响宾客对酒店服务的整体印象。

(2) 加强客房部物品与设备的管理，是酒店提高经济效益的重要途径。客房设备和物品的投资占酒店整体运转投资的比重较高，而且客房设备物品的管理环节多，管理难度大，全面加强管理是提高酒店经济效益的重要途径。

(3) 加强客房部物品与设备的管理，是提高客房服务质量的必要物质条件。国家星级饭店评定标准明确规定了各星级级别的硬件设施条件，而是否具备这些条件不仅是晋升星级的要求，更是提供更高质量对客服务的要求。

(4) 加强客房部物品与设备管理，做好现有设备的技术改造，适时地更新设备，有利于加速实现酒店客房服务手段的现代化，提高酒店的等级。

二、客房设备管理

(一) 客房部设备的种类

客房部物品与设备是指酒店开展客房商品经营活动所必需的各种基本设备，它是保证客房部正常运转必不可少的物质条件，主要包括如下几种。

1. 客房设备

(1) 电器设备。如电视机、电冰箱、空调、音响、传真机等。

(2) 家具设备。包括用于经营活动的床、床头柜、写字台、沙发、衣柜等。

(3) 建筑装饰品。如地毯、墙纸、地面材料等。

(4) 附属设备。如水暖设备、卫生设备等。

2. 清洁设备

(1) 一般清洁设备。如扫帚、畚箕、拖地器具、工作车、玻璃清洁器等。

(2) 机器清洁设备。如吸尘器、吸水机、洗地毯机、烘干机、打蜡机等。

(二) 客房设备的选择

1. 客房设备选择的基本原则

(1) 协调性。首先，设备本身要求配套，以发挥整体效益；其次，考虑到酒店的整体服务氛围，宾客视线范围内相关设备要美观，要与整体色调和氛围相协调。

(2) 实用性。精良的设备既能提供良好的对客服务也能节省员工体力，提高其工作士气。例如，将传统的清洁工具进行适当的创新有时可以发挥更好的清洁效果。另外，采购大型先进设备时也要充分考虑酒店的档次和建筑特点。

(3) 安全性。包括员工的操作安全和客人的使用安全两方面，要对员工进行必要的安全操作培训，并在显著位置标明使用时相关注意事项。

(4) 经济性。客房设备采购和维护保养支出是酒店总成本的重要组成部分，为了提高酒店的经营效益，在开始选择酒店设备时就应该考虑在满足对客服务要求的前提下降低采购成本的问题。

2. 客房设备选择的要求

1) 家具的选择

客房家具的使用率很高，损坏率也很高，所以选购家具必须更为细致。家具的表面要耐火、耐高温、耐污染、防水、防划和防撞压。家具的拉手和铰链必须简单、坚固、使用时无噪音。

(1) 客房用床。客房用床的尺寸一定要合适。另外，客房用床的使用率很高，所以应选择经久耐用的床铺。

(2) 床头柜。床头柜的高度要与床的高度相配套，通常为60～70厘米。床头柜上要安装客房内主要电器设备的开关，所以对质量要求很高。

(3) 组合柜。组合柜的抽屉不宜过多，否则客人容易遗忘东西，拉手要简单、牢固、开启无声响。

(4) 衣柜。衣柜的深度以55～60厘米较为理想，宽度平均不小于60厘米，最好采用拉门或折叠门。

2) 地毯的选择

首先，地毯应与酒店的等级、客房的档次相一致，选择怎样的地毯与客房的位置、档次及预算等因素有关。其次，要从地毯纤维、绒毛特性和色泽等方面下工夫，可以通过地毯的外观特性了解地毯的质量，一是观察绒毛排列的密度；二是观察绒毛的绒长和绒形；三是绒毛的重量；四是绒毛的弹性。再次，客房内的地毯还应体现装饰艺术效果，使客人进入房间后会产生一种舒适、安宁、温暖的感受。最后，要根据场所的不同，选择适合的地毯。如客房宜选用柔软、富有弹性、保暖、触感好的较高档次的羊毛地毯或混纺地毯，色彩最好采用中性色调，构图应力求平稳、大方、淡雅，太花、太杂或过于强烈的色彩和复杂的图样不宜采用。

3) 卫生间设备的选择

(1) 浴缸。浴缸有铸铁搪瓷、铁板搪瓷和人造大理石等多种。以表面耐冲击、易清洁和保温性良好为最佳。浴缸按尺寸分大、中、小三种。一般酒店多采用中型浴缸，高档酒店采用大型浴缸。浴缸底部要采取凹凸或光毛面相间的防滑设计。近年来，一些高档酒店的豪华客房选用了各种按摩、冲浪式浴缸，这类浴缸的四周与下部设有喷头，当喷头的水流对人体肌肉进行冲射时，能起到按摩的作用。

(2) 马桶。马桶尺寸一般宽为36厘米、长72～76厘米，前方需留有50～60厘米的空间，左右需留有30～35厘米的空间。

(3) 洗脸池。也叫洗面池，安装在大理石(云石)台面上，与浴缸相对，池内装有可调节水温的水龙头。需注意的是，卫生间的三大设备应在色泽、风格、材质、造型方面相协调。

4) 清洁设备的选择

清洁设备的选择是十分重要的，一是因为不少清洁设备的投资比较大，使用的周期长；二是清洁设备的选择对于客房部的清洁保养能力和效果具有不可忽视的制约作用。在选择清洁设备时，应注意以下事项。第一，方便性和安全性。清洁设备的操作方法要简单明了，易于掌握，同时具有一定的机动性，便于清洁卫生死角和最大限度地降低员工的体力消耗。安全是对设备操作的基本要求，在选择和购买设备时，要考虑是否装有防止事故发生的各种装置、旋转设备的偏转力矩有多大、有无缓冲防撞装置等。第二，尺寸和重量。设备的尺寸和重量会在很大程度上影响工作的效率和机动性，甚至有关设备的保护。如在房间内使用吸尘器时以选择吸力式为佳。第三，使用寿命和设备保养要求。清洁设备的设计应便于清洁保养并配有易损件，这样会相应延长其使用寿命。设备应坚固耐用，在设计上要考虑使用不当时的保护措施，电动机功率应足以适应机器的连续运转并配有应对超负荷的装置。第四，动力源与噪音控制。客房部要负责酒店公共区域的清扫工作，因此在选择清洁设备时应考虑用电是否方便，据此确定是否选用带电瓶或燃油机的设备。同时，由于电机设计和传动方式不同，其噪音量有所不同，针对客房区域的环境要求，应尽可能地选用低噪音设备。第五，单一功能与多功能。单一功能的清洁设备具有耐用和返修率低的特点，但会增加存放空间和资金占用。如果要减少机器件数，可选用多功能设备和相应的配件。但是多功能设备的使用率高、返修率高、修理难度也大，因此要处理好保养和维修等问题。第六，价格对比与商家信誉。价格比较不仅要看购买时的价格，还应包括售后服务的价格和零部件修配的可靠性等。另外，机器设备的调试与试用效果等，也是选择清洁设备时应考虑的因素。

(三) 客房设备的日常清洁保养工作

1. 门窗的清洁保养

1) 窗户的清洁

对于楼层不高的客房，清洁窗户的难度不大，只需定期进行人工擦拭即可。一般的清洁方法是由上至下湿擦后干擦，若脏点较多可先用玻璃清洁剂擦拭。现在，大多数酒店都将客房设在较高楼层，要清洁窗户，可定期请专业公司来清洁，但这种方式费用高、周期太长，很难保证窗户玻璃始终处于明净状态。另外，用于擦拭窗户的抹布应采用不易掉毛纤维的柔软材料，否则既增加了服务员的工作量，又不易擦净玻璃，所以擦拭窗户最好选用口罩布质地的材料。

2) 门窗的保养

平时应养成轻开轻关门窗的习惯，这样不仅可以延长门窗的使用寿命，还能减少干扰，保持客房及楼层的安静。此外，雷雨天以及刮大风时，应关好客房窗户，以免雨水溅入客房，或在大风天玻璃受到损坏。

2. 墙面的清洁保养

酒店客房的墙面大多粘贴了墙纸，经常对墙面进行吸尘，可以减少大清洗的次数。清洁墙纸，应用比较干的软布擦拭。如有大块油污，可用汽油、松节油或不易燃的干洗液擦拭；对于小块油迹，则可用白色吸墨水纸压住，用熨斗熨烫几分钟就能去除。另外，如发现有墙壁潮湿、天花板漏水等现象，应及时报工程部维修，以免墙壁发霉、墙皮脱落、房间渗水。

3. 家具的清洁保养

1) 床的清洁保养

第一，床架。应经常检查床架各部件是否牢固安全，摇动一下，听有无声响。如有，必须及时报修。床架需要注意防潮、防蛀、防水、防热，同时应注意保持清洁光亮。第二，床垫。首先，注意床垫四周边沿，如果发现灰尘，应及时用小扫帚清除。在床垫上加铺一床褥子。注意用松紧带将褥子固定在床垫上，否则褥子在铺床时容易滑动，给操作带来困难，褥子脏时更换即可。要定期翻转床垫，每周应将床垫的床头、床尾调换一次，每月把床垫翻转一次，使床垫各处压力和磨损度相同，避免凹凸或倾斜。此外，应经常检查床垫弹簧的固定钮是否脱落，如有脱落，弹簧会移动，必须及时报修，否则床垫损坏会影响客人睡眠。

2) 沙发的清洁保养

第一，选用质地良好的面料制作沙发套，以保护沙发表面的清洁和不受磨损，或在沙发靠背顶部和两侧的扶手位置放置与沙发比例相符的花垫。花垫可以起到保护和美化沙发的作用，而且便于随时洗涤。第二，经常对沙发吸尘，定期对沙发套进行洗涤，以保持其清洁。第三，沙发表面有污点时，根据沙发的质料，及时采用相应的清洁剂去污。第四，经常翻转沙发坐垫，以保证坐垫受压均匀。第五，避免在沙发上踩跳、放重物，否则会损坏坐垫内的弹簧。

3) 木质家具的清洁保养

第一，防潮。木质家具受潮容易变形、开胶、腐烂，因此房间应保持干燥，要经常打开门窗通风。潮气较重的房间，家具一般不要紧挨墙壁放置，以保持空气流通。平时擦洗时，也不能使用湿抹布，而要用绞干的抹布，然后用软质干布擦干。家具放置一般要距墙5～10厘米，并要注意经常通风换气。第二，防水。防水与防潮的道理是一样的，此外，油漆家具若溅上水珠，家具表面的油漆还会起泡、发霉，使油漆面失去光泽。第三，防热。油漆家具一般不要放在阳光直射的地方，如有阳光照射，应拉下窗帘，以防色泽减退，也不要放在暖气片附近，以免受热后膨胀破裂。此外，一般家具的油漆表面怕烫，过热的器皿不要放置其上，因而在放开水杯时，要使用托盘或垫碟以免家具受热变色、留有烫痕或掉漆等，如不慎烫出白痕，可用酒精擦拭，即可消失。第四，防蛀。为了防止蛀虫繁殖，在橱柜抽屉底层一般应放置一些樟脑丸、防虫香或喷洒杀虫剂，常用花椒水擦洗竹制家具可防虫蛀。

除了上述要点以外，还要经常检查家具螺丝是否松动、五金零件有无丢失等，如发现出现上述问题应及时报修。

4. 地毯的清洁保养

无论哪种地毯，服务员都应采用科学的方法来使用和保养，要坚持每天吸尘一次，吸尘是保养地毯的首要步骤，吸尘工作做得越好，地毯需要清理的次数就越少。

一般来说，酒店应每年清洗一次地毯，清洗地毯的方法有两种，即干洗和湿洗。

干洗的方法是将清洁剂均匀地洒在地毯上，然后用长柄刷将清洁剂刷进地毯里，一小时后，用吸尘器彻底吸尘，地毯即被清洗干净。

干洗的优点是：不影响使用；地毯不变形，不缩水；简单易行，不费时。

水洗(湿洗)时先将清洁剂溶于水中，然后使用喷水器均匀地将溶液喷洒于地毯表面，再用毛刷刷洗，用抽水机吸去水分。最后，等地毯完全干了以后，再彻底吸尘。

水洗的优点是洗得干净、彻底；缺点是：工序复杂、费时。

另外，要注意在一些重要通道，如建筑入口、靠近楼梯的地方以及客房卫生间门口等处放置尘垫，防止污物进入地毯组织。同时，要注意经常调整地毯使用的位置，使磨损的地方变得均匀。

5. 电器设备的清洁保养

1) 电冰箱

电冰箱应放在通风、干燥、温度适中的地方。一般来说，其背面和侧面应距离墙壁100毫米以上，以保证空气自然对流，并使电冰箱能够更好地散热。切忌把电冰箱放在靠近暖气管、干燥箱，以及有热源或阳光直射或易受水浸、发潮的地方。

冰箱内部应注意定期清理，以免积存污物，滋生细菌，产生异味。在阴雨潮湿季节，由于湿度大，空气中的水分会凝结成水珠吸附在箱体外壳上，这是正常现象，应用柔软的干布擦去。

为保证电冰箱的使用寿命，使用电冰箱要保持连续性，不要采取日开夜停的方法。另外，应尽量减少开门的次数和时间。

2) 电视机

为安全起见，在擦拭电视机之前应先拔下电源线插头，然后用柔软的干布擦净机壳外表的灰尘。

电视机要避免放在光线直射的位置，切忌暴晒，否则会使显像管加速老化、机壳开裂。此外，电视机也不能放在潮湿的地方，要防止酸、碱气体侵蚀，引起金属件生锈和元件断脚，产生接触不良等毛病。此外，电视机长期不用时，最好用布罩罩住，以免灰尘落入，影响收看效果。最后，电视机还应尽量避免经常搬动，以减少各种意外事故的发生。

3) 照明设备

照明设备主要指门灯、顶灯、台灯、吊灯、床头灯等。这些设备的保养，首先是电源周围要防潮，插座要牢固，以防跑电、漏电；其次是在擦拭灯罩时，尤其是在擦拭灯泡、灯管时要断电，且只能用干布擦，绝不能用湿布擦。

4) 电话机与电线

每天用干布擦净电话机表面的灰尘，话筒每周用酒精消毒一次。客房内电线主要有电视机线、电话线和落地灯线，电线应保持表面无破损。此外，电线的安装要相对隐蔽，要整理好，否则容易把客人绊倒，甚至损坏电器。

5) 空调设备

在对小型空调机组、遥控器进行保养时，要注意首先停止机组运转，并拔下插头，再用柔软的干布擦拭脏污的地方。当空气滤尘网指示灯闪烁时，说明需要清洁。若室内尘埃多，应每周清洁一次。在停止使用期间，应用半天时间转动风扇，以排除机械内的湿气，避免发霉和产生异味。空调器停止运转后拔下电源线插头。使用空调器专用电路时，要先断开安全开关，再清洁空气过滤网，然后按原样装上。

对于中央空调的保养，应由专人负责管理操作、集中供应；按季节供应冷、热风，各房间有送风口，设有"强、中、弱、停"4个档，可按需调节；要定期对鼓风机和导管进行清扫；此外，每隔2～3个月清洗一次进风过滤网，以保证通风流畅；电机轴承转动部分要定期加注润滑油。

6. 卫生间设施设备的清洁保养

卫生间的地面材料要求抗水性好、易清理、美观，一般选用瓷砖、缸砖或大理石。

这几种材料的清洗保养方法大体相同。现在的大理石加工技术越来越先进，先期抛光效果很好，保护层也很牢固，而且客人大多穿拖鞋或赤脚进入卫生间，对地面的磨损也很小，所以不打蜡是完全可以保持原有光洁度的。

首先，在进行清洁保养时要慎用清洁剂，一般只用中性清洁剂，酸性清洁剂会侵蚀地砖表面及接缝，使其失去光泽和发生脱落，甚至会造成大理石表层爆裂。可安排工作人员定期用牙刷蘸清洁剂擦洗接缝。如能坚持，卫生间地面就会长久如新。

其次，卫生设施要勤擦洗。洗脸盆、浴缸、马桶等设施，在擦洗时既要使其清洁，又要防止破坏其表面光泽，因此，一般选用中性清洁剂。

最后，在对洗脸盆、浴缸、马桶等卫生设施进行保养时，还应特别注意要防止水龙头或淋浴喷头滴水、漏水，如发生类似现象，应及时报工程部维修。否则，久而久之，会使卫生洁具发黄，难以清洁。

三、客房用品管理

(一) 客房用品的分类

(1) 布草用品。如床单、枕套、窗帘、毛巾等。

(2) 客房日用品。包括客房免费赠品(牙刷、牙膏、香皂、浴帽、针线包等一次性用品)以及宾客租借用品(吹风机、熨斗、熨衣板等)。

(3) 清洁剂。包括酸性、中性和碱性等各种类型的清洁剂,在具体工作实践中,各种清洁剂是搭配使用的,既要考虑使用效果,又要考虑设备物品的保养问题。

(二) 客房部用品选择的原则

(1) 遵循行业标准。国家旅游局发布了《星级饭店客房用品质量与配备要求》的行业标准,它是客房部经理制定采购标准的主要依据。客房管理人员应从本酒店的实际出发,根据酒店的星级标准,参照国家行业标准制作客房部物品的采购计划,使之与酒店的档次规模相适应。

(2) 目标市场定位及行业发展趋势。客房部管理者应根据本酒店的目标市场定位情况,考虑目标客源市场对客房用品的配备需求,并且应该密切关注本行业的发展趋势,在物品配备方面应有一定的超前意识,不能过于传统和保守。

(3) 美观协调。客房由房间、空调设备、家具设备、电器设备、清洁设备、装饰用品和客人用品等几部分组成。这些物品与设备的大小、造型、色彩、格调等必须相互协调,从而使客房显得轻松、柔和、舒适,给客人以美的享受。

(4) 安全环保。客房物品是酒店向客人提供服务的物质基础,其安全性是客人最关心的内容。另外,为使酒店用品实现再循环和再使用,以适应绿色客房的发展要求,环保因素也是选择客房用品时必须考虑的重要因素。

(三) 客房用品的使用管理

1. 客用品的管理

1) 客房部物品的分类归档

对于物品的编号,没有统一的规定和要求,一般可采用三节号码法,即:第一节号码标明物品的种类,第二节号码标明物品所在的位置,第三节号码标明物品的组内序号。如有其他情况,可用括号内的数字表示。

2) 客房部物品分级归口管理

分级是指根据客房部的管理制度,分清这些物品与设备是由哪些部门、班组或个人负责管理的。归口是指按业务性质,将物品与设备归其使用部门管理。分级归口管理使客房物品与设备的管理有专门的部门和个人负责,从而使客房部物品与设备的管理落到实处。

在对客房部物品与设备进行分级归口管理时,应注意以下几点。

一要账面落实,各级各口管理的物品与设备的数量、品种、价值量要一清二楚,有底可查;

二要完善岗位责任制、维修保养制和安全技术操作制等规章制度;

三要和经济利益挂钩。

物品与设备分级归口管理,必须有严格明确的岗位责任制作保证。责任定得愈明确,对物品与设备的使用和管理愈有利,也就愈能更好地发挥物品与设备的作用。

3) 核定客房用品储备定额

客房管理人员应按照客房总数、客房类型及年均开房率,确定各类客用品的年均消耗定额,并以此为依据,对各班组、个人的客用品控制情况进行考核。应将其列成书面材料,以供日常发放、检查及培训之用。

(1) 中心库房的储备定额。客房部应设立一个客房用品中心库房,其存量应能满足客房一个月以上的需求。

(2) 楼层布草房储备定额。各楼层往往需要备有可满足一周需求的客房用品。储备量应列出明确的标准贴在布草房的门后或墙上,以供领料对照。

(3) 工作车配备标准。工作车上的客房用品的配备往往以一个班次的耗用量为基准。

4) 加强客用品发放控制

(1) 客用品发放的控制。客用品的发放应根据楼层布草房的配备定额明确周期和时间。凭领料单领取客用品之后,应将此单留在中心库房,以便统计。

(2) 做好客用品的统计分析工作,保证每日统计。服务员在做房时,应填写"客房服务员工作日报表",并在做房后,对主要客用品的耗用情况加以统计。最后,由宾客服务中心文员汇总整个客房部所有楼层的客用品耗用量,填写"每日楼层消耗品汇总表"。

(3) 控制流失现象。造成客房用品领用失控的重要原因,有两种情况:一是一些客人在服务员做房时从工作车上"顺手牵羊",拿走部分客用品;第二种情况,也是更普遍、更严重的现象,则是服务员利用工作之便,拿走客用品以自用或提供给他人使用,在管理不善的酒店中,客用品甚至常常被大量带出去,形成客用品流失的"无底洞"。

针对上述情况,客房部可采取以下措施。

要求服务员在做房间卫生工作时,将工作车紧靠在房门口停放,以便监督;加强对服务员的职业道德教育和纪律教育;要求服务员做好客用品的领取和使用记录,以便考核;与保安部配合,做好对员工上下班及员工更衣柜的检查工作。此外,还应努力做好客用品的节约工作。

2. 布草的清洁保养

客房部的布草主要有枕巾、面巾、脚巾、毛巾、浴巾、澡巾以及床单等,对于布草的保养要注意以下几点。

(1) 要教育客房服务员严格按操作规程办事。现代化酒店一般要求服务员在清扫客房及卫生间设施时使用专用的清扫用具。

(2) 换下来的脏布草最好用专用的袋子装好送洗,不要乱堆乱放,或在脚下踩来踩去,更不要将床单包起来在地板上或水泥地上牵拖送洗,否则不但会磨损床单,而且布草织物还会与水泥摩擦起反应,所生成的碳酸物无法清除。

(3) 撤换下来的棉织品,干燥的与潮湿的最好能分开放置,潮湿的应及时洗涤,否则容易生霉变质,不但影响使用期限,而且洗出来的效果也不好。

除了上述要求以外，棉织品在使用和保管时应注意防潮、防闷热、防虫蛀、防日晒、防灰尘和防酸碱，否则都会在不同程度上影响织物的寿命与质量。

对织物的保养，还包括对客房毛毯的清洁和保养。按照我国卫生部门的规定，酒店客房内的毛毯应每月清洗一次，但在操作中因其不合实际而无法执行。

为了解决清洗消毒与成本过高的矛盾，一个较好的方法是：采取原始与现代相结合的手段，每年夏季利用灼热的太阳光曝晒，每天一批，每批正反曝晒各一天；进入冬季时再干洗一次。这样做，效果很好，成本也可分摊至每个月份。

3. 客房清洁剂的种类与注意事项

清洁剂的化学性质通常以PH值来表示。根据PH值的大小，可把清洁剂分成酸性、中性和碱性等。酸性清洁剂PH值小于7，通常为液体，少数为粉状，主要用于卫生间的清洁；中性清洁剂的PH值为7，有液状、粉状、膏状等，因其配方温和不会腐蚀和损伤任何物品，但无法去除积聚严重的污渍；碱性清洁剂的PH值大于7，对于清除一些油脂类或酸性污垢有较好的效果。除此之外还有上光剂和各种溶剂等。

清洁剂一般具有溶解作用、化学作用、乳化作用及分解作用。使用清洁剂时，应注意以下事项。

(1) 培训员工各种清洁剂的正确使用方法；
(2) 培训员工不要过量使用清洁剂；
(3) 所有清洁剂容器上要有标签；
(4) 培训员工养成看商标及使用说明的习惯；
(5) 清洁剂正式使用前须试用；
(6) 保证有足够的反应时间；
(7) 充分过水；
(8) 确保温度适当；
(9) 注意安全。

案例分析

一天晚上，一位30岁左右、服饰考究的香港女客人，面带怒色地找到酒店大堂副理投诉说："先生，我刚才回房发现自己放在卫生间盥洗台上的护发液不见了，肯定是让服务员给扔掉了！"大堂副理马上说道："小姐，对不起，给您添麻烦了。那么您是否可以使用本酒店提供的护发液？""不行啊，我多年来一直使用那种法国的名牌护发液，所以外出旅行也带上它，其他护发液我使用不习惯。"大堂副理见出现了僵局，觉得应该先到现场调查一下再说。于是，他对客人说："小姐，您可以带我到房间去看看情况吗？""好吧。"客人答应道。

大堂副理跟着香港女客人走进她客房的卫生间，见盥洗台右角处整齐地摆放着客人的盥洗用品和化妆盒，只是没有护发液。大堂副理马上把当班服务员小甘叫来，问她是否见到客人的一瓶护发液。小甘承认是她处理掉的，因为她透过半透明的瓶子看到瓶底只剩一点护发液，估计客人不会用了。客人表示，这最后一点护发液恰恰是她留着最后一晚用的，明天她就乘飞机回香港了。

到这里，事情的真相已完全搞清楚了。为了打消客人的怒气，使客人满意，大堂副理当即表示："这件事确实是我们酒店的过错。给您带来麻烦，实在抱歉。小姐，看来这种外国护发液在本地没有卖的，是否可以这样办，我们照价赔偿，今晚上您就使用本酒店的护发液吧。其实，本酒店的护发液质量是不错的，您试用后或许会喜欢的。"客人见大堂副理赔礼道歉，态度诚恳，气便消了，又想到并没有受到多少经济损失，只是生活习惯受到一点影响，让酒店赔偿未免过分，便对大堂副理说："先生，您这么说，我就不好意思了，赔偿就不必啦。""只是委屈您了！"大堂副理满怀歉意地说。"没关系。"客人最后完全原谅了酒店的过失。

(资料来源：酒店前厅服务管理案例. 百度文库. http://wenku.baidu.com/view/8cac01f59e314332396893e5.html)

思考：

1. 服务员在哪个环节发生了错误？
2. 如果你是服务员，你该怎么做？

本章小结

客房部是酒店的核心部门之一，在酒店整体运营中占有非常重要的地位，现代酒店服务产品的创新，都是在满足宾客住宿需要这一最根本、最重要的功能的基础之上的延伸。本章主要介绍了客房部的地位，客房部的作用，客房部的管理特点；客房组织机构设置的原则，客房部组织机构的设置和岗位职责；饭店客房的类型，饭店客房清洁的内容、方法及准备工作；走客房与空房的清扫程序；房间小整理及做夜床的方法；中西式铺床方法；公共区域的卫生清洁整理内容与程序，客房对客服务项目及客房、客房物资设备及安全管理的基本理论与技能。

复习思考题

1. 客房部在饭店中的地位与作用有哪些？
2. 客房部的管理特点有哪些？
3. 客房的卫生清洁方法有哪些？
4. 简述客房的类型、客房部的组织结构。
5. 客房部的岗位职责有哪些？
6. 客房部的对客服务有哪些？
7. 中西式铺床方法有哪些？
8. 客房物资设备的种类有哪些？
9. 客房安全管理包括哪几个方面？

第六章
饭店餐饮服务与管理

知识目标

- 了解餐饮的经营特点
- 了解餐饮部在饭店中的地位和作用
- 熟悉餐饮部的组织机构
- 掌握餐饮部的基本业务

技能目标

- 能够熟悉餐饮部的工作任务
- 能够熟悉餐饮部的工作流程
- 能够掌握餐饮部的基本业务技能

案例导入丨过度热情惹"麻烦"

王先生在某餐厅宴请多年未见的老友。正当客人津津有味地品尝当地的特色海鲜时，服务员小张走近说："对不起，先生，给您换一下餐碟好吗？"此时客人手里正拿着半只螃蟹，见状只好侧身避让。小张换好餐碟后，见客人干过一杯酒后凑在一起讲话，于是走上前去，"对不起，先生，给您斟酒。"王先生与老友不约而同向两边闪让，斟满酒后，二人又干了一杯，然后继续交谈，这时小张又上前说："对不起，先生，给您斟酒。"此时王先生忍不住大声怒吼："没看见我们正说话吗？"小张一脸茫然，不知如何是好。

（资料来源：刘筱筱.轻松搞定100个餐厅服务难题.北京：化学工业出版社，2009）

思考： 1.小张的热情服务为什么引起客人的反感？

2.小张错在哪了？

3.服务员如何掌握适度服务原则？

本章导语

餐饮服务是饭店满足宾客基本需求不可缺少的经营项目。餐饮部是饭店必不可少的主要对客服务部门之一，拥有一个设施完备、与客人消费需求相适应的餐饮部，是维持饭店正常运转的必然要求。本章阐述了餐饮部在饭店中的地位和作用、工作任务、餐饮经营特点、组织机构及岗位职责，重点阐述了餐饮部的服务技能及服务流程等基本业务。

第一节 餐饮概述

一、餐饮经营特点

(一) 餐饮生产的特点

1. 餐饮生产属个别订制生产，产品规格多、批量小

为满足客人的多种需求，一般餐厅菜单上的菜品多达几十种甚至上百种，但客人对每一品种的需求量并不大，每当客人进入饭店点菜时，厨房才开始按照客人的意愿进行个别制作，所以很难批量生产。

2. 餐饮生产过程时间短

餐饮产品消费的特点是生产与消费具有同一性，客人进店就餐不愿意等待过长时间，从客人进店点餐至客人结束用餐所花费的时间很短，所以要求厨房工作要迅速。

3. 餐饮生产量难以预测

生产量是由每天客人的上座率来决定的，但每天的上座率不确定，随机性较强。

4. 餐饮原料、产品容易变质

餐饮产品生产所需要的原料大都是鲜活的，且具有较强的时间性和季节性，保管不当极易腐烂变质。

5. 餐饮生产过程的管理难度较大

餐饮产品从原料采购到成品出炉，环环相扣，每一环节出错都会影响产品的质量，所以管理起来很有难度。

(二) 餐饮销售的特点

1. 餐饮销售量受餐饮经营空间大小的限制

餐厅的面积及餐位数直接影响到进餐客人的人数，从而影响到餐厅的销售量。

2. 餐饮销售量受就餐时间的限制

由于客人一日三餐的进餐时间大致相同，所以客人进店就餐时间就相对集中。

3. 餐饮经营毛利率高、资金周转较快

由于需要考虑餐饮硬件和软件的成本，使得餐饮产品价格比较大地偏离其实际价值，因而餐饮产品的毛利率较高，通常在50%左右。同时，当天采购当天生产并销售的运营模式，使其资金周转较快。

4. 固定成本占有较大比重，变动成本的比例也较大

餐饮的各种硬件投资较大，使得固定成本占有较大的比例。同时，煤气、水、电、员工工资等支出也占有较大的比重。

(三) 餐饮服务的特点

1. 无形性

餐饮服务只能通过就餐客人购买、消费、享受服务之后，所得到的亲身感受来评价其好坏，而且在服务之前无法展示，服务过程中无法量化，服务之后无法储藏。

2. 一次性

餐饮服务在客人消费过程中是一次性使用、当场享受的，不能像物质产品那样进行储存，也不能重复消费，服务发生后没有机会再"回炉"修正。

3. 同步性

餐饮产品的生产、销售和消费几乎是同时进行的。餐饮产品不具有储存性和运输性，所以其表现是同时现场生产、现场销售和现场消费。

4. 差异性

餐饮服务员由于年龄、性别、性格、素质的不同，服务的态度和方式方法就会有所差异。

二、餐饮部在饭店中的地位与作用

餐饮部在饭店中的地位与作用有以下几个方面。
(1) 餐饮部生产满足人们基本生活需要的产品。
(2) 餐饮收入是饭店收入的重要组成部分。
(3) 餐饮部的管理、服务水平直接影响饭店声誉。
(4) 餐饮部经营活动是饭店营销的重要组成部分。
(5) 餐饮部是饭店用工最多的部门。

三、餐饮部工作任务

(一) 向宾客提供以菜点等为主要代表的有形产品

菜点等食品的生产是餐饮企业最基本的任务，菜点等食品的提供既要富有时代特点又要具有稳定的质量品质。要在色、香、味、形、器、名、营养健康、档次等方面独具特色。

(二) 向宾客提供恰到好处的优质服务

现代社会，宾客在享受餐厅美味佳肴的同时，对餐厅提供的服务也提出了更高的要求。宾客在购买餐饮产品的同时，更期待得到热情、周到、舒适、愉悦的精神享受，优质的服务会给企业带来更大利益。

(三) 制定符合目标客源市场需要的特色菜单

根据饭店的目标市场的消费特点和餐饮要求，合理制定菜单，迎合顾客的口味和需求，确定餐饮经营的规格和方向，突出餐饮经营的特色。

(四) 实施科学、规范的餐饮管理

加强对饭店的餐饮管理，控制经营成本，搞好厨房的卫生和安全管理，开发餐饮新品种，形成独特的餐饮特色，吸引顾客，增强饭店销售的市场份额和竞争能力。

(五) 树立良好的企业社会形象

餐饮部与宾客的接触面广，直接的、面对面的服务时间长，从而给宾客留下的印象最深，直接影响着宾客对整个饭店的评价。为此，餐饮部应加强对自身的形象塑造，为饭店树立良好的社会形象。

第二节 餐饮部组织机构

一、餐饮部组织机构设置

餐饮部的组织机构主要由餐厅、厨房、宴会部、管事部、采购部等部门构成。餐厅是餐饮的服务部门，其主要职责是为宾客提供食品、饮料及优质服务，同时还要做好餐饮产品的推销工作；厨房是餐饮产品的生产部门，其主要职责是根据宾客需求，生产安全、卫生、可口的餐饮产品并不断进行菜点创新，同时要对生产成本加强控制，减少费用支出；宴会部是接受宾客预订，为宾客提供各种宴会服务的部门，主要负责各种宴会的预订和销售，策划、组织实施各类宴会活动；管事部是保证餐饮部正常运行的后勤保障部门，其主要职责是洗涤餐具、用具、清洁垃圾，餐具及其他服务用品的保管与请领；采购部是餐饮部的物资供应部门，其主要职责是根据生产需要保质保量地为餐饮部采购所需的物品并验收与入库。

根据饭店规模与等级不同，餐饮部的组织机构通常有如下形式。

(一) 小型饭店餐饮组织机构

小型饭店餐饮部一般规模较小，人员分工也较简单，如图6-1所示。

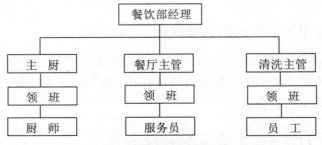

图6-1　小型饭店餐饮部组织机构图

(资料来源：李勇平. 餐饮服务与管理. 大连：东北财经大学出版社，2010)

(二) 中型饭店餐饮组织机构

中型饭店餐饮部规模适中，分工较为细致，在我国多数饭店采用，如图6-2所示。

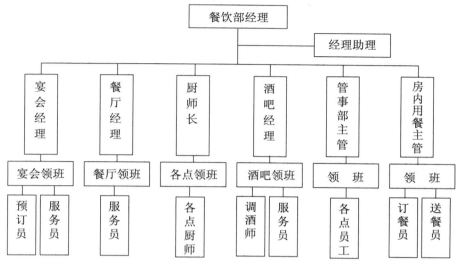

图6-2 中型饭店餐饮部组织机构图

(资料来源：李勇平. 餐饮服务与管理. 大连：东北财经大学出版社，2010)

(三) 大型饭店餐饮组织机构

大型饭店餐饮部规模较大，内部分工细致且专业化程度较高，如图6-3所示。

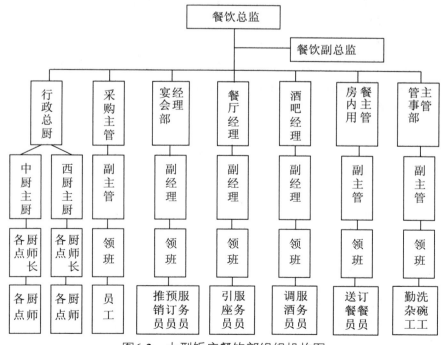

图6-3 大型饭店餐饮部组织机构图

(资料来源：李勇平. 餐饮服务与管理. 大连：东北财经大学出版社，2010)

二、餐饮部工作岗位职责

(一) 前台岗位职责

1. 迎宾员的岗位职责

(1) 负责接受、安排客人的用餐预订。

(2) 负责迎送、接待用餐的客人。

(3) 掌握每天的预订信息和餐桌安排，了解当日菜点情况，准确、周到地为客人提供服务。

(4) 热情主动，礼貌迎客。引领客人到适当的餐桌，保持和各台位服务员的联系。

(5) 主动征求客人意见，微笑送别客人。

(6) 参加餐厅餐前准备工作和餐后结束工作。

(7) 参加定期的班组会和业务培训，不断提高服务质量。

2. 值台服务员的岗位职责

(1) 按照餐厅服务工作程序和质量要求，做好餐前准备、餐间服务和餐后结束工作。

(2) 了解每天的客源情况。

(3) 掌握当日菜单和菜点的供求情况。

(4) 认真听取客人对服务质量和菜点质量的意见，做好信息反馈工作。

(5) 保持餐厅的环境整洁，确保餐具、布草清洁完好和物料用具的完备。

(6) 做好餐厅设备的使用和清洁保养工作。

(7) 搞好员工之间团结协作，积极参加业务培训，不断提高业务水平。

3. 传菜服务员的岗位职责

(1) 按照餐厅服务规程和质量要求做好送单、传菜工作。

(2) 负责开餐期间菜单、菜肴和酒水的传递，配合服务员做好菜肴的推销。

(3) 配合做好餐厅开餐前的准备工作，负责餐厅和厨房之间通道的清洁工作，做好传菜用具和各种调料备品的准备。

(4) 掌握当日菜单和菜点的供应情况，熟悉餐厅台位布置，熟记台号，传递点菜单迅速、正确，按点菜先后次序准确无误地上菜、走菜。

(5) 协助值台服务员及时清理和更换餐具、酒具，搞好餐后整理清扫工作。

(6) 妥善保存点菜单，以便事后复合审查。

(7) 积极参加培训，发挥工作主动性，做好员工之间的团结协作，完成上级交办的其他任务。

(二) 后台和保障性岗位职责

1. 厨师的岗位职责

(1) 按照工作程序与标准及上级的指派，优质、高效地完成菜点的制作，并及时供应餐厅销售。

(2) 按照工作程序与标准做好开餐前的准备工作。

(3) 保持本岗位工作区域的环境卫生，做好本岗位工具、用具、设备、设施的清洁、维护和保养。

(4) 完成上级指派的其他工作。

2. 餐饮物品采购人员的岗位职责

(1) 根据上级批准的采购申请单具体实施标准选择供应商、报价。

(2) 依据批准后的采购订单取得付款票据，实施购买。

(3) 具体办理提货、交验、报账手续。

(4) 保存采购工作的必要原始记录，做好统计，定期上报。

(5) 随时了解市场情况，提供市场信息，努力降低采购成本。

3. 仓库保管员的岗位职责

(1) 负责填写申请采购单，注明各种物品的品名、数量。写明库存量、月用量、申购量、确认无误后交上级审批。

(2) 货物入库必须严格检验，根据申购的数量及规格，检查货物的有效期、数量、质量，符合要求方可入库。

(3) 在货物入库时，物品装卸要轻拿轻放，分类摆放整齐，杜绝不安全因素。

(4) 加强对库存物品的管理，落实防火措施及卫生措施保证库存物品的完好无损，存放合理，整齐美观。

(5) 物品到货后要及时入账，准确登记。

(6) 发货时按规章制度办事，领货手续不全不发货，如有特殊原因需得到仓库及其他相关领导的审批后方可出库。

(7) 发货后要及时按发货单办理物品的出库手续，登记有关账卡。

(8) 经常与用料部门保持联系，了解物品的使用情况。

(9) 积极配合财务部门做好每月的盘点工作，做到物卡相符，账卡相符，账账相符。

(10) 下班时要及时检查库房有无隐患，关闭电源，锁好库门，根据规定摆好仓库钥匙，方可下班。

4. 工程设备维护保养人员的岗位职责

(1) 确保水、电、煤气等的正常供给并控制其能耗。

(2) 做好设备、设施的选择与评估。

(3) 做好设备、设施的日常管理。

(4) 负责设备、设施的安装调试或安装调试的管理工作及技术支持。

(5) 做好设备维护保养与修理。

(6) 做好设备技术管理。

(7) 做好设备备件管理。

(8) 做好设备改造、更新工作。

(9) 经营区建筑、装饰的养护与维修。

(10) 筹划建筑的改建、扩建与新建。

5. 安保人员的岗位职责

(1) 执行落实国家安全保卫工作的方针、政策和有关法律、法令、法规及企业的规章制度。

(2) 协作有关领导对员工进行防火、防盗、防灾害及事故的教育。

(3) 落实各项安全工作的岗位责任制，保证用餐客人的人身及财产安全。

(4) 配合国家有关机关对违法犯罪进行调查取证。

(5) 对企业的重点部位制定安全管理制度，加强检查，加以落实。

(6) 认真贯彻消防法规，学习宣传防火、灭火知识，并定期举行实操训练。

(7) 维护企业的治安以及营运秩序。

第三节 餐饮部的基本业务管理

一、餐厅服务业务管理

(一) 餐厅种类

1. 零点餐厅

零点餐厅以供应中、西餐为主，是使用最频繁、人们最熟悉的餐厅。在这里，就餐宾客根据餐厅提供的菜单点菜，随吃随点，按数结账；餐厅根据客人的选择提供相应的菜点及服务。在零点餐厅用餐的宾客杂而多，其需求各不相同，就餐时间不同，工作量大，因此，在服务上要做到周到、细致、迅速，注意接待、点菜、上菜、结账等几个环节。

2. 宴会厅

宴会厅是每一个饭店必不可少的餐饮设施，能提供制作讲究的配套菜肴，可举办中餐宴会、西餐宴会、鸡尾酒会、冷餐酒会等。宴会厅接受宾客的委托，能够举办各种消费水平及礼仪要求较高、具有一定就餐目的的活动。根据就餐主题不同、标准不同、用餐方式的不同，有关食品的准备、宴会厅的布置、宴会服务的程序都应有所区别。

3. 咖啡厅

咖啡厅是一种规格较低的小型西餐厅，根据不同的设计形式，有的叫咖啡屋、咖啡间、咖啡廊等。咖啡厅供应的食品比较简单，如面包、三明治、色拉及一些地方小吃。在我国，也有咖啡厅提供一些中式小吃。咖啡厅的服务迅速，营业时间较长。

4. 酒吧

酒吧以销售各种酒类和饮料为主，兼营各种下酒的小吃，是宾客饮酒、消遣、娱乐的场所。酒吧按所设位置的不同可分为大堂酒吧、泳池酒吧、走廊酒吧、健身房酒吧、宴会厅酒吧、客房小酒吧等。

5. 自助餐厅

自助餐厅是一种快餐厅。在这里，服务员事先将准备好的中、西菜点陈列在餐台上，宾客可先付款再进餐。进餐时，可以自由选食，可以自斟、自饮各种饮料，但不得带食品出餐厅。自助餐厅的宾客也可以先取食，然后通过收款台计价付款，再把食品带到餐台享用。自助餐厅具有用餐手续简便、价格便宜、就餐时间可自由调节等特点。这类餐厅既节约劳动成本，又颇受宾客的欢迎，所以其发展速度很快。

6. 特色餐厅

特色餐厅是具有某种特性的零点餐厅。按照其经营特点的不同可以分为突出地方菜肴特色的餐厅、突出食品原料和烹饪方法的特色餐厅、突出就餐环境和集娱乐、欣赏、饮食等于一体的特色餐厅。这类餐厅的特殊性，推动了餐饮业的发展，满足了消费者的不同需求。

7. 多功能餐厅

多功能餐厅能根据宾客的需求而变化其功能，具有多种用途。它既可接待零点顾客，也可接待团体包餐宾客，还可用于举行各种宴会、酒会、冷餐会，也可兼作会议厅、展览厅、舞厅、电影或录像的放映室等。多功能餐厅可按餐厅的面积灵活分配，做到一厅多用，既节约了场地，又扩大了经营范围。

8. 客房送餐

下榻在饭店内的宾客，由于生活习惯或特殊要求，需要在客房内用餐，宾客可以通过电话或客房服务员进行订餐。为了满足宾客这方面要求，饭店可以设置客房送餐服务。大型饭店的客房送餐由餐饮部送餐组负责，中、小型饭店由餐厅服务员或客房服务员兼职负责。

(二) 餐饮服务技能

1. 托盘

1) 托盘的种类

(1) 按照托盘的制作材料，可分为木托盘、金属托盘和胶木防滑托盘。

(2) 按照用途差异，可分为大、中、小三种规格的长方托盘和圆托盘。圆托盘的直径大于36厘米的为大圆托盘；直径在32~36厘米之间的为中圆托盘；直径在20~32厘米的为小圆托盘。长方托盘也可分为大、中、小三种。

2) 托盘的用途

(1) 大方盘和中方盘，用于装运菜点、酒水、收运餐具和盆、碟等重的器具。

(2) 小方盘和大、中圆盘，一般用于摆台、斟酒、上菜、上饮料等。

(3) 小圆盘和6寸小银盘主要用于送账单、收款、递信件等小物品。

3) 托盘的使用方法

按所托物品轻重，有轻托和重托两种方式。物品重量在5000克以内的，适宜采用轻托方式；物品重量在5000克以上，则采用重托方式。

(1) 轻托。轻托又称胸前托。此法多用中、小型托盘，有便于工作的优点。轻托的动作要领：

① 两肩平行，用左手。

② 上臂垂直于地面，下臂向前抬起与地面平行，上臂与下臂垂直成90°角。

③ 手掌掌心朝上，五指张开，指实而掌心虚。大拇指指端到手掌的掌根部位和其余

四指托住盘底，手掌自然形成凹形，掌心不与盘底接触。

④ 手肘离腰部15厘米。

⑤ 右手自然下垂或放于背后。

(2) 重托。重托又称肩上托。此法多用大型托盘。重托的动作要领：

① 用左手。

② 左手向上弯曲臂肘的同时，手掌向左向后转动手腕90°至左肩上方。手掌略高出肩2厘米，五指自然分开，用五指和掌根部控制托盘的平衡。

③ 托盘的位置以盘底不压肩，盘缘不近嘴，盘后不靠发为准。

④ 手应自然下垂摆动或扶住托盘的前内角。

4) 托盘操作流程

(1) 理盘：根据装运物品选择托盘；垫上垫巾防滑。

(2) 装盘：根据物品形状、体积、使用先后顺序进行合理装盘。

(3) 起盘：保持托盘平稳，汤汁不洒、菜肴不变形。动作一次到位，干净利落。

(4) 行走：步伐轻盈、稳健，上身挺直，略向前倾。视线开阔，动作敏捷。精力集中，精神饱满。

(5) 卸盘：动作轻缓，托盘平稳。保持托盘重心稳定，盘内物品不倾斜、落地。

2. 餐巾折花

1) 餐巾折花的作用

(1) 餐巾是一种卫生用品。宾客可把餐巾放在胸前或放在膝盖上，一方面可以用来擦嘴，另一方面可防止汤汁油污弄脏衣裤。

(2) 餐巾折花还能起到美化桌面的作用。服务员用一张小小的餐巾可创造出栩栩如生的花、鸟、鱼等，摆在餐桌上既可起到美化餐台的作用，又能给宴会增添热烈气氛。

(3) 餐巾折花还是一种无声的形象语言，表达宴会主题，起到沟通宾主之间感情的作用。

(4) 表明宾主的座次，体现宴会的规格和档次。

2) 餐巾花的种类

(1) 按摆放位置分类。

① 杯花。杯花需插入杯子中才能完成造型。杯花造型丰富，折叠手法也较盘花复杂。

② 盘花。盘花放于盘中或其他盛器上。盘花造型简洁大方，美观实用，所以现在高级酒店采用盘花的居多。

(2) 按造型餐巾花可分为植物类、动物类、实物类三种。

① 植物类。如荷花、月季花、慈姑叶、芭蕉叶等。

② 动物类。包括鸟、鱼、兽等，但要做到形象逼真，需反复练习。

③ 实物类。实物类是模仿日常生活中各种实物形态折叠而成的，如立体扇面、皇冠等。

3) 餐巾折花技法与要领

归纳起来，餐巾折花的技法主要有9种：叠、推、卷、穿、攥、翻、拉、掰、捏。

(1) 叠。叠是最基本的餐巾折花的手法。叠就是将餐巾一折为二、二折为四或者折成三角形、长方形等几何图形。叠的要领是：一次叠成、避免反复，否则餐巾上会留下折痕，影响造型的挺括美观。

(2) 推。推是打折时运用的一种手法。就是将餐巾折成褶裥的形状，使花型层次丰富、紧凑、美观。推折的动作要领：用双手的拇指、食指分别捏住餐巾两头的第一个折裥，两个大拇指相对成一线，指面向外；两手中指按住餐巾，并控制好下一个折裥的距离；拇指、食指的指面握紧餐巾向前推折至中指外；用食指将推折的裥挡住；中指腾出去控制下一个折裥的距离；三个手指相互配合，使折裥均匀整齐。

推折又可分为直线推折和斜线推折，斜线推折时用一手固定所折餐巾的中点不动，另一手按直线推折法围绕中心点进行圆弧形推折，其指法与直线推折相同。

(3) 卷。将餐巾卷成圆筒形并制作出各种花型的一种手法。卷可分为平行卷和斜角卷两种。平行卷时，餐巾两头一定要卷平；斜角卷就是将餐巾一头固定，只卷另一头，或是一头多卷另一头少卷，形成的卷筒一头大一头小。

(4) 穿。穿是用工具从餐巾的夹层折缝中间，边穿边收，形成皱褶，使造型更加逼真美观的一种手法。但采用这种手法后，使餐巾花散开时太多皱纹而影响使用，所以现在用这种方法越来越少。

(5) 攥。为了使叠出的餐巾花半成品不易脱落走样，一般用左手攥住餐巾的中部或下部，然后右手操作其他部位。

(6) 翻。翻是指在折叠过程中，将餐巾折、卷后的部位翻成所需花样，以构成花、叶、鸟翅、动物头等形状。

(7) 拉。拉是在翻的基础上，为使餐巾造型挺直而使用的一种手法。如折鸟的翅膀、尾巴、头颈、花的茎叶等时，通过拉的手法可使餐巾的线条曲直明显、花型挺括而有生气。

(8) 掰。制作时，将餐巾叠好的层次，按顺序一层一层掰出来。例如富有立体感的月季花，就采用这种手法。

(9) 捏。这种方法主要用作鸟的头部折叠。操作方法是先将餐巾的一角拉挺直作颈部，然后用一只手的大拇指、食指、中指三个指头捏住颈部顶端，食指在上，将巾角尖端向下压，用中指与拇指在下，将压下的巾角捏紧，捏出尖嘴状，即可作为鸟的头部。

3. 摆台

这里主要介绍宴会摆台。

1) 中餐宴会摆台

(1) 摆台前的准备。洗净双手；领取各类餐具、台布、餐巾和桌裙等；用干净的布巾擦亮餐具和各种玻璃器皿，要求无任何破损、污迹、水迹、手印等；检查台布是否干净，是否有皱纹、破洞、油迹、霉迹等。

(2) 铺台布、放转盘、围桌裙、配餐椅。

(3) 摆餐具。

① 骨碟定位。骨碟10个一摆放在托盘上，从主人座位处开始按顺时针方向依次摆放

骨碟，要求碟边距离桌边1.5厘米，骨碟与骨碟之间距离均匀相等，若碟子印有店徽等图案，图案要正面示人。

② 摆放小汤碗、小汤勺和味碟。在骨碟中心点与转盘中心点的连线两侧，左侧摆放小汤碗，汤勺摆放在汤碗中，勺柄朝左，连线右侧摆放味碟，汤碗与味碟之间相距2厘米，横向直径在一条直线上。

③ 摆放筷架、长柄汤勺、筷子。在小汤碗与调味碟横向直径右侧延长线处放筷架、长柄勺、袋装牙签和筷子，勺柄与骨碟相距3厘米，筷套离桌边1.5厘米。并与骨碟纵向直径平行，袋装牙签与银勺末端平齐。

④ 摆放玻璃器皿。在骨碟中心点与转盘中心点的连线上，汤碗和味碟的上方摆放葡萄酒杯，葡萄酒杯的左侧摆放饮料杯，饮料杯与汤碗之间的距离为1.5厘米，葡萄酒杯的右侧摆放白酒杯，三杯呈一条直线并左高右低排列，三杯之间的距离相等为1.5厘米。三杯横向直径的连线与汤碗与味碟横向直径的连线平行。

⑤ 摆放烟灰缸、火柴。在正、副主人杯具的右前方各摆放一只烟灰缸，其余位置可酌情摆放。烟灰缸的上端与杯具在一条线上，烟灰缸的边缘有三个烟孔，摆放时一个朝向主人另一个朝向主宾。也有的餐厅为每位客人准备烟灰缸，可依照此法每个餐位摆放一个。烟灰缸的边缘摆放火柴，正面朝上。

⑥ 摆餐巾花。若是选用杯花，需提前折叠放置杯具内，侧面观赏的餐巾花如鸟、鱼等则头部朝右摆放。注意把不同样式、不同高度的餐巾花搭配摆放，主人位上摆放有高度的花式。

⑦ 摆公用餐具。在正、副主人杯具的前方，各摆放一个筷架或餐盘，将一副公用筷和汤勺摆放在上面，汤勺在外侧，筷子在内侧，勺柄和筷子尾端向右。

⑧ 摆放宴会菜单、台号、座卡。一般10人座放两份菜单，正、副主人餐具一侧各摆放一份，菜单底部距桌边一厘米。高级宴会可在每个餐位放一份菜单。

⑨ 摆插花。转台正中摆放插花或其他装饰品，以示摆台的结束。

2) 西餐宴会摆台

(1) 餐具的准备工作。西餐餐具品种较多，每上一道菜就要相应地撤去用完的那套餐具。

(2) 铺台布、摆餐椅。西餐宴会一般使用数张方桌拼接而成。铺台布的顺序应由里向外铺，目的是要让每张台布的接缝朝里，避免步入餐厅的客人看见。铺好的台布要求中线相接，成一条直线，台布两侧下垂部分美观整齐，两边均匀。

(3) 摆餐具。

① 摆餐盘。与中餐摆台一样，从主人位开始顺时针方向在每个席位正中摆放餐盘；注意店徽等图案摆正，盘边距桌沿2厘米，盘与盘之间的距离相等。

② 摆刀叉。在餐盘的右侧从左到右依次摆放主餐刀、鱼刀、汤匙、开胃品刀，刀口朝左，匙面向上，刀柄、匙柄距桌沿2厘米。餐盘左侧从右到左依次摆放主餐叉、鱼叉、开胃品叉，叉面朝上，叉柄距桌沿2厘米。鱼刀、鱼叉要向前突出4厘米。

③ 摆水果刀叉(或甜品叉)、甜品匙。在餐盘的正前方横摆甜品匙，匙柄朝右。甜品匙的前方平行摆放水果叉(或甜品叉)，叉柄朝左。水果叉的前方平行摆放水果刀，刀柄朝右。

④ 摆面包盘、黄油刀和黄油盘。开胃品叉的左侧摆放面包盘，面包盘中心与餐盘中心在一条线上，盘边距开胃品叉1.5厘米，在面包盘上右侧边沿处摆放黄油刀，刀刃朝左。黄油盘摆放在黄油刀尖上方3厘米处。

⑤ 摆玻璃杯具。冰水杯摆放在主餐刀顶端，依次向右摆放红葡萄酒杯、白葡萄酒杯，三杯呈斜直线，与水平线呈45°角；如果有第四种杯子则占白葡萄酒杯的位置，白葡萄酒杯依次向后移动，杯子依然成斜直线，各杯相距1.5厘米。

⑥ 摆餐巾花。将叠好的盘花摆放在餐盘正中，注意主人位上放置有高度的盘花，另外注意式样的搭配。

⑦ 其他。盐瓶、胡椒瓶、牙签筒按四人一套的标准摆放在餐台中线位置上。烟缸从主人右侧摆起，每两人之间放置一个，烟缸的上端与酒具在一条线上。菜单最少每桌摆放2张，高级宴会可每座摆放一张。插花或烛台等装饰品摆放在长台的中线上。

4. 斟酒

1) 准备酒水

开餐前，各种酒水应当事先备齐。检查酒水质量，如发现瓶子破裂或有悬浮物、沉淀物时应及时调换。将检查好的酒瓶擦拭干净，分类摆放在酒水服务台或酒水车上。除此基本的准备外，酒水准备工作还包括对酒水温度的处理(冰镇或温烫)。服务员需了解餐厅常用酒水的最佳饮用温度。

2) 示瓶

当客人点完酒之后，就进入斟酒程序，而示瓶是斟酒服务的第一道程序，它标志着服务操作的开始。示瓶是向客人展示所点的酒水。这样做的目的有两个，一是对客人表示尊重，请客人确认所点酒水无误；二是征询客人开酒瓶及斟酒的时间，以免出错。

3) 开瓶

(1) 开瓶时动作轻，尽量减少瓶体的晃动。开启软木塞瓶盖时，如出现断裂危险，可将酒瓶倒置，利用酒液的压力顶住软木塞，同时再转动酒钻拔出软木塞。

(2) 开启瓶塞后，要用干净的布巾擦拭瓶口，如软木塞发生断裂的，还应擦拭瓶口内侧，以免残留在瓶口的木屑顺着酒液被斟入客人的酒杯中。开启瓶塞后检查瓶中酒液是否有质量问题，也可以通过嗅闻瓶塞插入酒瓶部分的气味是否正常来判断。

(3) 随手收拾开瓶后留下的杂物。开瓶后的封皮、木塞、盖子等杂物，不要直接放在桌面上，应养成随手收拾的好习惯。

4) 开始斟酒

① 斟酒的姿势与位置。

① 斟酒一般分为徒手斟酒和托盘斟酒。

② 右脚前跨，踩在两椅子之间，重心移至右脚，身体微前倾，两脚呈T字形站立。

③ 右手持酒瓶的下半部，商标朝向客人，右手持瓶靠近杯口，但不贴在杯口上。

④ 徒手斟酒时，左手持干净的餐巾布并背于身后，每斟倒一次擦拭一次瓶口；托盘斟酒时，左手托托盘，餐巾布搭在手腕处或折成条形固定在瓶口，斟酒时托盘的左手自然拉开甩盘，注意掌握好托盘的重心。

⑤ 斟倒时酒液徐徐注入酒杯内，当杯中酒斟倒适度时，控制流量并旋转瓶身

$100° \sim 180°$，然后向上抬起小手臂，做到一滴不洒。注意抬起小手臂时不要碰到旁边客人。

(2) 斟酒量的控制。

① 白酒斟酒量为八成。

② 红葡萄酒斟1/2杯，白葡萄酒2/3杯，威士忌等斟1/6杯为宜。

③ 香槟会起泡沫，所以分两次斟倒，先斟1/3杯，待泡沫平息后再斟1/3，共斟2/3杯。

④ 啤酒同样分两次斟倒，斟倒完毕时，酒液占八分，泡沫占两分为最佳。

(3) 斟酒的顺序。

① 中餐宴会斟酒顺序。中餐宴会一般是从主宾位置开始、按顺时针方向进行斟酒服务，也可根据客人需要从年长者或女士开始斟倒。正式宴会一般提前五分钟，由服务员将烈性酒和葡萄酒斟倒好，当客人入座后再斟倒饮料。若是两名服务员同时操作，则一位从主宾开始，另一位从主宾对面的副主宾开始，均按顺时针方向进行。

② 西餐宴会斟酒顺序。西餐用酒较多也较讲究，比较高级的西餐宴会一般要用七种酒左右，菜肴和酒水的搭配必须遵循一定的传统习惯，菜肴、酒水和酒杯的匹配都有严格规定。西餐宴会应先斟酒后上菜，斟酒的顺序是先宾后主，女士优先。

5. 分菜与上菜

1) 中餐分菜

(1) 上菜顺序。中餐上菜的顺序一般是冷菜、热菜、汤、点心、水果。

(2) 分菜的方法。

① 叉、勺分菜法。将菜肴端至餐桌上，示菜并报菜名，然后将菜取下，左手用口布托菜盘，右手拿分菜用叉和刀。顺时针从主宾右侧开始绕台进行分菜。

② 餐桌分菜法。餐桌分菜法是提前先将干净餐盘或汤碗，有次序地摆放在餐桌上，示菜报菜名后，服务员当着客人的面将菜肴分到餐碟中去。随即转动转盘，服务员从主宾位开始，顺时针方向将分好的菜肴放到客人面前。

③ 服务台分菜法。服务台分菜法的难度较低，即示菜报菜名后，征得客人同意，将菜肴从餐桌上撤下，端回服务台上将菜肴迅速分到餐盘中。然后用托盘从主宾右侧开始顺时针方向托送。

2) 西餐上菜与分菜

(1) 西餐上菜顺序。西餐正餐的上菜顺序是开胃品、汤、色拉、主菜、甜点、饮品。

(2) 西餐分菜方法。西餐一般先由厨师将菜肴按份切好装盘，由服务员上台分派。又因西餐服务方式的不同(法式、俄式、美式、英式等)，分菜的方法也不尽相同。

(三) 餐饮服务形式及流程

1. 餐饮服务方式

1) 中式服务形式

中式服务指我国传统的就餐服务，常见的有共餐式、分餐式两种。

(1) 共餐式服务是最常见的方式，一般是宾客到餐厅点菜后，厨师迅速生产菜点，由餐厅服务员递送到宾客的餐桌上，宾客自由取用。

(2) 分餐式服务是借鉴了西式服务的特点，中餐西吃。

2) 西式服务形式

西式服务包括法式服务、俄式服务、英式服务、美式服务等。宾客各自点要自己所需的菜点，并根据不同菜肴点配不同酒水，各自享用自己所点的菜肴酒水。

(1) 法式服务。菜肴先在厨房略加烹制，然后置于手推车上，由服务员在宾客桌边现场烹调或加热，即客前烹制服务，另一名助理服务员则在旁协助分送菜肴。提供法式服务的餐厅往往消费额较高，比较适合小型高档宴会的服务。因此也称餐车服务。

(2) 俄式服务。俄式服务是非常讲究豪华场面的西式服务。使用金、银器餐具较多，菜肴丰富，分量足，在西式宴会中常采用俄式服务。一般先将食物放于大盘内，由服务员分配给宾客，对服务员的分菜技巧要求很高。因此也称大盘服务。

(3) 英式服务。英式服务是一种气氛活跃、温馨的家庭式服务方式。菜肴常由男女主人来切配装盘，再让服务员分送到宾客面前，是亲朋好友聚会的一种最佳服务方式。因此也称家庭服务。

(4) 美式服务。美式服务的餐厅，宾客所点菜肴在厨房就装配于餐盘中，服务员将餐盘送到宾客面前即可，它要求服务员必须具有同时端送四个菜肴盘的技巧，因此也称盘式服务。美式服务在西方国家非常流行。

2. 餐饮服务流程

1) 零点服务流程

零点餐厅的服务工作是非常细致而又具体的，服务人员必须掌握几个主要环节，做到按部就班、有条不紊，这样既便于餐厅的管理和工作的安排及检查，又便于服务人员按照程序迅速、有效地工作。

零点餐厅每一班次的服务程序大体可分为：餐前准备、开餐服务、就餐服务和餐后结束工作四个主要环节。

(1) 餐前准备。充分而又全面的餐前准备工作是良好服务和有效经营的重要保证，因此，决不能忽视这一环节。

① 班前短会。班前短会，即以列队站立形式由领班或主管召开的简短的班前会。其内容一是检查仪表，如指甲、衣装等；二是介绍情况，如菜肴变化情况、VIP情况等；三是分配任务，如休息、替班等。餐厅服务人员必须在上班之前到达餐厅，换好工作服，精神饱满地站立在队伍之中，接受任务和了解情况。

② 清洁工作。餐厅的清洁工作要落实到人，明确任务和要求，讲究效率和质量。清扫工作包括地面卫生(扫地、拖地板、打蜡或吸尘)，四周卫生(擦门窗玻璃、擦四周凡有平面容易积灰的部位)，餐桌椅卫生(擦桌面、桌腿、椅背，同时检查餐桌椅有无损坏、松散等情况)，工作台卫生(台内干燥、清洁，台面无灰尘、油渍)，绿化卫生(擦花架、花盆边及宽阔的花叶面等)。通过清洁工作，可使就餐环境整洁、优雅。

③ 准备餐具。就餐宾客的餐具包括杯、碟、碗、筷、匙等；宾客用具包括烟缸、牙签、调味品等。宾客所需餐具、用具准备应力求做到无油腻、无指纹、无水渍、无破损，注意规格、色彩、图案的一致，备齐、备足，叠放有序。服务用具包括菜单、酒单、点菜

三联订单、笔、开瓶器、托盘等，此外还需准备茶叶、开水以及一些开胃小食品等。凡在工作中所需要的一切餐具、用具，均要准备齐全，按固定位置摆放整齐，以便点数或检查。

④ 铺设摆台。根据各地饮食习惯不同，宾客就餐的形式、规格不同，所摆设的餐具种类、数量及台面的造型都有所不同，而且各饭店均有本饭店的摆台方式，因此不可能完全统一，但是摆设的台面必须遵循整洁有序、尊重食俗、适应需求、配套齐全、方便就餐、方便服务、艺术美观的原则。

⑤ 了解情况。服务人员要了解当天菜肴、酒水供应情况，包括数量、品种、价格、季节菜、风味菜的增减等，并对当天的工作量有所估计，有利于更好地做好接待与销售工作。

⑥ 全面检查。在准备工作完毕、服务人员已经自查的情况下，由领班或主管进行抽查或全面检查，检查的内容包括：餐厅的布置、环境卫生、餐用具的配备及摆放、服务员的个人仪表及精神面貌等。开餐前的准备工作要争取做到万无一失。

(2) 开餐服务。开餐服务是餐厅对宾客服务的开始，也是餐厅服务工作的重要环节。其具体的服务流程如下。

① 热情迎宾。当宾客进入餐厅时，服务人员要面带微笑、热情问候，并询问是否有预订，问清人数，使整个服务工作形成一个良好的开端。

② 合理领座。安排宾客就座的工作通常由专职人员负责，如迎宾员或领位员完成。引领座位的原则是：先里后外，尊重选择，合理调整。应将先来的宾客往餐厅里面领，使门口不堵塞，也有利于安排后来的宾客。对于提出自己选择座位的宾客，应任其自由，不能强制。若某部分出现过于集中的现象，服务人员可以进行适当的、合理的调整。

零点餐厅的领座是有一定学问的，既要考虑宾客的心理需要，又要考虑餐厅的使用率，还要方便服务人员的操作。

③ 送茶递巾。领座员将客人带到合适的餐台后，值台员要主动为客人拉椅让座，并及时送上香巾，然后向客人问茶，根据宾客饮茶习惯，介绍与之相应的茶叶品种，按需开茶，并斟倒第一杯礼貌茶。客人饮茶过程中，将菜单递送给客人，要先递送给女宾和年长的宾客。要双手递菜单，反向给客人，若是双页，打开递送。

④ 接受点菜。服务人员在为客人点菜前，通过看、听、问等方法，了解客人的就餐目的、消费水平以及就餐的急缓程度等情况，以便有针对性地为客人服务。点菜时，服务员站在客人侧后约50cm处，向客人介绍菜肴，接受客人点菜。要注意：介绍菜肴要实事求是，点菜要以客人为主，服务员只是起到参谋的作用。

⑤ 开单、送单。将客人所点的菜记录在点菜订单上，称开单。服务员要站立开单，填写要准确迅速，字迹要清楚，书写要统一，价格要准确。同时，要按菜单次序分类填写，先冷后热，再到汤和点心等，有利于按序上菜。在开单的过程中，要注明客人的特殊要求，如分量、制作方法、老嫩程度、口味要求等。

点菜完毕后要及时向客人介绍、推销酒和饮料。客人点完菜和酒水后，为了避免差错，应向客人准确复述，并得到确认，尤其是宾客以不合常规顺序的方法点菜时，更应做好复述工作。点菜单一般一式四份，一份给厨房，一份给收银台，一份给传菜员划菜用，一份作存根备查。酒水订单一般一式两份，一份给收银台，一份送到吧台领取酒水。这样有利于餐饮部进行复查。

(3) 就餐服务。就餐服务也叫值台服务，是指把宾客点的食品、饮料等送上餐桌，在宾客的整个进餐过程中，照料宾客的各种需求，最大限度地使宾客满意。

① 上酒、上菜。服务人员要快速领取宾客所点的酒水和饮料，并进行示酒、开瓶、斟酒等服务。零点餐厅第一道菜的出菜时间一般都有规定，不能让宾客久等。要注意客人的就餐速度，随时与厨房取得联系，尽力使出菜速度与就餐速度相适应。上最后一道菜时，要主动告诉客人，并询问客人是否需要帮助，同时向客人介绍甜点和水果。

② 巡视服务。服务人员在服务过程中，要时常巡视每桌客人的就餐情况，及时为客人撤换烟缸和收去桌上的空瓶、空罐、空盘等。如果客人的餐碟中盛满骨壳和其他脏物，应及时更换；要不时为客人斟倒饮料、酒水；及时了解宾客在进餐过程中的情况，如是否需要加菜或是对某一菜肴特别欣赏提出加菜要求等，应快速了解其情况，开单下厨，给予满意的处理。

③ 结账收款。菜上齐后，了解宾客的就餐情况，及时告知收银员准备结账。经与收银员核对后，当宾客提出要结账时，进行结账收款。

在餐厅，宾客的付款方式除现金外，还可使用支票、信用卡、签署账单等方法。因此服务人员应了解和掌握各种收款方式。

④ 征求意见。虚心听取宾客对于就餐方面的意见，才能不断改进工作、提高服务质量。在宾客用餐完毕、即将离开餐厅时，服务人员要主动征求宾客对菜点质量、环境卫生、服务态度等方面的意见。服务人员应态度诚恳，认真听取，若宾客有意见，能处理的应当场处理，当时无法处理的问题应及时呈报或转告有关部门，以便在日后服务工作中加以改进。若宾客对用餐很满意，在征求意见时，给予的都是表扬，服务人员应礼貌地代表餐厅或饭店表示感谢。

⑤ 热情送客。宾客就餐完毕起身离座时，服务人员要上前为宾客拉开座椅，并提醒宾客携带好随身物品。如果宾客想带回没有吃完的食物，服务人员应主动为其打包，同时检查台面和餐椅上是否有宾客的遗留物品。服务人员应根据不同的情况采取不同的方式与宾客道别，并以热情的语言感谢宾客的光临。

(4) 餐后结束工作。当宾客离去后，服务人员要迅速清理餐台。此时若有其他宾客用餐，理台声音不宜过大，要将台面清理干净，换上清洁的台布和餐具，等待下一批宾客。

当餐厅全天营业结束，宾客全部离开餐厅后，服务员要做好如下结束工作。

① 清扫场地。按规定的要求收拾餐台，注意是否有客人的遗留物品，并将台布重新铺上，将餐桌椅纵横排列整齐，清扫地面。

② 分类送洗。当天用的台布、餐巾要及时送洗衣房洗涤，以免霉变或被虫咬。餐用具要交由管事部清洗、消毒，要注意在操作时对任何物品轻拿轻放，减少损耗。

③ 整理餐用具。对尚未使用的餐用具要归类存放；调味品盛器和花瓶、台号要擦洗干净；转台要用清洁剂进行重点擦洗，不留有油渍和水迹；点菜单、开瓶器、菜谱等用具也要放置在统一的位置，并清点数量；清点并补充工作台内的物品。

④ 工作小结。每天工作结束后，餐厅服务人员要根据自己岗位工作的情况，做一个简单的小结。一是整理宾客意见，二是填写工作记录，以利于今后工作的提高。

⑤ 安全检查。服务人员在下班离开餐厅前要仔细进行安全检查，要注意是否有烟蒂等火种的存在，关闭所有不用的电器设备，关闭门窗，确保餐厅安全，待领班或主管全面检查后，才能离开餐厅。

2) 宴会服务流程

(1) 宴会种类。

① 按宴会的菜式分。

中式宴会：每一桌都是多人围坐在圆桌旁聚餐，食用中国菜肴，饮中国酒水，使用中国餐具，采用中国式服务。反映出中华民族的传统饮食习惯和饮食文化的特色。中式宴会形式多种多样，根据其性质和目的可分为国宴、公务宴、商务宴、婚宴等类型。根据菜点的档次，又可以分为高档宴会、中档宴会和一般宴会。

西式宴会：是一种按照西方国家宴会形式举办的宴会。宴会的桌面以长方形为主，采用分餐制，食用西式菜肴，饮西式酒水，使用西式餐具，如刀、叉等各式餐具，采用具有鲜明的西方特色的西式服务方式。根据宴会形式可分为正式宴会、自助餐会、冷餐酒会和鸡尾酒会等。

鸡尾酒会：是具有欧美传统的集会交往方式，形式较轻松，一般不设座位，没有主宾席，客人可随意走动，便于广泛接触，自由交谈。以饮为主，以吃为辅，除饮用各种鸡尾酒外，还备有其他饮料，但一般不准备烈性酒。

茶话会：是指由各类社团组织、单位或部门在节假日或需要时举行的迎春茶话会，邀请各界人士同欢同庆，相互拜年、致谢，气氛轻松随意，伴有演出，形式简便，以茶水、点心、小吃、水果为主。

自助餐式宴会：自助餐也称冷餐会、冷餐酒会，是西方国家较为流行的一种宴会形式。其特点是以冷菜为主，热菜、酒水、点心、水果为辅。分为设座和不设座两种，讲究菜台设计，所有菜点在开宴前全部陈设在菜台上。

② 按宴会规格分。

正式宴会：一般指在正式场合举行的宴会。宾主均按身份安排席次就座。对环境气氛、使用餐具、酒水、菜肴的道数及上菜程序、服务礼仪和方式、菜单设计都有严格的规定。席间一般都有致辞和祝酒，有时也安排乐队演奏席间音乐。

便宴：即非正式宴会，较随便、亲切，一般不讲究礼仪程序和接待规格，对菜品的道数也没有严格要求。宜用于日常友好交往。

③ 按宴会性质和举办目的分。

公务宴会：是政府部门、事业单位、社会团体以及其他非营利机构或组织因交流合作会议、庆典庆功、祝贺纪念等公务事项接待国际、国内宾客而举行的宴会。宴会程序和规格都是固定的。

商务宴会：是各类企业和营利性机构或组织为了一定的商务目的而举行的宴会。商务宴会是所有宴会中最为复杂的一种，商务宴会宴请目的也非常广泛。

婚宴：是人们举行婚礼时为宴请前来祝贺的亲朋好友而举办的宴会。婚宴在环境布置上要求富丽堂皇，在菜式的选料与道数上要符合当地的风俗习惯，菜名要求吉祥如意，要满足主人追求祥和的目的。

生日宴会：是人们为纪念出生日和祝愿健康长寿而举办的宴会。寿宴在菜品选择上突出健康长寿的寓意，用分生日蛋糕、点蜡烛、吃长寿面、唱生日歌这些活动烘托气氛，祝贺生日快乐。

朋友聚餐宴会：是一种宴请频率最高的宴会，公请、私请都有，要求、形式多样，追求餐厅装饰新颖。

答谢宴会：为了对曾经得到过的帮助，或对即将得到的帮助表示感谢而举行的宴会。这类宴会特点是为了表达自己的诚意，故宴会要求高档、豪华，就餐环境要求优美、清静。

迎送宴会：是主人为了欢迎或欢送亲朋好友而举办的宴会，菜品一般根据宾主饮食爱好而设定。环境布置突出热情喜庆气氛，体现主人对宾客的尊重与重视。

纪念宴会：是人们为了纪念重大事件或与自己密切相关的人、事而举办的宴会。这类宴会在环境布置上突出纪念对象的标志，如照片、实物、作品、音乐等，以此来烘托思念、缅怀的气氛。

④ 按宴会规模分。

按参加宴会的人数和宴会的桌数，可分为小型宴会、中型宴会和大型宴会。10桌以下的为小型宴会；10～30桌的为中型宴会；30桌以上的为大型宴会。传统中式宴会一般将1～2桌称为宴席，将3桌以上称为宴会。

⑤ 按宴会菜品的主要用料分。

有全羊宴、全鸭宴、全鱼宴、全素宴、山珍宴等，这类宴会的所有菜品均用一种原料，或以具有某种共同特性原料为主料制成，每道菜品的配料、调料、烹饪方法、造型等方面各有变化。

⑥ 按宴会菜式风格的特点分。

仿古式宴会：是将古代非常有特色的宴会与现代餐饮文化融合而产生的宴会形式。如仿唐宴、孔府宴、红楼宴、满汉全席。

风味式宴会：是将某一地方风味特色食品用宴会形式来表现，具有明显的地域性和民族性，强调正宗、地道。有粤菜宴、川菜宴、鲁菜宴、苏菜宴、徽菜宴、闽菜宴、浙菜宴、湘菜宴。

(2) 餐饮宴会服务的工作流程。

① 宴会餐前工作。

餐厅服务人员在上岗前应检查、整理好个人的仪容仪表。

餐厅服务人员在营业前列队站好，由餐厅经理开例会并分配、布置当天的工作。

餐厅服务人员按服务程序做好开餐前的准备工作。开餐前的准备主要包括检查餐桌与椅子布局是否合理美观、调节好室温，并了解顾客的餐别、人数、就餐时间、菜单等情况。

餐厅服务人员必须熟悉当日菜单，包括菜点的原料、风味特色、烹调特点以及酒水、菜点的价格和上菜程序等。

餐厅服务人员必须将当日所需要的餐具、酒水、辅助用品准备齐全，并根据餐别按照服务规格对餐具和台上用品进行摆台。

② 迎宾服务工作。

顾客进入餐厅，领位员要面带微笑并礼貌地问候，引领顾客入座。

顾客坐下后，餐厅服务人员送上菜单点菜。服务员站在顾客右侧，与顾客保持一定距离，倾听、记录顾客选定的菜点，并适时向顾客介绍与推荐餐厅的特色菜点。如有些菜烹制时间较长，应向顾客说明原因。顾客点菜完毕，要将顾客所点之菜点向顾客复述核对，无误后将点菜单一联送到厨房备餐，一联送收款员供结账使用。

③ 就餐服务工作。

上酒水时，应根据酒水的品种上合适的酒杯，酒杯一般放在水杯的右侧。应当着顾客的面示瓶、开瓶，并为顾客斟倒第一杯酒。

中餐上菜的服务顺序是冷菜、热菜、主食、汤，最后上点心、水果等。餐厅服务员每上一道菜都要及时报菜名，同时在上菜时，注意不要将汤汁洒在餐台上或顾客的衣服上。上有配食佐料的菜肴时，应将主菜与配汁同时上桌，或者是先上佐料再上主菜。要掌握好上菜的节奏，当餐厅服务员为顾客上第一道菜时，要主动对顾客说："对不起，让您久等了！"最后一道菜时也应该提醒顾客："您的菜上齐了，请慢用！"等服务敬语。

餐厅服务人员应在所负责的餐台附近巡视，及时发现顾客的需求。如：为顾客换餐碟、烟灰缸、添加酒水；当顾客所选菜品没有上齐时，要立即与传菜员联系，尽快上菜；为顾客分主食和汤品；上洗手盅和小毛巾或餐巾纸；补充食品和饮料等。

餐厅服务人员上菜时，要求所有食物都应从顾客右边送上；所有饮料都应从顾客右边送上；用过的餐具从顾客右边撤下，注意应先撤盘，后上菜。

④ 餐后结束工作。

结账收款要核算准确；顾客使用信用卡结算时，要开好账单，并请顾客签字确认。

顾客用餐完毕，应将顾客送至餐厅门口，礼貌地对顾客说"再见""希望您下次光临"等。

收台检查，按毛巾小布件类、酒水杯、碗碟、筷子的顺序分类收拾。

收台检查时，如发现顾客遗留的物品，应及时归还给顾客或上交主管处理。

整理台面，换台布并整理桌椅。

洗涤、消毒餐具，按规定存放餐具。

下班后，餐厅服务人员应关闭各种电器设备，并填写相关工作记录。

二、厨房生产业务

(一) 菜单设计与制作

1. 菜单的作用

(1) 菜单反映了酒店的经营方针。餐饮工作主要有原料的采购、食品的烹调制作、餐厅服务，这些工作内容都以菜单为依据，必须根据餐厅经营方针的要求来设计菜单，才能实现经营目标。

(2) 菜单标志着酒店菜肴的特色和水准。通过菜单上菜品的选料、组配、烹制、排菜，客人很容易判断出菜肴的特色风味、饭店的经营能力及管理水平。菜单还能反映厨房烹调技术和宴会服务水平。

(3) 菜单是沟通消费者与接待者的桥梁。消费者根据菜单选购他们所需要的食品和饮料，而向客人推荐菜肴则是接待者的服务内容之一，消费者和接待者通过菜单进行交谈，信息得到沟通。这种"推荐"和"接受"的结果，使买卖行为得以成立。

(4) 菜单是菜肴研究的资料。通过客人对本餐厅菜肴的选择率，可以了解客人的就餐喜好，从而可以有针对性地改进现有菜肴制作工艺和开发新的菜肴品种。

(5) 菜单既是艺术品又是宣传品。包装精美的菜单既可以成为本酒店的主要广告宣传品，同时，也是良好用餐环境的一部分，能够反映宴会厅的格调，可以使客人对所列的美味佳肴留下深刻的印象，也可以作为一种可供欣赏的艺术品甚至留作纪念，引起客人美好的回忆。

(6) 菜单是酒店餐饮业务活动的总纲。菜单是餐饮服务设施配备的基础，是餐饮服务生产和销售活动的依据，它在很多方面，以多种形式影响和支配着酒店的服务系统。

2. 菜单分类

(1) 按用餐时间分为：早餐菜单、早午餐菜单、午餐菜单、午茶菜单、晚餐菜单、宵夜菜单。

(2) 按餐厅经营类型分为：饭店菜单、自助餐厅菜单、咖啡厅菜单、酒吧菜单、客房送餐菜单、外带菜单。

(3) 按功能分为：零点菜单、套餐菜单、混合菜单、宴会菜单、酒会菜单。

(4) 按外观分为：桌上型菜单、桌垫式菜单、悬挂式菜单。

(5) 按菜单使用时间的长短分为：固定性菜单、变动性菜单、周期性菜单。

(6) 按用餐对象分为：老人菜单、儿童菜单、宗教菜单、节食菜单、素食菜单、对内菜单、对外菜单。

3. 菜单设计原则

(1) 以客人需求为中心。设计菜单时，要掌握客人的消费心理，根据客人的年龄、性别、生活习惯、饮食喜好、宗教信仰与禁忌等特点，设计出特定顾客群所需的菜单。

(2) 以经营特色为重点。设计菜单时，要突出菜肴地方风味的特点，同时根据菜肴高中低不同档次设计不同菜单以满足不同档次消费者的需要。

(3) 以客观因素为依据。要根据原料的供应情况、设备设施条件及员工的技术力量来设计菜单。

(4) 以尽善尽美为目标。菜单的风格要与餐厅整体风格相一致，菜肴的营养成分要搭配合理，菜单的菜品要不断创新。

4. 菜单设计要求

(1) 原料选用的多样性。在菜品设计中，要将时令原料、外国原料等丰富多彩的原料充实到菜单中，菜肴原料的多样化会大大提高菜品的质量。

(2) 烹调方法的多种性。在菜单设计中，要讲究菜肴烹调方法的多样性，采用溜、炒、烹、炸等多种烹调方法满足客人不同口味的需要。

(3) 调和滋味的多样性。在菜单设计中，要突出菜肴的各种口味，基本味和复合味多种多样，以满足客人不同口味的需求。

(4) 菜肴色彩的协调性。在菜单设计中，要尽可能利用原料的自然色彩和加热调味后的颜色，同时可以利用器皿、点缀的色彩增加菜肴的观赏性，增加食欲感。

(5) 菜肴形状的不同性。在菜单设计中，要注重原料形状的变化，注重装盘的造型变化，注重器皿的形状变化，使客人在品尝美味的同时得到一种艺术享受。

(6) 菜肴质感的差异性。在菜单设计中，要根据饮食对象和季节的不同，采用不同的烹调方法设计出不同质感的菜肴，使软、硬、嫩、酥、脆、肥、糯、爽、滑应有尽有。

(7) 菜肴品种的比例性。在菜单设计中，要合理搭配菜品的品种组合，针对零点菜单、团体菜单、宴会菜单的品种比例要科学合理。

(8) 菜肴组合的科学性。在菜单设计中，菜品的荤素搭配、酸碱搭配要合理，质量与价格搭配要适合。

5. 菜单基本内容

1) 菜品的品名和价格

(1) 菜品名真实；

(2) 外文名字正确；

(3) 菜品的质量真实；

(4) 菜单上列出的产品应保证供应；

(5) 菜品价格真实。

2) 菜品介绍

(1) 主要配料及一些独特的浇汁和调料。

(2) 菜品的烹调和服务方法。

(3) 菜品的份额。

3) 告示性信息

(1) 餐厅的名字。

(2) 餐厅的特色风味。

(3) 餐厅地址、电话和商标记号。

(4) 餐厅经营的时间。

(5) 餐厅加收的费用。

4) 机构性信息

有的菜单上还介绍餐厅的档次、历史背景和特点。

6. 菜单制作

(1) 菜单用纸。菜单用纸能反映餐厅的档次，要根据菜单使用的需要合理选用菜单用纸。饭店使用的菜单有一次性和反复使用两种。一次性菜单主要用于快餐菜单、时令菜单、特选菜单及一般宴席菜单等，这类菜单可选择轻巧价廉的胶版纸等制作；反复使用的菜单多用于零点菜单等，这类菜单使用时间长，要经得起顾客多次翻阅传递，可选择高级铜版纸、牙粉纸和特种纸等。

(2) 菜单字体。菜单字体的大小、粗细、排字的行距等与餐厅的风格、菜单的颜色等因素有密切的关系。字体要易识别。隶书、草书一般多用于菜单的封面，楷书工整端庄，行书字体流利，易被顾客识别，一般多用于菜单的内页，起到宣传沟通的作用。字体大小要相宜。一般来讲，栏目名称字体要大一些，正文字体则要小一些；中文的字体要大一些，英文的字体要略小一些。字体排列要协调。一般来说，一页纸上的字与空白应各占50%为佳。字体的行距字距要适当，使人读起来比较舒服。字体颜色要搭配。字体的粗细、颜色要与菜单的大小、颜色相协调。

(3) 菜单规格。菜单规格的大小与菜单的类别、形式及餐厅风格有密切的联系。目前，全国各种菜单规格没有统一的标准，可以根据饭店的风格自行设计。

(4) 菜单颜色。使用不同的颜色可以使菜单更加漂亮，令人赏心悦目，能起到推销菜品的作用。菜单颜色要与餐厅的风格相协调，要与餐厅的主题相一致，要讲求淡雅美观。

(二) 厨房生产运作流程与管理

厨房作为餐饮部的出品部门，承担着所有食品加工的重任，有效的厨房管理是一个餐厅成功经营的关键之一。客人选择餐厅用餐的决定因素中，首要的是菜式、口味，虽然菜品和服务永远是餐饮经营中最重要的两方面，也是客人最为注重的两点，但相对而言，菜品质量的重要性要远超过服务。因此，合理地制定厨房运作的工作流程就显得尤为重要。

1. 厨房管理

1) 厨房的日常管理

(1) 控制好厨房生产。按菜单及时生产菜品和食品，合理利用原材料，降低成本，保证餐饮的毛利率。

(2) 分析餐饮市场的竞争趋势。通过分析餐饮市场的竞争趋势，开发符合顾客口味的新菜式，增加特色菜，保住并扩大客源。

(3) 加强厨房的卫生管理和安全生产管理。加强厨房的卫生管理和安全生产管理以保障食品安全，为顾客提供干净卫生的食品。

2) 厨房成本控制

(1) 对厨房加工过程的控制。首先要对加工数量进行控制，依据厨房的净料计划单组织采购，实施加工，达到控制数量的目的。

(2) 对加工出净率的控制。由加工人员按不同品种的原料，加工出不同档次的净料交给发货员验收，算出净料与边角料的比例，登记入账后发放到各位使用者。

(3) 对加工质量的控制。加工的质量直接关系到菜肴的色、香、味、意、形、养。采购、验收要严格按质量标准，控制原料质量。

(4) 对原料的加工形成、卫生、安全程度的控制。凡不符合要求的原料均由工序终点者控制，不得进入下一道工序，处理后另作别用。

(5) 对配制过程的控制。对配制过程的控制是食品成本控制的核心，杜绝失误、重复、遗漏、错配、多配，保证菜品、食品质量。

(6) 对审核的控制。必须有凭额订单和账务员的签章认可，厨师方可配制，并由服务员将所点的菜肴与订单进行核对，从而相互制约。

(7) 对称量的控制。按标准菜谱、用餐人数进行称量，避免原料的浪费。

(8) 对烹调过程的控制。烹调过程的控制是确保菜肴质量的关键，要从厨师烹调的操作规范、出菜速度、成菜温度等方面进行监控。

(9) 对定厨、定炉、定时的控制。厨师严格按标准规范操作，实行日抽查考核。用定厨、定炉、定时的办法来控制、统计出菜速度、数量和质量。

2. 厨房运作管理流程

1) 工作目标

(1) 按菜单及时采购原材料，并合理利用，降低生产成本。

(2) 按菜单及时生产，掌握厨房运作各环节的关键控制点。

(3) 加强厨房生产质量控制，掌握各类菜品的质量验收标准。

(4) 加强厨房的卫生管理与安全生产管理。

2) 厨房运作管理流程

(1) 原材料采购与验收。厨师长根据每天各餐厅接待人次及厨房生产任务量，确定原材料的需求量，及时下达采购申请单，配合采购部门依据订购单或订购记录检查进货，并配合收货人员检查原材料。

(2) 原材料储藏。购进的新鲜原材料应及时分类入库，妥善保存。

(3) 原材料领取。厨师长根据每天接待人次及厨房生产任务量，确定需领用的原材料数量，并检查其规格、保质期等，使其符合原材料投入使用的标准。

(4) 原材料洗刷切割。对领回的原材料进行分类和加工处理，严格按菜品的制作标准进行合理加工。

(5) 烹调、制作。菜品原材料配制完成后，厨师即严格按操作规范要求进行烹调、制作。

(6) 成品质量检验。

① 厨房要实行生产质量管理制度。菜品装盘后，一般由行政总厨检验确认合格后，方可进行保温、冷藏或从出菜口交给传菜员端上餐桌。

② 设立菜品质量控制小组。菜品质量控制小组要随机抽查厨房所出的菜品。

(7) 菜品供应。根据需求，成形的菜品由专人(前台服务人员)端至餐桌，并接受客人的监督。厨房应定期对菜品的销售情况、获利情况进行分析，为制定销售策略提供决策依据。可制定菜肴分析记录表、菜点处理记录表等。

(8) 厨房收尾工作。各厨房的厨师长应带领厨师做好上菜后的收尾工作，包括处理剩余原材料、搞好清洁卫生等工作。

案例分析

余额告别法

某酒店的餐厅经理一连几天悄悄地溜到酒店对面的街上，专门观察从酒店走出来的客人。结果发现这些客人都有共同的行为模式，就是在道完"再见"走了五六步后，会突然地回过头来。而当他们回过头来，看不到服务员关注的目光和身影时，脸上立刻显示出失望的表情。这位经理上前询问。客人答道："原来他们刚才所说的'欢迎再次光临'，只不过是口头说说罢了！"于是，这位经理要求服务员"即使客人离去，也不可立刻进入店内，在客人回头之后，至少再站一分钟"，并要求客人一旦回头，立即对其说"欢迎下次再来"等令客人暖心的话。同时规定服务员必须站在路边光线良好的地方，向客人远离的车子挥手致意。如今，这种余额告别法已经成为这个酒店"回头客"络绎不绝的小诀窍。

(资料来源：刘筱筱.轻松搞定100个餐厅服务难题.北京：化学工业出版社，2009)

思考题：

从心理学角度分析最后印象对酒店形象的影响。

分析提示：

末轮效应理论，作为服务礼仪重要的基础理论，其核心思想是要求人们在塑造企业或个人的整体形象时，必须始终如一，有始有终。由于"最后印象"距离下一次交往最近，并直接影响下一次交往中的心理感受，所以末轮效应理论又称为近因效应理论。

在服务过程中，得体而周到地运用末轮效应理论，关键在于服务单位与服务人员从各自不同的角度出发，用心抓好整个服务过程的最后环节。对于服务单位而言，应从"硬件"方面着手。对处于服务过程最后环节的设备、设施，以及其他一切有可能为服务对象所接触或使用的用具、物品等，应力臻完善。如一些酒店为"打包"的宾客提供具有保温功能的餐盒；无偿提供雨具，为所购物品提供精美方便的包装等。

对服务员而言，对服务对象不但要在初始之时笑脸相迎，而且要自觉做到收尾之时笑脸相迎，这些均为热情待客的应有之举。无论何种原因，缺少任何一个环节，都会让服务对象感到不舒心，并认定服务单位为其所提供的"热情服务"分量不足。

📖 本章小结 •

本章介绍了饭店对客服务的基本部门——餐饮部的基本业务及管理，餐饮服务与管理是饭店整体运行中的重要组成部分，是不可忽视的重要环节，是饭店经济收入的重要来源。餐饮部的服务代表着饭店的形象，餐饮部服务的水平直接影响着饭店的经济效益和社会效益。

📖 复习思考题 •

1. 餐饮经营的特点是什么？
2. 餐饮部在饭店中的地位和作用是什么？
3. 餐饮部的基本业务是什么？
4. 餐饮服务基本技能有哪些？基本标准是什么？

▲第七章▶
饭店康乐服务与管理

▌知识目标▐

- 掌握康乐部的定义
- 了解饭店康乐部的作用
- 熟悉饭店康乐部的主要任务
- 了解康乐部的常见组织形式
- 掌握康乐服务项目设置的基本类型

▌技能目标▐

- 掌握保龄球、台球、网球、高尔夫球、游泳、健身房等服务项目的概况、主要设施设备、比赛及计分规则和相关服务流程及标准
- 熟悉卡拉OK、舞厅、棋牌、电玩游戏等项目的概况、类型、布局、设施设备、服务流程及标准
- 了解SPA水疗、桑拿浴、保健按摩、美容美发等项目的概况、项目类别、服务流程及标准

引导案例▏不要和"上帝"冲突

　　某日晚上6时许，康乐中心保龄球馆人来人往。收银处小孙正忙着为一组客人办理结账手续。这时两位客人走到柜台前对小孙说："我们要一条球道。"小孙说："请您稍等一下，我马上为这位客人办好手续，就替你们找空的球道。"其中一位姓于的客人说："今晚六点半我们约好朋友一起过来打球，希望你能先替我们办一下。"小孙为了尽可能照顾这两位客人，于是一边继续办理结账手续，一边用电脑查找空的球道。结果还剩一条球道，35元每局。他如实告诉了客人。那位于先生听后突然大发脾气："上次我来的时候还是每局25元，怎么就突然调成35元了呢？这不是宰人么？"小孙刚要回话，这位姓于的客人突然拿起服务台上的介绍单朝小孙砸去，小孙没有防备，结果介绍单飞得到处都是，小孙面孔变得煞白，真想"回敬"对方一下，但他马上想到自己的身份，绝不能意气用事。于是尽量克制情绪，使自己镇定下来，接着以充满敬意的语气向客人解释说："先生，您上次过来离现在该有三个月了吧？价格是根据饭店的有关条例，三个月前统一调整的，我建议您先预订一条，以免影响您与朋友的约定。"

这时，另一位客人李先生见他的朋友于先生理亏，想找个台阶下，就劝于先生说："这个服务员服务态度还可以，都这么说了，我们就先预订吧。"于先生见势也就软了下来。小孙立刻招手让服务员把客人带到球道，然后弓下腰去捡介绍单，从他微微颤抖的后背可以看出他正在极力压抑着内心的委屈。周围的客人都纷纷对于先生的粗鲁行为表示不满，于先生一声不响地和李先生办好手续便跟着服务员去球道处休闲。于先生事后深感自己的言行不妥，终于在结账离开时亲自到服务台找到小孙，为自己的冒失行为道歉。

(资料来源：李舟.饭店康乐中心服务案例解析.北京：旅游教育出版社，2007)

思考：

请评价服务员小孙的做法。

本章导语

随着我国经济的飞速发展，人们在衣、食、住、行等基本生活要求得到满足后，对康乐活动的需求日益增强。同时伴随着康乐业的持续发展，康乐部在饭店中扮演着越来越重要的角色。起初康乐部只是饭店的附属部门，归属于前厅部、客房部或餐饮部。但随着饭店客人对康乐需求的增加，康乐部在饭店经营中的地位和作用也越来越重要，逐步发展为与客房、餐饮和前厅等部门平行的关键部门。国家旅游局最新颁布的《旅游饭店星级的划分与评定》文件中也明确规定了星级饭店中相应的康乐设施的细化标准。本章首先介绍了康乐的内涵、分类、发展阶段、发展现状及存在的问题，并分析了康乐业未来的发展趋势；其次，介绍了康乐部的内涵、作用和主要任务；最后，介绍了康乐服务项目设置的基本类型和康乐服务项目设置的基本原则。

第一节　饭店康乐服务与管理概述

一、饭店康乐部概述

康乐部，又称康乐中心，是饭店组织客源、销售康乐产品、组织对客服务，并为客人提供各种综合服务的部门，是完善饭店配套附属设施和服务的重要机构。作为饭店的一个部门，康乐部具有典型的现代都市文明所具有的特征——时尚、先进，有着独特的服务技巧、服务程序、服务方法和经营规律。因此，康乐部是现代饭店必不可少的一个重要组成部分，它为客人提供康体运动、休闲娱乐和保健养生的设施设备、场所和相应的服务。

二、饭店康乐部的作用

(一) 康乐部有利于饭店吸引客源

不少客人把康乐作为生活中不可缺少的内容。据不完全统计，饭店所在地区有70%的年轻人喜欢到这些饭店的康乐部去消费，而对于那些住宿的客人来说，康乐也是必不可少的活动之一。不少客人常常就是因为某饭店的康乐设施完善，或对某一次活动感兴趣而投宿的，一些客人不管严寒酷暑总是把参加饭店的康乐活动列入自己的日程安排。这是一种新的生活理念，体现了客人对康乐项目产生的强烈欲望，这一趋势无疑为饭店大大提高了经济效益。

(二) 康乐项目有利于提升饭店经营特色

饭店要想在目前的微利环境中生存，就必须不断创新，推出符合时尚潮流的特色经营项目，树立新的形象，以满足客人求新、求异的需要。因而，饭店经营关键在于推出不同于竞争对手的特色产品和创新产品，而特色产品和创新产品必须基于对目标市场需求的了解和对市场趋势的把握，将资源优势转化为市场优势，形成具有特色的饭店品牌，并最终赢得市场的认可。如北京前门饭店的老舍茶馆，展示了以京剧为特色的中国传统文化的形象；杭州国际大厦雷迪森广场饭店也成功地树立起一个现代化歌剧院的独特品牌形象。

(三) 康乐服务项目是饭店等级评定的必备条件

国家旅游局颁布的《旅游饭店星级的划分与评定》(GB/T14308—2003)中，明确规定，三星级至五星级饭店必须有酒吧或茶室或其他供客人休息交流且提供饮品服务的场所、会议康乐场所及相应的设施设备，并提供相应服务。白金五星级饭店评定标准中的"特色类别二"规定，饭店应设有歌舞厅、影剧场、舞台设施和舞台照明系统(能满足一般演出需要)、美容美发室、健身中心、桑拿浴、保健按摩、定期歌舞表演；"特色类别三"规定，饭店应设有自用温泉或海滨浴场或滑雪场、室内游泳池、室外游泳池、棋牌室、游戏机室、桌球室、乒乓球室、保龄球室(至少4道)、网球场、高尔夫练习场、电子模拟高尔夫球场、高尔夫球场(至少9洞)、壁球场、射击或射箭场等。因而，可以说设置康乐服务项目是饭店等级评定的必备条件。

(四) 康乐部是饭店营业收入的重要来源

目前，在我国的一些饭店，康乐部的规模越来越大，并与客房部、餐饮部并列成为饭店创收的主要部门，甚至在有些饭店，康乐部已经超过其他部门，成为饭店第一大部。完善的康乐设施设备，优雅的康乐气氛环境，吸引了大批旅游者和当地公众。以致不少客人常常根据饭店的康乐设施和环境，或对某一康乐活动特别感兴趣而投宿。康乐设施的完善，康乐器械的现代化和先进性，常常会吸引大量的康乐爱好者。正是由于康乐享受越来越受到客人的青睐，饭店的经济效益也收到了意想不到的效果，很多位于旅游热点的饭店，特别是位于首都、大城市和经济较发达地区的饭店，康乐部的经济收入在整个饭店的总营业额中占有很大的比重。

三、饭店康乐部的主要任务

(一) 满足客人康体运动的需要

随着社会文明的进步，人们对身体锻炼的要求也在不断提高。人们除了参加传统的体育锻炼活动外，还在不断寻求并积极参加更有情趣的能够寓身体健康于欢乐的活动。这就是人们钟情于康乐活动的原因。因此，满足客人在康体运动方面的需求就成了康乐部的任务之一。客人对康体运动的需求是多方面的，形式也是多种多样的。因而，饭店康乐部设置了网球、台球、壁球、健身器械、游泳池、高尔夫球、飞镖、室内攀岩、乒乓球、羽毛球等设施，以满足不同客人对康体运动的不同需要。

(二) 满足客人休闲娱乐的需要

休闲娱乐活动由于具有很强的娱乐性、放松性、选择性，因而受到不同年龄阶层人士的欢迎。不同的消费人群完全可以根据自己的喜好选择相应的项目，例如扑克、麻将、电玩游戏、卡拉OK、舞厅、酒吧等，它既满足了人们的娱乐需求，也可以使人精神放松、心情愉悦。因而，现代饭店中配备各种娱乐项目及相关设施，不仅可以为店内外的客人提供丰富多彩的娱乐生活，同时也是人际沟通、商务往来的一种必要的补充手段。

(三) 满足客人保健养生的需要

人们追求健康的途径除了加强锻炼、增加营养外，还可采用物理保健的方法。这种保健方法已经成为康乐部门必备的服务项目，例如：桑拿浴，包括芬兰浴、土耳其浴、光波浴等；按摩，包括中医按摩、泰式按摩、港式按摩、韩式按摩、日式按摩、足部按摩等；美容项目和美发项目等。这些项目都可以满足客人休闲娱乐的需要。

(四) 满足客人康乐安全的需要

做好设施设备的安全保养工作，满足客人的安全需求，为他们提供一个既安全又舒适的休闲环境，是康乐部的基本任务之一。这个问题可以从两方面去认识：一方面，任何一项活动都可能存在着不安全因素，例如，打保龄球可能出现滑倒、摔伤或扭伤的危险，游泳时可能出现溺水的危险等。这就需要康乐部教育服务员时刻注意客人的活动情况，及时提示客人注意按照安全规范参与康乐活动。另一方面，随着设备使用次数的增加、使用时间的延长、累计客流量的增加，设备的损耗和老化就会加快，不安全因素也会增加。如果不注意设备的检查和保养，就有可能给客人带来某种伤害。例如，游泳池附近的地面极易滋生青苔，如果不及时清理，就可能导致客人滑倒摔伤。

(五) 满足客人康乐卫生的需要

随着康乐活动的普及，康乐设备和场所的使用频率也越来越高，产生细菌交叉感染的机率就比较大，如卫生状况不良，很有可能对客人的身体健康造成危害，如游泳池的水质、客人唱卡拉OK时经常使用的话筒、球类运动中经常触摸的球拍和球、美容美发室经常使用的各种器械和化妆品等。因而，做好康乐活动场所的卫生清洁工作，为客人提供一个卫生舒适、优雅安全的活动场所，是康乐部的一项重要工作任务。

(六) 满足客人需要康乐技巧指导的需要

康乐部的设备种类较多，有国产的也有进口的，尤其是高星级饭店的设施更新频度比较快，特别是先进的进口设备以及带有电脑显示的体育器材，需要服务人员提供正确、耐心的指导性服务，以便一些初次使用的客人能正确操作。另外，一些运动项目的技术性很强，也需要服务人员向不熟悉该项运动的客人提供技术上或规则上的指导服务，以满足他们在掌握运动技能技巧方面的需求。

四、康乐部的常见组织形式

康乐部作为饭店的重要业务部门，一般作为一个独立的服务部门或隶属于某个部门，其设置的原则与其他部门基本相同，但应与饭店自身的规模、档次和经营理念相适应。通常而言，康乐部的常见组织形式有以下几种。

(一) 康乐部独立成部的形式

若康乐服务在饭店中所占比重较大，则康乐部应作为饭店的一个独立部门，与饭店其他部门并列存在，并具有同等重要的作用和地位。按照饭店自身的情况和特点的不同，可分为并列形式和阶梯形式两种。

1. 并列形式

并列形式如图7-1所示。

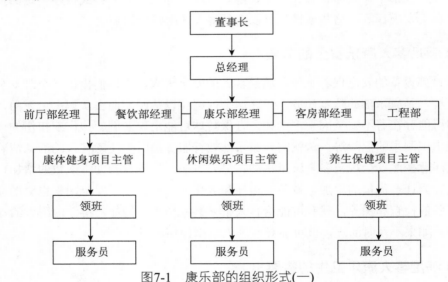

图7-1　康乐部的组织形式(一)

(资料来源：牛志文，周廷兰.康乐服务与管理.北京：中国物资出版社，2010)

2. 阶梯形式

阶梯形式如图7-2所示。

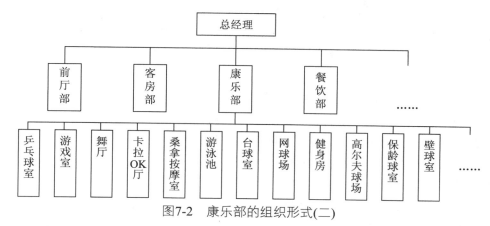

图7-2 康乐部的组织形式(二)

(资料来源:刘建华.康乐服务.2版.北京:中国社会劳动保障出版社,2007)

(二) 康乐部隶属于其他部门的形式

若康乐服务在饭店中所占比重较小,则康乐部可隶属于其他部门,以隶属于餐饮部为例,其组织形式如图7-3所示。

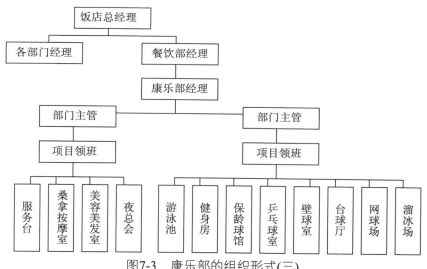

图7-3 康乐部的组织形式(三)

(资料来源:唐少锋.康乐服务基本技能.北京:中国劳动社会保障出版社,2010)

五、康乐服务项目设置的基本类型

(一) 康体运动类服务项目

1.康体运动类服务项目的定义

康体运动类项目,是借助一定的运动设施设备和环境,为客人锻炼身体、增强体质而设的健身项目。康体项目有别于专业体育项目,它不需要专业体育项目那么强的专业性、技巧性,客人参与康体项目是为了锻炼身体并从中享受到乐趣,进而达到放松身心的目的。

2. 康体运动类服务项目的内容

康体运动类服务项目的内容主要包括：网球、台球、保龄球、高尔夫球、羽毛球、壁球、乒乓球、沙狐球、游泳、健身、室内攀岩、飞镖及射箭等。

3. 康体运动类服务项目的特点

1) 康体运动类项目对设施设备的要求较高

康体运动类服务的核心是为客人提供康乐设备和运动场地。康体器材都应选择高规格、高质量的。一方面可以为客人提供充分的舒适享受，另一方面可以降低设备的故障率，保证经营的连续性，减少维修费用。

2) 提供康体运动类项目的配套服务是经营的保证

在设计康体休闲项目时，应根据饭店实力和客人需要提供配套服务。这不仅包括每个项目的内部完善，如休息室、水吧、洗浴、餐厅等配套项目，还包括各种康体项目的互相配套、互补，这样康体经营项目就会成为饭店的主要营业收入来源。

3) 康体运动类项目需要提供指导性服务

康体运动需要较强的技能，客人在相关项目上需要技术性指导。因为客人的消费层次、文化层次有一定的差异，对康体运动项目品种的熟悉程度因人而异。尤其是一些较为先进的进口设备和较为时尚的运动方式，如带有电脑显示器的体育器材，包括自行车电脑显示器、心脏跳动显示仪等，以及保龄球、台球的基本游戏技巧，客人也比较生疏。这都需要服务员提供耐心、正确、优质的指导性服务，以使一些不能掌握器材使用技能的客人能正确地使用器材，提高客人的兴趣，增加客人的参与度。

(二) 休闲娱乐类服务项目

1. 休闲娱乐类服务项目的定义

休闲娱乐类服务项目，是指通过一定的设施、设备和服务，使客人在参与中得到精神上的放松和满足的游戏活动。休闲娱乐项目与康体运动项目既有区别又有联系，两者的区别在于：康体运动项目多由体育运动项目转化而来，而休闲娱乐项目是以休闲娱乐功能为主的游戏活动。

2. 休闲娱乐类服务项目的内容

休闲娱乐类服务项目的内容主要包括：棋牌服务、KTV服务、舞厅服务、电玩游戏服务、酒吧服务等。

3. 休闲娱乐类服务项目的特点

1) 休闲娱乐类项目的基础是环境和氛围

休闲娱乐项目的场所应高雅、洁净且具有一定的文化品位。休闲娱乐活动场所吸引客人的主要因素是环境和氛围。内容丰富、品位较高的娱乐项目和洁净、高雅的娱乐场所不仅能给客人带来愉悦的心情，而且也会给客人带来宾至如归的感受。客人光顾此类场所就是为了享受其环境，所以营造娱乐氛围是至关重要的。

2) 休闲娱乐类项目具有很强的个人参与性

很多休闲娱乐项目都要求客人主动参与、自我表现，以达到娱乐的目的。另外，由于现代人大多生活压力比较大，工作节奏快，有很多客人希望在参与娱乐活动的过程中通过自助娱乐达到某种心理或生理上的放松和满足。

(三) 保健养生类服务项目

1. 保健养生类服务项目的定义

保健养生类服务项目，是指利用一定的环境设施和服务，使客人能积极主动、全身心地投入，并得到身心放松和精神满足的活动项目。

2. 保健养生类服务项目的内容

保健养生类服务项目的内容主要包括：SPA水疗服务、桑拿浴服务、保健按摩服务、美容美发服务、氧吧服务。

3. 保健养生类服务项目的特点

1) 服务人员的专业性是保健养生类服务的关键

无论是保健按摩、SPA水疗，还是美发、美容都需要由受过专业训练并取得上岗资格证书的人员来提供服务。服务人员专业水平的高低不仅关系到服务水平的好坏，而且直接影响项目经营效果的好坏。

2) 良好的卫生条件是保健养生类服务的保证

保健养生类服务项目大多直接接触客人的身体，卫生条件对客人的健康来说显得尤为重要。无论是客人用的物品还是服务设施都应经过严格的消毒，同时专业服务人员也要做好个人卫生。

3) 客人安全是保健养生服务的基础

无论是桑拿、保健按摩、美容美发还是SPA水疗等，都应把客人安全放在首位。在经营服务过程中，如因服务操作失误或因康乐设施故障对客人造成伤害，饭店都负有不可推卸的责任。因而，无论是从提升服务质量还是从提升饭店经营绩效的角度来说，都应该把安全放在首要的位置。

第二节 饭店康体运动类服务项目

一、保龄球服务项目

(一) 保龄球运动概况

保龄球的起源也许可以追溯到公元前5200年的古埃及，人们在那里发现了类似现代保龄球运动的大理石球和瓶。在13世纪的德国教会里，流行着一种叫作"九柱球"的游戏，来检验教徒对宗教的信仰程度。直到宗教革命之后，马丁路德统一了九瓶制，成为现代保龄球运动的真正起源。如今，保龄球已经成为现代社会中的一项时尚运动，流行于欧美、大洋洲和亚洲一些国家。保龄球，英文名是Bowling，又称地滚球，它是在木板道上滚球击柱的一种室内运动。

(二) 保龄球的主要设施设备

1. 球道

球道是保龄球投出后向前滚动的路径，标准球道的长度为1915.63cm，宽104.2～106.6cm，球道最前方是置瓶区，球瓶呈倒正三角形排列。球道两侧各有一条球沟，球道的后方是发球区，作为球员持球及助走掷球的区域。

2. 助走道

助走道是球员走步、滑行及掷球的区域，长度一般为427.3cm，宽度与球道的宽度相同，为104.2～106.6cm。

3. 犯规线

犯规线是指助走道和球道的连接线，宽为0.95cm，上面设有光控犯规监测装置。

4. 助走标识

在助走道的起点处有两组共10个标识点，被称作助走标识，也叫站位标识，是供球员选择站位位置的标志。

5. 脚步标识

在助走道与犯规线之间，有一组标识点，共7个，被叫作脚步标识，也叫滑步标识，这是为助走时掌握最后的滑步位置而设的。

6. 目标标识点

球道上有一组箭头标记，距犯规线365.97～487.95cm不等，这组箭头叫作目标标识点，是供球员打球时瞄准用的。每隔5块木板有一个箭头，从左向右数，依次分布在第5、10、15、20、25、30、35块木板上，一共是7个箭头。

7. 引导标识点

球道上有一组小圆点标记，离犯规线约243.97cm，这种圆点叫作引导标识点。引导标识点分为左半组和右半组，两组相互对称。右半组依次分布在从右数第3、5、8、11、14块木板上，左半组则分布在从左数同样的位置上。

8. 球瓶

保龄球瓶是选用上等枫木为主要材料，经过钻孔、黏合、打磨、定型和喷涂等特殊工艺加工而成的梭形木瓶。每一只球瓶的重量为1.261～1.641kg，高38.85cm，最大部位直径为12.1cm。每条球道备有两组球瓶，每组10个。将10个瓶凑成一套时，其中最重与最轻的相差不可超过112g。球瓶排列成倒正三角形，10个瓶以30.48cm的间距依次排列成4行。

9. 球

保龄球是用硬质塑胶或合成树脂塑胶制成的实心球，由球核、重量堡垒、外壳三部分组成。球的直径为21.8cm。保龄球的重量按国际规定有11种规格：6磅、7磅、8磅、9磅、10磅、11磅、12磅、13磅、14磅、15磅、16磅(1磅等于0.454千克)。保龄球的重量可以不同，但大小必须相同。球上有三个小孔，便于手指插入推球。球表面有商标、编号及重量堡垒等识别标记。

10. 记分系统

现代化的球场均装有计算机记分系统。

11. 自动化控制系统

自动化控制系统是现代保龄球场的必备设施，由程序控制箱控制，通过机械装置来完成回球、升球、扫瓶、送瓶、夹瓶、竖瓶等操作，并将瓶位信号、补中信号、犯规信号通过计算机记分系统显示在记分台和悬挂式彩色记分器上。自动化控制系统包括保龄球送球机和保龄球置球机等。

12. 附属设备设施

保龄球馆附属设备设施包括球员休息椅、茶几、公用鞋存放柜、公用球存放架、备用球、清洁打磨机、加油机等。

(三) 保龄球比赛及计分规则

(1) 比赛开始时，由抽签决定道次。每局在相邻的一对球道上进行比赛。每轮互换球道，直至全局结束。

(2) 保龄球比赛时，均以6局总分决定名次。

(3) 保龄球按顺序每轮允许投两个球，投完10轮为一局。

(4) 每击倒一个球瓶得一分。投完一轮将每个球的"所得分"相加，为该轮的"应得分"，10轮一次累计为全局的总分。保龄球计分表见表7-1。

表7-1 保龄球计分表

轮次	一		二		三		四		五		六		七		八		九		十		
积分	8	/	9	/	7	—	9	/	7	/	×		9	/	×		×		×	9	/
	19		36		43		60		80		100		120		150		179		199		

(5) 保龄球运动有统一的记分表。第一球将全部木瓶击倒时，称为"全中"，应在记分表上部的左边小格内用符号"×"表示，该轮所得分为10分。第二球不得再投。但按比赛规则，应奖励下轮两个球的所得分，所得分之和为该轮的应得分。

(6) 当第一球击倒部分木瓶时，应在左边小格内记上被击倒的木瓶数，作为第一球的所得分。如果第二球将剩余木瓶全部击倒，则称为"补中"，应在记分表上部的右边小格内用符号"/"表示。该轮所得分亦为10分。按比赛规则，应奖励下轮第一球的所得分，所得分之和为该轮的应得分。

(7) 第10轮全中时，应在同一条球道上继续投完最后两球结束全局。这两个球的所得分应累计在该局总分内。

(8) 第10轮为补中时，应在同一条球道上继续投完最后一个球结束全局。这个球的所得分应累计在该局总分内。

(9) 某轮的第一个球落入边沟，即为失误球，用符号"/"表示，这一球的得分为0。如第二球失误，在右边小格内用符号"—"表示，表示此球得分也为0。若投球时犯规，则用字母"F"表示，该球的得分为0。失误和犯规都不影响该轮的第二球投掷。

(10) 如果从第一轮至第十轮全部是"全中"，也就是打出12个"全中"，则其总分便是300分。

(四) 保龄球服务流程及标准

1. 服务前准备工作

(1) 在客人到来之前，服务员要按照规定的时间和要求，完成地面、球道、置球区的卫生清洁工作。

(2) 重点做好保龄球的手指孔、记分台、休闲茶座、计算机显示屏和回球架等处的清洁卫生工作，按规定要求，准备好擦球巾和粉盒。

2. 迎接服务工作

(1) 在客人走进保龄球场馆时，接待员要用规范的礼仪，微笑地迎接客人的到来，并主动向客人问好。

(2) 按照操作程序，准确地记录客人的姓名、房号和运动时间。

(3) 根据客人的需求和球道的多少，为每一位客人安排球道，并快速地为客人办理手续。

3. 换鞋与更衣

(1) 在客人办完手续之后，服务员应主动引领客人到休闲茶座前，请客人换上保龄球场馆的专用鞋，并帮助客人把换下的鞋及时摆放在鞋架上或者座椅下。

(2) 引领客人进入更衣室，换上打保龄球的运动衣，并提示客人将换下来的西服或大衣放进更衣柜里。

(3) 为客人发放更衣柜的钥匙，并提醒客人，保存好更衣柜的钥匙。

4. 教练服务

1) 示范发球动作

当初学保龄球的客人进入场馆之后，教练要为客人讲述发球的动作要领和发球规则，并进行3～5次的示范演练，尤其是五指扣球要领和击球动作，都要按照规范的操作程序，耐心地为客人提供示范服务。

2) 当好客人的陪练

教练要根据个别客人的需求，热情积极地当好客人的陪练。在为客人提供陪练服务时，要掌握客人的争胜心理，多为客人提供赢局的机会，使客人有成就感。

3) 为团队参赛客人当裁判

在团队客人参加保龄球比赛时，教练要当好裁判，并规范地操作计算机自动记分系统，及时地把比赛成绩告知比赛双方。

4) 及时巡视球场

在客人参与保龄球运动时，教练要及时巡视球场的每一个角落，密切关注客人掷球的基本要领和木瓶击中率，以及观察设施设备是否完好等各种情况。如客人在球道上掷出的每一个保龄球是否能够自动回球；计算机自动记分系统显示的分数是否准确；各个球道和显示系统及置瓶区是否正常运转等。

5. 结账及送客服务

(1) 依据标准迅速地为客人办理结账手续。

(2) 礼貌地向客人告别，并热情欢迎客人下次光临。

(3) 营业结束时，认真填写交接班记录。

(4) 清理保龄球场，将各种运动器械归类入库保管。

二、台球服务项目

(一) 台球运动概况

1510年，台球出现在法国，法国国王路易十四在凡尔赛宫玩的台球是"单个球"(Single Pool)，具体玩法是：在桌上放一个用象牙做的拱门(Port)和一根象牙立柱，称为"王"(King)，用勺形棒来打球，把球打进门或碰到柱上便可得分。由于法王路易十四的御医提出国王餐后做台球运动有利于健身，因此，此项运动得到法王的喜爱和关注，所以在17世纪，台球在法国逐渐风行起来，这可能就是台球起源于法国的根据。

据说，台球运动最早在室外进行，具体玩法是：在地面上挖洞，用木棒把球打进洞内即得分，后来人们将台球的活动场地从室外移至室内的桌子上。自从台球出现至今已有几百年的历史，并不是一出现就尽善尽美，而是在长期流传中经过人们的不断改进、丰富，才达到如今比较完善的程度。最开始在室内桌子上玩球时，在桌子中心开了一个圆洞，后来又在桌子四角开了4个洞，球洞的增加激发了人们玩球的兴趣，直到在桌子上开了6个圆洞，才演变成今天落袋式台球球台的雏形。到了19世纪初，台球运动走向成熟，在提高技术的同时，设备用具也随之发展，许多大大小小的改进措施和发明创造不断涌现出来。

(二) 台球的主要设施设备

1. 台球室

台球室设计要美观，面积大小与球桌安排应相适应；球桌、球杆、台球、记分显示器等运动器材和设备，应符合国际比赛标准；球桌坚固平整；室内照明充足，光线柔和；各种设备齐全、完好、无损坏。

2. 球杆

球杆是台球运动的灵魂，好球技要有好球杆辅助，才能发挥得淋漓尽致。选择球杆最重要的条件是要全杆笔直，其次是接头部分要密合。此外，适合自己的球杆长度和重量也是要考虑的要素。

3. 球台

球台是台球室的基本设施，按制作原理的不同可分为许多种，但都要求台面十分平整。台面底部应铺上厚厚的大理石，使其既平整又有相应的重量，不易移动。台上应蒙上一层绷得很紧的绿色细呢绒，使球在台面上运行时不会随意转弯。

球台一般分为"法式球台"和"英式球台"两种。法式球台有两种规格，一种是

137.16cm×274.3cm(包边)，另一种是152.4cm×304.8cm(包边)。法式开伦球的球台没有球袋。无袋的开伦球台现今使用较少。英式15球及9球的球台一般为127cm×254cm。英式斯诺克台球则要求台面大些，一般达到182.88cm×365.76cm。英式(美式)球台在球台四角及两侧的中部各有一个直径为10cm或13cm的球袋，中袋稍大一点，为14.2cm，球袋在台面上的开口有一定的规格(9～11cm)。台面四周设有硬橡皮条制成的库，分为顶库、边库和库底。顶库，即相对于开球区的另一端的台边；边库，即左右两侧的台边(左边库、右边库)；底库，即开球区一端的台边。台边的弹力以从开球区以中等力度击球，使球经顶库折回底库，再经顶库回到D区，移动将近两个来回为标准。球台的高度一般为80～85cm，便于打球者伏于台面击球。

4. 台球

过去的台球是以象牙磨制而成的，现在都以硬质塑胶为质材。塑胶制的球不会因温度、湿度的改变而产生变化，具有耐撞、耐冲击、球体质量均匀等优点。

5. 其他设备

1) 粉块

粉块用来摩擦球杆的撞锤部分。粉附着在撞锤皮革上，可以增加其摩擦力，避免击球时打滑，造成滑竿，产生失误。

2) 手套

将手套戴在架杆的手上，可减小球杆和手之间的摩擦力。

3) 台球的杆架

每张球台旁都应有摆放球杆的杆架，球杆用完后，要顶朝上、柄朝下，整齐地排列在杆架上。

4) 台球的记分牌

每张球台旁都要配备记分牌，常见的记分牌有三种：一种是横拨珠算式的，每得一分拨一个珠子；另一种是类似于乒乓球记分牌的翻牌式；第三种是电子记分表。

5) 台球的助滑粉

与防滑粉相反，为了防止手上有汗发涩，每张球台旁应备有滑石粉袋，以便击球者随时擦抹在做支架的手上。

6) 台球的球台灯罩

为了节电，也为了聚光，每张球台上，应吊两个距台面一米多高的梯形灯罩。

7) 台球定位器

如果在比赛进行中发现球台面有异物或台球停留处有杂物，需要把球拿起擦揩或清扫，这时可将台球定位器放在这个球的停留处，然后把球拿起来清理，清理完毕放回原处，以防错位。

(三) 台球的比赛及计分规则

台球按球台结构和运动方法，可以分成两类，即有袋式和无袋式。无袋式台球叫开伦台球，也叫撞击式台球。有袋式台球又分为英式斯诺克、比列、美式落袋三种。本部分将重点介绍英式斯诺克、美式落袋两种台球类型的比赛规则。

1. 斯诺克台球比赛规则

每场比赛前，由裁判员组织双方运动员掷币或抽签决定开球权，然后将红色球15个，黄色球、绿色球、棕色球、蓝色球、粉色球、黑色球(称为"彩球"，均为高分球)各一个按规定的位置摆好。另有一个白色球是主球，开球运动员将主球摆在开球区内有利的位置上，开球时，必须先瞄击红色球。而且球员每次上场都必须先以主球撞击红球，任何一方只有先击进一个红球，才有权选击其他颜色球，第三击也必须再击进一个红球，第四击才能再选击其他颜色球，依此类推。如果得手，则可以一个红球、一个高分球地连续打到底。每次击进袋内的高分球均需取出放回开球时的球位上；凡是击进袋内或击出界外的红球一律不许取出。最后一个红球被击入袋后，被选择击进的高分球也应取出放回原位。红球全部落袋后，再按顺序击落的高分球就不再取出放回原位了。这时不管是两人轮流打或一人打到底，每次击球必须先击进球台上分值最小的彩球(在此之前击高分球时不受分值限制)。其分值顺序是：红色球1分；黄色球2分；绿色球3分；棕色球4分；蓝色球5分；粉色球6分；黑色球7分。如果球员没有按顺序击球，就算犯规，会被罚分。

2. 美式台球比赛常用规则

1) 美式15球

美式15球由于其简单易学而受到普遍欢迎，它只有一只白球作为主球，其他球只作为目标球。这是适合初学者的一种最简单的打法。首先将球分为两组，将1~7号球作为小号码球，全部涂上颜色；再将9~15号球作为大号码球，用白色涂上一层色带，所以也称之为色球和带球，将8号球涂成黑色；最后将黑色8号球打入袋者即为胜。

开始打球时，打入的第一个球所在的一组球(色球或带球)即为自己的球，打球过程中无须质疑自己组内的分值顺序。如果误将对方的球送入球袋，无须取出。谁先将自己的7颗球全部送入袋，就可以打黑色8号球，将8号球送入袋者即为胜者。击球过程中，如果自己的目标球未能入袋，或主球进袋，都将由对手获得击球权。

2) 美式9球

以9颗彩球作为目标球，打法与规则较为简单，是当今盛行的一种打法。一般从1号球开始打起，按顺序把球打进袋。谁先把9号球打入袋，就算胜一盘。双方共用一个白色主球，其余9个彩球摆放成菱形，9个彩球的号码为1号至9号，颜色分别为黄、蓝、红、紫、粉、绿、棕、黑和黄条花色。比赛采用盘局制，事先定好胜负盘局数，也可以限定在某一时间，开盘多者为胜。

比赛时，选手必须先撞击1号球，并且至少要有4个彩球撞到台边或入袋才算开球成功，要是9号球在开始时便合法入球，就算赢一盘。获得本盘胜利的球手，可以取得下一盘的开球权。开球后，选手利用彩球或主球撞击其他彩球进袋有效，可继续击球，若将9号球击进袋则算一盘的胜利。

(四) 台球服务流程及标准

1. 服务前的准备工作

(1) 将台球案罩布折叠整齐，放在规定的位置。

(2) 检查台球设备及辅助用具是否齐全。

(3) 检查服务用具是否齐全。

2. 迎接服务工作

(1) 面带微笑，主动问候客人。

(2) 询问客人是否有预约，如有预约，则在确定预约内容后向客人介绍台球设施、收费标准、收费方式等，为客人进行登记，开记录单，收取押金。

(3) 对无预约的客人，若客满，则安排客人按顺序等候，并告知等候的大约时间，为客人提供茶水和书报杂志等。

3. 台球服务

(1) 根据来客人数及台球使用情况迅速安排球桌。

(2) 打开球桌照明灯，协助客人挑选球杆，将球摆好，并询问客人是否需要手套。

(3) 客人打球时，应站在不影响客人击球的位置，注意观察，随时准备为客人提供服务。服务项目包括取、放台球架杆和计分等。如客人需要，可向客人讲解台球规则、技巧、记分器如何使用等内容。

(4) 主动向客人询问是否需要饮品、小吃等，并做好服务工作。

(5) 如果客人需要陪打服务，陪打员应认真服务，并根据客人的心理掌握输赢尺度。

(6) 客人原定的运动时间即将结束时，应及时询问客人是否需要续时。

4. 结账及送客服务

(1) 客人消费结束时，服务人员请客人到服务台结账。

(2) 如果客人要求挂单，收银员要请客人出示房卡并与前台收银处联系，待确认后请客人签字并认真核对客人的笔迹，如果未获前台收银处同意或认定笔迹不一致，则请客人以现金结付。

(3) 客人离开时，服务人员要主动提醒客人不要忘记带好随身物品，并帮助客人穿戴好衣帽。

(4) 清点、检查客人所用的台球设备是否有损坏，有无客人遗留物品。

(5) 送客人至门口并礼貌地向客人道别。

(6) 将球杆摆在杆架上，将球码放整齐，用专用刷将球桌上的粉迹轻轻刷净，用专用抹布将台边擦干净，并收拾整理水杯、烟灰缸和茶几等，准备迎接下一批客人的到来。

三、网球服务项目

(一) 网球运动概况

古代网球运动可以追溯到古希腊时期，是一种"掌上游戏"。据说该项运动是由一位云游诗人带入欧洲的，到13世纪传到法国的宫廷之中，成为宫廷游戏。当时这些贵族们所打的"网球"既无网也无拍，球也不能在地上弹跳。他们用的球由一块布裹制而成，里面塞上毛发等物，"球网"则是一条绳索，双方用手做球拍将球打来打去；而后英国人将以掌托球改为用羊皮拍打球，形成了现代网球的雏形。到17世纪，这种运动已走出宫廷，在上流社会流传开来，成为欧洲十分流行的一种游戏。19世纪中叶，欧洲人掌握了橡胶制造技术后，做出了可以弹跳的球。当时以埃及的坦尼斯镇生产的球的质量为最好，所以人们开始称这项运动为"坦尼斯"。同时，球拍也发生了变化，由原来的羊皮拍发展成弦线拉成的球拍。

1873年，英国有一个名叫温菲尔特的乡村绅士将这项古老的宫廷游戏搬到了室外，运动场地也由室外草坪代替了室内的地板，从此产生了现代网球运动。1877年，在英国伦敦的温布尔登举办了第一届草地网球锦标赛，即温布尔顿网球公开赛。当时以亨利·琼为裁判组成了一个两人委员会，草拟了比赛规则，并作为网球比赛规则的基础沿用至今。现代网球常用的盘制、局制以及它的一套练习方法都可以说形成于此。

(二) 网球的主要设施设备

1. 网球场地

1) 网球场地类型

网球可分为室外和室内两大类，且有各种不同的球场表面，其主要由经济因素所决定。主要的网球场地包括以下几种。

(1) 草地球场。草地球场是历史最悠久、最具传统意义的一种场地。其特点是球落地时与地面的摩擦小，球的反弹速度快，对球员的反应速度、灵敏度、奔跑速度和技巧等要求非常高。因此，草地往往被看成"攻势网球"的天下，发球上网、随球上网等各种上网强攻战术几乎被视为草地网球场上制胜的法宝，加之气候的限制以及保养与维护费用高昂，很难被推广到世界各地。目前，每年寥寥几场草地职业网球赛事几乎都是在英伦三岛上举行的，且时间集中在6月和7月。温布尔登锦标赛是其中最古老，也是最负盛名的一项比赛。

(2) 红土球场。红土球场更确切的说法是"软性球场"，其最典型的代表就是红土球场地的法国网球公开赛。另外，常见的各种沙地、泥地等都可称为软性场地。此种场地的特点是球落地时与地面有较大的摩擦，球速较慢，球员在跑动中特别是在急停急回时会有很大的滑动余地，这就决定了球员必须具备比在其他场地上更出色的体能及奔跑和移动能力，以及更顽强的意志。在这种场地上比赛对球员的底线相持功夫是极大的考验，球员一般要付出数倍的汗水及耐心在底线与对手周旋，获胜的往往不是打法凶悍的发球上网型选手，而是在底线艰苦奋斗的一方。

(3) 硬地。现在大部分的比赛都是在硬地网球场上进行的，其是最普通、最常见的一种场地。硬地网球场一般由水泥和沥青铺垫而成，其上涂有蓝、绿色塑胶，其表面平整、硬度高，球的弹跳非常有规律，且反弹速度很快。需要注意的是，硬地不如其他质地的场地弹性好，地表的反作用强而僵硬，因此容易对球员造成伤害。

2) 网球场地规格

标准网球场呈长方形，长线称为边线，它表示球场的长度，两端的短线为底线或端线，它表示球场的宽度。网球双打球场的长度与单打一样，为23.77m，双打宽度为10.98m，单打宽度为8.23m。球场设计时合在一起，仅以白线做区分界线。处在场地中间的球网高度为91.4cm(中间最低处)，将场地分隔成相等的两个半场，每一半场靠端线处为发球区，从端线至发球区的长度为5.485m。另外，端线以外至少要留有6.40m的空地，边线以外至少要留有3.66m的空地，以方便接长球或大角度球。

2. 网球

比赛用球一般为白色或黄色有弹性的橡胶球，中空，外表以毛质纤维均匀覆盖。球面上的短毛有稳定方向、延滞球速的功能，短毛脱落严重的旧球会变得不易控制，最好换掉。

3. 网球拍

网球拍由于材质的不同可分为木制、铝制、玻璃纤维和碳素纤维等多个种类。目前最受欢迎的是碳素纤维球拍，它具有弹性好、韧度够、重量轻等特点。球拍上的弦线有尼龙线和羊肠线之分，尼龙线坚韧耐用，不怕雨淋，但弹力较差，旋转力不够；羊肠线属于较高级的弦线，弹力足，旋转力强，但遇雨天或潮湿天气时容易断裂。

(三) 网球比赛和计分规则

网球比赛开始前，双方用掷钱币或旋转网拍的方法进行猜先，得胜者获发球权或场地选择权。网球比赛开始时，发球方先在底线中点的右区发球，将球向空中抛起，在球接触地面以前用球拍击球。只要球拍与球接触，就算完成了发球，发球时必须从自己一侧的发球区将球发到对方另一侧的发球区才算有效。到对方场区内，允许落地一次或不落地回击。每一分有两次发球机会，第一次发球出界或下网叫一次失误，第二次发球再失误叫双失误，失一球。第二球换在左区发球，第三球又回到右区，如此轮换，直到一局结束，下一局由对方发球。比赛中双方应在每盘的第一、三、五等单数局结束后，交换场地。

网球比赛的每一局采用"15、30、40 (40是45的简称)"的记分方法。整个一局的分数为60，均等地分为4级，每级15分。比赛时得一球呼报15，再得一球呼报30，得第三球时呼报40，先得60分者即胜了这一局。如果比分是40比40，叫作平分，一方必须连得两分才算胜这一局，先胜六局的叫作胜一盘。若局数是5比5，一方必须连胜两局才能结束这一盘。为缩短比赛时间，普遍采用了平局决胜制，就是当局数为6比6时，只再打一局决胜负，在这一局中，先赢得七球者为胜方。

(四) 网球服务流程及标准

1. 服务前准备工作

(1) 打卡签到，整理好自己的仪容仪表。

(2) 按时参加班前会，接受领导检查和工作任务的分派。

(3) 清洁整理环境卫生，做到地面洁净无杂物，服务台上各类物品按类摆放整齐。

(4) 将营业时间、客人须知、价格表等以中英文对照的方式书写清楚，置于明显位置。

(5) 将钟表时间核对准确。

(6) 将气温、湿度及日照情况写在公告栏上，如是室内网球场还应向客人公布室内温度、湿度。

(7) 检查所有服务设备设施是否齐全、运转是否正常。

(8) 检查更衣柜是否留有杂物。

(9) 将各种表格及必需品准备齐全，放于规定的位置。

2. 迎接服务工作

(1) 营业前10分钟按标准服务姿态站立于规定位置。

(2) 当客人到来时主动热情地问候客人。

(3) 引领客人至服务台办理网球运动登记手续。

(4) 主动协助客人挑选网球拍和网球。

(5) 引领客人进入网球场地。

3. 网球服务

(1) 为需要陪练的客人提供陪练服务。

(2) 为进行比赛的客人担当裁判工作。

(3) 为初学的客人做网球运动示范。

(4) 对客人出色的击球报以掌声鼓励。

(5) 在客人运动的间歇，及时向客人提供面巾和酒水饮料服务。

4. 结账及送客服务

(1) 客人运动结束时，检查客用设备是否完好。

(2) 依据标准迅速为客人办理结账手续。

(3) 礼貌地向客人道别，并欢迎客人下次光临。

(4) 营业结束时，认真填写交接班记录。

(5) 清理网球场，将各种运动器械归类入库保管。

(6) 关闭网球场电源，锁门。

四、高尔夫球服务项目

(一) 高尔夫球运动概况

高尔夫原意为"在绿地和新鲜空气中的美好生活"。这一含义从高尔夫球的英文单词"GOLF"可以看出来：G——绿色；O——氧气；L——阳光；F——脚部活动。它是一种集享受大自然乐趣、体育锻炼和游戏于一身的运动。相传，苏格兰是高尔夫球的发源地，当时，牧羊人经常用驱羊棍击石子，比赛谁击得远且准，这就是早期的高尔夫球运动。1860年，英格兰举行了最早的高尔夫球公开赛。在这一年中，印度、加拿大、新西兰、美国等国家也相继举办比赛，继而进行国际、洲际及世界性的比赛。现在的世界杯、英格兰和美国公开赛这三项比赛，可以说是高尔夫球的最高水平的竞赛。

(二) 高尔夫球的主要设施设备

1. 室外高尔夫

1) 场地

大部分高尔夫球场是利用自然起伏的地形规划出来的。正式的球场通常有18个洞，也有9个洞的小型球场，较大的球场则有27个洞或36个洞。洞数的多寡只不过表示球场规模的大小而已，规则没有什么变化。但在正式比赛的时候，18个球洞的场地参赛者可按顺序排列打下去，而9个球洞的场地参赛者则要绕两遍才能完成比赛。洞穴的直径一般为10.8cm，深10.2cm，洞罐上沿低于地面1英寸。

2) 球杆

球杆由杆头、杆身与握把三部分组成，其长度约为0.91～1.29m。根据击球远近不同的需要，每个选手最多可带14根各种类型的球杆进场。这14根球杆应以如下配置为宜：4根木杆、9根铁杆和1根推杆。

3) 球道

高尔夫球道分为长、中和短三种。长球道共4条，前后9洞各2条，男子距离在431m以上，女子距离为376m以上；中球道共10条，前后9洞各5条，男子距离在430m以内，女子距离为336m以内；短球道共4条，前后9洞各2条，男子距离在229m以内，女子距离在192m以内。

4) 果岭

果岭是指修整得很好的设置球洞的短草草坪，是每条球道的终点区域，中间设置球洞洞穴。

5) 球洞洞穴

球洞洞穴是指埋入地下、供球落入的金属杯。洞穴直径为10.8cm，深10.2cm，杯的上沿低于地面约2.5cm。穴间距离为91.44～548.64m不等。

6) 高尔夫球

高尔夫球是在一块压缩的小橡皮上，用橡皮筋缠绕而成，再包上有微凹的坚硬合成材料作为外壳，重量为45.93g，美国高尔夫球协会规定球的直径为4.27cm。

7) 标志旗

标志旗是系于细长旗杆上的小旗。插入每一洞穴指明洞穴的号数。近距离向洞穴击球时，旗杆可暂时拔出。

8) 球座、球杆袋及附属设施、设备

球座是用木头或塑料制成的锥状物，用于在发球台上发球时托架球，打一场球需要准备多个球座。球杆袋也叫球包，是装球杆的袋子，除放球杆外，还可放球、球鞋、雨伞、毛巾等物品。附属设施、设备指打球时用来拉球杆袋和人员的电瓶车，修补草坪的沙袋和沙子等。

2. 室内高尔夫

1) 显示屏幕

即用投影机投射的大屏幕，由耐用的尼龙纤维织成，具有较高的清晰度、防火和耐击打性能，用来显示所选球场景观，投影清晰度高。

2) 击球平台和防护支架

击球平台由在木条上面覆盖较厚的胶合板及人造草坪构成，同时可作为防护棚支架的基础。防护棚支架的作用是立在击球平台上支撑防护棚。

3) 计算机

用来显示系统功能菜单和球道的俯视全貌图，帮助打球者定位。其中设有计算机球童——仿真的服务生，它具备多种语言系统(英文、中文、日文或韩文等)，并且可视打球者的水平和需求为其选择合适的球杆，客人每挥一杆，计算机球童会立即报告击球的速度、角度和落点距离，并建议客人选用合适的球杆号码，随着球落地的状况配有现场声响效果，整个过程如置身于真正的高尔夫球场。

4) 投影机

将球场和击球状况进行投影，具有高频扫描作用，并装配便捷的数字聚集系统，可悬挂在支架上或安装在天花板上。

5) 测量器

测量器通常安装在仿真人造草坪上，负责测量击球的距离等指标。

6) 缓冲墙

缓冲墙通常安装于显示屏侧面的辅助墙面上。

(三) 高尔夫球比赛规则

高尔夫的比赛形式一般分为比杆赛及比洞赛两种。无论是职业赛还是业余赛均以比杆赛的形式较为常见。

1. 比杆赛

所谓比杆赛，就是将每一洞的杆数累计起来，待打完一场(18洞)后，把全部杆数加起来，以总杆数来评定胜负。

2. 比洞赛

比洞赛亦是以杆数为基础，然其不同之处在于比洞赛是以每洞之杆数决定该洞之胜负的，每场再以累计洞数之胜负来裁定成绩。

(四) 高尔夫球服务流程及标准

1. 准备工作

(1) 按规定的时间做好营业前的准备工作，清洁人造草皮、座椅、茶几、烟灰缸、地毯和太阳伞等。

(2) 检查各项设施是否完好，如果发现问题设法修理或报工程部门。

(3) 将供客人租用的球具等准备好。

2. 迎宾工作

(1) 服务台的服务员应面带微笑，主动问候客人。

(2) 询问客人是否有预约，向客人介绍收费标准等，并与客人确认开始计时的时刻。

(3) 为客人进行登记，开记录单，并收取押金。

(4) 对无预约的客人，若场地已满，应安排其按顺序等候，并告知大约等候的时间，为客人提供茶水和书报杂志等。

3. 高尔夫球服务

(1) 球场服务员应主动问候客人，并接过客人手中的球具袋，引领客人到座位旁。

(2) 主动帮助客人将其球具袋内的球、球杆、手套和球鞋等取出，为客人摆放好。

(3) 客人换下的鞋子应收拾到鞋柜里，并提醒客人如果需要擦鞋服务，可以通知服务人员。

(4) 对于没有携带球具的客人，应主动询问他们喜欢什么样的球具和所需运动鞋的尺码，并迅速到服务台为其领取。

(5) 在客人刚开始打球的一段时间，服务员要及时关注客人有什么需要，并及时给予解决，比如球鞋不合适、需要技术指导、需要陪打、场地和设备出现问题、需要调整座位区等。

(6) 及时提供捡球、送球服务。

4. 结殊服务

(1) 客人消费结束时，服务员应帮助客人收拾球具或帮助客人归还租用的器材，提醒客人带好随身物品，请客人到收银台结账。

(2) 如果客人要求挂单，收银员要请客人出示房卡并与前台收银处联系，待确认后请客人签字并认真核对客人的笔迹，如果未获前台收银处同意或认定笔迹不一致，则请客人以现金结付。

5. 送别客人

(1) 礼貌地向客人道别，并欢迎客人下次光临。

(2) 对场地进行彻底清理，将卫生状况恢复至营业前的标准，准备迎接下一批客人的到来。

(3) 按规定对客人租用的球鞋、球具等进行清洁，修理损坏的发球架和球具等。

五、游泳服务项目

(一) 游泳运动概况

游泳是有着悠久历史的一个运动项目，但有关游泳运动产生和发展的情况，现在还没有完整、系统的史料可供考证，从现有的某些资料和人类社会发展的历史来看，在很早以前就有了游泳运动。现代游泳运动起源于英国。据史料记载，17世纪60年代，英国很多地方的游泳运动就开展得相当活跃。随着游泳运动的日益普及，1828年，英国在利物浦乔治码头建造了第一个室内游泳池。现代游泳在产生和发展过程中，不仅逐渐形成了自由泳、仰泳、蛙泳和蝶泳等类型，而且成为康体休闲的重要项目之一。经常进行游泳锻炼，能使神经、呼吸和循环系统的机能得到改善，而且能促进身体匀称、协调和全面地发展。一般游泳场所设有海滩、湖泊、天然泉水、江河、激流等新开发出来的天然游泳设施和各种室内外游泳池。

(二) 游泳池的主要设施设备

1. 游泳池

游泳池根据其池底结构和使用范围通常可分为比赛型、训练型、教学型和普通型游泳池4种类型。饭店业设置的游泳池一般为普通型游泳池，它既可以用于比赛、教学、训练，也可以作为戏水休闲的场所供客人使用。

游泳池设计美观，面积宽敞，顶部高大，顶棚与墙面玻璃面积较大，采光良好。池底装有低压防爆照明灯，底部满铺瓷砖，四周设防溢排水槽。分深水区和儿童嬉水区，深水区水深不低于1.8m，儿童嬉水区深度不高于0.48m。在合理的部位装有安全的游泳梯和跳水板。配有自动池水消毒循环系统、池底清洁系统及相应的机房和加热设施。池边满铺不浸水的绿色地毯，设躺椅、座椅和餐桌，大型盆栽盆景点缀其间，配备固定数量的遮阳伞。游泳池有专用的出入通道，入口处设有浸脚消毒池。

2. 配套设施

游泳池旁边设有与接待能力相适应的男女更衣室、淋浴室和卫生间。更衣室配备锁、更衣柜、挂衣钩、衣架、鞋架与长凳。淋浴室各间互相隔离，配冷热双温水喷头和浴帘。卫生间配隔离式抽水马桶、挂斗式便池、洗手台、大镜及固定式吹风机等卫生设备。各配套设施的墙面和地面均满铺瓷砖或大理石，并采取防滑措施。游泳区内设饮水处。各种配套设施材料的选择和装修，应与泳池设施设备相适应。

(三) 常见的游泳类型

1. 自由泳

自由泳是现在最常见的一种游泳姿势，速度较快并具有较强的实用性。现在所说的自由泳一般是指爬泳，而爬泳最早是在1900年由澳大利亚人首先采用的。自由泳一般要求身体俯卧在水中，头部和肩部稍高出水面。游进过程中，双手轮流划水是推动身体前进的主要动力，同时身体要围绕中轴进行左右转动，以便手臂更好地发挥作用。游泳过程中，速度越快，身体位置越高，但注意不要故意抬头挺胸来提高身体位置，这样会破坏身体的流线型，增加阻力而消耗更多的体能，并且使身体下沉。

2. 蛙泳

蛙泳是最古老的游泳姿势之一，因其划水与蹬腿的动作极似青蛙的游泳姿势而得名。在游进过程中，游泳者身体平稳，动作省力，呼吸也比较方便，所以蛙泳比较适合于长时间、长距离等持久性强的游泳。蛙泳因其动作较隐蔽、声音较小，长期以来具有很强的实用价值。在进行蛙泳时，要求游泳者将身体俯卧在水中，双臂伸直后向两侧分开，向后屈肘划水，划到肩侧面结束后在胸前汇合，再次向前伸出水面；腿的配合方面要注意将小腿和脚向外侧翻出，在身体两侧向后呈半弧形加速蹬水。

3. 蝶泳

蝶泳是在蛙泳的基础上发展起来的，在蛙泳划水后双臂不在胸前会合，而是举出水面前摆后再次入水以提高速度，因这种姿势很像蝴蝶所以称为蝶泳。现在的蝶泳又吸取了海豚利用其半圆形尾鳍和躯干做上下波浪动作快速推进的原理。蝶泳时，双手手心向外，向侧下后方划水，并由外向内划到腹下，然后在大腿两侧出水，从空中向前摆动双臂，腿部要上下打水。

4. 仰泳

仰泳是人体仰卧在水中进行游泳的一种姿势，仰泳技术的产生和发展有较长的历史，1794年就有了关于仰泳技术的记载，但是直到19世纪初，仰泳时仍采用两臂同时向后划水、两腿做蛙泳的蹬水动作，即现在的"反蛙泳"。游进时身体仰卧，臂腿动作没有规则限制，多采用交替划水和交替踢水相配合的技术。早期的仰泳是两臂同时划水和两腿同时夹水相配合，称为反蛙泳。仰泳技术由于头部露出水面，呼吸方便，且躺在水面上，比较省力。因此，深受中老年人和体质较弱者的喜爱。

(四) 游泳池服务流程及标准

1. 准备工作

(1) 穿好工服，佩戴胸卡，整理好自己的仪容仪表，提前到岗，向领班报到，参加班前会，接受领班检查及分工。

(2) 检查游泳池的水质、水温。做好游泳池水的净化工作，先对池水进行水质化验，并根据化验情况合理投放氯酸钠和明矾，开启水循环过滤泵。对池水消毒约一个小时左右，以达到净化标准。室内游泳池水温控制在26℃～28℃，余氯控制在0.4mg/L，PH值在为6.5～7.8，尿素含量不得超过3.5mg/L，大肠杆菌不得超过18个/L。

(3) 将水质、水温情况写在公告栏上，如是室内游泳池，还应向客人公布室内温度、湿度。

(4) 整理池边座椅和躺椅，清理池边杂物。打捞水中杂物，用水下吸尘器吸除水底沉积物。

(5) 冲洗、刷洗游泳池净脚池，放满水并适量加药，使其达到卫生标准。

(6) 清洁游泳池边的瓷砖、跳台，淋浴间的地面、镜子和卫生间的洁具。用消毒液按1∶200兑水后对池边躺椅、座椅、圆桌、更衣室长椅等进行消毒。

(7) 检查更衣室、救生器材和其他服务设施设备是否齐全、安全。

(8) 将各种表格及必需品准备齐全，放于规定的位置。

(9) 及时查看交接班记录，办理相关事宜。

2. 迎宾接待

(1) 客人到来时，服务员应面带微笑，主动、热情地问候客人。

(2) 准确记录住店客人的姓名、房号、到达时间、更衣柜号码。办理押金手续，给客人发放更衣柜钥匙，并为客人指示更衣柜方位。

(3) 主动为客人提供拖鞋和浴巾，提醒客人将更衣柜锁好，以免物品丢失。

(4) 对于饮酒过量的客人或患有皮肤病等传染病的客人应谢绝入内。禁止客人带入酒精饮料和玻璃瓶装饮料。

3. 游泳池服务

(1) 提醒客人由强制喷淋通道和消毒浸脚池进入游泳池，并提醒客人做简单的准备活动。

(2) 提醒带小孩的客人注意照看自己的小孩，不要让小孩到深水区游泳。

(3) 客人游泳时，服务员和救生员要巡视各种设施设备的运行情况，同时应密切注视水中的情况，如果发现异常，应及时救护。

(4) 根据客人需要，适时提供饮料和食品，开出饮料食品单，写清种类、数量、名称，用托盘送到客人面前。

(5) 为需要救生圈的客人办理租用手续并交给客人。

(6) 注意及时擦干台面和地面的水迹，以免客人滑倒。

(7) 保持洗浴间的整洁，及时收拾香皂头、杂物，清洁摆放洗浴用品的台面、皂碟。

(8) 保持卫生间的清洁，及时更换纸篓中的垃圾袋、清洁坐便器、补充厕纸、喷洒除异味剂。

(9) 保持更衣室的清洁，及时收拾香皂头、杂物和拖鞋，发现更衣柜门上有遗留的钥匙时，应立即交服务台并做好登记，以便客人遗失物品时查询。

(10) 保持游泳场内的整洁，及时为客人更换烟灰缸，添加饮料，擦干躺椅和桌面上的水迹等。

4. 结账服务

(1) 客人结束游泳时，主动迎领客人到淋浴室。

(2) 客人示意结账时，提醒客人交还更衣柜钥匙及将租用的救生圈交给服务台，提醒客人不要遗留随身物品，并协助客人到收银台结账。

(3) 如果客人要求挂单，收银员要请客人出示房卡并与前台收银处联系，待确认后请客人签字并认真核对客人的笔迹，如果未获前台收银处同意或认定笔迹不一致，则请客人以现金结付。

5. 送别客人

(1) 送客人至门口，礼貌地向客人道别，并欢迎客人下次光临。

(2) 客人离开后，服务员应立即检查更衣柜里有无客人遗留的物品。

(3) 做好更衣室的清洁工作。

六、健身房服务项目

(一) 健身运动概况

如今，健身产业已经发展得比较成熟，经历了近半个世纪的发展，在全球范围内，健身俱乐部呈现出连锁经营的规模经济的优势，种类繁多，可满足不同健身人群的健身需要。此外，在健身俱乐部的经营方面，也形成了系统的管理和规划预测。

中国的健身俱乐部也已经有了十多年的发展历史，但受制于经济发展水平和文化观念，去俱乐部健身直到最近几年才为更多的人所接受和推崇。我国的体育健身俱乐部也呈现出以下几点变化：首先，营业面积不断增大，从单店经营向连锁经营发展；其次，从纯粹的饭店经营到与各种商业、社区健身俱乐部共同发展；再次，健身行业的从业人员素质也在不断提高；最后，俱乐部向健身项目多、体系全面的方向发展。

(二) 健身房的主要设施设备

健身房的实际使用面积应根据健身项目和器材数量的多少和配套设施的实际需要来确定，通常为几十平方米到几百平方米不等。为避免客人在运动时产生压抑感，普通健身房的天花板距离地板的高度一般都在3m以上。同时，各健身器材之间均有1.5～2m的距离，供客人自由活动。普通健身房在其服务范围内通常作如下分区，各区域内设置相应的项目，以满足客人的不同需要。

1. 体能测试中心

客人通过身体测试，能够准确了解自己的体质和体能，便于自己或专业指导人员制订正确、科学的训练安排计划，避免不必要的伤害，以达到最佳的运动训练效果。目前，体能测试中心设置的基本身体体能测试仪器主要有以下几种。

1) 计算机皮层脂肪测定仪

这种仪器通过激光来测定和分析客人体内的脂肪、水分和肌肉组织的分布情况，并能根据检查结果打印健身报告单。

2) 心率、血压和体重组合仪

这种仪器可以同时测出客人的心率、血压和体重，并能根据检查结果打印健身报告单，提供健身前后的比较表，使用方便。

3) 肺功能分析仪

这种仪器能够准确测出客人的肺部排气量(肺活量)。

另外，体能测试中心还配有体能量度尺(量度体形的标准板)、肌肉力量测试仪、身体柔软度量度仪(量度人体柔软弹性)等各种仪器，便于客人使用。

2. 器械健身区域

器械健身区域的面积可以随健身器械的多少而定，区域内装修应简洁、明快，墙面配有玻璃镜子，地面铺设地毯或木质地板，以使人感到舒适和放松，所设置的基本设备仪器主要有以下几种。

1) 跑步机

它是根据人们的标准跑步动作设计的，能够帮助客人做原地的慢跑、竞走、短跑、长跑等运动。客人可以根据自身的情况和需要选择合适的速度和坡度进行锻炼。使用这种设备克服了环境、气候、时间和场地的限制，可锻炼人的脏器协调性。

2) 划船健身器

可模拟划船时的有氧运动，锻炼腹部、腰部、背部、腿部和手臂的肌肉，达到边健身边娱乐的目的。

3) 台阶练习器

模拟登山动作，练习者脚踏在高低不同的踏板上，手扶扶手，由计算机测量和分析其动作强度和运动量。

4) 健骑机

这是一种模拟骑马的全身性运动器械，简单而富有趣味性，可锻炼腹部和腿部肌肉。

5) 举重架

这是一种锻炼臂力和胸部肌肉力度、运动量很大的训练器材。

6) 多功能组合练习器

这种器械可以模拟完成多种体育锻炼项目，通过动作借助钢丝绳、滑轮、重量调节块等把锻炼腿部、背部、胸肌等多种练习器综合在一起，能对身体各部位起到健美、锻炼的作用。

3. 体操健身区域

体操健身区域是客人做各种健美韵律操的区域。体操区的装修也比较简洁、明快，墙壁上安装玻璃镜子，四周配置把栏，地面铺设木质地板或地毯，室内设有大屏幕电视和背景音响。体操健身区域的主要活动包括有氧舞蹈、地板运动、伸展运动和韵律操等。体操健身区域设置的设备仪器通常比较简单，主要就是按摩器、软垫、踏板等。

(三) 健身房服务流程及标准

1. 预订服务

(1) 使用规范的语言主动、热情地接待客人预订。

(2) 如客人采用电话预订的方式，服务人员须在铃响三声内接听。如因工作繁忙，应礼貌地请客人稍候。

(3) 准确记录客人姓名、房号(针对住店宾客)、使用时间，并复述清楚，请客人确认。

(4) 对已确认的客人预订，要通知有关服务人员提前做好准备。

2. 接待服务准备工作的标准

(1) 每日营业前做好健身房、休息区、更衣室、沐浴室与卫生间的清洁卫生。

(2) 将设备设施摆放整齐，检查健身器械、哑铃、踏板、软垫等有无损坏。

(3) 在正式营业前准备好为客人服务的各种用品，整理好个人卫生，准备迎接客人。

3. 迎宾工作

(1) 客人到来时，服务员应面带微笑，主动、热情地问候客人。

(2) 询问客人要求，向客人介绍收费标准等，为客人办理消费手续。

4. 健身服务

(1) 协助健身教练为客人进行体能、体质测试及体形测量，根据客人的健身目标和要求提出建议方案和锻炼计划。

(2) 对初次来健身房的客人或新型的健身器械，服务员应提供示范服务，同时向客人讲明注意事项。

(3) 客人选择健身器械后，服务员应主动为客人调试健身器具，检查计量单位是否准确。

(4) 在客人健身的过程中，服务员应设法做一些安全保护措施，以防意外事故的发生。

(5) 根据客人要求，适当播放背景音乐。

(6) 服务员要适时询问客人需要何种饮品，并做好饮料服务工作。

(7) 保持洗浴间的整洁，及时收拾香皂头、杂物，清洁摆放洗浴用品的台面、皂碟。

(8) 保持卫生间的清洁，及时更换纸篓中的垃圾袋、清洁坐便器、补充厕纸、喷洒除异味剂。

(9) 保持更衣室的清洁，及时收拾香皂头、杂物、拖鞋，如发现更衣柜门上有遗留的钥匙应立即交服务台并做好登记，以备客人遗失物品时查询。

(10) 保持休息区的整洁，及时为客人更换烟灰缸、添加饮料等。

(11) 服务员应随时注意客人的举动，以便及时提供服务。

5. 安全服务的标准

(1) 健身房必须配急救箱、氧气袋及急救药品。

(2) 客人如有身体不适的现象，应及时照顾，并采取有效措施。

(3) 在运动健身过程中客人如发生碰伤，应及时提供急救药品，照顾周到。

6. 送别客人服务

(1) 客人离开时，检查有无客人遗留的物品，提醒客人将更衣柜钥匙等交回服务台。

(2) 送客人至门口并礼貌地向客人道别。

(3) 检查健身设施设备有无损坏，清洁干净并归放原位，清洁整理休息区、更衣室等。

第三节 饭店休闲娱乐类服务项目

一、卡拉OK服务项目

(一) 卡拉OK概况

"卡拉"在日语里是空洞、虚无的意思，"OK"指无人伴奏的乐队。卡拉OK的最初形态只是供专业乐手在没有条件带伴奏乐队的巡回演出中使用的伴奏磁带。卡拉OK兴起于20世纪60年代末。在日本神户酒吧做伴奏乐手的井上大佑，在为朋友的录音机灌制伴奏乐曲时，发现了无人伴奏能给人们带来很大的乐趣，进而发明了伴唱声轨和可携式麦克风。

"卡拉OK"迅速流传到中国，各大城市饭店的康乐部都相继配备了卡拉OK设备。客人走进卡拉OK娱乐场，服务员递上歌曲目录本，请客人在选曲单上填上自己所要唱的歌，服务员根据选曲单输入激光视盘，客人便可根据屏幕上出现的歌词，跟着伴奏唱歌了。现在已经发展为电脑点歌，客人可根据个人的需求独立在电脑上完成选曲和各项设置。根据客人的不同需要，激光视盘还可以进行各种特殊放送，如选曲、自动预约以及反复播放任何一段，还可以根据客人嗓音的高低、演唱快慢来变化音调和节奏，或者配上各种美音、回声、高低音等音响效果，这些都为学唱者和演唱者提供了极大的方便，从而达到自娱自乐的目的。

(二) 卡拉OK的类型

1. MTV

MTV是一种电视音乐形式，是Music Television的缩写，以播放电视节目录影带或影碟为营业项目，配备现代化设施，提供隐秘性空间。它以良好的音效、高清晰度的屏幕画面、高度临场感的效果招徕客人。随着MTV的发展，播放内容从音乐节目片转向电影电视片，放映地点由大厅转向包厢，音响设备由普通单一转向高档多元。MTV通过精心组织画面来更强烈、更深入、更全面地展示一首歌曲，它有约定俗成的习惯，即歌手往往是画面的主角，制作精美，构思别致。

2. KTV

KTV是卡拉OK和MTV的结合。台湾KTV创始人刘英先生对KTV的定义是："KTV是提供器材、设备、空间供客人练歌的场所。"从视听娱乐发展序列的角度看，KTV是卡拉OK的新一代延伸，因此也有"卡拉OK包房"之称，并被誉为第五代视听娱乐活动项目。

3. DTV

DTV(Dancer's KTV)仍维持KTV的基本形态，另在包厢内划出部分空间为舞池，包厢里的灯光和音响非常考究。DTV舞厅最突出的特色是除可在迪斯科舞厅内闻歌起舞外，还会在墙上挂上一个大型屏幕播放和舞曲同步搭配的图像，给人以全新的视觉和听觉享受，现场有DJ(Disc Jockey)及VJ(Video Jockey)不停地忙着衔接歌曲和更换碟片，可带给客人既振奋又刺激的感觉。

4. PTV

PTV是一种更为新颖的卡拉OK形式，是在KTV的基础上发展起来的。演唱者不仅可以根据屏幕上的画面文字进行演唱，而且还能将自己的形象投影到屏幕的背景画面上，与背景画面和演唱者的形象一样，如影片般淡入淡出、生动自然。在歌者演唱的同时，可以将其在屏幕上的形象录制下来，既留声又留影，从而达到自娱自乐的目的。

5. RTV

RTV包间是配有餐饮服务的卡拉OK包间。面积较大，约20m²以上，一般能摆放1~2张餐桌，还可摆设简单的烹饪或烧烤、煮涮用具，供客人就餐时使用。这类包间除设置卡拉OK设备、餐桌、餐椅外，还设置沙发、茶几等，供客人在餐前、饭后休息时使用。这类包间可满足人们边饮、边用餐、边点唱的娱乐需要。

6. 量贩式KTV

"量贩"一词源于日本，即捆绑式销售，量贩KTV的意思是把唱歌消费的费用同酒水、零食的价格捆绑起来销售，从而达到降低价格的目的，引起消费者消费的欲望。这种KTV形式主要针对消费水平较低的工薪阶层客人，是具有收费标准透明、自助和平价三大特点的KTV娱乐场所，其收费采取按小时计费的方式。

(三) 卡拉OK的布局和设施设备

1. 卡拉OK的布局

1) 卡拉OK大厅

卡拉OK大厅以歌为主，兼有舞蹈助兴，整个大厅由演歌台、乐池、舞池、客人休息区(观众席以及销售酒水、饮料和小食品的休闲酒吧)组成。大厅总面积无特别规定，根据饭店经营需要、歌舞侧重比例、接待客人的能力和客源预测而定。

2) 卡拉OK包间

各种类型的卡拉OK包间应与卡拉OK大厅分区设置，并起到与卡拉OK大厅相互衬托、客源分流的作用。卡拉OK包间的面积无特别规定，一般可按大、中、小三种规格，依客人接待量较少、一般、较多的顺序设立。小型的卡拉OK包间的面积不小于20m²，可供3~7人使用；中型的卡拉OK包间的面积不小于30m²，可供8~15人使用；大型的卡拉OK包间的面积不小于40m²，可供10~20人使用。各包间内沙发和座椅区的面积约占整个包间面积的55%左右，卡拉OK播放区的面积占10%左右。卡拉OK包间的装饰装修特别注重隔音材料的使用效果，严格避免各包间之间的相互干扰。

2. 卡拉OK歌厅的设备配置

(1) 墙面、天花板采用吸音材料，隔音效果良好，歌厅内灯光柔和，可调节控制。

(2) 各厅室配备高清晰度的电视屏幕，图像清晰，声音逼真，可从不同角度观看。

(3) 各厅室点歌自动控制传递设备完好，沙发座椅舒适，节目单和用品齐全。

(4) 大、中型歌厅演唱台配有移动或无线麦克风3～5个。

(5) 歌厅中应配备各主要国家或地区的音像制品以及各种风格的音像制品。种类应多样丰富，方便进行计算机检索，查找迅速。

(6) 点歌系统采取中文与原文对照的形式，以确保客人迅速、准确地点歌。

(7) 门前设有营业时间、价目、当地公安部门公告和客人须知等标志和标牌。

(四) 卡拉OK服务流程及标准

1. 岗前准备工作

(1) 召开班前例会，明确工作角色与任务分工，了解当日客人的预订情况。

(2) 根据《员工手册》中有关仪容仪表的要求，检查自己的仪容、仪表是否符合标准。

(3) 完成负责区域内的环境清洁工作，保持活动场所的环境高雅美观，有利于客人轻松、愉悦地进行娱乐活动。

2. 迎宾、引领服务

(1) 迎宾员要按照标准服务站姿立于大厅门口，并使用专业服务用语招呼客人。当客人光临时，应面带微笑，主动迎接问候客人。

(2) 询问客人是否有预订，若有预订，直接引领客人到预订好的座位或包房；若没有预订，则根据客人需求为其安排合适的座位或包房。

(3) 在引领过程中，应注意照顾客人，尤其在拐角或台阶处应提醒客人当心。

(4) 引领客人到位时，伸手示意客人，请客人坐下，需拉动座椅时，应主动及时。如客人脱帽或脱下外衣，应主动上前帮助客人挂好。

(5) 预祝客人在此玩得愉快，告退离开。

3. 台面服务

(1) 客人入座后，台面服务员应立即提供服务，主动向客人介绍所提供的娱乐活动项目，供客人选择。

(2) 及时向客人递送酒水单，并将酒水单的第一页打开，同时面向客人方向，按照先宾后主、先女后男的顺序双手呈递。

(3) 客人翻看酒水单时，应留给客人一定的挑选时间，稍后再询问客人是否可以开单。

(4) 为客人开单时，应注意运用推销语言和技巧，主动地向客人介绍酒水及佐餐小食，对于本店的特色酒水或果茶则应向客人介绍配料、调制方法及饮用方式等，要争取客人最大限度内的消费。

(5) 客人点好酒水后，应向客人复述一遍，确保内容准确无误后，收回酒水单并请客人稍候。

(6) 服务员应迅速地将填好的酒水单分别送往吧台和收银处。

(7) 为客人提供递送酒水和佐餐小食的服务。

4. 巡台服务

(1) 服务员要随时观察客人的需求动向，留意客人的眼神、手势，及时上前为客人添加酒水。

(2) 当客人吸烟时，要迅速掏出打火机为客人点燃香烟。

(3) 及时清理台面，勤换烟灰缸(烟灰缸内的烟蒂不得超过三个)，适时撤掉喝完的酒瓶、酒杯，并主动询问客人是否再续添酒水。

(4) 如客人不慎将酒瓶碰落摔碎，服务员应及时用扫帚清理干净，切忌用手去拾，再用干拖把或抹布将地面弄干，保证地面干燥清洁。

(5) 服务员应和保安共同维护大厅秩序，保证场内氛围的和谐。

5. 结账服务

(1) 客人要求结账时，服务员应认真核实客人的消费账单是否准确，并迅速将账单递送到客人手中。

(2) 若客人对账单心存疑问，应耐心认真地为其解释。

(3) 接过客人递来的现金时，应仔细核对，收银员应使用服务用语向客人道谢。

(4) 如客人使用信用卡结账，需先确认此卡是否有效，然后检查持卡人的姓名、性别、有效期和持卡人身份证等，确认无误后，为客人办理刷卡结账手续，并请客人确认消费金额、签字，最后将信用卡、身份证交还客人。

(5) 如客人签单结账，则请客人出示相关证明，服务员进行核对后，请客人在账单上签字，签字后将账单的第一联、第二联交给收银员核实。

(6) 如遇无理取闹或拒不付账的客人，要及时报告保安部进行处理。

6. 送客服务

(1) 客人结账后，欲起身离座时，服务员应主动上前拉动座椅，协助客人穿好外套。

(2) 提醒客人带好随身物品，送客至大厅门口，礼貌地同客人道别。

(3) 门口的迎宾员应主动为客人开门，欢送客人离开，同时欢迎客人再次光临。

7. 收尾工作

(1) 服务员应迅速清理台面，整理桌椅，检查房间内是否有客人遗留的物品，如有则应及时报告主管，尽早归还失主。

(2) 按要求重新摆好台面，等候迎接下一批客人的到来。

二、舞厅服务项目

(一) 舞蹈的基本类型

1. 交谊舞

交谊舞是起源于西方的国际性社交舞蹈，又称舞厅舞(Ballroom Dancing)、舞会舞(Party Dancing)、社交舞(Social Dancing)或国标舞。最早起源于欧洲，在古老民间舞蹈的基础上发展演变而成。自16、17世纪起，交谊舞已在欧洲各国成为一种普遍的社交活动，故有"世界语言"之称。到20世纪20年代以后，交谊舞在世界各地风行起来，所以又称它为"国际舞"。交谊舞早在20世纪二三十年代的时候，便传入了中国当时的几大城市和通商口岸。到了解放初期，20世纪五六十年代，交谊舞在中国非常流行，文化大革命结束后，进入20世纪80年代，交谊舞又重新为广大人民群众所接受。目前，国际流行的交谊舞主要有以下几种。

1) 布鲁斯

布鲁斯是一种慢四步舞，发源于黑人音乐——哀歌，最初在美国流行。它是一种节奏和旋律都比较缓慢、舞步比较平稳的交谊舞，跳时十分放松和抒情，之后的两步舞即由此演化而来。

2) 福克斯

福克斯又称快四步、狐步舞。这种舞与布鲁斯相比，速度较快，舞姿活泼优雅，情绪轻柔，风格幽默、洒脱。

3) 华尔兹

华尔兹又称圆舞，最早起源于欧洲民间，舞蹈采用3/4节拍的音乐，根据舞曲节奏的快慢可分慢三步、中三步和快三步三种。此舞的特点是欢快、热烈，男女对舞，音乐优美，舞姿潇洒，有"舞中王"的美称。

4) 伦巴舞

伦巴舞起源于非洲，后传到古巴和拉丁美洲。它吸收了现代爵士乐和其他歌舞的精华，形成了独特的风格，被誉为"拉丁舞之王"。其舞步动作舒展，舞姿优美，音乐缠绵委婉，更具浪漫情调。

5) 桑巴舞

桑巴舞是拉丁舞中节奏强烈而独特的舞蹈。它起源于非洲，将拉丁美洲与印第安人的舞蹈相融合，形成一种仪式舞蹈，以后又发展为巴西的民族舞。桑巴舞的音乐为2/4拍，乐曲节奏热烈、欢快而兴奋，舞步变化也较复杂。

6) 恰恰舞

恰恰舞在拉丁舞中是流行最广的一种，也称恰恰恰。它起源于非洲，后传入拉丁美洲，在巴西得到进一步发展。其曲调欢快有趣，舞步具有诙谐而花哨的特点。

7) 探戈舞

探戈舞是起源于西班牙的一种表演性舞蹈，是拉丁舞家族中最有魅力的皇后。探戈舞采用一种独特的双节拍音乐，速度缓慢而节奏清晰，男女对舞，不用拖步。探戈舞最初流行于南美一带，分墨西哥式和阿根廷式两种。墨西哥式舞姿优美潇洒，阿根廷式舞步则更加粗犷健美，对舞者的舞蹈水平要求较高。

2. 迪斯科

迪斯科是20世纪起源于美国并迅速流行于世界的一种舞步。它吸收了舞蹈的一些技巧和动作，如摇摆舞中的摆动、转动及芭蕾舞中的转、跳等动作，是刺激性较强的娱乐活动。迪斯科舞蹈活动量大，音乐节奏强烈，是一种没有规定动作的即兴式自由舞蹈。

(二) 舞厅的布局和设施

1. 音响设备区

在舞厅里，众多互不相识的宾客共用同一场地，共用一套卡拉OK音响设备，包括大功率的立体环绕音响、碟片机、功率放大器、灯光及灯光控制器、专业调音台、投影机和投影屏幕、多个悬挂式或立体式彩色监视机、碟片柜及碟片等。

2. 歌舞区

歌舞区是舞厅中主要的活动场所，包括舞池、舞台、座位区、吧台等部分。在歌舞区，宾客可以进行唱歌、跳舞、听音乐、观赏表演、喝茶饮酒、喝咖啡、交友谈天等活动。舞池不仅可供演唱者使用，还可以为其他宾客提供随音乐起舞的空间，一般占歌舞厅总面积的1/6至1/5。座位区的座位有火车座式、圆桌式、U形沙发式等。座位一般围绕并面向舞池来布置，而且以能观看到大屏幕为基本要求。

3. 座位区

座位区以台号来确定座席，以便于服务和管理。

4. 吧台

吧台是整个大厅服务活动的中心，承担着提供酒水、小食品、果盘，以及送点歌单、结账等工作。

(三) 舞厅服务流程与标准

1. 准备工作

按规定在一定时间内完成营业前的卫生整理工作，重点是对贵宾包厢、沙发座椅的清洁和对舞池地面的维护保养。音响设备、投影系统、灯光设备必须在营业前调试，并及时解决出现的故障。

2. 迎宾

(1) 大门口的服务人员主要负责收门票，工作时应热情、大方、礼貌。

(2) 如有客人到达，服务人员应该主动使用服务用语问候。

(3) 如有客人脱下外衣或者帽子，服务人员应立即将客人的衣物送到保管处，并将领衣号牌交给客人。

3. 对客服务

(1) 介绍酒水单、食品单时，服务人员应态度亲切，耐心地解释和介绍；客人点过饮品或者食品后，服务人员应重复客人所点的内容，请其确认。

(2) 在迪斯科舞厅，客人常常更换落座位置，因此饮品食品销售一般采用直售的形式，即客人入座后，服务人员就应该为其点饮品或者食品，随后迅速提供，客人要现付费用；客人离开座位进入舞池，如果没有特别吩咐，服务人员可以立即收拾空杯和空瓶，清理桌面，整理座椅。

(3) 服务人员应对客人的服务要求保持关注，随时留意他们的手势，并迅速上前询问、记录。

(4) 当客人的饮品剩余1/3时，服务人员应该立即为其添加；当烟灰缸出现第三支烟头后，应该立即换下；桌面的水迹、污迹和杂物应该立即清除。

(5) 如果现场正在进行文艺演出，服务人员应该注意服务操作的体位，避免遮挡客人视线，影响其观看效果。

4. 结账

(1) 只有一些高档舞厅采用消费后结算的付款方式。

(2) 如客人示意要结账，服务人员应该首先答应"好的，请稍候"。

(3) 从客人手中接过现金或者信用卡时，应该使用服务用语"谢谢您"。

5. 送客

(1) 客人离开时，服务人员应该提醒客人带好随身物品，并指示存衣处的位置。

(2) 与客人道别时应该使用服务用语。

6. 收拾整理

客人离开以后，服务人员应该立即清理桌面、地面，收拾空杯、空瓶，整理沙发座椅等，使卫生状况恢复至营业前的标准，准备迎接下一批客人的到来。

三、棋牌服务项目

(一) 棋牌游戏概况

棋牌游戏是人类传统的娱乐项目。它是指参与者通过使用棋或牌，遵从棋牌游戏约定俗成的惯例或有关棋牌权威机构颁布的竞赛规则，通过布局或组合方式进行的一种智力对抗性游戏。东西方人们都视玩牌下棋为空闲时间的一大乐趣。

棋牌活动的盛行，主要是因为其项目种类繁多、玩法多样、娱乐性强；棋牌类活动对参与者的体能要求不高，任何年龄段的人都可参与。此外，棋牌类项目对参与者的修养、素质也能起到提升作用。目前，在我国大多数饭店里，康乐部门都设置了棋牌服务项目。棋牌项目主要包括：国际象棋、中国象棋、围棋、麻将、桥牌、扑克牌、跳棋和军棋等。

(二) 棋牌项目的类型

1. 国际象棋

国际象棋是一种国际通行棋种，国际象棋是融科学、文化、艺术、竞技为一体的智力体育项目。它起源于公元5世纪古印度的"恰图兰卡"。当时仅有战车、象、骑兵和步兵4种棋子，反映了古印度军队的兵种组成情况。现代国际象棋的棋盘是个正方形。棋盘由横纵各8格、颜色一深一浅交错排列的64个小方格组成，深色格称为黑格，浅色格称为白格，棋子就在这些格子中移动。棋子共32个，分为黑白两组，各16个，由对弈双方各执一组。兵种是一样的，分为6种：1王、1后、2车、2象、2马、8兵。在正式比赛中，国际象棋棋子采用立体棋子，非正式比赛中可以采用平面图案的棋子。对局时，白方先行，然后双方轮流走子，以把对方"将死"为胜。除"将死"外，还有可能出现"超时判负"或"和局"的情况。

2. 中国象棋

象棋源于中国，是中国传统棋种之一，是以红黑棋子代表两军对垒的智力竞技。象棋的棋子共32个，分为红黑两组，各16个，由对弈双方各执一组，兵种是一样的，分为7种：红方，1帅、2仕、2相、2车、2马、2炮、5兵；黑方：1将、2士、2象、2车、2马、2炮、5卒。对局时，由执红棋的一方先走，两方轮流各走一着，直至把对方"将死"或对方认输为止。如果不能"将死"或使对方认输，经一方提议做和，另一方表示同意；或双方走棋出现循环反复三次以上(属允许走法)又均不愿再走时，可根据规则判为和局。

3. 围棋

围棋也是中国传统棋种之一，为两人对局，用棋盘和黑白两种棋子进行。有对子局和让子局之分，前者执黑棋先行，后者上手执白子者先行。开局后，双方在棋盘的交叉点轮流下棋子，一步棋只准下一棋子，下定后不再移动位置。围棋通过运用做眼、点眼、韧、围、断等多种战术吃子和占有空位来战胜对方。通常分为布局、中盘、收官三个阶段，每一个阶段各有重点走法。通常终局时将实有空位和子数相加计算，多者为胜。围棋千变万化，紧张激烈，既能锻炼人的思维能力，又能陶冶性情，有助于培养顽强、坚毅、冷静的性格。

4. 扑克牌

扑克牌虽发展历史较短，但由于可数副纸牌合玩，组合方式多样，游戏方式多变，故在棋牌游戏中占据着重要地位。现代纸牌一副54张，由红心、黑桃、方块、梅花4组花色构成，每组花色13张，再加上"大王"和"小王"各一张。游戏时根据具体的纸牌规则将54张纸牌或数副纸牌组合起来进行竞技。现在我国较为流行的纸牌玩法有"拖拉机""锄大地""拱猪""五十K""跑得快"等。此外，同一种纸牌游戏因为地域的不同，具体的一些规则也有着一定的区别。

5. 麻将

麻将是我国民间普遍流行的一种游戏，搓麻将几乎是国人都感兴趣的娱乐项目。麻将是由唐宋盛行的色子、叶子以及明末盛行的马吊发展、演变而来的。麻将总张数为136张，具体游戏方法灵活多变，并在地域上形成了北京麻将、上海麻将、四川麻将、东北麻将以及十六张玩法的台湾麻将等不同的麻将规则。麻将拥有极庞大的社会参与群体，具有很强的趣味性、娱乐性和益智性。因此，深受人们的喜爱，且流行面广、影响面大。

(三) 棋牌室的设施设备

棋牌室设备简单、投资不大，主要是为宾客提供专用桌椅和质地优良的棋牌用具等。近年来，随着科学技术运用到娱乐领域，棋牌室也改变了以前简单的手工操作状态，出现了大量先进的电子棋牌设备，如自动麻将机、自动扑克机和计算机国际象棋等。

(四) 棋牌服务流程及标准

1. 准备工作

(1) 穿好工服，佩戴胸卡，整理好自己的仪容仪表，提前到岗，向领班报到，参加班前会，接受领班检查及分工。

(2) 做好清洁卫生工作，包括器械、地面、家具、休息区、服务台等。

(3) 认真细致地检查棋牌室内的灯光、空调、排风等设施设备，确保其运转正常。

(4) 将供客人使用的棋牌用具、记分的纸笔准备好。

(5) 将钟表时间核对准确，将跳表复位。

(6) 检查交接班记录本，了解宾客预订情况。

2. 迎宾接待

(1) 面带微笑，主动问候客人。

(2) 询问客人是否有预订，并向客人介绍收费标准等。

(3) 对有预订的客人，在确认预订内容后，办理包厢登记手续；对无预订的客人，按客人所需安排相应的包厢，为客人进行登记，开记录单，并收取押金。对于住店客人，请其出示房卡或房间钥匙，并准确记录客人的姓名和房号。若场地已满，应安排其按顺序等候，并告知大约等候的时间，为客人提供茶水和书报杂志等。

(4) 迎领客人进入相应的包厢。

(5) 提醒客人遇到问题及时通知服务员。

3. 棋牌室服务

(1) 服务员应主动引领客人到合适的位置，帮助客人挂好外衣和帽子等。

(2) 提醒客人保管好自己的钥匙牌和个人物品。

(3) 迅速准备好棋牌等用具。

(4) 根据客人的要求讲解各种棋牌的活动规则和使用方法，必要时应为客人做出示范。

(5) 适时地推销各种酒水饮料、食品，并填写服务单。

(6) 客人在玩棋牌时，应退出房间，站在适当的位置，随时听候客人的吩咐。

(7) 定时巡视棋牌室，为客人提供茶壶续水或更换茶叶服务，提供面巾服务，清理烟灰缸，擦干茶几上的水迹和收拾地面上的杂物等。

(8) 注意客人的状况，发现客人之间发生纠纷时，要及时排解。

(9) 客人原定时间即将结束时，在场地空闲的情况下应及时询问客人是否需要续时。

4. 结账服务

(1) 客人消费结束时，服务员应及时、礼貌地检查棋牌用具是否完好，收回客人租借的棋牌。提醒客人带好随身物品，并协助客人到收银台结账。

(2) 如果客人要求挂单，收银员要请客人出示房卡并与前台收银处联系，待确认后请客人签字并认真核对客人的笔迹，如果未获前台收银处同意或认定笔迹不一致，则请客人以现金结付。

5. 送别客人

(1) 礼貌地向客人道别，并欢迎客人下次光临。

(2) 整理棋牌室内卫生，将卫生状况恢复至营业前的标准。

(3) 关闭灯光、空调等设施，保证设备完好，如空气不畅，应开启排风扇，确保空气清新。

(4) 准备好迎接下一批客人的到来。

四、电玩游戏服务项目

(一) 电玩游戏概况

电玩游戏是供客人自娱自乐的一项娱乐活动，其主要设备是电子游戏机。它的趣味性、娱乐性极强，游戏类型很多、内容量很大，几乎对所有年龄段的客人都具有很强的吸引力。电子游戏机体积较小、占用的空间不大，不受气候、季节限制，并且单台机器的价格成本不高，但经济效益较高，因此在星级饭店中十分普及。

(二) 电玩游戏厅的设施设备

1. 游艺台与座椅

电子游戏厅为客人提供了专用的游艺台与座椅，除了具有舒适休闲的功能之外，还可使客人产生一种彻底放松的感觉。

2. 游戏器具与操作控制台

在电子游戏厅里，为客人提供的游戏器具应摆放整齐，完好无损；供客人使用的操作控制台，应简单灵活且便于掌握。

3. 具有高科技含量的电子游戏机

在饭店里，康乐部门应为客人配置功能齐全、时尚流行、电脑图像清晰、音响效果悦耳动听的具有高科技含量的各类电子游戏机。

(三) 电玩游戏机的种类

1. 普通电子游戏机

普通电子游戏机是目前市场上最常见且数量最多的机器，这类机器的外观和结构基本一样，其主体是屏幕显示器，控制部分是两个摇把和两组按钮。摇把能够做前、后、左、右等8个方向的水平摇动，按钮每组2～6个不等。这类机器更换游戏卡比较容易，游戏的种类也比较丰富，包括格斗系列、空战系列、运动系列等。每个阶段目标即是一关，每种游戏都由易到难设置很多关卡，游戏者每通过一关都能感受到一种成功的喜悦。

2. 模拟电玩游戏机

模拟电玩游戏机比普通电子游戏机的科技含量高，是一种具有挑战性、刺激性和娱乐性的游戏机，是青年客人的首选。其主要功能包括：一是能逼真地模拟真实的运动场景，使客人能看到眼前的方位；二是客人的操作位置和角度与真实的环境相似；三是震动、撞击和转弯时的离心力会使客人产生一种身临其境的感觉。如汽车类电子游戏机，当客人坐到座位上之后，就像驾驶真正的汽车一样，前方和四周的景色随着汽车的行驶不断变化，有时还会模拟现实生活中的路况或专业赛道的情景。

(四) 游戏机服务流程及标准

1. 营业前的准备工作

(1) 清扫游戏机房及公共区域，认真细致地检查设备和用具，保证其处于完备状态，能正常使用。

(2) 核对并补充纪念品，准备游戏币。

(3) 接通所有游戏机的电源，并打开游戏机的开关。

2. 营业中的接待工作

(1) 客人进入游戏厅时，服务人员要主动问候，引领客人到服务台兑换游戏币。

(2) 在接待不熟悉游戏机操作规则的客人时，要耐心地说明游戏方法，并进行必要的示范。

(3) 根据客人需要，提供饮料、小食品，账款当面点收。

(4) 在客人获奖时，服务人员要及时检验、开单，并向客人道贺，按规定发放奖品，填写电子游戏厅纪念品发放记录表。大奖要由领班或主管签字。

(5) 服务人员要注意及时检查机器的运行状况，发现故障迅速排除。

(6) 客人娱乐活动结束后，如有未用完的游戏币，服务人员应引导客人到服务台将其兑换为现金。主动与客人道别，欢迎客人再次光临。

3. 营业结束后的整理工作

(1) 服务员关闭所有游戏机设备的电源。

(2) 清扫场地卫生，擦拭游戏设备，对接触较多的游戏机手柄要进行必要的消毒。

(3) 清点游戏币、纪念品，统计收入，填写报表，钱款上交财务部门。

(4) 再次检查设备电源是否关闭。关闭照明电源，关窗锁门。

第四节 饭店保健养生类服务项目

一、SPA水疗服务项目

(一) SPA水疗概况

SPA(源于拉丁文Souls Poor Aqua)，意为"健康之水"。SPA已有几百年的历史，旧时的希腊文献就有记载，在水中加上矿物及香薰、草药、鲜花，可以预防疾病及延缓衰老。

从狭义上讲，SPA指的是水疗美容与养生，形式各异的SPA，包括冷水浴、热水浴、冷热水交替浴、温泉浴、海水浴、自来水浴等，都可以在一定程度上松弛紧张的肌肉和神经，排除体内毒素，并达到预防和治疗疾病的目的。从广义上讲，SPA包括人们熟知的水疗、芳香按摩、沐浴、去角质等。现代SPA主要通过人体的5大感官功能，即听觉(疗效音乐)、味觉(花草茶、健康饮食)、触觉(按摩、接触)、嗅觉(天然芳香精油)、视觉(自然或仿自然景观、人文环境)，来达到全方位的放松，将精、气、神三者合一，实现身、心、灵的放松。

(二) SPA水疗的必备条件

1. 水

水是SPA最基本的要素，而且最好是活水，如温泉水。如果不具备这个条件，也应在浴缸里加入一些矿物质，使之在化学成分上接近温泉水。

2. 减压护理

现代人的工作、情感压力都很大，减压护理如芳香疗法、淋巴引流的按摩可以使做SPA的客人感到如释重负，从生理到心理都放松许多。

3. "五感"情境

SPA通过人体的5大感官功能——听觉、味觉、触觉、嗅觉、视觉，可使做SPA的客人产生一种身体、心灵皆舒畅自在的感受。其中：听觉——具备疗效的音乐；嗅觉——天然花草的熏香；视觉——舒适的景观；味觉——健康餐饮的提供；触觉——按摩、护肤。SPA必须在这5种感觉上去满足客人，提供优质的、令客人满意的服务。

(三) SPA温泉水疗项目类别

在多数饭店中，康乐部门都设置了SPA温泉水疗，常见类别如下。

1. 中药沐浴

中药沐浴，一般是由具备专业中药知识的服务工作人员，根据中医理论知识和不同的中药性能，将某些中药进行精心配制之后，煎熬成一定比例的浓缩药液，在有效期内，投放于一定比例的温泉水中。客人根据不同的功效与身体各部位的需求，选择不同的药疗效果，在中药沐浴池里浸泡30～50分钟之后，才能收到良好的效果。在SPA温泉水疗服务项目中，中药沐浴最受中老年客人欢迎。

2. 鲜花沐浴

鲜花沐浴，即客人在沐浴温泉之前，服务员提前10分钟把当天采摘下来的玫瑰花瓣或茉莉花瓣飘撒在温泉水中，浸泡5分钟之后，客人再进入温泉池里沐浴。近几年来，鲜花沐浴已成为女性客人的首选。

3. 香汤沐浴

香汤沐浴，即在温泉池中加入香料，客人在飘着香味的温泉中沐浴。香汤沐浴在我国古代，是劳动人民沐浴的一种传统习俗，尤其受到宫廷皇室和道教人士的钟爱。古人认为，在浴汤中拌些香料，不仅能提神醒脑、洁身去臭，还可以祛除邪气、疗疾养生。因为这些香料，大多取材于香花香草，其馨香而无毒，对人体不会造成过敏反应，而且含有芳香物质和药理成分，还能防病治病，有益于身心健康。

(四) SPA水疗服务流程及标准

1. 准备工作

在客人到来之前，SPA水疗中心的服务工作人员要做好以下几项准备工作。

(1) 服务员要提前清洁整理温泉池边的瓷砖、游泳池、按摩池和淋浴间等，并用消毒液按1：200兑水后，对温泉池边的躺椅、座椅、圆桌、更衣室和休闲椅等进行消毒。

(2) 接待员要提前整理吧台，准备有关表格和签单手续以及出售给客人的饮料和食品，并在温泉池边撑好太阳伞，摆放饮料和小食品价格牌。

(3) 管理员要提前检查SPA水疗中心所有设施设备的完好情况，并对各个温泉的出水口进行试运行；准备中药沐浴池、鲜花沐浴池和香汤沐浴池的配方原料，以及进行水温的调配。

2. 接待与服务

在客人到来时，SPA水疗中心的接待员、服务员和管理员应做好以下几项工作。

(1) 接待员要礼貌地迎接客人，为客人提供引领服务和咨询服务。

(2) 按照规范的操作程序，验证客人的房卡或SPA水疗中心为客人发放的更衣柜钥匙牌。

(3) 准确记录客人的姓名、房号(住店客人)、到达时间和更衣柜号码，主动为客人办理贵重物品押金手续，并发给客人更衣柜钥匙牌。

(4) 管理员在客人进入SPA水疗中心之后，要密切关注客人在温泉池中的沐浴情况，根据客人对池水温度的要求，及时为客人调节水温。

(5) 当客人在温泉沐浴时，要保证池水的清澈和透明，保证水质达到国家规定的卫生标准。

(6) 客人在温泉沐浴时，要不时地巡视温泉池内设施设备的运转情况，及时排除不安全因素。

(7) 当客人在温泉沐浴时，要密切注视水面，如发现客人因水温过高而出现晕池等异常情况，要立即实施救助。

(8) 服务员在客人进入SPA水疗中心时，要礼貌地请客人换鞋和更衣，主动为客人打开更衣柜，协助客人挂好衣物，并提醒客人锁好更衣柜。

(9) 礼貌地请客人在进入温泉池前，先到淋浴间冲洗身体，并为客人提供毛巾服务和浴巾服务。

(10) 要婉言谢绝对温泉沐浴有过敏反应的客人，提醒酒后及患有心脏病、高血压或传染性皮肤病的客人，不要进入SPA水疗中心的温泉池内。

(11) 及时整理温泉池边客人用过的浴巾，并为出浴休息的客人准备干浴巾；要根据客人的个性化需求，及时为客人提供饮料服务和小食品服务。

(12) 客人在SPA水疗中心沐浴之后，要帮助客人擦干身体，送上浴服，礼貌地请客人进入休息大厅或包间休息。

(13) 在客人进入休息大厅或包间时，要主动引导客人就座，为客人盖上毛巾，帮助客人调好电视节目，礼貌地询问客人是否需要饮料和小食品。

3. 礼貌送客

在客人准备离开时，要帮助客人打开更衣柜，协助客人换好衣服，并提醒客人带好随身物品；引领客人到前台结账或签单；礼貌地与客人道别，欢迎客人再次光临。

二、桑拿浴服务项目

(一) 桑拿浴概况

桑拿，为英文"Sauna"的译音，至今已有两千多年的历史，即在沐浴过程中将室内温度升高至45℃以上，使沐浴者犹如置身于沙漠，被太阳曝晒，从而使体内水分大量蒸发，达到充分排汗的目的。客人洗浴时，先用温水淋浴，将身体擦洗干净，女士要卸妆。

进入温水池浸泡片刻，使毛孔、血管扩张，然后进入桑拿浴室蒸10～15分钟，感到全身排汗或太热时出来，进入冷水池中浸泡或用冷水淋浴，然后再次进入桑拿浴房，如此反复三次左右，最后将全身洗净，或在温水池浸泡一会儿后进入休息室休息。

(二) 桑拿浴的分类

桑拿浴通过专用的蒸汽设备，可使人在高温、高湿的环境中充分排汗，以达到保健的目的。桑拿浴分为干桑拿和湿桑拿。

1. 干桑拿

干桑拿起源于芬兰，故又称芬兰浴。它是指洗浴者坐在特制的木房内，在热炉上烧烤特有的岩石，使其温度达到70℃以上，然后再根据自己的需要往岩石上泼水，以产生冲击性的蒸汽供其沐浴。人体受到高温的烘烤，体内会蒸发出大量水分，从而可达到充分排汗的目的。干桑拿较适合于油性皮肤的人。

2. 湿桑拿

湿桑拿起源于土耳其，故又称土耳其浴。它是在温度很高的室内通过不断在散热器上淋水，或是根据需要控制专用的蒸汽发生器的阀门，使浴室内充满浓重的湿热蒸汽，沐浴者仿佛置身于热带雨林之中，又闷又热、大汗淋漓，从而达到充分排泄体内垃圾的目的。女性多乐于选择湿桑拿，蒸完后皮肤往往较红润。

(三) 桑拿浴的设施设备

1. 桑拿房

桑拿房一般都是木制房结构。在木制房里，有木条制的休息床和枕头。在木制房结构的墙上，有防水的照明灯、温度计、湿度计和计时器，其地板也由木条制成，可以排水。除此之外，还设置一个观察窗，便于管理员观察室内客人的沐浴情况，以防客人因时间太久导致虚脱或晕池而发生危险。

2. 专用音响设备

桑拿房一般都配有专用音响设备，为体验桑拿沐浴的客人提供美妙动听的背景音乐。有的桑拿房还利用高科技音响设备，模拟大自然的阴晴风雨，为客人播放奇妙醉人的天籁之音，使客人一边沐浴，一边沉浸在大自然的美妙乐曲中。

3. 桑拿石与桑拿炉

桑拿石，是一种耐高温的深海岩石或经火山喷发而散落的矿石；桑拿炉，是一种内部排列有序的耐高温电热丝，而外部经绝缘处理的加热设备，其功率一般为7000～9000瓦。加热后的桑拿石，可使桑拿房内的温度不断升高，从而使客人享受到桑拿浴的快乐。随着科技的发展，康乐部门在桑拿沐浴养生保健项目中，一般都配有全自动电子恒温控制器，客人可以根据身体对温度的需要，随时调节桑拿房的温度或保持温度。

4. 桑拿木桶和木勺

桑拿木桶和木勺，是客人在进行桑拿沐浴时用来盛水的工具。客人在进行桑拿沐浴时，为了使桑拿房的温度不断升高，要不断地用木勺舀木桶里的水泼洒到桑拿石上。当水碰到经桑拿炉加热而高热的桑拿石后，立刻变成水蒸气，弥漫在室内的空气中，起到了提高室内温度与湿度的作用。

(四) 桑拿服务流程及标准

1. 岗前准备

在沐浴桑拿的客人到来之前,康乐部门要求桑拿沐浴保健项目的服务工作人员,必须做好以下几项准备工作。

(1) 在客人到来之前,服务工作人员要提前清洁整理接待大厅、更衣室、休息大厅、包间和卫生间。

(2) 更衣室的服务员要清点更衣柜钥匙,补充客用毛巾和洗浴用品,并将已经消毒的拖鞋、浴巾和浴服摆放整齐。

(3) 水区的服务员要提前做好桑拿浴房和淋浴间的卫生清洁和消毒工作。

(4) 管理员要提前打开桑拿房的所有设施设备,调整好温度和沙漏控时器,将木桶内的水盛满,并试用桑拿沐浴室的全自动电子恒温控制器是否运转正常。

(5) 休息厅的服务员要提前清洁和整理休息厅及包间的环境,水吧要准备好当日供应客人的饮料和小食品等。

2. 沐浴服务

在客人进入接待大厅和桑拿房之后,服务工作人员要按照规范化的服务程序,为客人提供优质服务。

(1) 大厅接待员。大厅的接待员要微笑迎客,主动热情地向客人介绍桑拿沐浴的各个服务项目及价格标准。

(2) 更衣室服务员。更衣室服务员要主动与客人打招呼,为客人打开更衣柜,协助客人挂好衣物,及时提醒客人锁好更衣柜,礼貌地为客人递送毛巾和更衣柜钥匙牌,请客人换拖鞋,提醒客人把贵重物品存放在接待处,并引领客人进入淋浴间。

(3) 桑拿室管理员。桑拿室管理员要按照安全服务标准,对初次进入桑拿室沐浴的客人进行安全知识讲解;在客人进入桑拿房之后,管理员要不时地在桑拿房的窗口前巡查,用心关注每一位客人在桑拿房的沐浴情况,并根据客人的需求,及时调节桑拿房内的温度,并及时为客人递上冰巾和冰水,如发现客人出现意外,要立即进行救助。

(4) 淋浴间服务员。要根据客人的个性化需求,及时为客人调试好水温,并为出浴客人提供毛巾服务,帮助客人擦净身体,送上消过毒的干净浴服,礼貌地引领客人到休息大厅或包间休息。

(5) 休息厅服务员要按照规范的礼貌礼仪标准,引领客人到休息大厅或包间就座,询问客人是否需要饮料和小食品,及时为客人提供优质服务。

3. 浴后服务

在客人准备离开休息大厅或消费完毕时,更衣室的服务员要帮助客人打开更衣柜,协助客人换好服装后,提醒客人带好随身物品,引领客人到接待大厅签单或用现金结账;在客人离开接待大厅时,接待员要礼貌地向客人道别致谢,并用规范化的礼貌用语,欢迎客人再次光临。

三、保健按摩服务项目

(一) 保健按摩知识概述

自古以来，每当人们腰酸、背痛、疲劳、失眠时，就会用手掌或手指直接去按压某些穴位，以减轻症状。按摩可以说是一种医疗方法，这种古老的医术流传到现代，俨然已成为一种休闲方式。整天忙碌的现代人，在工作之余接受专业的按摩服务，不但可以预防疾病的产生，而且可以消除疲劳、放松身心。

(二) 保健按摩的分类

1. 泰式按摩

泰式保健按摩是流行于泰国的一种按摩方式，泰式按摩相较于其他种类的按摩最为激烈，由泰国御医吉瓦科库玛根据古印度西部传入泰国的按摩手法和当地中国移民的一些按摩手法创造而来，当时被作为招待皇家贵族的最高礼节。其技法还被铭刻在瓦特波卧佛寺的游廊壁上，那里被称为"泰式按摩基地"。它以活动关节为主，手法简练而实用，无穴位之说，是保健的较佳手法之一。泰式按摩简便易学、难易适中、实用性强，非常注重背部、腰部的舒展，按摩师从脚趾开始一直按摩到头顶才算结束一套动作，从足部向心脏方向进行按摩。手法几乎涵盖了按、摸、拉、拽、揉、捏等所有动作。泰式按摩采用跪式服务，左右手交替动作，用力柔和、均匀，速度适中。浴后经泰式保健按摩，可以使人快速消除疲劳、恢复体能，还可增强关节韧带的弹性和活力，恢复正常的关节活动功能，达到促进体液循环、保健防病、健体美容的功效。

2. 日式按摩

日式按摩与中式按摩的手法惊人相似。不过，按摩师跪在体验者背上用膝盖进行按摩等方式还是很有日本风格的。日式按摩以指压为基本特点，施力方式是以肢体或手指作为支撑架，利用自身的体重，向下垂直朝肢体的中心部位施力，施力时不用腕力。指压时停留在指压部位的时间为3～5秒。这里所提到的指压部位是指某个较大的局部面，而不是特定的点，可能在中医的某个经穴上，但在日式按摩中不称为穴位，只称为指压点。在做日式按摩时，可在受按摩者身体涂少许按摩油之类的介质，应先做右边，再做左边。

3. 欧式按摩

欧式按摩源于古希腊和古罗马，被称为"贵族的运动"，当时平民百姓是禁止享受这种保健活动的。工业革命之后，这种按摩方法开始在欧洲各国逐渐盛行。欧式保健，是借助按摩油的润滑作用，运用推、压、捏、拿、揉、搓、提、抹等手法，达到放松肌肉、缓解疲劳的目的。欧式按摩手法轻柔，以推、按、触摸为主，搭配使用多种芳香油，沿肌纤维走行方向、淋巴走行方向、血管走行方向进行按摩，使人产生轻松、自然、舒适的感受。欧式按摩能使肌纤维被动活动，促进肌肉营养代谢，放松被牵拉的肌肉，同时提高肌肉耐受力。

4. 中式按摩

中式按摩历史悠久，以保健、治病为主要目的，是中国传统医学的重要组成部分。传说三国时代的神医华佗是其发明者，经过几千年的医学探索，这种按摩方法现在已经比较完善。中式按摩是以中医理论为基础的保健按摩；以经络穴位按摩为主，其手法渗透力强，可以放松肌肉、解除疲劳、调节人体机能，具有提高人体免疫能力、疏通经络、平衡阴阳、延年益寿之功效。

5. 韩式按摩

韩式按摩是由韩国家庭按摩演变而成的，也被美容界称为韩式松骨。除了松骨这一大显著特征外，推油和热敷也是韩式按摩手法中的经典动作。按摩师通常的步骤是顺着肩胛骨、脊椎、胯骨的骨缝用扳的手法进行按摩的第一步，即松骨。放松四肢后再用麦饭石或热水袋热敷皮肤，放置在肩关节和易受伤寒的脊椎骨处，大约十分钟，毛孔张开后，按摩师将按摩油倒入手心搓热，进行背部和四肢的推油。洗脸、洗头、采耳都是韩式按摩的步骤，可见其细致。一整套按摩后，客人会倍感精力充沛，身体由内而外地透着舒畅。

6. 港式按摩

港式按摩是在中式按摩的基础上演化而成的。它比中式按摩更讲究舒适感，在手法上多了滚揉和踩背，少了点按穴脉。按摩师的手法简单实用，相较于其他按摩方式轻柔许多，多用于沐浴后的身体和心灵的放松。主要包括拇指指腹按压法、踩背法和推油法。在做按摩的过程中，客人很容易昏昏欲睡，彻底松弛紧绷的神经。我们经常听到的"马杀鸡"就是港式按摩中的踩背，轻重根据个人的身体状况来定。

(三) 保健按摩服务流程及标准

1. 岗前准备工作

(1) 做好服务台、按摩室、休息区、卫生间的清洁工作。

(2) 认真、细致地检查按摩室设施、设备，保证按摩设施的卫生，保障各种设备的完好。

(3) 准备各种客用品，精神饱满地迎接客人。

2. 预订服务

(1) 接受客人预订按摩服务时要主动热情。

(2) 如电话预约，则应在电话铃响三声内接听。

(3) 应准确记录客人的预订信息，例如客人姓名、电话、服务时间和指定的按摩技师等，并向客人复述预订内容，进行核实确认，填写预订表格。

(4) 如客人初次接触按摩服务，可向客人介绍按摩种类和特点，并耐心、细致地帮助客人选择按摩项目。

(5) 及时通知相关人员做好接待准备。

3. 迎宾服务

(1) 客人光临时，要主动、热情地问候客人，对常客应能准确称呼其姓名或头衔。

(2) 观察客人，如果是年老体弱、极度衰弱者，或是酒后神志不清、精神病患者及孕妇等，原则上不宜按摩。

(3) 礼貌地询问客人是否有预订，若有预订，应迅速查找预约登记表，并尽快为客人安排服务；若没有预订，则根据客人需求为其安排适合的按摩服务。

(4) 对于初次光临的客人，应主动介绍按摩的种类与疗效，并根据客人的情况为其推荐服务项目。

(5) 客人选好消费项目后，服务员可对其他服务项目进行促销。

(6) 应向客人说明按摩服务的时间和收费标准，按客人的要求合理安排技师。

(7) 为客人发放更衣柜的钥匙，引导客人更衣，提醒客人保存好更衣柜钥匙，并将贵重物品寄存到前台或随身携带。

(8) 引领客人至按摩室，为客人奉上免费饮品。

4. 按摩服务

(1) 请客人躺在事先准备好的按摩床上，为客人盖好毛巾。

(2) 按摩前，应先主动征询客人意见及需要何种按摩手法。

(3) 将客人的基本情况和需求同技师进行沟通，同时向客人介绍技师的资历，然后请技师为客人服务。

(4) 在客人按摩期间应不时询问客人意见，了解客人感受。

(5) 随时与技师保持联系，共同满足客人合理的服务要求。

5. 按摩结束服务工作

(1) 客人按摩结束后，及时递上毛巾，并帮助客人整理衣服及发式，同时征求客人意见。

(2) 送上饮用水，请客人稍事休息。

6. 结账服务

(1) 当客人示意结账时，服务员应主动引领客人结账或将消费账单递送给客人。

(2) 收验客人递来的现金、信用卡和房卡等，为客人迅速办理结账手续。

(3) 如客人要求挂单，服务员要请客人出示房卡并与前台联系，待确认后请客人签字并认真核对客人的笔迹，如未获前台同意或认定笔迹不一致，则请客人以现金结账。

(4) 收回客人的更衣柜钥匙，对客人的到来表示感谢。

7. 送客服务

(1) 帮助客人穿好外套，并提醒客人带好随身物品。

(2) 将客人送至门口，同客人道别，并表示期待客人的再次光临。

8. 收尾工作

(1) 全面做好按摩室的清扫工作。

(2) 通风换气，检查有无客人的遗留物品，如有则应及时报告主管，尽早归还失主，同时还需检查更衣柜的门锁是否完好。

(3) 整理按摩床，收拾客人用过的毛巾等布草，登记数量，填写表格。

(4) 补充客用品，并按规格和标准放在指定位置，准备迎接下一位客人。

(5) 关闭电源、水源和门窗等。

(6) 将对该客人的服务要点记入"客人服务档案"中。

四、美容美发服务项目

(一) 美容美发概述

美容美发服务是为客人创造形象美、姿态美、气质美的一门符合时尚潮流的生活艺术。如今，美容美发已成为人们工作之余消除疲劳、愉悦身心的方式之一。目前，在三星级以上的饭店，康乐部门一般都设有美容美发服务中心，其主要功能是为客人提供美容美发保健服务。在美容美发服务中心一般都设有豪华舒适、宽敞明亮的接待大厅、美发大厅、皮肤护理美容室和激光美容室。美容服务项目主要包括面膜、深层洁面、除皱、修眉、化妆等；美发服务项目主要包括洗头、吹风、剪发、染发和发型设计等。

(二) 美容美发服务项目分类

1. 美容类项目分类

传统的美容只是清洗、修理头发和清洁面部。现代的美容所包括的内容则远远超过了传统的美容内涵。现代人在美容院中可获得专业的按摩，用专业仪器和护肤品对皮肤进行清洗和护理，以及对个人整体形象进行设计。目前，主要的美容项目有以下几个。

(1) 面部普通护理。面部护理可以使皮肤毛孔畅通，保持正常代谢，提高皮肤的健康水平。普通的面部护理包括面部清洁、脱屑、面部按摩、面膜操作4个部分。

(2) 特殊护理保养。有些人的皮肤属于问题性皮肤，如色斑皮肤、暗疮皮肤、敏感性皮肤等，还有些人面部长有胎记。对于这些问题性皮肤就需要使用特殊的仪器和化妆品有针对性地进行特殊护理。

(3) 肩颈部护理。由于肩颈部长期裸露在外面，容易引起皮肤污浊老化；由于肥胖或衰老等原因，易产生双下巴。在对肩颈部的护理中，除了颈部按摩外，还经常采用香精护理疗法。香精油护肤品是从天然植物中提炼出来的，有恢复组织器官活力、收缩毛孔、促进细胞再生的功效。

(4) 指甲护理及美化。指甲的护理及美化主要指修指甲和涂指甲油。美容师根据客人的喜好，将指甲修剪成圆形、方形、尖形等不同造型。修完指甲就进入涂指甲油的环节。现代的美甲艺术，除了使用五颜六色的指甲油外，还使用特制的细刷在甲面上描绘各式图案。

(5) 化妆。化妆妆型一般包括日妆、晚妆、新娘妆。日妆也称淡妆，日妆妆色要求清淡自然；晚妆是出席晚会、宴会等场合所化的妆，晚妆的妆色相对浓艳，讲究整体的化妆效果；新娘妆是新娘在婚礼上的妆容，是介于浓妆与淡妆之间的妆型，新娘妆着重自然美，妆面妖媚、高雅，多以暖色或偏暖色为主。

2. 美发类项目分类

(1) 洗发。洗发是保持头发健美的基本方法。理发师用洗发剂洗净头皮和头发上的污垢，并使头发保持湿润，以利于进行下一步操作。常用的洗发用品主要有洗发香波和护发素。理想的洗发水应当泡沫丰富，且去污力强、性质温和、易于冲洗。护发素可使头发柔软、有光泽。理发师应根据客人的发质，选择不同的洗发水和护发素。

(2) 剃须、修面。有些客人颈面部的毛发比较多，因此需要定期修面，清除毛发。面部的胡须一般较粗硬，在修面之前要进行软化处理。用胡刷蘸取适量剃须皂，抹在要修面的地方，使胡须湿润变软，同时还有润滑作用。然后用热毛巾盖在胡须上，等其软润后，再涂皂液或剃须皂。最后用剃须刀顺剃一次再逆剃一次即可。对于胡须过于浓密者，要再进行一次顺剃、逆剃的操作，直到剃净为止。面部修剃整洁之后，用干净的冷毛巾擦面，使毛孔收缩。最后擦上护肤品，使皮肤润滑。

(3) 理发。即利用推子、剪刀、剃刀、梳子等各种工具对头发进行修理，用满推、半推、夹剪、抓剪、托剪、滑剪、锯齿剪等手法剪出各具特色、美观大方的发式。应根据每个人的脸型、身材、年龄、职业、个人喜好等因素为客人设计不同的发型。

(4) 烫发。烫发有很多种，主要有火钳烫、电烫和冷烫三种。冷烫是最常用的方法，它具有工具简单、安全、卷曲自然牢固等特点，主要使用冷烫精和中和剂进行美发。烫发常见的工具有卷发杠、衬纸、塑料帽以及各种形状的卷芯。烫发的操作方法有很多，其中十字排列法、扇形排列法、砌砖排列法、挑烫、双重烫、烫发尾、根部烫等是比较常用的方法。

(5) 漂发、染发。漂发、染发是两种结果相逆的美发手段。漂发的目的在于去除或减少头发中的色素，将头发由深色变为浅色；而染发则添加人造色素，将头发本色改变成其他颜色。漂发可分为全部漂发和局部漂发；染发可分为暂时性、半永久性和永久性染发。漂发和染发既可以相互配合进行，也可以单独进行。

(6) 焗油。这是目前较为流行的美发方式。在头发上涂满焗油膏，并加以蒸气焗热，使头发得到充分滋养。焗油又可分为营养焗油和有色焗油两种。

(三) 美容美发服务流程及标准

1. 准备工作

(1) 整理仪容仪表，应符合饭店对康乐部服务人员的要求。

(2) 清洁整理卫生环境。擦拭玻璃门、把手、梳妆台、座椅和盥洗台面，室内不留毛发和碎屑。

(3) 检查美容美发设备。检查所有服务设备设施是否齐全、运转是否正常，技师应对自己的美容美发工具进行消毒。

2. 迎接工作

(1) 站立迎客。站立时，挺胸、收腹、立腰；当客人离门四五步时，应主动拉门，微笑，深鞠躬并问好："您好，欢迎光临！"

(2) 引领客人入座。询问客人是否有预约，仔细核对信息；若是新客，应主动介绍哪是洗头区、哪是烫发区、哪是美容区等。与客人保持一步的距离，将客人带到位子上。

(3) 获取客人信息。为客人倒茶水饮料、递杂志，做自我介绍，与客人拉近距离；分析发质、肤质，推销产品，赢得客人的信任；详细填写客户管理表，做好客人信息收集工作。

3. 送客服务

(1) 帮助客人穿戴衣帽。

(2) 客人离开时，要主动提醒客人携带随身物品，注意不要遗漏任何物品，特别是手套、围巾等小物件。

4. 结账服务

(1) 当宾客示意结账时，应主动上前核对手牌，并请客人核对消费项目。

(2) 询问客人结账方式，按照标准准确快速地为客人办理。

(3) 如果客人要求挂账，应请客人出示其房卡并与前台收银处联系，待确认后请客人核对账单签字，认真审核客人笔迹，如前台收银处未对客人资料进行确认或认定笔迹不一致，要请客人以现金支付。

(4) 回收手牌，根据手牌为客人取回鞋子并协助其换鞋。

(5) 送别宾客，送客人至门口并礼貌地向客人道别。

5. 结束工作

(1) 做好收尾工作。

(2) 及时冲刷有关用具并做好消毒工作，整理好桌椅。

(3) 将客人使用过的布草用品点清数量送交洗衣房。

(4) 做好客户维护工作。

(5) 整理客人资料，做好资料归档工作。

案例分析

康乐服务经典案例

C饭店是一家四星级的商务型饭店，接待的客人多为商务客人及附近大公司的高级职员。最近康乐部经理接到几宗投诉，客人反映对饭店KTV的服务不满意，康乐部经理经过一番调查，发现问题出在KTV包房中的服务员没有积极地去活跃包房的气氛，冷落了客人，未能使客人尽兴。服务员认为自己的职责是完成点歌，提供饮料、小吃等服务，而没有意识到当KTV中的DJ缺席或不设DJ岗时，服务人员应承担起DJ的职能。康乐部经理意识到应加强对KTV包房服务员的培训工作。如果能够让KTV包房内的领班及服务员认识到他(她)们既要分工又要合作，KTV的每个服务人员都应积极地调动KTV包房的娱乐气氛，这样就能做好KTV的服务工作，并让客人满意而归。

(资料来源：吴克祥，周昕.康乐经营管理.北京：中国旅游出版社，2004)

思考：

1. 康乐部经理应该做些什么？

2. 如何有效地设置KTV包房内的服务人员？

本章小结

康乐部，又称康乐中心，是饭店组织客源、销售康乐产品、组织对客服务，并为客人提供各种综合服务的部门，是完善饭店配套附属设施和服务的重要机构。饭店康乐部的作用包括：有利于为饭店吸引客源；有利于提升饭店经营特色；康乐服务项目是饭店等级评定的必备条件；康乐部是饭店营业收入的重要来源。饭店康乐部能够满足客人康体运动、休闲娱乐、保健养生等方面的需要。康乐部的常见组织形式包括：独立成部的形式和隶属于其他部门的形式。康乐服务项目设置的基本类型分为：康体运动类服务项目、休闲娱乐类服务项目和保健养生类服务项目。

在饭店康体运动类项目部分，主要介绍了保龄球、台球、网球、高尔夫球、游泳、健身房等服务项目的概况、主要设施设备、比赛及计分规则和相关服务流程及标准。在休闲娱乐类项目部分，主要介绍了卡拉OK、舞厅、棋牌、电玩游戏等项目的概况、类型、布局和设施设备、服务流程及标准。在保健养生类项目部分，主要介绍了SPA水疗、桑拿浴、保健按摩、美容美发等项目的概况、项目类别、服务流程及标准。

复习思考题

1. 简述饭店康乐部的作用？
2. 饭店康乐部需承担哪些主要任务？
3. 康乐部的常见组织形式有哪些？
4. 康乐服务项目包括哪些基本类型？
5. 保龄球服务项目所需的主要设施设备都有什么？
6. 简述卡拉OK的布局和所需的设施设备。
7. 概要说明SPA水疗服务的流程及标准。

第八章
饭店人力资源管理

知识目标

- 掌握饭店人力资源管理的含义、特点和意义
- 了解饭店人力资源管理常见的组织架构
- 了解饭店员工招聘的含义、方法
- 掌握饭店员工培训的含义和特点
- 了解饭店员工绩效考核的方法
- 熟悉饭店薪酬管理的内涵
- 了解饭店薪酬管理的作用

技能目标

- 掌握人力资源从业者的基本素质要求
- 掌握饭店员工的招聘流程
- 熟悉饭店员工甄选的测评方法
- 熟悉饭店员工录用程序
- 掌握饭店员工培训的基本方法
- 掌握影响饭店绩效考核的因素及修正措施
- 熟悉饭店薪酬的基本形式

引导案例丨如家——人力资源是第一资源

经济型饭店的发展速度令孙坚吃惊，中国市场对于经济型饭店的广阔容量更令他感到兴奋。他觉得自己要考虑的不是盈利或不盈利的问题，而是如何更快地开出更多的分店，以满足络绎不绝前来入住的客人。因此，能否跟上经济型饭店的发展速度是对如家最大的考验，而这样的考验的压力又来自于饭店的人才培养能否跟得上。

如家自2002年成立以来即进入了快速的发展期：2002年，如家只有5家饭店，员工人数仅为200多人；2004年，如家拥有35家饭店，员工人数为1500人；2005年，如家拥有80家饭店，3600位员工；到2008年，如家的目标是要在全国的90多个城市发展到350到400家饭店，员工总人数将达到18 000人。

从200人到3600人，再到18 000人，能否配合好饭店的发展战略，怎样确保饭店的人力资源需求，人才的选、用、育、留就是人力资源部门要面对的最大挑战。人才的使用战略是饭店人才战略的重要组成部分，人才的开发与培训实际上也是在人才的使用中进行的。因此，人才的使用，不仅仅是为其提供一个发挥才能的舞台，也是人才开发与培训工作的一种方式。

1. 人才使用原则

A. 人尽其才，物尽其用

如家认为，饭店战略和组织设计所需要的岗位责任，必须和担任这一职务的人的才能相匹配，使在位的人员既能胜任，又觉得有一定的挑战性，这样才能发挥人的才能。工作太容易，不利于激发人的创造性和积极性；工作太难，又会妨碍工作的顺利完成。

B. 疑人不用，用人不疑

如家很重视对人才的全方位考评，一旦任命某人担任某一职务，就会放手让他充分施展才能。当然，在此过程中饭店会进行监督，但是不会在其职权范围内横加干涉。

C. 用人所长，集体配合

人不可能是全才，必然有其相对的优势和劣势。如家用人的时候，尽量用其所长，让员工从事有利于发挥其长处的工作。同时，还通过集体讨论的方式，把领导班子搭配好，发挥每个人的长处，优势互补，通过相互配合，弥补个人的不足。

D. 岗位轮换，激发创新意识

对于人才的培训来说，轮岗培训是一种普遍的做法，但是要以不影响饭店正常的运作为前提。因此，干部轮岗一般是在部门副职上轮换。对于一些比较程序化，或者是较基层的工作，如家通过岗位轮换，防止长时间的机械重复的工作令员工产生厌倦情绪，使员工在工作中常常充满热情和新鲜感。这样既能激发出创新意识，避免老的工作模式的束缚，又能让员工顺利地完成工作任务。

E. 坚持使用与考核相结合

制度化、规范化、严格化的人事考核制度是人力资源管理的重要内容。如家在重视人才培训的同时，还十分重视人才的考评工作。实际上，人才的使用、培训、考核是一个有机的整体，人才的使用过程本身就是对其进行评价的依据，除此之外，不应该再有其他基本依据。

2. 人才的复制

饭店是由人建立和组成的，如何建立人力资源战略和人力资源平台，如何建立强大的管理队伍，这些都是非常有挑战性的工作，一个成功的饭店一定要做好这些方面。如家把人才战略放在战略高度上，从来没有把人才的投入看作成本而是看作资产。把人当作资产是从理念上确立的一个观点。

如何保证运营的标准和人才储备，这对如家来说是一个战略性的问题。为了给饭店的快速发展提供必要的人才保障，如家采用了多种途径。在如家的每一家店里，只有三个级别：店长、值班经理、员工。任何员工都可以报名参加比自己高一个级别的岗位培训。

如家相信，优秀的人在好的机制下能力可以放大，并且这种人才可以不断复制。为了复制人才，满足每年开店超过一百家的人才需求，如家打造了一台"如家影印机"，而这台机器就是如家可以不断快速成长的秘密武器——如家管理学院。这座被称为"影印机"的如家培训学院，是中国饭店业最早成立的内部培训学院，学员受训时间也是业界最长的。唯有如此，才能确保如家在八年内开1000家店所需的人才。2002年如家成立时即加入的现任培训总监包小阳，是这项秘密武器的研发者，直接向执行官孙坚负责。

即使曾经在外商B&Q历练到中国区副总裁的孙坚都谦称，他到如家，是向如家学习的。如家店长学的第一课就是"忘掉过去，融入现在"。连锁饭店在不同城市建立统一的标准很难，而执行标准更难。因为前提是每一个人都要熟知这个标准，品牌一致性依赖于每位员工的传达，这些都需要严格的培训体系。

在如家400多家店中，每一家店的店长都必须制定季度、年度培训计划并报总部审核，总部根据不同层级设置对应的培训课程，比如店长培训、准店长培训等。每次培训结束之后，要对培训效果进行总结并上报人力资源部备案。如家给客人带来了家的感觉，如家更给自己的员工带来家的温馨。饭店高级管理层坚持经常与员工保持沟通，按照CEO孙坚的说法，就是"希望时刻了解员工在想些什么，有什么困难，有哪些不满意"。

饭店规定，每位店长每周要与两个员工谈话20分钟，创造环境让员工有倾诉的途径。如家坚持把员工当作自己的第一顾客。孙坚关注的另一件事则是标准化的员工培训体系。因为开店的速度非常快，所以如家需要长期储备高级管理人才。为了保证内部晋升以及招聘人才的科学性，如家花费了大量资源设计饭店的培训体系。有多年连锁饭店运营经验的孙坚深知，一个连锁品牌成功的关键是整体管理系统的建立，饭店品牌理念的统一以及战略性的流程运转。

在中国开一家平价旅馆很简单，开两家也不太难，但8年内要在100个城市开1000家旅馆，又要维持标准的品质，这个难度就足以让许多人打退堂鼓。就像足球，每个人都要有闪光点，但更要讲究整体战略。同样，当饭店从50家发展到100家，就不能简单地依靠速度扩张，还要有整体打法的战略。如家学院的教材，就是17册内部标准作业流程(SOP)，即使是店长(如家内部称总经理)级的培训，五到六成的课程是学习被称作"圣经"的《如家运营文件汇编》内容，并且按规定实际操作。上课的时候，他们不谈策略、不谈创意，就只是要求店长会做所有员工要做的动作，包括前台接待、打扫、接电话。他们认为，唯有店长会做，才能去要求所属员工按标准流程做。

在实习时，准店长要求做到在十步之内要对客人进行目光关注，在五步之内要微笑打招呼；和客人聊天，第一句话和最后一句话应该由客人说，而服务人员不能抢先说；在客房，电视一打开就要锁定在中央一台，音量要求调到十五；案头印着如家新月标志的便笺纸必须是不多不少的五张，等等。还有，在旅馆内看到客人，所有员工都要主动打招呼，并且直视客人的眼睛，任何人未照规定，都要受到扣分的惩罚。这些规定都写在"圣经"中，准店长们必须会背、会做，将来也按这些规定来要求所属员工。

除了详细的动作，旅馆的内部陈设也采用视觉化、一致化的管理，例如电灯开关标注不同颜色，蓝色表示白天开启，红色表示傍晚6点开启，只要时间一到，如家全中国四百多家店都会同时开、关灯。为了方便管理基层的清洁员工，厨房水槽画出一条蓝线，只要加一杯清洁剂，将水放满到蓝线就是正确的稀释比例，一年365天都是相同的操作。

在如家，甚至连整理客房的清洁车也有固定的停车格，只要清洁完毕清洁车就要停回到格线内。"圣经"有465个检查项目，必须每天检查，因为标准就是如家未来发展的生命线！为了展现落实"圣经"的决心，孙坚上任第一个月就开始要求全体员工熟背"圣经"，每月召集不同层级员工考试，有一次同时召集全国一百位区域总经理考试，场面非常壮观。在过去，如家的店长都是由内部选拔，现在因为扩张太快，所以也从外面找"空降部队"。因此，通过培训让各路英雄好汉在心态上"归零"显得特别重要。像原百安居华东区总经理宗翔新，一年前他被挖到如家负责运营开发事务，同样要参加店长班的培训，一样要上完60天的实习课，和准店长们一起扫厕所、铺床铺，一样要背"圣经"，同样要求被抽考。整个如家，除了孙坚，所有人，包括扫厕所的阿姨和总部一级主管，都要随时被抽考"圣经"内容。

据孙坚分析，连锁饭店的管理问题至少要发展到10个城市以上才会遇到，管理制度上的任何一点小纰漏都会因为叠加而被不断放大，产生骨牌效应，这才是管理者真正的噩梦。事实上，如家在管理上的关键时刻已经降临，目前如家的分店已有400余家，其中三成是非直营的授权店，分布在90多个城市，人员突破1万人，良好的沟通和联系已经成为如家快速扩张的重要挑战。因此，从店长班开学的第一天，如家培训学院就开始培养团队精神。

首先，入学第一天会考试，先了解准店长的业务技能；接着，前7天会有赛跑、飞轮比赛等课外活动，让学员互相了解；第7天，由学员自己选出自己的组长。在第10天前，由组长互选本届的班长。往后的课程，都是以分组竞赛的方式进行。课程内容包括课堂上教师提出的作业、野外求生训练、团队默契培养等，评分也是以组为对象，而不是个人。

在上课时，准店长也会被告知，未来的绩效评估有三部分，一是业绩，二是执行标准化的贯彻度，第三就是团队合作的配合度。第三个项目在总评分中占10%的比重，通常是看某分店总经理是否执行上级的指示，是否认真支援邻近的其他分店，以这些指标来衡量。连周六、日都要巡店的孙坚，平日行程以小时来计算的，从早到晚行程都排得满满的，但店长班的第一堂课和毕业典礼，他一定亲自出席，不管讲话或是活动，重点都是跟团队精神有关。

孙坚从来不称上海的总饭店为"总部"，而称"支援系统"。目的是要让在哈尔滨的店长和在上海的店长一样感到他们并不孤独。他戏称自己是"舞台经理"，只要时间允许，他总喜欢和大家一起在台上跳舞，纵使在台下，孙坚关注的是台上舞者有没有足够的发挥空间，他也一直希望店长们有这种"支援"而非"指挥"的精神。

60天在学院的受训，40天在未来工作单位的实习，长达100天的培训，是整个业界最长的。但对于孙坚来说，仍然不够，他要求的是时时刻刻地学习，只有不断学习才能持续取得进步。如家人永远有上不完的训练课程，整个如家更是一个典型的学习型组织。从执行长官到基层的店长，随时扮演老师角色，最后个个变身如家人。

如家培训学院一年到头都在上课，没有寒暑假；所有的店长在职半年后，都会分批回学院再接受培训；16位管店长的"城区总经理"，也有一年两次、每次三天的学院培训；除了这些中高层管理人员外，各店的值班经理有25%、客房主管有30%～50%，也会回培训学院上课。一离开培训学院，如家的各个分店本身也是一所分校。各店的店长、助理店长每周都要抽出两个小时给所属员工上课；每半年一次的"明查"，也是按"圣经"逐项检查，对于各店员工，也是一次上课；每半年两次的"暗访"，则由如家聘请的专家，对各店进行"考试"。

孙坚本人每天在各地巡店时抓到机会就给员工上课。在店里，他必看的是厨师和打扫卫生的阿姨。他经常问清洁女工："你觉得咱们饭店环境让你感到舒服吗？"通常得到的回答是"舒服"。这时候，孙坚就会接着说："你觉得舒服，客人就觉得舒服，客人觉得舒服，下次就一定会再住咱们的饭店，那你的工资就有保障了！"

就是这样，大影印机复制小影印机，小影印机再复制更多的影印机，不断精密地自我复制，正是如家得以领先业界的关键原因。

3. 人才的孵化

只靠人才的复制，其实是满足不了饭店人才的需求的。因为一个饭店，最终不仅需要从外面招募，还需要饭店自己内部的成长。员工必须要有良好的价值观、健康的就业观，如家希望所聘者能够吃苦，知道怎么样认认真真做好基本工作。

如家的做法是：从相关行业中招募优秀的员工或者合适的员工，让他们在管理学院进行为期两至三个月的培训，让资深管理人员代教他们，同时让他们参与到岗位中去实践。这其实就是人才的孵化。

2003年4月，孙清一和王华峰分别离开各自就职的两家高星级饭店，同时进入如家，担任如家饭店两家分店的店长。王华峰表示："之所以放弃在四、五星级饭店的工作来到如家，是因为看到了整个经济型饭店行业的发展前景，觉得自己有更广阔的天地。"孙清一也有同样的感受："机会是最重要的。"

在如家，只要员工用心工作，就一定有晋升的机会。如今的王华峰已经担任如家饭店上海两家分店的店长，孙清一则被调到饭店总部担任运营部总监。

如家在2005—2007年都成立了MP管理班，从应届毕业生中招10～15名进行6个月的培训，通过培训之后再让他们上岗，加入中层的管理队伍中。

2007年，如家更是大胆地进行了海选，招募100名大学生，将他们分配到100家饭店的前台，进行为期3～6个月的实习。现在，2005—2007年培训的学员已经逐步成长起来。如家通过人才的孵化，帮助饭店培养新鲜的血液，让员工们的未来有更好的发展。

4. 完善薪酬体系

无论在哪一行业，薪酬都是能吸引员工的关键因素。薪酬包括工资和福利，它是员工在饭店投入劳动后的报酬，是饭店必须付出的人力成本，也是饭店吸引和保留人才的重要手段之一。在现代人力资源管理中，把薪酬作为激励员工的手段，作为员工职业行为的推动力时，它就成了一种资产。

人力资源管理的主要任务是规划、开发、科学管理人力资源，以获取、发掘饭店发展所需要的人的技能。反映在薪酬体系设计中，就是将员工具备的与工作相关的能力、知识及其实际付出与薪酬挂钩，以促进、激励员工不断拓展相关知识和技能，发挥应有的作用。

随着中国日益融入世界经济大潮中，中国饭店避免不了"人才战"。如果不增加薪酬的市场竞争力，就会导致人才流失，但如果只是盲目地、普遍大幅度加薪又必然会增加饭店的负担。因此，重新审视饭店现有的薪酬制度，明晰薪酬战略，在饭店支付能力范围内调整和完善薪酬体系，增加薪酬的激励性，显得十分紧迫和必要。如家薪酬体系构建的基本目标：第一是吸引和留住对饭店发展有价值的人才；第二是激励员工不断开发自身潜能、施展才华、服务饭店，达到饭店和员工双赢的效果。

这就意味着建立薪酬体系必须做到对内公平合理，体现激励作用，对外则具有一定的竞争力。构建一个合理的薪酬体系，第一步是对薪酬的内外均衡进行分析。就内部公平而言，主要是确定员工薪酬的合理级别并按绩效付酬；薪酬的对外竞争力，则可以通过薪酬调查资料来判断。通常在确定薪酬水平时要考虑三项因素：市场、饭店、员工的岗位及其绩效。如家付给员工的薪酬数额是根据劳动力的市场价格来确定的。同一行业、同一地区或同等规模的不同饭店中，类似岗位的薪酬水平在竞争对手之上，这样就能增强饭店在吸引员工方面的竞争能力，即使是饭店所需的供应量丰富的普通劳动力，也不低于平均水准。一个饭店，不论其财务状况如何，如果低于市场平均价支付薪酬，必将导致重要人才的流失，继而丧失继续发展的能力。

所以如家保持薪酬外部公平的基本做法是：参考劳动力市场价位，提供有竞争力的薪酬，吸引和留住优秀人才，提高员工对饭店的信任度和安全感。

饭店的经济效益决定着饭店对员工劳动报酬的支付能力，所以，饭店在确定薪酬水平时不能不考虑自身的负担能力。较高的薪酬水平，使饭店在人才竞争中保持优势，但同时也会增加饭店成本，降低饭店利润，如果超出饭店的支付限度，则会导致财务状况恶化；而过低的薪酬水平，虽然能减少成本费用，但是同时会降低饭店的人才竞争力，并最终导致饭店盈利能力的下降。

因此，如家在薪酬支付和经济效益方面，通过认真的权衡，做出对饭店最有利的选择。

员工在饭店内部薪酬水平的高低，还应取决于所在岗位对饭店价值的高低，以及他在岗位上的工作业绩，这是保证内部公平的重要因素。内部公平是薪酬设计最重要的原则，如果缺乏内部公平，即使饭店的薪酬水平较高，也不一定能起到激励所有员工的效果。

如家的做法是，一方面，根据员工所从事岗位工作的价值、责任以及工作难度给员工支付报酬；另一方面，又根据每个员工不同的工作态度、工作技能，不同的工作业绩，给饭店带来不同的价值和收益等，确定其收入。如家的薪酬制度也不是一成不变的，根据饭店的发展、竞争策略的改变，以及员工工作岗位、业绩的变化，实行动态管理，以此来调整员工的职业行为和心态，有效地激励员工。

一般意义上讲，绩效评估是一种正式的员工评估制度，它是通过系统的方法、原理来评定和测量员工在职务上的工作行为和工作成果。同时，绩效评估也是饭店管理者与员工之间的一项管理沟通活动。

作为饭店人力资源管理的一个重要工具，绩效评估的结果可以直接影响到员工的切身利益和饭店人力资源的长远发展，为员工的薪酬拟定、晋升和降职、调职、离职提供依据。如家通过绩效评估，提高上下级之间的对话质量和有效沟通，使个人、团队和饭店的整体目标密切结合。同时，增强管理人员、团队和个人实现持续进步的共同责任感，帮助员工在工作要求、工作重点和个人能力、兴趣之间寻找发展的最佳契合点。

饭店的生存和发展，基于人的素质。完善的薪酬体系，在很大程度上，决定着饭店的发展是否健康，是否具有人才竞争力。

案例评析：

对于饭店来说，人力资源是第一资源。对人力资源的正确运用也是如家得以成功，不可忽略的重要因素之一。

由于人力资源的特殊性，人才管理的重点在于为人才创造优良的发展环境，不但能使人才的素质、能力提高，更要有利于其才能的发挥。因而，人才管理是一项综合性的活动，更是一种高层次的活动。如家CEO孙坚先生对饭店与人力资源的关系，有自己独特的看法：中国文字其实很有意思，企业中第一个字"企"，如果把上面的"人"字拿掉，就剩下"止"，意思是停滞不前。

所以可以得出这样的结论，员工是饭店最宝贵的财富，是饭店的第一客户。人事即是万事，人力资源管理是饭店管理工作中最重要的部分之一。

(资料来源：樊永恒.如家一样的饭店.深圳：海天出版社，2009)

本章导语

饭店是以人为中心的行业，饭店的管理说到底就是对人的管理，运用科学的方法对饭店的人力资源进行有效的利用和开发，以提高全体员工的素质，使其得到最优化的组合，发挥最大的积极性，从而不断提高劳动效率。因此，加强人力资源管理对饭店具有极重要的意义。本章首先介绍了饭店人力资源管理的概念、特点、组织结构、意义等。同时，对饭店员工招聘与选拔、员工培训、员工绩效考评及薪酬管理等内容进行讲解。

第一节 饭店人力资源管理概述

一、饭店人力资源管理的含义

饭店人力资源管理就是科学地运用现代管理学中的计划、组织、领导、控制等职能，对饭店的人力资源进行有效的开发和管理，合理地使用，使其得到最优化的组合，并最大限度地挖掘人的潜在能力，充分调动人的积极性，使有限的人力资源发挥尽可能大的作用的一种全面管理。饭店人力资源管理是研究饭店人力资源管理活动规律的一门应用性和实践性很强的综合性科学。其最终目的在于使饭店员工与工作相互协调，充分发挥出员工自身的最大潜力，切实提高工作的效率，最终实现饭店与员工的共同目标。

二、饭店人力资源管理的特点

1. 饭店人力资源管理覆盖的范围较广

饭店的人力资源管理涉及组织每一位管理人员和普通员工，并贯穿于饭店各级别、各部门、各岗位及各业务流程中。管理范围涉及饭店人力资源招聘选拔及录用、绩效考核、员工激励、人员培训、劳动关系等，都关系到广大管理人员及基层员工的直接利益，直接影响到饭店全体员工的积极性、主动性。因此，饭店的各层级员工尤其是管理者都应该了解和掌握人力资源管理的基本理论、方法，合理选聘、培训和激励饭店员工，营造一个可以让员工充分展示自己才能的良好环境，充分调动员工的工作积极性。

2. 饭店人力资源管理具有较强的动态性

饭店面临的环境是纷繁复杂的，面对的客人也是形形色色的；此外，饭店员工的不断流动，其工作目标、服务质量及心理需求等在不同时期也明显不同。饭店人力资源管理的动态管理特点是指管理者不仅要根据饭店的整体目标选拔合适人才，对饭店员工的录用、培训、奖惩、晋升和离职等全过程进行管理，更要注重在员工工作的动态过程中进行管理，其中包括如何创造一个良好的工作环境，调动员工的工作积极性，改善员工生活条件，并发展员工潜在的各项能力等。在实际工作中，饭店应重视员工的情绪变化、心理需求和思想动态，并采取对应措施充分调动员工的主观能动性，开发员工潜能，在动态中实现饭店的经营目标。

3. 饭店人力资源管理具有明显的跨越性

饭店人力资源管理的跨越性可以从地域和文化两个方面来理解。

首先，在地域跨越方面，国际著名的饭店集团相继进驻我国，如洲际、喜达屋、温德姆、万豪、雅高、希尔顿、凯悦、朗廷等。同时，我国本土饭店集团也实现了跨地区、跨国界的集团化经营与管理，如上海锦江饭店集团、首旅饭店集团、广州白天鹅饭店集团、开元国际饭店管理集团、中旅维景饭店管理集团等。这些都使得我国饭店人力资源管理带有鲜明的地域跨越性，集中表现在员工招聘和员工培训等方面。

其次，在文化跨越方面，外资饭店及合资饭店的员工处于双重文化交叉并存的环境中，且以外国文化为主导，很容易使员工形成心理失衡，进而出现情绪不稳定。这都会不同程度地影响饭店服务质量的提高，不利于员工组织承诺感增强，将给饭店人力资源管理工作造成混乱局面。饭店应针对实际情况，在招聘、选拔、培训等方面，因势利导、因地制宜，培养锻炼员工的适应能力和应变能力。

4. 饭店人力资源管理体现鲜明的政策性

饭店人力资源管理是在国家和地方政府人事劳动政策指导下开展的，饭店虽然拥有人员招聘、人事安排、用工方式、劳动组织和薪酬福利等方面的自主权，但仍需要遵守人事劳动管理的有关政策、法规、条例，如员工社会统筹、劳动休假制度、最低工资、劳保福利等政策规定。因而，饭店人力资源管理是具有鲜明政策性的，饭店相关管理者应给予高度重视。

三、饭店人力资源管理的组织架构

饭店根据自身条件的不同，在人力资源部组织结构的设置上也会有不同的设计，常见的形式如图8-1、图8-2及图8-3所示。

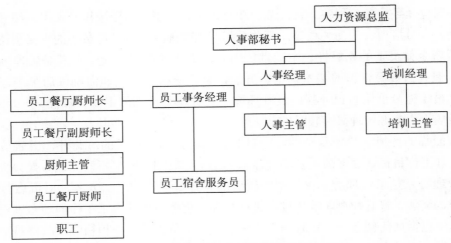

图8-1　饭店人力资源部结构示意图1

(资料来源：王珑，徐文苑.饭店人力资源管理.广州：广东经济出版社，2007)

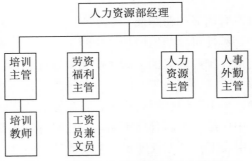

图8-2　饭店人力资源部结构示意图2

(资料来源：耿煜.新编现代饭店人力资源开发与管理实务全书.北京：饭店管理出版社，2007)

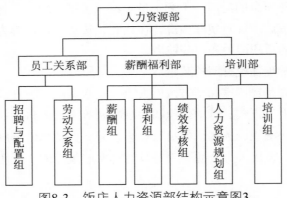

图8-3　饭店人力资源部结构示意图3

(资料来源：廖钦仁.饭店人力资源管理实务.广州：广东经济出版社，2006)

四、饭店人力资源管理的意义

1. 人力资源管理是饭店自身持续发展的根基

饭店业务活动包括人力和物力两个基本要素，而人力又是饭店经营活动的决定性因素。饭店必须根据自身的等级规格、接待能力和业务发展需要制定人员配置、人员招聘、录用标准，才能保证饭店各级各部门的人员配备满足业务发展的需要。以上这些都是饭店自身持续发展的前提和基础，若没有开展人力资源管理工作，饭店就将失去生存和发展的基础，因而做好饭店人力资源管理工作具有十分重要的意义。

2. 人力资源管理是饭店提升服务质量的保证

饭店是通过向各类客人提供食宿及其他各种服务来获得效益的经济组织。服务质量的高低是饭店能否取得良好经济效益和社会效应的决定因素。此外，饭店属于劳动密集型产业，大量工作都需要通过人工来完成。随着知识经济的到来，人的许多工作虽然可以被机器和设备所代替，但是对于饭店业而言仍然有大量工作是需要由人的行为来完成的。例如，对客人的引领、对客人提出的各种问题的回答、为客人提供的个性化服务和应对性服务等。因此，要提高服务质量，以取得良好的经济效益和社会效应，就必须努力做好人力资源管理的工作。

3. 人力资源管理是饭店打造核心竞争力的关键

饭店之间的竞争，归根结底是人才的竞争。饭店必须建立起"以人为中心"的现代管理观念，摒弃陈旧的人事管理理念，建立现代人力资源管理理念。饭店的兴衰存亡在相当大程度上取决于饭店人力资源管理水平。纵观国内外知名饭店，无一不注重自身人力资源的投资与管理，建立自身优秀而稳定的人力资源团队，结合自身良好硬件基础，形成良好口碑，形成属于自身的忠实客户群，打造出自身的核心竞争力。

4. 人力资源管理是饭店员工综合素质提升的保障

当前，教育和培训在饭店人力资源管理中扮演着越来越重要的作用。教育不仅是饭店提高生产率的重要途径，同时也是提升员工综合素质的保障。作为一个优秀的饭店，员工应具有良好的人际关系，具有强烈的事业心、责任感，能自觉地认同和参与目标管理，有良好的精神状态和旺盛的工作精力，有成就感且工作效率显著。通过对员工的教育和培训，则可以很好地让员工达到以上理想的状态，进而实现员工个人价值及饭店长远目标的有机结合。

第二节 饭店员工选聘与录用

一、饭店员工招聘概述

(一) 饭店员工招聘的含义

招聘是招和聘的合称，招即招募，是饭店组织在吸引员工前来应聘前所做的一系列活动，包括招聘广告设计、发布等。招聘包括分析人员要求和岗位需要两方面内容，通过对应聘者的筛选、甄别，选拔出符合组织需要的人员。综上而言，饭店员工招聘是为一定的工作岗位选拔出合格人才而进行的一系列活动，是把优秀、合适的人员招聘进饭店，并安排在合适的岗位上工作的过程。

(二) 饭店员工招聘的基本原则

1. 能级原则

在当前的饭店招募实践中，存在人才高消费、相互攀比现象。从人才储备的目的看这本无可厚非。但有关资料显示，大多数饭店招用的高学历人才并没有被安置到适合其发挥自身最大价值的工作岗位，要么被闲置，要么高能低就。这种完全不顾职位工作需要的做法，造成了饭店间的恶性竞争及饭店自身人力成本的提升，同时也会造成人才的大量流失。因此，饭店员工招募应因职选能、因能量级、能级匹配。

2. 公开竞争原则

饭店的招聘信息要公开，把招聘的职位、要求、应聘资格、选拔标准、选拔程序和方法等信息向外部和内部公开。竞争是指让应聘者在相同的规则条件下，参加各种甄选方法的测试和考核，通过竞争来甄选出最适合饭店的人才。采取公开竞争招聘的方式，一方面能够确保给所有应聘者或内部员工以公平竞争的机会，达到广招人才的目的；另一方面将招聘工作置于公开监督之下，确保招聘的公平性。

3. 择优录用原则

确保饭店员工的质量，必须遵循择优录用的原则。在饭店招聘过程中，有可能出现应聘者滥竽充数的情况。因此，招聘者有必要根据饭店实际情况，因地、因店、因工种条件制宜，即依照饭店的规模、星级标准、接待对象、工作性质和质量要求的不同情况，以及饭店工作内容、劳动方式和业务能力等要求，对应聘者进行认真筛选，以甄选出真正符合工作需要的合格员工。

4. 经济效益原则

效益原则是指努力降低招聘成本，提高招聘的工作效率，以最低的成本消耗招聘合适的人才。招聘成本包括：招聘时所花的费用，即招聘费用；因招聘不当，重新再招聘时所花的费用，即重置成本；因人员离职给饭店带来的损失，即机会成本。此外，饭店员工的选拔聘用是为饭店的生产经营服务的，因此招聘计划的拟定要以饭店的需要为依据，以确保经济效益的提高为前提。

(三) 饭店员工招聘的重要意义

1. 员工招聘是饭店打造竞争优势的关键

人才的获得是通过招聘环节来实现的。因此，招聘和甄选工作能否有效地完成，对提高组织的竞争力、绩效及实现其发展目标，均有至关重要的影响。从这个角度来说，人员招聘和甄选是组织创造竞争优势的基础环节。对于获取某些实现组织发展目标急需的紧缺人才来说，人员招聘和甄选更是有着特殊的意义。

2.员工招聘是维持饭店正常运营的基础

计划性地招聘和录用一定数量的新员工，将新鲜血液不断输入饭店，将竞争机制引入饭店人力资源管理，能促使饭店员工合理流动、不断提高员工素质，进而不断提高服务质量，是饭店经营管理顺利进行的基础。

3.员工招聘有助于饭店营造自身良好形象

实践表明，人员招聘和甄选的过程既是吸引、招募人才的过程，又是向外界宣传组织形象、扩大组织影响力和知名度的一个窗口。应聘者可以通过招聘和甄选过程了解该饭店的组织结构、经营理念、管理特色、饭店文化等。尽管人员招聘和甄选不是以传播饭店形象为目的，但是招聘和甄选过程客观上具有这样的功能，是饭店不容忽视的一个方面。

4.员工招聘有助于降低员工流动性，保持整体稳定

通过科学有效的招聘，可以使饭店获得胜任工作并对从事的工作感到满意的优秀人才。同时，员工也可在从事的工作中获得满意，有利于员工的稳定和发展，从而降低饭店员工的流动性。否则，饭店中存在大量不能胜任工作的员工将出现较高的人员流动率，不利于饭店员工队伍的稳定和发展。

(四) 饭店员工招聘的流程

饭店员工的招聘流程主要由招募、甄选、录用和评估4个阶段组成。

(1) 招募。这是饭店组织为吸引人员前来应聘所做的一系列工作，包括招聘计划的制订与审批、招聘信息的确定与发布、应聘表格设计与填写等饭店求职人员登记表如表8-1所示。

(2) 甄选。指组织从岗位职责要求出发，挑选合适的人员来担任某一职位，主要包括审查应聘者的应聘资格、初次面试、复试、任用面试、体格检查、合同签订等。

(3) 录用。主要涉及员工的初始安置、试用、正式录用几个环节。饭店面试通知书如表8-2所示。

(4) 评估。评估是对招聘活动的效益与录用人员质量进行的估计，它为下一次人员招聘提供参考。招聘流程如图8-4所示。

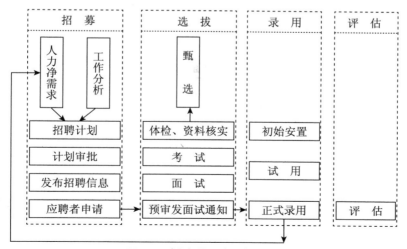

图8-4　饭店员工招聘流程图

(资料来源：王珑，徐文苑.饭店人力资源管理.广州：广东经济出版社，2007)

表8-1　饭店求职人员登记表

姓名		性别		出生年月		文化程度	
政治面貌		婚否		民族		健康状况	
家庭住址					联系电话		
户口所在地					档案所在地		
毕业学校					学制		
第一外语语种		程度		第二外语语种		程度	
现任职务工种		现有工龄			身高		
本人简历							
家庭主要成员							
本人求职意向							
用人部门意见		人力资源部意见			总经理批示		

填写：　　　　　(求职人员本人)

联数：一式一联

用途：登记求职人员使用

(资料来源：中国饭店员工素质研究组.星级饭店行政人事部经理案头手册.北京：中国经济出版社，2008)

表8-2　饭店面试通知书

面试通知书

先生(小姐)：

经我饭店初步甄选，现荣幸通知您于　　月　　日　　时到　　面试。

饭店人力资源部

　　　年　　月　　日

(资料来源：中国饭店员工素质研究组.星级饭店行政人事部经理案头手册.北京：中国经济出版社，2008)

二、饭店员工招聘渠道

饭店员工招聘的第一步是掌握员工的来源，并加以分析比较，以便有效地招聘员工。根据招募对象的来源，可以将饭店组织人员招募分为内部招聘和外部招聘两个渠道。

(一) 内部招聘渠道

1. 内部招聘的含义

内部招聘就是从饭店内部或饭店集团内部现有的员工中选拔合适的人才来补充空缺或新增的职位，这实际上是组织内部的一种人员调整。在进行人员招聘时，应优先考虑饭店内部员工，尤其在招聘高级职位或重要职位时更应重视内部招聘。

2. 内部招聘方法

1) 内部晋升

从饭店内部提拔一些合适人员来填补职位空缺是常用的方法。它可使饭店迅速从员工中提拔合适的人选到空缺的职位上。内部提升给员工提供了机会，使员工感到在饭店中是有发展机会的，个人职业生涯发展是有前途的，这对于鼓舞士气、稳定员工队伍是非常有利的。同时，由于被提升的人员对饭店有较为深刻的了解，他们对新的工作环境能很快适应。这也是一种省时、省力、省费用的方法。但由于人员选择范围小，可能选不到最优秀的人员到岗位上，另外可造成"近亲繁殖"的弊病，因而在观念、思维方式和眼界方面可能狭隘，缺乏创新与活力，以致因循守旧。

2) 岗位轮换

岗位轮换指暂时的工作岗位变动。它是通过实习或培训的方式，使员工从一个岗位调到另一个岗位以扩展其经验的工作方法。它使员工在逐步学会多种工作技能的同时，增强了对轮换的工作之间相互依赖关系的认识，并培养更广阔的工作视角。这种知识扩展对完成高水平的管理工作是大有裨益的。岗位轮换可以在一定程度上消除专业分工过细带来的弊端，有利于员工克服狭隘的部门观点，利于部门之间的横向协调，树立系统的全局观念。

3) 工作布告

一般饭店都有自己的宣传媒体，如广播、报刊、宣传栏、墙报等。工作布告是将饭店空缺岗位的性质、职责及其所需要的条件等信息以信息告示的形式公布在饭店中一切可利用的布告栏、内部报刊及内部网站上，尽可能让全体员工都获取信息，并号召有才能、有能力的员工前来应聘的一种招聘形式。对岗位感兴趣的员工可直接去人力资源部门申请，用人部门和人力资源部门经过公正、公开的考核择优录用。这种途径既为有才能的员工提供成长、发展的机会，又体现了公平竞争的原则。

4) 内部重新聘用

这种方式是指饭店组织在淡季让一部分员工离岗待聘，待饭店经营业绩转好，即重新聘用这部分员工。这种形式往往发生在突发事件时，饭店行业具有季节性、脆弱性的特点，外部环境发生突变对其造成的影响甚至可以是毁灭性的。

(二) 外部招聘渠道

1. 外部招聘的含义

外部招聘就是运用各种招聘方式来吸引所在饭店的外部人才，从其中选录合适的人员来填补职位空缺。饭店外部人才的主要来源包括同行人士推荐的人才、相关专业的毕业生、实习项目的参加人员、职业介绍中心推荐的人员、饭店在职员工推荐的亲属和朋友等。

2. 外部招聘方法

1) 利用各种媒体广告招聘

饭店可充分利用广播、电视、报纸和杂志等进行招聘宣传，每种方式都有自身的优缺点和适用范围，饭店可根据具体情况选择适合自身的招聘媒体。招聘广告的设计和构思，可以借鉴西方国家的AIDA方法：A(Attention)，即广告要引人注意，善于利用各种技巧，如报纸的分类广告中，有意留白或为重要的职位刊登饭店的广告；I(Interest)，即激发应聘者对职位的兴趣，这种兴趣可从职位本身去发掘，如未来的发展空间、收入、地理位置等；D(Desire)，让求职者对空缺职位产生认同感和欲望；A(Action)，即广告能让人马上采取行动。各种广告媒体优缺点及使用范围如表8-3所示。

表8-3　各种广告媒体优缺点及使用范围对照

类型	优点	缺点	使用范围
报纸	标题短小精悍。广告大小可灵活选择。发行集中于某一特定的地域。各种栏目分类编排，便于求职者查找	容易被未来可能的求职者所忽视。集中的招聘广告容易导致招聘竞争的出现。发行对象无特定性，饭店不得不为大量无用的读者付费。广告的印刷质量一般也较差	当你想将招聘限定于某一地区时；当可能的求职者大量集中于某一地区时；当有大量的求职者在翻看报纸并希望被雇佣时
杂志	专业杂志会到达特定的职业群体手中。广告大小富有灵活性。广告的印刷质量较高。时限较大，求职者可能会将杂志保存起来再次翻看	发行的地域太广，故在希望将招聘限定在某一特定区域时通常不能使用。广告的预约期较长	当所招聘的工作承担者较为专业时；当地区限制不是最重要的时候；当与正在进行的其他招聘计划有关联时
广播电视	不容易被观众忽视，能够比报纸和杂志更好地让那些不是很积极的求职者了解到招聘信息，可以将求职者来源限定在某一特定区域，极富灵活性，比印刷广告能更有效地渲染雇用气氛，较少因广告集中而引起招聘竞争	只能传递简短的、不是很复杂的信息，缺乏持久性；求职者不能回头再了解(需要不断地重复播出才能给人留下印象)。商业设计和制作(尤其是电视)不仅耗时而且成本很高；缺乏特定的兴趣选择；为无用的广告接受者付费	当处于竞争的情况下，没有足够的求职者看你的印刷广告时；当职位空缺有许多种，而在某一特定地区又有足够求职者的时候；当需要迅速扩大影响的时候；当在两周或更短的时间内足以对某一地区展开"闪电轰炸"的时候；当用于引起求职者对印刷广告注意的时候

(续表)

类型	优点	缺点	使用范围
现场发放（招聘现场的宣传资料）	当处于竞争的情况下，没有足够的求职者看你的印刷广告时；当职位空缺有许多种，而在某一特定地区又有足够求职者的时候；当需要迅速扩大影响的时候；当在两周或更短的时间内足以对某一地区展开"闪电轰炸"的时候；当用于引起求职者对印刷广告注意的时候	作用有限，要使此种措施见效，必须保证求职者能到招聘现场来	在一些特殊场合，如为劳动者提供就业交流会、公开招聘会、定期举行的就业服务会上布置的海报、标语、旗帜、视听设备等；或者当求职者访问组织的某一工作地时，向他们散发招聘宣传资料

（资料来源：耿煜. 新编现代饭店人力资源开发与管理实务全书. 北京：饭店管理出版社，2007）

2) 通过人才招聘网站招聘

网络作为一种全新的招聘渠道发展历史较短，但普及速度却十分迅速。现在很多饭店把网络招聘作为主要招聘渠道。网络招聘以其招聘范围广、信息量大，可挑选余地大，应聘人员素质高、招聘效果好、费用低等优势获得了越来越多饭店的认可。随着网络技术的发展，饭店还可以通过网络进行网络面试和在线人才测评，可以节省招聘费用。网络招聘的方式主要有两种，一是注册成为人才网站的会员，在人才网站上发布招聘信息，收集求职者信息资料，查询合适人才信息。由于人才网站上资料库大，日访问量高，所以饭店往往能较快招聘到合适的人才。同时，由于人才网站收费较低，饭店可以同时在几家网站注册会员，这样可以收到众多求职者的资料，可挑选的余地更大。这是目前大多数饭店在网上招聘的方式。二是在自己饭店的主页或网站上发布招聘信息。很多饭店都会在自己的官方网站上发布招聘信息，以吸引来访问的人员。

3) 利用猎头等中介机构招聘

猎头服务一般适用于高级人才的招聘，而职业介绍机构多为一般人才的推介。猎头的服务程序为：接受委托、职位分析及饭店背景了解、签约委托、寻猎行动、初试及综合测评、推荐与复试、录用、结算余款及后续跟踪服务。目前，我国的猎头市场还存在许多不规范的地方，因此一定要注意一些问题，选择猎头时要对其资质进行考察，在与猎头合作时，一定要在开始时约定好双方的责任和义务，并就一些容易发生争议的问题事先达成共识，例如费用、时限、候选人的标准、保证期的承诺、后续责任等问题。利用职业介绍机构的优点是可以省略筛选求职者的部分前期工作，而其缺点也在于此。职业介绍机构可能会使较差的求职者通过饭店的初选阶段，最终使饭店雇佣到达不到要求的求职者。

4) 他荐和自荐招聘

他人推荐是饭店外部招聘的一条可行之道。通过推荐途径获取人力资源，可以帮助饭店节约招聘广告费用和职业介绍所费用，饭店还能获得较高水平的工作应征者。此外，在服务竞争和员工流动加剧的情况下，饭店采取熟人介绍就业的方法，能够使新老雇员稳定和尽责地工作。这显然不同于部分饭店招聘中存在的"走后门"，而是约束新老员工，使他们都能努力工作，是对饭店效益负责的制度。自荐的应聘者，一般是目的十分明确的，但是因为时间上的差距，往往不一定能遇到恰好存在的职位空缺。对于这一类应聘者，人力资源部的员工应该礼貌地接待，做简要的面试，留下其个人简历和联系方法，并诚恳地予以反馈信息，倘若有适合的职位空缺，人力资源部应尽快与应聘者取得联系，让应聘者感到被重视、被尊重，这将有助于饭店树立良好的企业形象。

5) 通过专业院校招聘

专业院校是饭店组织人力资源的主要来源。每年学校都有大批毕业生走出校门，包括正规的饭店管理专业的毕业生和相关专业的学生，这些年轻的学生构成饭店组织人力资源的生力军，成为饭店组织后备技术人员和管理人员中的一分子。学校的学生一般没有工作经验，所以一方面对这些人员的招聘不能从经验上做要求，但考虑到高校青年学生具备很强的发展潜力，发展顺利的话可以成为未来一段时间组织强有力的中坚力量。所以饭店组织在招聘学校毕业的学生时要用长远的眼光，不能一概因为"缺少工作经验"把他们挡在门外。

6) 利用人才租赁招聘

人才租赁，也叫"人才派遣"，是饭店根据工作需要，通过人才服务机构租借人才的一种新型的用人方式，也是一种全面的高层次的人事代理服务。人才服务机构与用人饭店和派遣人员分别签订人才租赁协议、人才派遣合同，以规范三方在租赁期间的权利和义务，在租赁期间用人饭店与租赁人员不发生人事隶属关系。用人饭店与人才租赁服务机构的关系是劳务关系；被租赁人员与人才租赁机构的关系是劳动关系，与用人饭店的关系是有偿使用关系。随着人力资源供需情况的变化，市场上的人力资源中介机构和饭店人力资源部的专业化，饭店内的部分职位可以向专业的人力资源中介机构租借人才，但必须谨慎地选择合作机构和签订清晰合法的租赁合同。

(三) 内部招聘与外部招聘的优缺点对比(见表8-4)

表8-4　饭店内部招聘与外部招聘优缺点对比

类别	内部招聘	外部招聘
优点	了解全面，准确性高；可鼓舞士气，激励员工进取；应聘者可更快适应工作，使组织培训投资得到回报；选择费用低	人员来源广，选择余地大，有利于招到一流人才；新员工能带来新技术、新思想、新方法；当内部有多人竞争而难做出决策时，通过外部招聘可在一定程度上平息或缓和内部竞争者之间的矛盾；节省培训、投资等费用
缺点	来源局限于饭店内部，水平有限；容易造成"近亲繁殖"，出现思维定势和行为定势；可能会因操作不公或员工心理原因造成内部矛盾	不了解饭店情况，进入角色慢，较难融入饭店文化；对应聘者了解少，可能招错人；内部员工得不到机会，积极性可能受到影响

(资料来源：张波.饭店人力资源管理.大连：大连理工大学出版社，2009)

三、饭店员工甄选的内涵

饭店员工甄选，是组织通过一定的技术和手段，对已招募到的应聘者进行鉴别和考察，并根据其个性特点和知识技能水平，预测其工作绩效，确定是否录用；或通过协商，安排其他工作岗位的过程。为了尽可能全面和深入地了解应聘者的知识、能力、个性及特长等个人情况，组织应采取多种方式和手段，以选拔出饭店需要的合适人选。甄选工作是招聘工作最关键、最重要也是技术性最强的一个阶段，因而其难度也最大。

四、饭店员工甄选的测评方法

(一) 笔试法

笔试法是饭店组织常用的一种人员测评技术。它的主要特点是针对性强、知识面广、经济适用、结果可以量化，是目前各类测评技术中最常用的方法，特别适用于对员工的知识水平进行测试，例如对员工的英语水平的考察就可以通过笔试加口试，考察管理人员的专业知识也可通过笔试的方式进行。

(二) 能力测试法

能力测试是一种测量人的特质、需求及知识的方法，通过该项测试，可以明确申请者未来能担任什么工作及能给他何种机会。在管理中，有近百种能力测试方法可以使用，我们可以把它概括地归结为两类：普通能力测试和实际操作能力测试。

1. 普通能力测试

普通能力测试即一般能力测试，主要考核应聘者的思维能力、想象能力、记忆能力、语言能力、推理能力、判断能力、协调能力等。一般通过词汇、相似、相反、算数计算和推理等类型的问题进行评价。

2. 实际操作能力测试

在劳动密集型的饭店服务业工作，动手能力的高低，直接影响到工作业绩及饭店的工作效率，因此，对操作能力的测试就显得尤为重要。操作能力测试主要是用来测量员工的反应速度、灵活性、协调性及灵敏度等。这种测试可以帮助饭店管理者较为准确地判断求职者是否适合接受培训及需要培训的时间等。

(三) 情景模拟测试法

情景模拟测试法是根据可能担任的职位，编制一套测试项目，安排应聘者在模拟的工作环境中处理有关问题，用多种方法来测试其心理素质、实际工作能力和潜力。其特点是书面测试无法准确测试的领导能力、工作能力、人际交往、沟通、合作、理解、创造、解决问题、语言表达等综合素质，适合招聘服务人员、事务性工作人员、管理人员和销售人员时使用。

(四) 心理测试法

1. 智商测试

智商测试用来测定智力的差异。智力一词涉及甚广，人们从不同的角度赋予智力以不同的定义。例如，智力是把许多客观事物综合出来的能力；智力是把许多客观事物进行抽象的能力。智力包括语言表达的能力、驾驭控制别人的能力等。但现在基本取得的共识认为，智力主要是一个人学习和适应环境的能力。智商测试可估量儿童智力的发展程度及成年人相对于多数人的智力发展程度，实质上是对解决问题能力的测试，即被测试者如何在判断、创造以及逻辑思维方面使用自己智力的测试。各种类型的心理测试，一般都包括相当数目的不同测试条目或作业。根据被测试者所完成的作业数目，就可以确定测试的分数。

2. 个性测试

个性是一个人行为的综合体，包括体质、性情、兴趣、智慧、态度、价值观等。一个人的个性有其与其他人相异的特性，故具有独特性。个性测试与智商测试的主要差别在于，智商测验可以以一定精度确定构成智商的各种才智，这些才智是一种"绝对的品质"，它可以脱离开被试者进行独立的阐述和评分。个性则是一种"相对的品质"，它是一种相对的概念，是与个体相联系，与正常状态相对比较而存在。

(五) 职业兴趣测试法

职业兴趣作为一种特殊的心理特点，由职业的多样性和复杂性反映出来。职业兴趣上的个体差异是相当大的，也是十分明显的。因为，一方面，现代社会职业划分越来越细，社会活动的要求和规范越来越复杂，各种职业间的差异也越来越明显，所以对个体的吸引力和要求也就迥然不同。另一方面，个体自身的生理、心理、教育、社会经济地位、环境背景不同，所乐于选择的职业类型、所倾向于从事的活动类型和方式也就不同，即对应聘者的个人兴趣、爱好进行测试，将被测试者的兴趣与不同职业从业者的兴趣进行比较，进而确定其适合的职业领域。

(六) 面试法

面试是整个招聘工作的核心部分，是供需双方通过正式的交谈，使饭店能够客观地了解应聘者的语言表达能力、反应能力、个人修养、逻辑思维能力、业务知识水平、工作经验等综合情况，使应聘者能够了解更全面的饭店信息和自己在饭店未来的发展前景。如何提高面试的效率，通过面试准确地判断适合饭店的人才并吸引这些人才，是人力资源工作者所要思考的。面试的真正目的是评估应试者干好工作的能力，评估应试者是否适合担任这个工作，还需要实事求是地预先介绍工作情况，及时完成对应试者的剖析。

五、饭店员工录用

(一) 录用应聘者

1. 通知录用者

在决定录用之后，个别饭店会等待一段时间后再发出录用信息，因为太快给出信息可能会让应聘者觉得工作来得太容易而不珍惜这份工作。事实上，是否珍惜目前工作涉及很多因素，如工作是否适合自己，待遇、人际关系状况等，饭店没有必要人为地如此安排。因此，饭店要尽快通过电话、面谈、电子邮件等方式通知应聘者已被录用，并就到职日期及有关细节达成协议，然后发放录用通知书。通常，拟定人员录用通知应注意以下问题：用语贴切得体，能够恰当地体现饭店良好形象；明确员工报到须知；明确员工报到的时间与部门。

2. 通知未被录用者

在现实工作中，很多饭店往往只注意通知被录用的候选人，而忽视对未被录用应聘者的回复。拥有优秀饭店文化的饭店，一定会注意用一定的方式通知所有的未被录用者，每一个参加面试的人都应该得到一个及时的答复。

对未被录用的应聘者进行答复时应注意以下两点：尽量用书面的方式通知，并使用统一的表达方式；注意拒绝信的内容和措辞。

(二) 办理体检手续

饭店组织被录用人员到指定的医疗卫生机构进行体检，其目的是最终确定新员工的身体素质是否符合饭店工作的基本要求。体检的重点是确保新员工无任何传染性疾病、无影响正常工作的生理缺陷、无影响正常工作的慢性疾病等。通常以当地卫生检疫部门核发的员工健康证作为入职标准。

(三) 员工试用

员工试用期一般为一至三个月，试用期满若达不到饭店的标准，可延长试用期，试用期最长不得超过国家规定的期限六个月，若六个月仍不能转正，则不予以录用。试用期满，经部门考核、评估，符合岗位工作要求者可转正。员工进入饭店组织前要与组织签订试用合同。员工试用合同是对员工与组织双方的约束与保障。试用合同应包括以下主要内容：试用的职位、期限、报酬与福利、在试用期应接收的培训、工作绩效目标、应承担的义务、应享受的权利、员工转正的条件、试用期组织解聘员工的条件、员工辞职的条件与义务、员工试用期被延长的条件等。

(四) 转正并签订劳动合同

员工的正式录用就是所谓的"转正"，是指试用期满，且试用合格的员工正式成为该组织的成员的过程。员工能否被正式录用关键在于使用部门对其考核结果如何，组织对试用员工应坚持公平、择优的原则进行录用。正式录用过程中用人部门与人力资源部应完成以下主要工作：员工试用期的考核鉴定；根据考核情况进行正式录用决策；给员工提供相应的待遇；制订员工进一步发展计划；为员工提供必要的帮助与咨询；与员工签订正式的雇用合同等。

第三节 饭店员工培训

一、饭店员工培训的内涵

饭店员工的培训就是按照一定的目的，有计划、有组织、有步骤地向员工灌输正确的思想观念、传授服务、营销和管理工作的知识和技能的活动。其包括三方面含义：第一，它说明了饭店员工培训的主要目的和要求；第二，它说明了培训的主要内容和范围；第三，它说明了培训是一个饭店组织有计划、有组织的行为。因为饭店行业有其自身特点，所以在培训的时间、内容、范围、方法等方面与其他行业有所不同。

二、饭店员工培训的重要作用

(一) 培训为员工制定自身职业路径奠定基础

培训不仅对饭店有利，对员工本身也有好处。员工在接受培训——工作——再培训——再工作的过程中，熟悉了业务并成为内行，提高了胜任本职工作的信心，从而增强了职业安全感。员工通过培训可以拓宽视野，学到新知识和更先进的工作方法和操作技能、技巧，提高工作能力和服务效率，进而增加个人收入。由于员工通过培训扩大了知识面和工作领域，接受了新的管理理论，从而为将来的晋升发展创造了必要的条件。

(二) 培训是饭店自身经营管理的基本要求

饭店通过培训可以提高饭店的管理水平及工作效率，增加经营利润。同时，通过培训可以提高饭店员工的工作能力、服务质量，增强对饭店的责任感，减少客人投诉，减少浪费、破损与责任事故，降低物料成本。作为激励手段之一，培训可以增强员工对工作的安全感与满足感，增强团队的凝聚力，减少员工流失，并帮助饭店解决经营管理业务中的实际问题，促进饭店的业务发展和服务升级。

(三) 培训是饭店进行文化建设的重要途径

饭店文化是指饭店内部全体员工的共同价值观念、信念和行为准则。对饭店来说，饭店文化的核心就是服务文化，即为外部顾客和内部员工提供优质服务是饭店全体员工最重要的信念、行为准则和价值观念。饭店文化建设是一个系统工程。饭店精神的培养、饭店凝聚力的加强、饭店目标的宣传、服务意识的灌输等都需要教育和引导，培训是形成饭店文化的最佳途径之一。

(四) 培训是饭店适应市场竞争的必然选择

现代饭店组织面临激烈竞争的市场环境，世界经济的一体化发展、市场信息的瞬息万变，无不使组织面临生存的巨大压力。而竞争的焦点就是人力资源，现代市场环境下的饭店组织只有不断培训员工，不断更新员工的知识面，才能适应顾客需求的不断变化，才能在激烈的市场环境下立于不败之地。

三、饭店员工培训的特点

(一) 员工培训的针对性

饭店是一种综合性服务行业，前厅、客房、餐饮、康乐、工程、财务等各部门的专业知识和业务技能不完全相同，为了增强各部门员工对不同工种业务需求的适应能力，要求培训工作在计划安排、课程设置、训练方式方法选择等方面，必须从实际需要出发，坚持理论与实际相结合，以实用为出发点，注重针对性。

(二) 员工培训的计划性

饭店培训工作不是盲目的，它是一项有计划、有组织的工作。饭店通过相关计划，有针对性地预先制订饭店培训工作的目标、方针和过程，制定达到饭店培训目标的方法和措施，科学合理地动员组织、协调饭店的人、财、物去实现饭店培训的计划目标，这样才能确保达到提高饭店员工素质的目的。

(三) 员工培训的广泛性

由于饭店的员工培训必须以实用性为主，各部门所需要的知识技能不同，培训内容比较广泛和复杂，要求各部门各层次员工全面掌握所从事工作的专业知识与业务技能及相关的各种常识。因此，饭店需要开展不同内容的培训，做好计划安排，坚持长期规划与短期安排相结合。

(四) 员工培训的复杂性

饭店培训的主要形式是对员工进行在职训练，培训对象既有管理人员，工程技术人员，又有广大服务人员。由于人员结构层次复杂，员工的文化基础和知识水平参差不齐，饭店内部工种繁多且技术要求不同。因此，饭店的员工培训必然是多学科，多层次，多形式的，这种特点要求培训工作必须长期分阶段进行，并采用灵活多样的方式与方法。对不同工种或从事同一项工作的员工，培训必须针对不同岗位的业务需求，结合不同职务层次的实际需要，坚持遵循多学科、多层次、多种形式的灵活多变原则。

(五) 员工培训的灵活性

饭店在培训活动的时间安排与控制方面往往会受到一些困难的影响，往往要受到经营业务的冲击而不能按计划进行。因此，饭店人力资源部在培训计划的安排中，要准备各种应急与应变的措施，以适应饭店培训灵活多变的特点，使培训工作取得满意的效果。

四、饭店员工培训的基本内容

(一) 职业道德意识培训

职业道德是指饭店业的道德准则和行为规范，它是饭店从业人员身上体现的精神面貌和社会行为的总和。饭店职业道德培训教育的首要任务是加强对职业道德的认识，从而使员工在服务工作中形成正确的道德观念，逐步确立自己对客观事物的主观态度和行为准则。其次是通过职业道德培训教育使员工在本职工作中追求高尚的道德行为，并且能形成长期的职业道德习惯，将饭店职业道德规范自觉运用到本职工作中去。

(二) 饭店企业文化培训

饭店企业文化是饭店组织成员共有的行为模式、信仰和价值观。饭店企业文化包括饭店的经营理念、饭店精神、价值观念、行为准则、道德规范、饭店形象以及全体员工对饭店的责任感、荣誉感等。饭店企业文化现象都是以员工为载体的现象，而不是以物质为中心的现象，由一个饭店的全体成员共同接受，普遍享用，而不是饭店某些人特有的，并且是饭店发展过程中逐渐积累形成的。饭店企业文化培训的内容主要包括三个层次：精神文化层，包括饭店核心价值观、饭店精神、饭店哲学、饭店理念等；制度文化层，饭店的各种规章制度以及这些规章制度所遵循的理念，包括人力资源理念、营销理念、生产理念等；物质文化层，包括饭店建筑物、饭店标识、饭店传播网络等。

(三) 饭店服务知识培训

饭店服务知识是饭店员工为了更好地提供服务而应当知道的各种与服务有关的信息总和。掌握饭店服务知识是饭店各项工作得以开展的基础，只有在了解了丰富知识的基础上，才能顺利地向客人提供优质服务。

(四) 员工心理培训

心理培训，是一个新兴的培训概念。饭店心理培训属于心理学的应用范畴，它是将心理学的理论、理念、方法和技术应用到饭店管理和饭店训练活动之中，以更好地解决员工的动机、心态、心智模式、情商、意志、潜能及心理素质等一系列心理问题，使员工心态得到调适、心态模式得到改善、意志品质得到提升、潜能得到开发等。

(五) 员工操作技能的培训

饭店的服务工作是技能型和技巧性很强的工作。因此，操作技能的培训是员工培训的一项主要内容。例如，餐厅服务员领位、看台、摆台、上菜、撤盘的培训；前台服务员办理客人入住、结账、收银、预订等都是操作性很强的工作；客房服务员清扫客房、做夜床等。操作技能的培训既是基础性培训，又是长久的培训，要常抓不懈。操作技能的培训既有集中培训的方式，也有在实践中不断深化提高的必要，以求不断让员工掌握最新的工作方法，提高工作能力和工作效率。

五、饭店员工培训的基本方法

(一) 讲授法

讲授法是传统模式的培训方法，也称课堂演讲法。在饭店培训中，经常开设的专题讲座形式就是采用讲授法进行培训，适用于向大群学员介绍或传授某个课题内容。培训场地可选用教室、餐厅或会场。饭店培训若采用这种方法，特别要考虑如何使受训员工自始至终保持学习兴趣、一心一意。这就要求授课者对课题有深刻的研究，并对学员的知识、兴趣及经历有所了解。首先，培训讲师应与受训员工进行沟通，用问答形式获取学员对讲授内容的反馈；其次，授课者良好的表达能力的、视听设备的使用也很重要。

(二) 案例研讨法

研讨法是对某一专题进行深入探讨的培训方法。研讨法又分为问题讨论法和案例研讨法。问题讨论法是由培训者提出问题，组织和引导参与者开展讨论并给予提示，最终得出正确结论的方法。案例研讨法是受训人员对实践中生动具体的案例进行分析、研究，并提出自己的见解。案例研讨法提供的情景是具体的、全方位的，而员工的行为可以从多方面进行解释，因此很难有一个最优答案。研讨法比较适用于中高层管理人员的培训。研讨法的优点是学员可以积极参与，并进行充分信息交流，针对性强，从而可以加深对知识的理解。其缺点是研讨内容的准备工作较难，对培训者的要求较高。

(三) 角色扮演法

角色扮演是一种情景模拟活动。总的来说，角色扮演法既是要求被试者扮演一个特定的管理角色，通过观察被试者的多种表现，了解其心理素质和潜在能力的一种测评方法，又是通过情景模拟，要求其扮演指定行为角色，并对行为表现进行评定和反馈，以此来帮助其发展和提高行为技能最有效的一种培训方法。

(四) 模拟训练法

模拟训练法就是利用现代科学技术手段创设出的虚幻情景或某些特别条件进行训练的方法。模拟训练法与角色扮演类似，但不完全相同。模拟训练法更侧重于对饭店员工操作技能和反应敏捷度的培训，它把参加者置于模拟的现实工作环境中，让参加者反复操作装置，解决实际工作中可能出现的各种问题，为进入实际工作岗位打下基础。模拟训练法很早已经被运用。二战时，美国就曾运用高科技手段对作战人员进行模拟训练。他们观看战争影片，在观看过程中认真感受和体会战场的气氛，从而提高自身的实战经验。模拟训练法作为一种实验操作的方法，已经在世界范围内得到广泛运用。

(五) 操作示范法

操作示范法是最常用、最有效的基层培训方法，除由培训教师亲自示范外，还包括观看教学电影、幻灯片和参观学习。这种方法适用于较为机械性的工种，如餐厅、酒吧服务员的摆台、上菜、调酒或客房服务员的铺床、清扫等实务操作训练。操作示范法的程序是：先由培训教师讲解操作理论与技术规范，并按照岗位规定的标准、程序进行示范表演。对于操作过程中的重点和难点可以反复强调示范。然后由员工模仿演练，同时培训教师应进行指导，纠正错误动作，直到员工符合操作标准。

(六) 头脑风暴法

头脑风暴法是现代创造学的创始人美国学者阿历克斯·奥斯本于1938年首次提出的。它原指精神病患者头脑中短时间出现的思维紊乱现象，病人会产生大量的胡思乱想。奥斯本借用这个概念来比喻思维高度活跃，打破常规的思维方式而产生大量创造性设想的状况。头脑风暴的特点是让与会者敞开思想，使各种设想在相互碰撞中激起脑海的创造性风暴。这是一种集体开发创造性思维的方法。头脑风暴法在饭店管理的实际应用中，适用于每一个管理层面，它能最大限度地集思广益，激发每一个人参与饭店管理的积极性，强化每一个人工作的责任心和荣誉感。事实证明，它是一种非常有效的、就特定主题集中注意力与思想进行创造性沟通的方式。

第四节 饭店员工绩效考核

一、绩效考核的内涵

绩效考核是指饭店人力资源管理相关部门，根据一定的考核程序，采用相应的考核方法，按照考核的内容和标准，对考核对象的德、能、勤、绩等方面实施定期或不定期的考察和评价。其中考察是对考核对象的工作过程及工作质量状况进行了解；评价则是在考察的基础上，对考核对象的工作情况做出公正合理的评判。

二、绩效考核的内容

通常把员工绩效考核内容分为：工作能力评价、工作业绩评价和工作态度评价。

1. 工作能力

工作能力是个体工作业绩的基础和潜在条件，没有工作能力就不可能创造好的工作业绩。工作能力包括体能、知识、智能和技能等内容。

2. 工作业绩

工作业绩是指员工的工作成果和效率。工作业绩就是对员工职务行为的直接结果进行评价的过程。这个评价过程不仅可以说明各级员工的工作完成情况，更重要的是通过这些评价推动员工有计划地改进工作，以达到饭店发展的要求。一般说来，可从数量、质量和效率等方面对员工业绩进行评价。

3. 工作态度

工作态度主要指纪律性、协作性、积极性、服从性、归属感、敬业精神和团队精神等，是影响员工工作能力发挥的个性因素。当然，影响工作能力发挥的还有外部条件的限制。绩效评价中对员工工作态度的评价，就是要鼓励员工充分发挥现有的工作能力，最大限度地创造优异的工作业绩。

三、绩效考核的作用

1. 绩效考核为饭店员工任用提供依据

建立科学的员工考核制度，人力资源部可以积累可靠的管理资料，为公平合理地任用人才提供确切的事实依据。人员任用的标准是德才兼备，人员任用的原则是因事择人、用人所长、容人之短。要想判断员工的德才状况、长处短处，进而分析其适应何种职位，必须对其进行考核。人员考核是"知人"的主要手段，而"知人"是用人的主要前提和依据。

2. 绩效考核是对饭店员工进行激励的手段

大多数员工希望知道自己在饭店的工作情况如何，自己的努力是否得到领导的认可。通过定期考核不仅能使饭店组织掌握每位员工的具体工作情况，且能及时向员工反馈考核的结果，让他们了解饭店组织对其工作的评价，知道自己在工作中存在的不足，掌握饭店管理部门所提倡的规范行为。这有助于员工自觉巩固好的行为，纠正自身存在的不足，调动他们的工作积极性。由于考核本身就是对工作业绩的评定和认可，因此它能使员工体验成就感和自豪感，从而激发出员工工作的自觉性、主动性。

3. 绩效考核是确定饭店员工劳动报酬的依据

考核结果是薪金报酬管理的重要依据。按劳付酬、论功行赏能使员工感觉公平，有助于增强员工工作的责任感和自信心，以免因报酬不合理而挫伤员工的工作热情，使人力资源能够充分发挥其应有的作用，防止人才的流失。

4. 绩效考核能为饭店相关部门决策提供参考依据

工作业绩考核是饭店管理部门开展人力资源工作研究的重要途径。当人力资源部门需要确定新的人员测评指标时，可以用工作绩效考核的结果作为工作成效的标准。因此，工作绩效考核可以用来进行各种人力资源领域的研究，设计有关人员招聘、预测、录用、调配方面的决策方案，检验决策的效用，制订人力资源开发的计划等。

5.绩效考核有助于完善饭店的人力资源管理体系

绩效考核可以为饭店对员工的提升、换岗、培训等人力资源工作提供可靠的参考依据，饭店可以根据考核大纲，完成许多工作。这些工作包括：分析培训需要，制定出个人和小组培训大纲；制订人员替补计划和管理发展计划，确定可提拔的人，并清楚地了解他们的具体发展需求；提供工资评审的客观根据。所以，业绩考核是推动饭店人力资源开发、管理工作合理化、科学化的重要措施。

四、饭店员工绩效考核的方法

饭店员工绩效考核的方法是指在饭店组织员工绩效考核过程中使用的技术手段。绩效考核不是一项孤立的职能活动，它与绩效管理的其他环节相互作用，互相提供服务，绩效考核提供的数据往往是其他决策的依据。绩效考评方法丰富多样，各种方法都有自身的局限性和使用范畴。考核目的不同，考核方法也会有所不同，对考核数据的精确性要求也不同。

(一) 排序考核法

排序法，即排出被考评人员每人绩效相对的优劣程度，通过比较确定每人的相对等级或名次。排列方向由最佳排至最差，或反之均可。排序比较可以按照某个单一的特定绩效维度，如服务质量、服务态度等进行，但更常见的是对每个员工的整体工作状况进行比较。按照排序程序的不同，排序法分为以下几种。

1.简单排序法

考核者将员工按照工作的总体情况从最好到最差进行排序。这种方法简单、易操作、成本低，有利于识别绩效好的员工和绩效差的员工，适合于考评人数较少的情况。考评人数多时，由于排序烦琐、分数差距不大，出现分数近似而名次相差很大的情况，易给被考评者造成不公平的错觉，此时简单排序法就不再适合。

2.交替排序法

这是简单排序法的变形。首先根据绩效评定标准挑选出最好和最差员工，列为第一名和最后一名。再从剩下的员工中挑出次优和次差，最后得到完整序列。

3.对偶比较法

将全体员工，逐一配对比较，工作好的员工得"1"分，差的得"0"分，按照逐对比较中被评为较优的总名次来确定等级名次。这是一种系统比较程序，科学合理，但此法通常只考评总体状况，不分解维度，也不测评具体行为，其结果是相对等级顺序。当被考核者达10人以上时，对偶比较次数太多，实际也不太可行。

(二) 360度绩效考核法

360度绩效考核法，又称全方位绩效考核，它是从上级、下级、同事、自我、客户全方位收集评价信息，从多个视角对员工进行综合绩效考核并提供反馈的方法。每个考核者站在自己所在的角度对被考核者进行考核，这种多方位的考核，可以避免一方考核的主观武断，增强绩效考核的信度和效度。360°绩效考核法如图8-5所示。

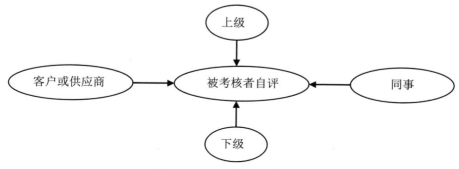

图8-5　360°绩效考构核法

(资料来源：王珑，徐文苑.饭店人力资源管理.广州：广东经济出版社，2007)

1. 上级考核

这里的上级是指被考核员工的直管领导，通常也是绩效考核中最主要的考核者。好的直管领导比其他人更了解下属的工作和行为表现，因此也最有发言权。上级考核的优点有：有机会与下级沟通，了解下级的想法，更好地发现下级的潜能；考核可以与奖罚、加薪、升迁等结合。但是上级考核也有弊端：上级的考核常常难以控制方向，有可能沦为说教式的单项沟通；由于考核有可能与奖罚等内容结合，而上级又掌握着这种奖罚权，被考核的下级往往会感受到压力和威胁，心理负担较重；作为考核者的上级，如果缺乏考核的必要训练和技巧，考核的结果就不能反映真实的情况。

2. 下级考核

下级对上级的考核一般不常用，但它对饭店民主氛围的培养起着重要的作用。目前，国外一些有着先进管理经验的大型跨国饭店中引入了这种考核体系，取得了良好的效果。下级考核的优点有：能够起到一定的权力制衡的作用；下级能够帮助上级完善其领导方式，发挥其领导才能，使工作更有效。当然这种考核方法也有其弊端：为了避免报复，下级在考核中往往不敢实事求是地表达其真实想法，甚至会夸大上级的优点；上级并不真正重视下级对他的考核，考核结果只是一纸空谈。

3. 同事考核

同事是与被考核者朝夕相处的人，对被考核者观察最深入、了解最透彻。因此，同事考核的最大优点是全面而真实，避免直属领导的偏见，当然这是建立在同事采取实事求是的态度进行考核的基础上的。因此，同事考核的缺点是同事往往顾及个人交情而使考核结果脱离实际。此外，同事之间如果出现利益之争也会使结果脱离实际。

4. 自我考核

自我考核是由员工本人对自己的绩效做出评价，尤其是设立目标时鼓励员工参加，会使员工更加明确目标，在工作中更有积极性。它是众多考核法中最轻松的一个，考核双方都不会感到压力。它能增强员工的参与意识。 同时自我考核的弊端也是显而易见的，考核者常常把自己的绩效高估。

5. 客户考核

客户是饭店外部人员，因此考核会更加真实公正。但是客户考核很难操作，只适用于考核那些与客户接触较为紧密的员工，如客房服务员、餐饮服务员等。其优点有：客户考核较为客观公正；能够使饭店强化以顾客满意度为导向的观念；使饭店更重视其公众形象。客户考核的弊端在于：难以操作，这是由于不同的客户的考核标准不同所造成的；由于客户不属饭店管理，所以难以命令其完成考核，只能说服或邀请其配合，这当然是一项费时费力的工作。

(三) 目标管理考核法

目标管理由管理大师彼得·德鲁克在1957年提出，被称为"管理中的管理"，是一种被广泛接受的管理理念和应用成熟的绩效考核模式。简单而言，目标管理就是让管理人员和被管理者共同参加工作目标制定，在工作中实行"自我控制"并努力完成工作目标的管理制度。它注重绩效结果和任务管理，先由饭店最高管理者提出组织在一定时期的总目标，然后由饭店组织内各部门和员工根据总目标确定各自的分目标，并在获得适当资源配置和授权的前提下积极主动为各自的分目标而奋斗，从而使饭店组织的总目标得以实现。

目标管理的实质是"目标绩效导向的自我管理"，其构成要素包括：目标体系、有效的授权、双向的沟通、自我激励。单纯的目标管理强调目标的完成，而不以其中的完成过程、完成原因为重点。饭店在实施目标管理时必须加强信息工作。信息是目标管理最基本的要素之一：确定目标需要以大量的信息为依据；展开目标需要加工、处理信息；实施目标的过程就是信息的传递和转换过程。因此信息工作是目标管理基础工作的重要内容，是使目标管理得以正常运转的纽带。

(四) 关键事件考核法

关键事件考核法是由美国学者弗拉赖根和伯恩斯共同创立的，就是通过观察并记录下有关工作成败的"关键性"事件，以此对员工进行考核评价。关键事件法要求保存最有利和最不利的工作行为的书面记录。当这样一种行为对部门的效益产生无论是积极的还是消极的重大影响时，管理者都应把它记录下来。在考核的后期，考核者运用这些记录和其他资料对员工业绩进行考核。用这种方法进行的考核可以贯穿整个考核阶段，而不是仅仅集中在最后几周或几个月里。

在运用关键事件法的时候，管理人员将每一位下属员工在工作活动中所表现出来的非同寻常的良好行为或非同寻常的不良行为记录下来。然后在每六个月左右的时间里，管理人员和其下属人员见一次面，根据所记录的特殊事件来讨论后者的工作绩效。关键事件考核方法通常可作为其他绩效考核方法的一种很好的补充，因为它具有以下优点。

首先，它为管理者向下属员工解释绩效考核结果提供了一些确切的事实证据。

其次，它还会确保管理者在对下属员工的绩效进行考察时，所依据的是员工在整个年度中的表现，而不是员工在最近一段时间内的表现。

再次，保存一种动态的关键事件记录还可以使管理者获得一份下属员工消除不良情绪的具体实例。

关键事件法给予员工与工作相联系的极其有用的反馈，可以减少近期效应。当然它也存在弱点，最大的问题是管理人员常漏记关键事件。有很多时候，管理人员都是一开始忠实地记下每一件，到后来失去兴趣，到考核期限快结束时去补充记录。这样，近期效应的偏差被夸大，员工会觉得管理人员编造事实来支持其主观意见。

(五) 评分考核法

评分考核法就是先把考评的项目逐一列出来，由考评者根据员工表现，在分值栏给出相应分数，然后把分数汇总，就得出了一个员工的绩效考评分数。需要注意的是，每项评估项目都不应是对员工个性的评估，而是对员工工作行为的评估。这种方法相对简单，所以应用广泛。其缺点在于划分等级较宽，难以把握尺度，受考评者主观随意性因素影响较大。员工考核评分表如表8-5所示。

表8-5　员工考核评分表

部门：　　　　　　　　　　　　　　　　　　　　　　　　　　　　　　　　　参评人：

考核项目	评分标准									
	A		B		C		D		E	
智能经验	经验丰富，能触类旁通，且经常提出改进意见	20	经验较一般，为人良好，工作熟练	16	肯上进，能接受指导，可以胜任工作	12	不求上进，尚需继续加以训练	8	对工作要求茫然无知，工作疏忽大意	4
处理能力	理解能力非常强，对事判断极正确，处理突发事件能力极强	15	理解力强，对事判断正确，处理突发事件能力较强	12	理解判断力一般，处理事件较少犯错误	9	理解能力较差，对复杂事件判断力不够	6	理解迟钝，判断能力差	3
协调督导	协调能力强，经常督导下属，对工作能尽最大努力，并顺利完成	25	爱护下属，常给予下属督导与训练	20	能应下属之要求协调处理相关事件	10	仅在必要时与人协调，不常督导下属	9	工作散漫，不能与人合作，不能督导下属	5
责任感	任劳任怨，竭尽所能完成任务	20	工作努力，份内工作做得非常好	16	有责任心，能自动自发工作	12	常需督导方能完成工作	8	无责任感，粗心大意	4
奖惩记录										
考核评分										
奖惩增减分										
考评成绩										

(资料来源：任长江，薛显东. 饭店管理职位工作手册. 北京：人民邮电出版社，2006)

五、影响饭店绩效考核的因素及修正措施

(一) 影响绩效考核的因素

饭店员工的绩效考核是一项复杂的工作，且在实际操作过程中总会出现这样或那样的问题，影响着绩效考核的公正性和客观性。影响绩效考核的常见因素如下。

1. 晕轮效应

晕轮效应，是指在观察某个员工时，对于其身上某种品质或特征有清晰明显的知觉，由于这一特征或品质从观察者的角度来看非常突出，从而掩盖了对这个人其他特征和品质的知觉。这就是说，这一突出的特征或品质起着一种类似晕轮的作用，使观察者看不到他的其他品质，从而由一点做出对这个人整个面貌的判断。晕轮效应往往在判断一个人的道德品质或性格特征时表现得最明显。

当评价者仅把一个因素看作最重要的因素，并且根据这一因素对员工做出一个好坏的全面评价，则会发生晕轮效应的错误。例如，某位前厅部经理非常重视饭店服务质量，当让他对他的下级进行考评时，他会因某员工平时说话不拘小节而给他一个较低的评价。如果这个员工平时很注意自己的言行细节，则可能得到相反的评价结果。所以，在考评中晕轮效应对有关员工和组织都会造成损害。晕轮效应的产生，往往是由于参评者在对被考评者不熟悉、了解很少的情况下，对其做出总体评价，这也是在日常考评工作中常见的情况。

2. 近因误导

一般来说，人们对最近发生的事情记忆深刻，而对以前发生的事情印象模糊。考核人对被考核人某一阶段的工作绩效进行考核时，往往会只注重近期的表现和成绩，以近期印象来代替被考核人在整个考核期的绩效表现情况，因而造成考核误差。比如，被考核人在工作初期表现较差，而等到临近被考核时才开始表现良好，却照样能够得到好的评价。

绩效考核应贯穿于管理者和员工工作的每一天，而不是考核期的最后一段时间。考核人平时必须注意做好考核记录，在进行正式考核时，参考平时考核记录方能得出客观、全面、准确的考核结果。

3. 首因效应

首因效应是指考核者凭"第一印象"来下判断，这与人的思维习惯有关。当被考核者的情况与考核者的"第一印象"有较大差距时，考核者就可能因存在首因效应而产生偏见，在一定程度上影响考核的结果。

4. 暗示效应

暗示是人们一种特殊的心理现象，是人们通过语言、行为或某种事物提示别人，使其接受或照办而引起的迅速的心理反应。考核人在领导者或权威人士的暗示下，很容易接受他们的看法，而改变自己原来的看法，这样就可能造成绩效考核的暗示效应。在考核中，暗示效应引起的误差是难免的。为了防止这种误差，在考核中领导者或权威人士的发言应放在最后，这样他们的讲话就难以起到暗示作用了。

5. 宽严倾向

宽严倾向包括"宽松"和"严格"两个方面。宽松倾向是指考核中所做的评价过高，严格倾向则是指考核中所做的评价过低。导致这两类考核误差的原因，主要是缺乏明确、严格、一致的判断标准。在评价标准主观性很强，并要求评价者与员工讨论评价结果时，很容易出现宽松倾向，因为评价者不愿意给下属过低的评价而招致其不满，而且下属在以后的工作中可能变得不合作；相反，当评价者采用的标准比饭店制定的标准更加苛刻时，则会出现严格倾向。

6. 平均倾向

平均倾向也称调和倾向或居中趋势，是指大多数员工的考核得分都居于"平均水平"的同一档次，并往往是中等或良好水平。与过宽或过严倾向相反，考核者不愿意给员工们"要么优秀、要么很差"的极端评价，无论员工的实际表现如何，统统给中间或平均水平的评价。但实际上这种中庸的态度，很少能在员工中赢得好感，反而会起到"奖懒罚勤"的副作用。

7. 个人偏见

考评者是否熟悉或喜欢被考评人，都会对被考评人的考评结果产生影响。考评者往往会给自己熟悉或喜欢的人较高评价，而对自己不熟悉或不喜欢的给予较低的评价，这就是个人偏见误差。采取小组评价或员工互评的方法可以有效地防止个人偏见误差的产生。

8. 自我比较

考核人不自觉地将被考核人与自己进行比较，以自己作为衡量被考核人的标准，这样就会产生自我比较误差。若考核人是一位完美主义者，他可能会放大被考核人的缺点，给被考核人较低的评价；若考核人自己有某种缺点，则可能无法看出被考核人也有同样的缺点。

9. 从众心理

从众心理指个人受到外界人群行为的影响，而在自己的知觉、判断、认识上表现出符合于公众舆论或多数人的行为方式。通常情况下，多数人的意见往往是对的。少数服从多数一般是正确的，但缺乏认真分析或不作独立思考是不可取的。不顾是非曲直地一概服从多数，则是不值得提倡的，是消极的"盲目从众心理"。

(二) 影响绩效考核的修正措施

1. 尽量使考评标准客观化

考评标准客观化，可以最大限度地减少考评者主观因素的影响。有些考评项目较容易制定客观标准，但有些考评内容及考评标准较难客观化，如员工的协作意识、敬业精神等。因此，需要从多个角度对员工进行考评，使考评结果尽量客观，同时也使这类考评内容的考评标准尽量客观。如可将员工的协作意识划分为很强、较强、一般、较欠缺、很差等几个档次，由考评人员进行评定。

2. 选择合适的考评方法

每一种考评方法均有其优缺点，要根据饭店的实际情况和被考评人员的情况选择合适的考评方法，必要时也可以结合运用几种考评方法。如要晋升一名员工，可先采取评分法，找出某部门分值最高的前三位员工，然后采用360°绩效考核法来决定到底晋升哪位员工。最合适、最有效的考评方法就是最好的考评方法。

3. 慎重选择考核者

绩效考核工作应当由能够直接观察到员工工作的人承担，甚至由最了解员工工作表现的人承担。一般情况下，绩效考核的主要责任人是员工的直接领导。这是因为直接领导在观察员工的工作绩效方面处在最有利的位置，而且这也是其应该承担的管理责任。但是，直接领导不可能对下属的工作全部了解，直接领导在考核下属时可能会强调某一方面而忽视其他方面。此外，还可能存在领导者人为操纵考核的问题，因此，考核者还应当包括考核对象的同事、下属和本人，以避免这一问题的产生。

4. 培训绩效考核者

为了避免考核者在考核过程中的晕轮效应、从众心理、首因效应等误差，应对考核者进行培训。在一项典型的此类考核人员培训中，主讲人先为考核者讲解员工实际工作情况，然后将结果放到粘贴板上，并对工作绩效考核中可能出现的问题逐一进行讲解。最后主讲人将会给出正确的考核结果并对考核者在考核过程中所出现的各种错误一一加以分析。有研究表明，用计算机辅助进行工作绩效考核培训，有助于提高管理人员和下属员工就绩效考核展开讨论的能力。

5. 以事实材料为依据

在考核工作中，每一项考核的结果都必须以充分的事实材料为依据，这样可以避免凭主观印象考核和由晕轮效应、自我比较等所产生的问题。

6. 公开考核过程和考核结果

绩效考核必须公开，这不仅仅是考核工作民主化的反映，也是饭店管理科学化的客观要求。考核评价做出以后，要及时进行考核面谈，由上级对下级逐一进行，以反馈考核评价的结果。让员工了解自己的考核得分和各方面的意见，也使管理者了解下级工作中的问题及意见。将考核结果反馈给员工，有利于让员工更客观地认识自己、扬长避短、做好工作；对绩效考核结果进行保密，只会起到导致员工不信任与不合作的后果。

第五节 饭店薪酬管理

薪酬管理是饭店人力资源管理活动中十分重要的部分，薪酬体系设计的公平合理与否，是否能吸引和留住优秀员工是薪酬管理所需要解决的主要问题。

一、薪酬的内涵

薪酬是饭店对员工为饭店所做的贡献，包括实现的绩效、付出的努力、时间、学识、技能、经验与创造所付给的相应回报或答谢。实质上是一种公平的交换或交易，体现了社会主义市场经济的分配原则。而按贡献分配本身就隐含着内在的等价交换的意义，反映了劳动力市场的价值规律。

　　薪酬的功能与人力资源管理的总体功能是一致的，也就是能吸引和激励饭店所需的人力资源。从劳动经济学角度讲，薪酬有三大功能——保障功能、激励功能和调节功能。从人力资源管理的角度看，薪酬应主要体现和发挥它的激励功能。

二、薪酬的构成

　　薪酬可分为狭义和广义两种。狭义的薪酬是指个人获得的以金钱或实物形式支付的劳动报酬，包括固定薪酬、月度奖金、年度奖金、现金补贴、保险福利、带薪休假、利润分享、持股等。广义的薪酬包括经济性薪酬与非经济性薪酬。其中，经济性薪酬又包括直接的经济性薪酬和间接的经济性薪酬。直接的经济性薪酬主要有职位薪酬、技能薪酬、绩效薪酬、奖金、股权、红利、津贴等。而间接的经济性薪酬是指饭店向员工提供的各种福利，如各种保险、补助、优惠、服务和带薪休假等。非经济性薪酬包括工作本身、饭店内部环境以及饭店外部特征为员工带来的效用满足。工作本身带来的心理满足包括：工作的挑战性、责任感、成就感、趣味性，员工在工作中所体验到的个人能力和适应性等多方面的成长以及个人梦想的实现等。饭店的内部环境包括饭店的硬环境和软环境。其中硬环境包括饭店的工作条件、工作地点和工作时间。软环境包括饭店的管理制度、上下级关系、同事关系、团队气氛和信息环境。符合员工需要的饭店内部环境可以为员工的某些心理需求提供满足，但这些环境的建设需要饭店花费一定的财力和智慧。饭店的外部特征同样可以影响员工某些心理需求的满足，如饭店的地理位置、社区环境、业界声望、社会网络以及饭店的发展前景等。

三、薪酬管理的内涵

　　所谓薪酬管理，是指饭店根据员工所做出的贡献来衡量和确定他们应当得到的报酬总额、报酬结构以及报酬形式的过程。在这个过程中，饭店就薪酬水平、薪酬体系、薪酬结构、薪酬构成以及特殊员工群体的薪酬做出决策。同时，作为一种持续的组织过程，饭店还要持续不断地制订薪酬计划，拟订薪酬预算，就薪酬管理问题与员工进行沟通，同时对薪酬系统的有效性做出评价而后不断予以完善。

　　薪酬管理对几乎任何一个饭店来说都是一个比较棘手的问题，主要是因为饭店的薪酬管理系统一般要同时达到公平性、有效性和合法性三大目标，饭店经营对薪酬管理的要求越来越高。但就薪酬管理来讲，受到的限制因素却也越来越多，除了饭店基本的经济承受能力、政府法律法规外，还涉及饭店不同时期的战略、内部人才定位、外部人才市场以及行业竞争者的薪酬策略等因素。

　　为达到薪酬管理的目标，饭店在薪酬管理的过程中必须做出一些重要的决策。其中包括薪酬体系、薪酬水平、薪酬结构三大核心决策，以及薪酬构成、特殊群体的薪酬、薪酬管理政策三大支持性决策。

四、薪酬管理的原则

著名薪酬管理专家许玉林教授认为，薪酬管理应遵循以下12大原则。

(1) 让员工理解改变当前薪资体系的必要性。

(2) 让员工了解工作评价的程序、方法和建立一个什么样的薪资体系。

(3) 强调工作评价的结果不会影响员工目前的工作。

(4) 新的薪资体系将对员工起到更有效的激励作用，薪资体系将更为合理。

(5) 工作评价的是工作，而不是员工。

(6) 组织中每一项工作与其他工作都是可比的。

(7) 薪资的等级是由工作的价值决定的，而薪资是由薪资等级确定的。

(8) 通过建立工作的比例关系确定薪资的比例关系。

(9) 强调工作评价将不确定工作的数量、不衡量员工的能力、不是为了削减薪酬的水平。

(10) 确定的薪酬体系应高于平均水平。

(11) 薪酬体系应包括一系列福利计划，视员工为组织的长期投资。

(12) 薪酬体系的建立应适应劳动力市场变化的需求。

五、薪酬管理的作用

1. 薪酬管理有助于改善饭店的绩效

有效的薪酬管理能够对饭店员工产生较强的激励，提高他们的工作绩效，进而使整个饭店的绩效得以提升。此外，薪酬管理对饭店绩效的影响还表现在饭店的成本方面。对于饭店来说，通过有效的薪酬控制，饭店可以在一定程度上降低总成本，从而扩大产品和服务的利润空间。

2. 薪酬管理有助于塑造饭店良好的企业文化

良好的饭店企业文化对于饭店组织的正常运转具有重要的作用，而有效的薪酬管理则有助于塑造良好的饭店文化。经济性薪酬为饭店文化的建设提供了基本的物质基础，而非经济性薪酬本身就含有大量企业文化的成分。更为重要的是，合理的薪酬制度可以作为构建饭店企业文化的制度性基础，对饭店企业文化的发展方向具有重要的引导作用。

3. 薪酬管理有助于激励员工的内在潜力

所有的饭店都在寻求产出率高、拥有责任感和工作热情的员工。有效的薪酬管理可以通过提供一种利益分享，即将薪酬与产出率和其他识别员工努力和贡献的主要绩效测量方法紧密联系，来这样培养劳动力。科学合理的薪酬体系是使每个员工自觉地为实现饭店目标而努力工作的有效激励手段。薪酬的高低决定了员工物质生活条件的好坏，同时薪酬的高低也在一定程度上反映了员工社会地位的高低，是全面满足员工多种需要的经济基础。因此，正常合理的薪酬分配，有助于调动员工的积极性；反之，则势必影响员工积极性的发挥，薪酬的激励作用也将丧失。

4. 薪酬管理有助于减少员工流失并保持稳定

近年来，饭店员工流失现象严重，员工流动率高，成为困扰饭店管理人员的一大问题。员工流失的一个重要的原因就是饭店缺乏良好的人力资源管理体系，薪酬水平不具备吸引力，在一定程度上打击了员工的积极性，员工离职、跳槽的现象十分普遍。饭店薪酬待遇过低是造成员工高流失率的主要原因，有些饭店只考虑到提高员工的薪酬水平会直接增加饭店的运营成本，而忽视了饭店员工大量离职所增加的招聘、培训费用，而且大量的员工流失还给饭店的日常运营管理带来了极大的困难。同时，还会给饭店形成低薪酬、低福利的口碑，不利于饭店招募到具有特殊技能的员工和优秀的管理人才，进而影响到饭店的长远发展。因此，饭店人力资源管理部门应结合饭店的实际情况，适当调整薪酬水平，改善员工待遇，提高员工的忠诚度，保证饭店人员结构的相对稳定。

六、饭店薪酬基本形式

(一) 工资

1. 岗位工资制

岗位工资制是指以岗位劳动责任、劳动强度、劳动条件等评价要素要求而确定工资的制度。员工所在岗位为支付工资报酬的根据，工资变化以岗位变化为出发点，岗位成为发放工资的唯一或主要依据。岗位工资制具有技术性、职责性和专业化的特征。

岗位工资制的主要特点是对岗不对人。岗位工资制有多种形式，主要有岗位效益工资制、岗位薪点工资制、岗位等级工资制。但不论哪种，岗位工资的比重应该占到整个工资收入的70%以上。实行岗位工资，要进行科学的岗位分类和岗位劳动测评，岗位工资标准和工资差距的确定，要在岗位测评的基础上，引进市场机制，参照劳动力市场中的劳动力价格情况加以合理确定。

2. 技能工资制

技能工资制是指根据不同岗位、职位、职务对劳动技能的要求，确定员工所具备的劳动技能水平，从而确定其相应工资的制度，如与职称挂钩的工资制属于技能工资制。在实践中它往往以资历、学历为衡量标准，和员工真正具备的技能关联不大，影响了它在饭店中的使用效果。目前，饭店的技能工资制主要以员工的实际能力、才干为出发点来支付不同的工资。因此，要区分能力的差异，建立一套对能力进行分层分类的体系。如任职资格体系，以员工在工作中所需要的知识、能力、态度为标准，这种工资制度适合于饭店中的知识型、技能型员工。

3. 绩效工资制

绩效工资又称绩效提薪。绩效工资是根据员工的绩效考评结果来对员工的工资进行动态调整，并将调整结果作为下一个考核周期内的工资水平的工资制定类型。它是以员工的工作业绩为基础支付的工资，支付的唯一根据或主要根据是工作成绩或劳动效率。绩效工资注重个人绩效差异，有利于发挥个人积极性。但饭店如果不能建立起科学的绩效考评体系，就会使绩效工资有名无实，甚至产生较大的负面影响，因为获得提薪的员工未必是真正对饭店做出贡献和创造价值的员工。因此，绩效工资的公平性值得每个饭店根据实际情况认真考虑。

4. 结构工资制

结构工资制是把员工的工资划分成若干个组成部分构成动态性的工资结构模式，用工资分解的方式确定和发挥各部分工资各自不同的功能。它克服了传统工资制度中将员工的工作年限长短、技术水平高低、劳动态度优劣、贡献大小等因素混杂在一起，用混合式方法确定工资标准而带来的一些弊病。结构工资制可由以下几部分构成。

1) 基础工资

基础工资是员工工资收入中的基本部分，是维持劳动力简单再生产、保障员工基本生活水平的工资收入。其标准应根据满足员工基本生活需要的消费品的价格决定。但是，不同素质的劳动力再生产的费用也不一样。因此，原则上这部分工资额应根据需要有所区别。

2) 职务工资

职务工资是根据各个职务的工作繁简程度、劳动量大小和劳动条件等因素确定的工资。它是结构工资制的主要组成部分，是体现劳动差别，贯彻按劳分配原则的关键部分。其功能主要是促进员工的工作责任心和上进心，激励员工努力学习和提高业务技术水平。为充分发挥这一功能，应将职务工资部分与绩效考核相结合，根据绩效考核的结果确定职务工资，并且建立饭店内部员工流动制度。

3) 技能工资

技能工资是根据员工的综合能力确定的工资。它主要是为了弥补职务薪酬的不足，鼓励员工钻研技术、提高技能，也是对员工智力投资的补偿。饭店经济效益的提高，不仅取决于管理人员的管理水平，而且取决于员工的职业素质和综合能力。因此，在结构工资制中设立技能工资很有必要。一些饭店针对烹调、调酒、美容美发等岗位对技术水平要求比较高的特点，将技能工资与员工的技术等级挂钩，以促使员工重视自身技术水平的提高。

4) 工龄工资

工龄工资是指根据员工工龄的长短和每年工龄应计的工资额来确定的工资。它是对员工工作经验和劳动贡献的积累所给予的补偿，是随着工龄的增加而逐年增长的。为了使员工在本饭店安心工作，计发工龄工资时，可以采取连续服务工龄与一般工龄相区别的办法。考虑到员工所积累的劳动贡献随年龄的增长呈抛物线形，可以采取青年员工的工龄工资匀速增长、中年员工加速增长、老年员工缓慢增长的办法分配工龄工资。

5) 奖励性工资

奖励性工资是指以基础工资和职务工资为基础，使员工的收入和饭店的发展、经济效益及本人贡献大小相结合，多超多得、少超少得、不超不得的工资。

对于以上5个工资的组成部分，各饭店可根据自身实际情况和分配需要，做出不同侧重点的具体规定，项目上可增可减，可以适当进行调整。实行结构工资制时，要注意合理安排各组成部分的分配比例关系，结构工资的水平要受到工资总额的制约。因此，基础工资、工龄工资的比重不宜过大，否则会影响职务工资和奖励性工资的水平。当然，两者比重也不能过小，否则很难发挥它们应有的功能。一般来说，应先在薪酬调查的基础上确定基础工资水平，然后再确定职务工资水平，技能工资、工龄工资则次之，奖励性工资要视饭店经营年度结束时的饭店整体效益而定。

(二) 奖金

饭店目前实行的奖金形式是多种多样的，根据不同的标准，奖金可分为不同的类别，其中有的相互交叉。

(1) 根据奖金的周期划分，有月奖、季奖和年度奖。

(2) 根据在一定时期内(通常指一个经济核算年度)发奖次数划分，有经常性奖金和一次性奖金。经常性奖金，指按照预定的时期对日常生产、工作中超额完成任务或创造优良成绩的职工给予的例行奖金，一般包括月奖或季度奖，如超产奖、节约奖等。经常性奖金应预先规定奖励条件、范围、标准和计奖期限等，使职工心中有数。经常性奖金按规定应列入工资总额。一次性奖金，是对做出特殊贡献的职工给予的不定期奖励。

(3) 根据奖金的来源划分，可分为由工资基金中支付的奖金和非工资基金中支付的奖金。例如节约奖，是从节约的原材料等价值中提取一部分支付的奖金。

(4) 根据奖励范围来划分，有个人奖和集体奖。凡由饭店个人单独操作并可以单独考核劳动定额和其他技术经济指标的，实行个人奖；凡是集体作业不能对个人单独加以考核的，则以集体为计奖单位，实行集体奖。

(5) 从奖励的条件区分，有综合奖和单项奖。综合奖，是以饭店生产或工作中多项考核指标作为计奖条件的奖金形式。其特点是对饭店员工的劳动贡献和劳动成绩的各个主要方面进行全面评价、统一计奖。具体办法是把劳动成果分解成质量、数量、品种、效率消耗等因素，每一因素都明确考核指标以及该指标的奖金占奖金总额的百分率或绝对数，只有在全面完成各项指标的基础上提供超额劳动的，才能统一计奖，如百分奖等。综合奖的优点是考核指标比较全面，应用范围较广，既能鼓励员工重点克服生产中的薄弱环节，又可保证全面完成任务。综合奖的主要缺点是：考核的指标较多，难以对每个员工的劳动做出综合评价，因而在奖金分配上容易出现平均主义。

(三) 福利

福利与奖金及工资不同，它的表现形式是非货币化的，更多是以实物和服务的形式支付，如带薪休假、保险、子女教育津贴等。福利的主要用途在于给员工生活提供保障和方便，以提高员工对饭店组织的忠诚度。具体而言，包括以下几种。

1. 公共性福利

公共性福利是指法律规定的一些福利项目。主要有以下几种。

1) 社会保险

(1) 养老保险。养老保险是社会保障制度的重要组成部分，是社会保险五大险种中最重要的险种。所谓养老保险，是国家和社会根据一定的法律和法规，为解决劳动者在达到国家规定的解除劳动义务的劳动年龄界限，或因年老丧失劳动能力退出劳动岗位后的基本生活而建立的一种社会保险制度。

(2) 医疗保险。这是公共福利中十分重要的一种福利，饭店应依法为每一位正式员工购买相应的医疗保险，确保员工患病时能得到一定的经济补偿。

(3) 失业保险。失业是市场经济的必然产物，也是经济发展的必然副产品。为使员工在失业时有一定的经济支持，饭店应依法为每一位正式员工购买规定的失业保险。

(4) 工伤保险。工伤保险是指劳动者在工作中或在规定的特殊情况下，遭受意外伤害或患职业病导致暂时或永久丧失劳动能力以及死亡时，劳动者或其遗属从国家和社会获得物质帮助的一种社会保险制度。

(5) 生育保险。生育保险是国家通过立法，在怀孕和分娩的妇女劳动者暂时中断劳动时，由国家和社会提供医疗服务、生育津贴和产假的一种社会保险制度，国家或社会对生育的职工给予必要的经济补偿和医疗保健的社会保险制度。

2) 国家法定福利

(1) 工作日内的休息。包括中午餐的休息、午睡等。

(2) 每周休假。根据《中华人民共和国劳动法》的规定，饭店不得任意延长工作时间，如确实由于生产经营需要，经与员工协商后可以延长工作时间，一般不得超过1个小时，最长延长工作时间每日不得超过3小时，每月不得超过36小时。安排劳动延长工作时间的，支付不低于工资150%的工资报酬。休息日安排劳动者工作又不能安排补休的，支付不低于工资200%的工资报酬。法定节假日安排劳动者工作的，支付不低于工资的300%的工资报酬。

(3) 年休假。国家实行带薪休假制度，员工连续工作一年以上可享受带薪年假。

(4) 探亲假。根据1981年《国务院关于职工探亲待遇的规定》，在饭店工作满一年的固定员工与父母或配偶不在一起，又不能用公假团聚的，每年可享受一次探亲假。未婚员工探父母假为一年一次20天，而因工作需要两年探一次，可合并使用延长至45天。已婚员工探配偶一年一次30天，已婚员工可四年享受一次探望父母的假期，假期为20天。在法定节假日期间探亲的，时间不足上述规定的可以补齐，探亲期间工资照发，交通费可全部报销或按照探亲假性质部分报销。

(5) 法律规定的节假日。员工的节假日包括元旦、春节、妇女节、五一劳动节、国庆节等法律法规规定的节假日。

3) 饭店福利

饭店所提供的福利主要包括以下这些形式：员工餐厅；员工宿舍；员工浴室；免费制服；制服免费洗涤；免费(或优惠)美容、理发；托儿所、幼儿园；弹性工作时间；带薪年假；退休保险；医疗补贴；饭店内医疗保健；为员工订阅报刊；设立员工俱乐部；提供运动设施；度假旅游补贴；购买住房或发放购房补贴或提供贷款；节日礼品；生活困难补贴；直系亲属丧葬补贴。

(四) 津贴

津贴也称附加工资或者补助，是指员工在艰苦或特殊条件下工作，饭店对员工额外的劳动量和额外的生活费用付出进行的补偿。津贴的特点是它只将艰苦或特殊的环境作为衡量的唯一标准，而与员工的工作能力和工作业绩无关。津贴具有很强的针对性，当艰苦或特殊的环境消失时，津贴也随即终止。根据津贴不同的实施目的，津贴可以分为三类：地域性津贴、生活性津贴和劳动性津贴。

1. 地域性津贴

地域性津贴是指由于员工在艰苦的自然地理环境中花费了更多的生活费用而得到的补偿。饭店一般使用地域性津贴的较少。

2. 生活性津贴

生活性津贴是指为了保障员工的实际生活水平而得到的补偿。由于员工的收入是货币性工资收入，货币性工资收入会受到物价上涨因素的影响。为了弥补物价上涨造成的员工生活水平下降，就会有肉食补贴、副食补贴等津贴。另外，由于工作造成的员工与家庭分离而增加了生活费用，也应有相应的津贴，如出差补贴等。

3. 劳动性津贴

劳动性津贴是指从事特殊性工作而得到的补偿。如夜班工作的夜班津贴，高温环境工作的高温津贴等。

案例分析·

波特曼丽嘉饭店利用QSP考核员工

Mary加入上海的波特曼丽嘉饭店已经有两年半了，今天，她的QSP (Quality Select Process质量选拔程序)成绩再次被人力资源部经理翻了出来，"这个女孩子做得不错，看看我们能为她做些什么吧。"

每一位进入丽嘉饭店的员工在经过最初的一轮面试之后都必须做QSP测试，衡量这些应聘者的价值观和态度是否适合丽嘉饭店的饭店文化，然后才有资格会见部门总监，进入下一轮的专业面试。经过数十年的使用和改进，丽嘉饭店发现QSP涉及的内容非常广泛，作用远不止这些。

他们的QSP按级别分有一般员工级、管理级(主管、领班)、经理级、总监级(行政人员)。因为饭店的销售人员非常关键，针对销售他们还有另外一套QSP。每套QSP有50~60个题目，涉及大约10~11个不同方面，分别测试应聘者的学习能力、是否有服务意识和能力、处理突发事件的能力、沟通能力、工作安排能力和与别人建立关系的能力等。

每一套QSP会根据部门、级别的不同而有各自的内容和侧重点。例如，销售经理就需要有良好的沟通和表达能力，和客户建立联系的经历和设想，谈话是否有说服力，是否具备市场敏感度以及安排某些项目的能力。但如果是后台领班的话，组织能力、帮助员工发展就成了考察重点了。

设计题目的时候，丽嘉集团统计了当时全球丽嘉饭店的所有员工，对他们进行调查测试。虽然每一个问题都没有标准答案，但是统计出来的成绩还是按照不同的部门和级别被归纳成不同的档次：表现很好的员工被归为一档，表现不是很好的员工被归为另外一档，中间就出现一个范围，他们通过系统把范围量化。比如说涉及10个方面的问题，那么就会有10个点，分别从1~5来评分，然后根据分值形成曲线。

诸位"主考官们"根据应聘者的回答做相应的评分，最后形成一个曲线图。这个曲线图将和作为标准的参考图相对照，两组曲线越接近越好。不过很少会有初入行者能达到这些要求，所以人力资源部会选择三个特别相关的点，一定要接近甚至达到这个点才算是通过这轮测试。

两年半之前刚刚从大学毕业，在丽嘉饭店实习过1个月的Mary就经历了这么一次让她特别难忘的面试。略带紧张地在考官面前坐了一个多钟头，"我当初本来是准备应聘饭店的侍应生，从基础开始好好学习饭店的管理实践。"Mary回忆当时的情景，但结果却大出她的意外——人力资源部的考官们建议她作饭店公关！

主考官们的解释是，在一个多钟头的沟通之中他们发现这个女孩子思维敏捷，表达能力异常好，人缘也不错，善于跟周围的人建立良好的关系，应该在公关方面有些潜力，就在给她的QSP中插入部分问题。QSP结束之后，他们把Mary的曲线图和参考图系一比较，觉得当初的直觉没错，"每个人只有在适合自己的位置上才能有更好的发挥。"这位在人力资源部工作了5年的主管一向都这么认为，"不过也还是要征询一下她本人的意见。"

Mary也许并不知道，在公关部任职之后，她的几次培训也都与其QSP有着非常紧密的联系，她的QSP成绩也已不止一次地被翻出来察看。"因为要发展一个员工，必须清楚地知道员工的强项和弱项。"人力资源部对员工发展非常有心得。因为如果花同样的时间和精力，某个员工在某项上发展较快，该员工肯定在该项目上有天赋，该项目是其强项，所以他们就会把重点放在强项的发展上。

不过，Mary的QSP成绩显示，她在领导力方面的分数较其他初学者高，很有发展潜力，人力资源部自然而然地就在Mary的公关专业培训之外推荐了几个领导力课程方面的培训，包括给员工安排工作计划、制定计划的步骤等。

另外在员工要求换岗的时候，人力资源部也会参照员工的QSP成绩，看看他们是否适合其希望去的岗位，或者是否有这方面的潜力。

不过，Mary似乎在公关部做得得心应手，两年半以来并没有提出这些请求，特别是她一次次出色地完成任务给大家留下了相当不错的印象，而她参加的领导力培训也似乎颇见成效。因此，人力资源部最近决定重新给她作一次QSP。"因为参加工作最初几年的变化最大。"人力资源部解释道，"经过这么长时间的实践和培训，我们的饭店文化已经深深地影响到员工的思维、处世和管理能力。"

这次人力资源部打算给Mary做经理级的QSP。这项测试更多地考察员工如何制定目标，安排工作计划，帮助员工发展，设法让整个部门的人达到某个既定目标，当团队里有员工出现问题时作为经理将如何处理，也就是说，领导力和管理能力成了应聘经理级别员工的最重要考察点。

这时候公关部刚好有位经理调到外地，Mary是否有能力胜任就看她的新QSP成绩了。

试分析：

1. QSP考核系统在员工入职及提升时会起到什么样的作用？

2. 波特曼丽嘉饭店QSP考核系统为何是科学有效的？

(资料来源：根据http：//www.chinahrd.net.中国人力资源开发网整理)

📖 **本章小结** ·

饭店人力资源管理就是科学地运用现代管理学中的计划、组织、领导、控制等职能，对饭店的人力资源进行有效的开发和管理，合理地使用，使其得到最优化的组合，并最大限度地挖掘人的潜在能力，充分调动人的积极性，使有限的人力资源发挥尽可能大的作用的一种全面管理。

饭店员工招聘是为一定的工作岗位选拔出合格人才而进行的一系列活动，是把优秀、合适的人员招聘进饭店，并安排在合适的岗位上工作的过程。饭店员工甄选的测评方法包括笔试法、能力测试法、情景模拟测试法、心理测试法、职业兴趣测试法、面试法。饭店员工录用程序包括录用应聘者、办理体检手续、员工试用、转正并签订劳动合同。

饭店员工的培训就是按照一定的目的，有计划、有组织、有步骤地向员工灌输正确的思想观念、传授服务、营销和管理工作的知识和技能的活动。饭店员工培训的内容包括职业道德意识培训、饭店企业文化培训、饭店服务知识培训、员工心理培训、员工操作技能培训、员工管理知识培训。

绩效考核是指饭店人力资源管理部门、人力资源主管部门或上级行政管理部门，根据一定的考核程序，采用相应的考核方法，按照考核的内容和标准，对考核对象的德、才表现和工作业绩实施定期或不定期的考察和评价。饭店员工绩效考核的程序包括绩效考评计划阶段、绩效考评实施阶段、绩效考评结果评估反馈阶段、绩效考评改进阶段。饭店员工绩效考核的方法是指在饭店组织员工绩效考核过程中使用的技术手段，具体可分为排序法、360度绩效考核法、目标管理法等。影响绩效考核的因素包括：晕轮效应、近因误导、考评指标理解误差、首因效应、暗示效应、宽严倾向、平均倾向、个人偏见、自我比较、从众心理。影响绩效考核的修正措施包括：尽量使考评标准客观化；选择合适的考评方法；慎重选择考核者；以事实材料为依据；公开考核过程和考核结果。

薪酬管理是饭店人力资源管理活动中十分重要的部分，薪酬体系设计的公平合理与否，能否吸引和留住优秀员工是薪酬管理所需要解决的问题。所谓薪酬管理，是指一个饭店针对所有员工所提供的服务来确定他们应当得到的报酬总额以及报酬结构和报酬形式的过程。薪酬管理有助于改善饭店的绩效；薪酬管理有助于塑造良好的饭店文化；薪酬管理有助于激励员工的内在潜力；薪酬管理有助于减少员工流失并保持稳定。

复习思考题

1. 饭店人力资源管理的特点包括哪些？
2. 简述饭店人力资源管理的意义？
3. 饭店员工甄选的测评方法有哪些？
4. 饭店员工培训的重要作用包括哪些？
5. 简述饭店员工培训的内容。
6. 影响饭店绩效考核的因素及修正措施有哪些？
7. 简述饭店薪酬基本形式。

第九章
饭店财务管理

知识目标

- 了解饭店财务管理的主要内容
- 掌握饭店成本费用的控制方法及其重要性
- 掌握饭店营业收入的内容

技能目标

- 熟悉饭店利润分配的程序以及饭店财务分析的方法
- 能够将财务分析的方法具体应用到各部门收银岗位

引导案例 | 某宾馆的催账过程

　　20××年1月16日，某宾馆大厅人来人往，像往常一样忙碌有序。下午，总收银台向中班大堂副理反映，2008房客人张先生超支870元。大堂副理及总收银台均向张先生催账并送去了催账单。稍后，张先生送来一张支票放在收银台。大堂副理与销售部联系，得知销售部认为张先生的信用度有待观察，持保留态度，故不愿为其担保。大堂副理与总收银台商量后，以该账户未在支票防伪鉴定中心登记为由，将支票还给张先生，并要求其用现金补交。张先生称第二天上午10点交，并将其护照放在总台，说他会用现金换取。鉴于此，大堂副理决定暂将其在宾馆内的签单权改为观察级，采取内紧外松的策略，向客房部了解其房间行李情况(房间内有较多行李)，同时通知客房部、保安部关注该房动向。

　　此后，每班的大堂副理都会与张先生联系催账事宜，但张先生一直未补交费用，上午推下午，下午推晚上，再推至第二天，一推再推，至18日仍未付清，此时，已超支1500多元。其间，张先生表示曾与宾馆长包户某公司取得联系，他的费用由该公司支付，但大堂副理向该公司相关负责人确认时，得知该公司不会为其支付费用，明确表示张先生的费用应由其自理。大堂副理将催账情况向经理做了汇报，经理肯定了大堂副理的工作，并指示加大催收及监控力度。到1月21日，某公司老总通知大堂副理，张先生的费用由其代为付清，随即在张先生的相关单据上签了字。

　　直到张先生退房离店，宾馆员工对张先生始终给予热情礼貌的服务，大堂副理还亲自送张先生离店，张先生对宾馆的优质服务表示满意和感谢，并对因欠费而造成的麻烦表示歉意。

（资料来源：酒店前厅服务管理案例. 百度文库. http://wenku.baidu.com/view/8cac01f59e314332396893e5.html）

思考：

在酒店经营中，催收账款是哪些部门和岗位的职责？本案例中的催账过程有些曲折，该宾馆员工在催账过程中采取了哪些措施？你认为他们的做法得当吗？

本章导语

随着旅游业的发展，旅游市场竞争日趋激烈，旅游企业财务活动也越来越活跃。这种发展趋势要求饭店必须加强财务管理，明确财务管理在企业管理中的地位，理顺财务管理与其他管理的关系，从而提高管理水平，使饭店在竞争中立于不败之地。

第一节 饭店财务管理概述

财务泛指社会经济环节中涉及钱、财、物的经济业务。饭店财务是指客观地存在于饭店的生产经营活动中，通过货币资金的筹集、分配、调度和使用而使有关方面发生的经济关系。

一、饭店财务管理的概念

饭店财务管理，是指对饭店财务活动的管理。财务活动即饭店财产物资方面的业务活动及事务活动，包括各种财产物资的取得、配置、耗用、回收等活动。各种财产物资都具有价值和使用价值，财产物资价值的货币表现就是资金。为了保证业务经营活动的正常进行，饭店首先要筹集一定数额的资金，其次要做好资金的投放，使之形成饭店业务经营所需要的各种财产物资，即各项资产。而在饭店的业务经营过程中，资产的价值形态不断地发生变化，不断地由一种形态转变为另一种形态。

饭店是借助有形的设备、设施，通过提供服务而获取经济效益的生产经营单位。饭店经营者运用投资者提供的资金进行经营。从形式上看，饭店财务是指货币资源的收支活动，它表现为饭店资源量的增加与减少，其基本内容体现为筹资、投资与分配等。

饭店财务活动包括饭店由于筹集资金、运用资金以及分配利润而产生的一系列经济活动，饭店财务活动的总和构成饭店的资金运动。饭店财务管理的对象，就是资金的运动。

饭店财务管理是随着饭店规模的不断扩大、管理的不断深化而出现的一种管理职能，它主要解决饭店经营中的一些理财问题，管理者根据饭店的经营目标和经营需要，按照资金运动规律，对饭店的财务问题进行科学有效的管理，并正确处理饭店同社会各种利益关系团体和个人之间的经济关系。

财务管理(Financial Management 或 Managerial Finance)，是一门独立性、专业性很强且与社会实践密切相关的管理学科。它最初产生于17世纪末，在20世纪取得了突破性的发展。尤其在第二次世界大战后，随着企业生产经营规模的不断扩大和金融证券市场的日益繁荣，筹资越来越不容易，风险也逐渐加大，人们越来越认识到财务管理的重要性，从而促使相关理论与方法不断地得到发展。

二、饭店财务管理的特点

饭店作为一个综合性的服务组织，它所提供的产品与制造业企业不同，饭店主要是为旅游者提供以食宿为主的各种服务，因而饭店财务管理有其自身的特点。

1. 客房商品销售的时间性

饭店是通过提供服务或劳务直接满足宾客需要的，当宾客在饭店消费时，饭店设施与服务相结合才表现为商品。客房销售有着强烈的时间性，如果当天不能实现销售(出租给宾客)，则当日的租金收入就永远地失去了，即客房商品无法实现库存。客房商品销售的时间性，要求饭店财务部门应积极支持营销部门的促销活动，以提高客房出租率，增加客房销售收入。

2. 宾客结算的即时性

饭店为了方便宾客简便快捷地结账，一般在宾客离店时一次性结清账款，不论宾客何时离店，都应立即办理结账手续，防止出现错账、漏账和逃账。这就要求饭店财务部门必须昼夜提供值班服务，尤其是及时为客人提供入住、货币兑换、离店结账等各种服务。从这个意义上讲，饭店财务管理工作的时间性比一般企业的财务管理的时间性要强。

3. 投资效益的风险性

饭店固定资产投资比重大，一般要占总投资额的80%左右。由于饭店的固定资产具有使用时限长、一旦投入往往难以改作其他用途的特点，如果旅游市场形势不好，必然导致投资效益低下。饭店的巨额固定资产投资在饭店建成以后，要经过较长时期的经营活动才能逐步收回。所以其市场定位的恰当与否对饭店未来的发展速度和长期获利能力都有重大影响。因此，在进行投资决策之前，一定要对投资方案的预期经济效益做深入全面地评价，用审慎的态度、科学的方法选择最有利的投资方案，以规避风险，获取最大利益。

4. 更新改造的紧迫性

饭店的各类设备、设施是否新颖，对企业经营的影响很大。这种状况决定了饭店的资产设备更新周期短，需要经常进行更新和改造。因此，饭店财务管理人员要注意研究各种资产设备的经济寿命周期，寻求最佳更新时机，适时装修改造，以获得较高的资产使用效益。

5. 经济效益的季节性

饭店经营具有明显的季节性，这导致饭店效益也随之出现明显的季节性波动。结合季节性的特点，饭店应合理安排各种营销活动，使淡季不"淡"，取得最佳的经济效益。

三、饭店的财务关系

随着饭店经营活动不断进行，其财务活动也日益频繁。在进行财务活动过程中，饭店必然与各方面发生经济联系，产生各种经济利益关系。饭店在财务活动中与有关各方面所发生的经济利益关系就称为财务关系(Financial Relations)，它包括以下几个方面。

1. 筹资中的财务关系

在筹资活动中，饭店是接受投资者，而向饭店出资的投资者可分为所有权投资者和债权投资者。因其对饭店的投资责任不同，享有的权利也不同，具体体现在以下几个方面。

(1) 债权投资者拥有优先求偿权，即当企业破产时，优先于股东分得企业资产，因此，其投入的资金损失的可能性较小。而所有权投资者对企业资产和盈利的求偿权居于最后。饭店破产时，股东原来的投资可能得不到全额补偿，甚至一无所获。

(2) 债权投资者收入比较稳定。企业发行的债券票面一般都标有固定的利息率，债券的发行人有按时支付利息的法定义务。因此，在正常情况下，投资于债券都能得到比较稳定的收入。而所有权投资者的收入则不稳定，收入的多少，视企业经营状况和财务状况而定，其有无、多寡均无法律上的保证，风险远远大于债权投资。

(3) 债权投资的购买力风险比较大。债券的面值和利息率在发行时就已确定，如果在投资期间通货膨胀比较严重，则投资者投入的资金和利息的购买力将不同程度地受到侵蚀。而所有权投资的收益不固定，在通货膨胀率比较高的时候，由于物价普遍上涨，企业的盈利一般也会随之增加，投资收益也会相应增加，因此，与债权投资相比，所有权投资能有效地降低购买力风险。

(4) 债权投资者没有经营管理权。投资于债券只是获得收益的一种手段，投资者无权对债券的发行单位施加影响。相反，所有权投资者有权监督企业的生产经营情况，并可对其经营管理施加影响。

2. 投资中的财务关系

投资是将筹集的资金用于生产经营的各个方面。投资中的财务关系与筹资中的财务关系相同，只是饭店的角色由接受投资者变成了投资者。饭店作为投资者，与受资者之间的关系，即投资与分配的关系，属于所有权关系。投资会促使饭店加速资金流动，资金流动既会带来资金收益，也会带来投资风险，这就要求饭店在收益与风险之间进行权衡，争取以最小的风险获得最大的收益。饭店若作为债权人将其资金购买债券，通过提供借款或商业信用等形成的经济关系，在性质上属于债权债务关系。

3. 分配中的财务关系

参与企业分配(Distribution)的主体有以下几个。

(1) 国家。国家以行政管理者的身份参与社会剩余产品包括企业利润的分配。饭店必须依法经营并按照税法规定缴纳各种税款，包括流转税、所得税和各种计入成本的税金。这种财务关系体现的是饭店同政府之间的一种强制的财务分配关系。

(2) 债权人。债权人为饭店借入资金，以贷款者身份参与饭店分配，即饭店要按时以还本付息的方式向债权人偿还本金和支付利息，这是一种有偿分配。这种分配带有一定的强制性。

(3) 职工。饭店职工以其自身提供的劳动参与饭店分配，即按劳分配，也是一种有偿分配。饭店根据职工的劳动情况，向职工支付工资、津贴，用利润向职工支付奖金、提取公益金等。职工分配最终会导致所有者权益的变化。

(4) 所有者。所有者参与饭店分配的方式是按资分配，即所有者按其对企业投资的多少进行分配。

饭店的上述财务关系是饭店在从事生产经营，进行资金的筹集、调拨、使用、分配、偿还等财务活动中产生的。饭店财务的本质就是饭店经营过程中的资金运动及其所体现的财务关系，而财务管理的对象就是资金运动及财务关系。饭店财务管理则是根据国家政策法规和资金运动规律，组织财务活动，处理各种财务关系，通过对资金的运用过程实施管理与控制，从而实现加强财务控制、促进企业发展、提高经营绩效的目标的过程。

四、饭店财务管理的组织与目标

1. 饭店财务管理组织

建立健全的饭店财务管理组织，是有效开展财务活动、调节财务关系、实现财务管理目标的重要条件。

饭店财务管理组织的机构设置一般有以下三种类型。

1) 以会计为核心的财务管理机构

这种机构的特点是会计核算职能和财务管理职能不分，财务管理机构同时具备两种职能。在这种机构内部，是以会计核算职能为核心来划分内部职责的，设有存货、长期资产、结算、出纳、成本、收入、报表等部门。这种机构设置类型适用于中、小型饭店。

2) 与会计机构并行的财务管理机构

这种机构的特点是会计核算与财务管理职能分离，财务管理职能由独立于会计机构以外的财务管理机构履行。财务管理机构专门负责筹资、投资和分配工作。在该机构内部，按照职责的不同一般划分为规划部、经营部和信贷部三个部门。

(1) 规划部(Planning Department)。规划部的主要职责是进行财务预测和财务计划。预测的内容包括金融市场的利率与汇率、预期证券市场价格和现金流量等，为饭店的筹资和投资提供依据。计划的主要内容是编制现金预算，确定筹资计划；编制利润计划，确定饭店生产经营目标；编制投资计划，确定饭店实物投资和金融投资的动向。

(2) 经营部(Operating Department)。经营部的主要职责是寻找资金的筹措渠道，进行融资和投资活动，实施资金分配。

(3) 信贷部(Loan Department)。信贷部的主要职责是调查客房资信状况，掌握其生产及经营状况和偿债能力，对拖欠款进行债务催收或清理，对还款情况进行后续跟踪调查。

这种财务管理机构适用于大型饭店。

3) 公司型的财务管理机构

这种财务管理机构的特点是它本身是一个独立的公司法人，能够独立对外从事财务活动。在公司内部，除了设置从事财务活动的业务部门以外，还设有一般的行政部门。这种财务管理机构一般设置在集团或跨国公司内部，其主要职责是负责集团公司或跨国公司的整体财务管理、各个成员之间的财务协调，以及各企业成员的财务管理。

这种财务管理机构适用于一些大型饭店集团或跨国公司。这种机构不仅仅执行企业的财务管理职能，而且行使对饭店集团下属的众多饭店进行整体财务管理的职能。这种财务机构通常也被称为财务公司。

2. 饭店财务管理目标

饭店财务管理目标(Goals of Financial Management)是指饭店进行财务活动，处理财务关系所要达到的目标。饭店财务管理目标决定了财务管理的基本方向，只有目标明确，饭店管理者才能进行有效的财务管理。

1) 总体目标

(1) 利润最大化(The Maximum Profit)。利润最大化是指饭店的管理者把获得最多的利润作为财务管理的目标。利润的多少反映了饭店经济效益的高低，是资本报酬的主要来源；利润越多，意味着实现的劳动价值越多，职工报酬也越高；利润代表着剩余产品的价值，剩余产品越多，社会财富也越多。因此，利润最大化意味着社会财富的最大化。

以利润最大化作为饭店财务管理的总体目标，有利于饭店加强财务管理、更新技术、降低成本费用、提高劳动生产率，从而以较少的投入获得更多的利润。

将利润最大化作为财务管理目标，也存在着一些不足：①利润最大化没有考虑利润产生的时间，没能考虑资金的时间价值；②利润最大化没能有效地考虑风险问题，可能会使财务人员不顾风险的大小去追求最大利润；③利润最大化往往使财务决策带有短期行为的倾向，使财务人员只顾实现眼前的最大利润，不顾企业的长远发展。

(2) 股东财富最大化。它是指通过财务上的合理经营，为股东带来最多的财富。在股份经济条件下，股东财富由其所拥有的股票数量和股票市场价格两方面的因素决定。当股票数量一定时，股票价格越高，则股东财富越大。所以，股东财富最大化又称为股票价格最高化。与利润最大化目标相比，股东财富最大化会产生积极的作用，这是因为：①股东财富最大化科学地考虑了风险因素，因为风险的大小，会对股票价格产生重要的影响；②股东财富最大化在一定程度上克服了企业在追求利润方面的短期行为倾向，因为不仅目前的利润会影响股票的价格，预期未来的利润也会对股票价格产生重要影响；③它比较容易量化，便于考核和奖惩。但是，股东财富最大化也有一些缺点：①它只适用于上市公司；②股票价格受多种因素影响，并非企业所能控制的，把不可控因素引入财务管理目标是不合理的。

(3) 社会责任。饭店应承担对社会应尽的义务，如果每一个饭店都能积极承担一定的社会责任，如保护消费者权益、合理雇用员工、消除环境污染等，将会为整个社会的繁荣和发展做出积极的贡献。同时饭店承担一定的社会责任，会起到保持和改善饭店在社会公众中的形象、提高饭店在公众心目中的地位等作用，从而有利于饭店长远经济效益的获得。

2) 具体目标

饭店财务管理的具体目标，体现在饭店财务活动的全过程中，即筹资、投资、分配等方面。

(1) 筹资财务管理目标。饭店筹资管理的目标是以较少的筹资成本和较低的筹资风险获得更多的资金支持。资金成本降低，会增加饭店的价值。另外，筹资还会给饭店带来偿付责任或风险，如果这种责任或风险降低，也会增加饭店的价值。因此，饭店财务管理的目标在筹资活动中的具体体现就是：以较低的筹资成本和较小的筹资风险，获取饭店发展所需的资金。

(2) 投资财务管理目标。投资就是饭店资金的投放和使用，包括对饭店自身的经营活动所进行的投资和对外投资两个方面。饭店在经营过程中，会选择适当时机对自身的经营活动进行投资和对外投资。一般情况下，投资收益和风险是并存的，这就要求饭店在财务管理的过程中，应努力实现投资收益最大化、风险最小化。

(3) 分配财务管理目标。分配是指饭店要将取得的收入和利润在饭店与相关利益主体之间进行分配。这种分配不仅涉及各利益主体的经济利益，涉及饭店的现金流出量，从而影响饭店财务的稳定性和安全性，还涉及饭店价值的变化。饭店如果把大部分收入和利润进行分配，虽然会提高各利益团体对饭店的市场评价，但会影响饭店资金的积累，增加饭店日后的筹资规模及筹资成本，从而影响饭店未来的收入。因此，饭店要在这两者之间进行权衡，选择适当的分配标准和分配方式，既能提高饭店的预期市场价值和财务的稳定性以及安全性，又能使饭店的未来收入或利润不断增加，从而使饭店的市场价值不断上升。

第二节 饭店成本费用管理

饭店的成本费用管理是饭店财务管理的重要组成部分。成本费用是饭店经营耗费补偿的最低值，是制定价格的基础，也是检验饭店经营质量的重要指标。

一、饭店成本费用的概念

成本费用是指饭店在一定时期的经营过程中为宾客提供服务所发生的各项费用的总和。饭店在为宾客提供各项服务的过程中要发生各种直接支出和耗费。成本是指购进商品和雇佣劳动力时发生的支出，如在饭店经营过程中购买各种原材料、商品等的支出。费用是指某个时期为获取收入而发生的耗费。

饭店在为宾客提供各项服务的过程中，要发生各种直接支出和消耗。在购进商品和雇佣劳动力时发生的直接支出，应列入成本；而未列入成本的，在各时期为获取收入而发生的耗费，则称其为费用，包括营业费用、管理费用和财务费用等。

相对来说，饭店的经营项目较少，其营业成本主要包括餐饮原材料成本、商品进价成本等。按照我国现行成本管理制度，旅游饭店业务成本费用包括如下几项。

1. 营业成本

营业成本是指饭店在经营过程中所发生的各项直接支出，包括餐饮成本、商品成本、洗涤成本、其他成本等。

(1) 餐饮成本。餐饮成本是指饭店餐饮部制作食品菜肴和饮料而使用的原材料、配料、调料的进价成本。

(2) 商品成本。商品成本是指已经销售的商品的进价。

(3) 洗涤成本。洗涤成本是指饭店洗衣部洗涤衣物时使用的用品、用料的支出。

(4) 其他成本。其他成本是指其他营业项目所支付的直接成本，如复印项目的复印纸成本等。

2. 期间费用

期间费用是指饭店在一定会计期间内发生的费用，包括营业费用、管理费用、财务费用等。

1) 营业费用

营业费用是指饭店各营业部门在经营过程中发生的各项费用，包括：运输费、装卸费、包装费、保管费、保险费，燃料费、水电费、展览费、广告宣传费、邮电费、差旅费、物料消耗折旧费、修理费、雇员工资、职工福利费、工作餐费、服装费等。

2) 管理费用

管理费用是指饭店为管理生产经营活动而发生的费用以及由饭店统一负担的费用，包括公司经费、工会经费、开办费、职工教育经费、劳动保险费、待业保险费、劳动保护费、坏账损失、董事会费、租赁费、咨询费、审计费、诉讼费、排污费、绿化费、土地使用费、技术开发转让费、无形资产摊销、开办费摊销、业务招待费、存货盘亏、毁损和报废等。

3) 财务费用

财务费用是指饭店为筹集经营所需资金等而发生的一般财务费用，包括企业经营期间的利息净支出、汇兑净损失、金融机构手续费、加息及筹资发生的其他费用等。

按我国现行制度规定，饭店下列支出不得列入成本费用。

(1) 为购置和建造固定资产、无形资产和其他资产而发生的支出。

(2) 对外投资支出。

(3) 分配给投资者的利润。

(4) 因被没收财物所造成的损失。

(5) 支付的赔偿金、违约金、罚款、捐助支出等。

(6) 国家规定不得列入成本费用的其他支出。

二、成本费用控制的意义和程序

饭店的成本费用管理，是饭店财务管理的重要组成部分。饭店进行成本费用控制，可以事先限制各项费用和消耗的支出，有计划地控制成本费用，减少资金占用量，提高资金的使用效益，达到降低成本、提高经济效益的目的，从而改善经营管理，增强饭店的竞争力。

成本控制可按发生成本的先后顺序划分为事前控制、事中控制和事后控制三个阶段。

1. 事前控制

事前控制即设计阶段，主要工作有：对影响成本的经营活动进行预测、规划、审核和监督；建立健全成本责任制，实行归口管理。具体内容有：制定成本费用控制标准，如标准成本、成本预算指标、物资消耗定额等；建立健全成本费用控制责任制及各项控制制度。

2. 事中控制

事中控制即执行阶段，主要依据现实制定控制标准及控制责任制，在实际发生成本费用的过程中，对成本形成的全过程进行监控，并预测今后的发展趋势。

3. 事后控制

事后控制即考核分析阶段，在成本费用形成之后进行综合分析和考核，将实际成本费用与标准进行比较，查明产生成本差异的原因，确定责任归属，提出改进措施或修改成本费用控制标准。

通过以上三个阶段各项工作的进行，成本费用控制可形成一个控制循环体系。这种控制程序是对成本的全过程控制，从而形成一个不断往复、不断改进的循环控制体系。

三、成本费用控制的原则

饭店成本费用管理，必须做到既符合国家的有关规定，又符合饭店的实际情况，一般应遵循如下原则。

1. 严格遵守国家规定的成本开支范围及费用开支标准

饭店必须遵守国家财务制度，明确规定饭店所发生的各项支出，不得随意扩大开支范围，不得把不应计入成本费用的支出计入成本。

2. 因地制宜原则

该原则是指成本控制系统必须具有一定的针对性，以适合特定饭店、部门、岗位和成本项目的实际情况，不可全盘照搬其他企业的做法。适合特定部门的要求，是指饭店的各个部门如销售部、前厅部、客房部、餐饮部、技术开发部、维修部的成本形成过程各不相同，因此，各自的成本控制标准和方法也应有所区别。

同一饭店的不同发展阶段，其管理重点、组织机构、管理风格、成本控制方法和奖励形式都应当有所区别。例如，新建饭店的管理重点是开拓客源，扩大销售；正常营业后的管理重点是提高经营效率，控制费用并建立成本标准；扩大规模后的管理重点转为扩充市场。另外，不同类型的饭店，其成本费用管理也不尽相同。例如，规模庞大的饭店集团，管理的重点应该是组织的巩固，因此，需要制订周密的计划并建立投资中心。

总之，不存在适用于所有饭店的成本费用管理模式。

3. 全员成本管理原则

饭店开展任何活动，都会发生成本，都应在成本控制的范围之内，它涉及饭店的各个部门、班组和个人。成本控制对员工的要求是：具有控制成本的愿望和成本意识，养成节约成本的习惯，关心成本控制的结果。因此，要健全成本管理责任制，将成本计划指标分解落实到有关部门、班组，并且和岗位责任制结合起来，将成本费用计划的完成情况作为评价考核的一项重要内容。为调动各部门、班组、个人降低成本费用的积极性，要将成本费用管理方面的责任、权力和利益结合起来。成本控制是全体职工的共同任务，只有通过全体职工协调一致的努力才能完成。

4. 正确处理降低成本费用与保证质量的关系原则

这条原则是指因推动成本控制而发生的成本，不应超过因缺少控制而丧失的收益。在降低成本的同时不应影响饭店产品质量和服务质量，应在保证质量的前提下，使单位产品成本费用得到降低。这就要求我们在成本控制过程中，选择关键因素加以控制，把注意力集中于重要事项，主要从内部挖掘潜力，力求节约、减少浪费。

四、成本费用控制的常用方法

饭店费用控制的常用方法主要有以下几种。

1. 定额控制和比率控制

(1) 定额控制。定额成本是以现行消耗为依据的成本，它既反映饭店在现有经营条件下应达到的成本水平，又是衡量成本节约或超支的尺度。定额成本的制定可以上级管理部门规定的开支标准为依据，如各种劳动保护费用标准等，饭店不得自行扩大发放范围和提高开支标准。有一些费用，如办公费，虽然上级管理部门没有规定统一的开支标准，但饭店可根据工作性质，针对每个办公人员制定办公费用额标准，作为控制依据。

(2) 比率控制。即选择某一指标作为基数，按照这一指标的一定比例来控制这些费用的限额。例如，职工福利费、工会经费和职工教育经费一般分别按照饭店职工工资总额的一定比例提取；又如，保险费要按照保险资产账面价值和保险费率计算。通过提取率、保险费率等比率，可以相对有效地控制各种费用。

2. 预算控制和主要消耗指标控制

1) 预算控制

费用预算是饭店费用支出的限额指标。饭店在不能准确预测业务量的情况下，可根据量本利之间有规律的数量关系，按照一系列项目，分析制定预算指标数。只要这些数量关系不变，预算不必每月重复编制。制定预算时要选择一个最能代表本部门生产经营活动水平的费用标准，以报告期实际发生的各项费用总额及单项发生额与相应的预算数据相比较，费用一般不应超过预算。但是，饭店要考虑到现实的情况与预算数据可能不一致，所以应保留一定数额的资金以应付可能发生的意外情况。

2) 主要消耗指标控制

在饭店的费用支出项目中，有的支出金额大，有的支出金额小，那些支出额大的项目对费用预算起着决定性作用。在进行成本费用控制时，应把注意力集中于主要的一些消耗指标，对数额很小和无关大局的成本费用项目可以忽略，对主要消耗项目进行重点控制。如在费用控制中，客房的针棉织用品、餐厅的餐具、商品的包装物消耗等即为主要消耗项目，应重点加以控制。

3) 实行费用的归口分级管理

费用的归口管理，是指根据统一领导、分工负责的原则，将各项费用分别交由各个职能部门归口掌握和管理，并将归口管理的费用指标进一步分解，落实到各部门、班组以及个人，分级负责。

费用归口管理的主要内容包括以下方面。

(1) 根据各项费用发生的环节、地点和职能部门的分工，按照"谁花钱、谁负责、谁经手、谁管理"的原则，确定费用管理的责任部门。

(2) 确定费用分级管理层次及考核指标。即按照饭店内部组织形式，将费用指标分解为各项经济指标，逐项下达基层小组及个人。

(3) 确定各项费用的不同控制方法。归口分级管理的各项费用，要根据不同的要求，分别制定控制标准，采用不同的方法加以控制。

(4) 确定费用节约、浪费的经济关系。费用预算及定额执行的结果，应与部门、班组和职工个人的经济利益相联系，使费用控制具有广泛的群众基础。

3. 实施费用支出的内部控制制度

1) 费用预算制度

为加强对费用的管理与控制，使日常的各项费用开支控制在饭店费用控制定额之内，饭店必须在每一年度编制费用预算，并形成制度。

2) 定期分析检查制度

饭店在编制费用预算以此作为控制费用支出依据的同时，还应在执行过程中不断对预算的执行情况进行检查，以达到控制费用支出的目的。为促使预算检查制度化，饭店应对预算检查的时间、方法、参加人员等做出规定，并把预算结果列入每个月末、季末或月初、季初召开经营例会时需公布的内容之中。

饭店财务部门在日常核算中必须以费用预算为依据，认真审核费用支出凭证，严把费用预算关，及时揭露和反映超过、违背预算的费用支出。由财务部门召开财务预算分析会，把各项费用的实际执行结果与预算数据进行逐项对比分析，有关部门要对差异做出解释，找出费用支出控制的重点和方向，同时也为下一阶段的预算提供依据。

3) 费用支出审批制度

这一制度对费用支出的程序和审批权限做出了明确的规定，主要包括以下内容。

(1) 饭店的日常开支均应纳入预算范围。

(2) 预算内的费用开支，由经手人填单，经主管人员审批，由财务部门审核后即可开支报销。

(3) 预算外的费用开支，经主管经理批准后，由财务部门审核，提出意见，报总经理或其授权人批准。

(4) 应酬费、广告宣传费等费用的支出直接由总经理或其授权人负责审批控制。

五、成本费用考核的指标

成本费用考核是对饭店成本费用预算执行结果的评价。正确地实施成本费用考核可以促使饭店改善经营管理，加强经济核算，努力降低费用水平，增加盈利。

饭店进行成本费用考核的主要指标有以下几个。

1. 成本率

成本率是指在一定时期内直接成本占营业收入的百分比。饭店可以利用成本率指标对饭店的餐饮部、商品部、洗涤部等部门耗费的直接成本进行考核。

2. 费用率

费用率是指在一定时期内费用额占营业收入的百分比。在考核过程中，通常把本期的费用率与预算或去年同期的费用率相比较，计算费用率变化的绝对数和相对程度，用来了解费用的节约或浪费情况(见表9-1)。

表9-1 2013年S饭店营业费用考核表

项目	2013年实际数/万元	2012年实际数/万元	2013年计划数/万元	与2012年实际数相比		与2013年计划数相比	
				增减绝对数/万元	增减率/%	增减绝对数/%	增减率/%
营业收入	1050	900	1000	105	11.7	50	5
营业费用	400	360	420	40	11.1	-20	-4.8
费用率	38	40	42	-2	-5	-4	-9.5

从表9-1中可以看出，该饭店2013年的费用率比2012年同期降低2%，比本年度预算数值降低了4%。

除了对营业费用进行考核之外，还可以对管理费用进行考核，主要考核管理费用总额及结构的变化，以找出各个项目费用增减变动的原因，从而消除不利因素的影响，降低费用，增加利润。

第三节 饭店收入与利润管理

一、饭店收入的内容及确认

饭店收入(Revenue)是指饭店在生产经营过程中，因销售商品、提供服务等取得的收入，它是饭店业务经营活动的直接成果。按各项业务经营活动与业务经营的关系，可将饭店总营业收入划分为营业收入、投资收益和营业外收入。其中，营业收入是饭店收入的主要构成部分。

1. 营业收入

营业收入是饭店业务经营活动的直接成果，包括主营业务收入和其他业务收入。主营业务收入是饭店营业收入中的主要部分，如饭店的客房收入、餐饮收入、洗涤收入、美容收入、车队收入、康乐收入、商品销售收入等；其他业务收入是指饭店主营业务以外不单独核算的其他业务收入，是营业收入中的次要部分，且十分不稳定，如饭店中的固定资产出租、无形资产转让和包装物出租等收入。

2. 投资收益

投资收益是指饭店对外投资取得的收益，包括对外投资分得的利润、股利和债务利息等。

3. 营业外收入

营业外收入是指与饭店业务经营无直接关系的各项收入。其具体包括：固定资产盘盈、处理固定资产净收益、罚没款收入、无法支付的应付款项等。

按照现行制度规定，饭店应当在发出商品、提供劳务，并收讫或者取得索取价款的凭据时，确认营业收入。由此可以看出，饭店确认营业收入有以下两个标志。

(1) 商品、产品已经发出或者劳务已经提供。

(2) 价款已经收到或者得到了收取价款的凭据。也就是说，营业收入的确认不应只以收到价款为标志，而要看饭店的责任是否全部完成，或者是否已经取得收取价款的权利。如果责任已经完成，或取得了收款的权利，则说明收入已经取得，营业收入已经实现。

■ 二、营业收入管理的内容

随着市场竞争的日趋激烈，对营业收入的管理显得尤为重要。归纳起来，饭店营业收入管理主要包括以下几方面内容。

1. 合理定价

价格是饭店为顾客提供各项服务的收费标准，也是饭店计算营业收入的依据之一。饭店营业收入的计量，是根据向顾客提供的服务量和收费标准来进行的。通过合理定价，饭店向社会提供一定的商品和劳务之后，能保证取得合理的营业收入；同时，价格又是饭店赢得竞争的一个重要手段。所以，合理制定价格有利于增强饭店的竞争力，增加营业量，实现营业收入的最大化。

2. 制定合理的营业收入标准

营业收入标准控制，包括营业收入预测、决策和预算。饭店应通过营业收入预测，了解和掌握市场供求关系的变化趋势和价格的变化规律，努力运用自己的设施和人力资源去适应市场的需要，千方百计地增加营业收入，同时降低成本费用；通过营业收入预算，可调动饭店各个部门以及每一个员工的积极性，促使其完成预算任务。饭店只有做好营业收入标准控制，才能营造良好的运营环境，从而增加营业收入。

3. 做好营业收入日常控制

现代饭店往往为顾客提供多项服务。在营业收入中，应收账款所占的比重较大。应收账款如不能及时收回，将占用饭店过多的资金，甚至会造成坏账损失。只有赊销收入收回现金，才算营业收入的真正实现。所以，做好营业收入日常控制，就是要做好营业收入结算和应收账款的控制，努力减少营业收入损失，尤其是坏账损失，保证营业收入真正收回。

■ 三、饭店利润控制的要点及利润分配程序

1. 饭店的利润

利润是饭店生产经营的最终财务成果，是考核饭店经营效果的一项综合性经济指标，饭店在增加服务量、提高质量、降低成本、增加营业收入及提高管理水平等方面所取得的成绩，都会综合地表现在利润这项指标上。

饭店的利润是饭店在一定时期内实现的财务成果，是营业收入减去营业成本和费用，并上缴国家营业税等流转后的余额，包括营业利润、投资净收益和营业外收支净额等。其计算公式为

$$利润总额 = 营业利润 + 投资净收益 + 营业外收支净额$$

(1) 营业利润。营业利润是饭店开展正常业务活动所取得的利润，是饭店利润的主要组成部分。饭店在一定时期内的营业利润等于同期经营利润减去管理费用和财务费用的余额。其计算公式为

$$营业利润=经营利润-管理费用-财务费用$$
$$经营利润=营业收入-营业成本-营业费用-营业税金及附加$$

式中，营业收入是指饭店的各项经营业务的收入；营业成本是经营部门发生的直接成本；营业费用是指饭店经营过程中各营业部门发生的各种经营费用；营业税金及附加是指与营业收入有关的，由各项经营业务负担的各项税金及附加。

(2) 投资净收益。投资净收益是饭店对外进行的股票投资、债券投资及其他投资所取得的净收益，等于投资收益扣除投资损失后所得的数额。

(3) 营业外收支净额。营业外收支净额是指营业外收入减营业外支出的净额。营业外收入主要包括固定资产盘盈和变卖的净收益、罚没收入、因债权人原因确已无法支付而按规定程序转入营业外收入的应付款、礼品折价收入等；营业外支出主要包括固定资产盘亏、赔偿金、违约金、罚息、公益救助性捐款等。

2. 饭店利润管理的控制要点

饭店利润的影响因素是多方面的，结合影响饭店利润的各种因素，饭店的利润控制应包括以下几个方面的内容。

(1) 决策正确。各项经营决策要求达到预期的资金利润率。

(2) 计划平衡。按照预期的资金利润率进行指标分解，反复进行综合平衡。

(3) 财务责任。按照各项任务、财务指标和收支预算实行归口管理。例如，营销部门对营业收入负责，营业部门对营业费用负责，各管理部门对管理费用负责，采购部门对采购资金负责等。

(4) 责任中心。在建立财务责任制的基础上，划分利润中心、费用中心和收入中心，规定其考核办法。

(5) 预算控制。针对资产与负债、收入与支出、收益及分配等认真编制预算并严格执行。

(6) 认真做好会计、统计、业务核算工作，准确、及时、全面、系统地反映饭店的经济活动。

(7) 检查分析。严格、仔细地检查饭店生产经营活动的合法性、合理性，找出存在的问题并分析产生问题的原因。

(8) 考核成果。按照既定的考核办法，对各部门的财务任务的完成情况进行考核，并对有关人员进行奖励或惩罚。

3. 利润分配程序

饭店利润分配一般按下列程序进行。

(1) 弥补以前年度的亏损。如饭店发生年度亏损，可用下一年度的利润弥补；下一年度不够弥补的，可以在5年内延续弥补；延续5年仍未弥补完的亏损，则应该用税后利润弥补。

(2) 税前利润按国家规定做出相应调整后，依法交纳所得税。

(3) 被没收的财产损失，支付各种税收的滞纳金和罚款。企业因违反各种法律法规而被没收的财产损失，因违反税收征管条例而须缴纳的滞纳金和罚款，只能由税后利润承担，不能在税前列支。

(4) 提取法定盈余公积金。企业的法定盈余公积金是指按照国家法律规定，从税后利润中提取的公积金。其目的是防止企业把税后利润分净吃光，降低企业经营风险，提高企业应付各种意外事件的能力，保护债权人的利益。法定盈余公积金按税后利润的10%提取。法定盈余公积金已达注册资本的50%时，可不再提取。

(5) 提取公益金。企业公益金是指企业从税后利润中提取的用于集体福利的资金。

(6) 提取任意盈余公积金。任意盈余公积金是指由企业董事会决定的，从企业税后利润中提取的公积金。任意盈余公积金的提取不受法律限制，企业可以多提，可以少提，也可以不提。

(7) 向所有者分配利润。企业的税后利润在按上述顺序分配后，可以向所有者分配。股份制饭店在提取公益金后按照下列顺序分配利润。

① 支付优先股股利。

② 提取任意盈余公积金。

③ 支付普通股股利。

第四节 饭店财务分析

　　财务分析是财务管理的一个重要方法。它是运用饭店的有关财务报表和资料，通过一定的财务指标进行对比分析，以评价饭店的财务状况及经营成果，并揭示其未来的财务活动的趋势及规律的一种方法。它所提供的财务分析信息，不仅能说明饭店目前的财务状况和经营业绩，更重要的是能为未来的财务预算和财务决策提供重要的依据。所以，无论是饭店管理当局，还是主管饭店业的政府部门、投资者、债权人，都需要对饭店进行财务分析。

一、财务分析的目的

　　与饭店利益相关的主体有：所有者、经营者、债权人、职工、客户、竞争者等，其财务分析的目的概括起来包括以下两个方面。

　　1. 反映饭店经营状况和财务状况

　　这是饭店进行财务分析的直接目的。在竞争日益激烈、供求关系急剧变化的市场经济条件下，分析饭店自身的经营状况和财务状况，总结财务管理的工作经验，并依此调整其市场定位和行为目标，对于饭店的经营管理来讲尤为重要。因此，财务指标的定位和分析，必须首先满足饭店内部管理决策的需要，并通过这种财务信息的分析与披露，树立饭店的市场形象。

2. 促进财富最大化目标的实现

财务指标的设置与分析，应在提示与披露饭店经营状况的基础上，进一步发挥促使财富最大化的作用。通过财务指标的设置与分析，有利于揭示饭店经营管理的成绩与问题，及时采取措施，克服短期行为，引导和促进饭店财务管理活动的顺利开展，从而实现财富最大化的目标；通过财务分析，可检查财务规章制度的执行情况，促进饭店正确处理与其他各方面的财务关系，维护投资者、债权人、协作单位的合法权益。

二、财务分析的内容

饭店财务分析的内容由饭店财务分析目的所决定，主要包括以下几个方面。

1. 偿债能力分析

偿债能力是指饭店偿还到期债务的能力，包括对短期债务的偿还能力和对长期债务的偿还能力。分析指标包括流动比率、速动比率、资产负债率、利息周转倍数等。通过对偿债能力的分析，可以判断饭店的财务和经营状况，分析饭店对债务资金的利用程度，为饭店制订筹资计划提供依据，同时也为债权人进行债权投资决策提供依据。

2. 盈利能力及社会贡献能力分析

盈利能力是饭店赚取利润的能力；社会贡献力是饭店为国家和社会做出贡献和提供积累的能力。分析指标包括销售利润率、投资报酬率、资本保值增值率、社会贡献率、社会积累率等。通过分析，可将饭店的资产、负债、所有者权益、营业收入、成本费用、税金及利润分析有机地结合起来，从不同角度判断饭店的盈利能力和社会贡献力的大小，为未来的盈利预测、业绩评价提供依据。

3. 资金周转情况分析

资金周转情况分析是对饭店各项资产的周转情况进行的全面分析。分析指标包括应收账款周转率、存货周转率、固定资产周转率等。通过分析，可以判断饭店各项资产的周转速度，衡量资金使用效率和经营管理人员的水平，为饭店制定投资决策和改善经营管理提供依据。

4. 发展能力和其他财务指标分析

饭店的发展能力，是饭店的生命力所在，是饭店偿债能力、盈利能力、社会贡献力和营运能力的综合体现。通过发展能力分析，可以展望饭店的未来，对饭店经营战略的制定具有重要的意义。

三、财务分析的方法

对饭店的财务报告进行分析，必须借助于一定的指标与分析方法。财务分析的方法主要有比较分析法、比率分析法、因素分析法、趋势分析法等。

1. 比较分析法

比较分析法就是将同一个财务指标在不同时期或不同情况下的执行结果进行对比，从而分析差异的一种方法。财务指标之间存在着某种数量关系，能在一定程度上反映饭店生产经营的状况，从而反映饭店在经营过程中存在的问题。经过对比分析，能够帮助经营者找出其中存在的问题，进行适当调整，从而改善饭店的经营状况。比较结果有绝对数分析与相对数分析两种形式，根据分析的目的和要求，常用的比较标准有以下几种。

(1) 实际指标与计划(定额)指标对比。根据实际与计划(或定额)指标之间的差异，了解该指标计划或定额的完成情况。

(2) 本期指标与上期指标或历史最高水平等指标进行对比。确定该指标的变动情况，了解本饭店的经营活动的发展趋势。

(3) 本企业指标与同行业先进水平或平均水平进行对比。通过对比找出本企业与其他企业之间的差距，了解本企业在行业中所处的位置，推动企业改善经营管理，提高经济效益。

例9-1：S饭店20××年实现营业收入2 005 000元，与同期计划数1 800 000元相比，比较结果如下。

实际营业收入比计划营业收入增加=2 005 000−1 800 000=205 000(元)

完成计划相对程度=2 005 000/1 800 000×100% =111.4%

超额完成计划百分比=111.4%−100% =11.4%

2. 比率分析法

比率分析法是应用最为广泛的财务分析方法，是指由两个或两个以上的相关指标进行对比，得到一定的财务指标，通过一系列的财务指标来分析评价饭店的财务状况与经营成果的一种分析方法。比率分析法所用的指标很多，主要有短期偿债能力比率、长期偿债能力比率、盈利能力比率、资金周转比率等。

1) 反映短期偿债能力的比率

短期偿债能力是指企业偿还其短期债务的能力。在进行财务分析时，必须十分重视对短期偿债能力的分析。如果企业的短期偿债能力不足，无法满足债权人的要求，可能会引起破产或生产经营的混乱。企业的短期偿债能力可以通过以下指标来分析。

(1) 流动比率。它是指流动资产与流动负债之比。其计算公式为

$$流动比率=流动资产/流动负债$$

式中，流动资产是指在一年或长于一年的一个营业周期内能够变现或运用的资产，主要包括现金、短期投资、应收账款及预付款项和存货；流动负债是指在一年或长于一年的一个营业周期内需要偿还的债务，主要包括短期借款、应付及预收款、应付票据、应交税金、应付股利以及短期内到期的长期负债等。流动资产是短期内能变成现金的资产；而流动负债则是在短期内需要用现金来偿付的各种债务。将流动资产与流动负债进行对比，说明的是能在短期内转化成现金的资产对需要在短期内偿还的负债的一种保障程度，能比较好地反映企业的短期偿债能力。

例9-2：A饭店20××年末的流动资产为6 689 142.46元，流动负债为2 293 387.96元，则流动比率为：

流动比率=6 689 142.46/2 293 387.96=2.92

计算结果说明该饭店20××年末每1元流动负债就有2.92元的流动资产作还款保证。

根据惯例，流动比率等于2时为最佳。流动比率太低，说明企业的短期偿债能力不

强；流动比率太高，说明其短期偿债能力较强，但也表明企业存在存货、应收账款等流动资产闲置或流动负债利用不足的问题。

(2) 速动比率。它是指速动资产与流动负债之比。速动资产是指流动资产中易变现的那一部分资产，用流动资产扣除存货即为速动资产。该指标用以衡量企业在短期内运用随时可变现的资产偿还短期负债的能力。其计算公式为

$$速动比率=(流动资产-存货)/流动负债$$

例9-3：上例中，A饭店在20××年末的存货为2 446 700元，则

速动比率=(6 689 142.46-2 446 700)/2 293 387.96=1.85

计算结果说明20××年末该饭店每1元的流动负债就有1.85元的速动资产作还款保证。

计算速动比率时将存货从流动资产中剔除，主要原因是：第一，流动资产中存货的变现速度最差；第二，由于某些原因，部分存货可能已经过时、损毁，但还未作报废处理；第三，存货的账面价值可能与市场价值相差悬殊。

所以，当企业的流动资产变现时，存货就极有可能产生损失，用流动比率来反映偿债能力有时会出现失误；而速动比率由于在计算时不包括存货，所以能更好地反映企业的短期偿债能力。

通常情况下，饭店的速动比率等于1时为最佳。

2) 反映长期偿债能力的比率

长期偿债能力是指饭店偿还长期债务的能力。分析评价饭店的长期偿债能力，可以观察饭店资金结构是否合理、资金链是否稳定、通过盈利偿还债务是否有保证。饭店长期偿债能力分析主要使用的指标有资产负债率、负债权益比率、利息周转倍数等。

(1) 资产负债率。它是指负债总额与资产总额之比。其计算公式为

$$资产负债率=负债总额/资产总额\times100\%$$

如果这一比率过高，说明投资者的投入在企业的总资产中所占的比重很少，借入的资产所占的比重很大，企业的风险主要由债权人承担。因此，这一比率越高，说明企业的长期偿债能力越差；反之，说明企业的偿债能力越强。当然，这一比率也不是越低越好。

(2) 负债权益比率。又称产权比率，是饭店负债总额与所有者权益之比。反映饭店举债取得的资产和投资者投资形成的资产之间的关系。其计算公式为

$$负债权益比率=负债总额/所有者权益总额\times100\%$$

负债权益比率越小，说明饭店长期偿债能力越强，债权人的安全感就越高；反之，该比率越大，说明饭店的长期偿债能力越低，债权人的安全感就越低。一般认为，负债产权比率小于1为好，此时，企业的资金结构比较稳定。

(3) 利息周转倍数。利息周转倍数是企业的息税前盈余与所支付的利息之比。其计算公式为

$$利息周转倍数=息税前盈余/利息费用$$
$$=(税后利润+所得税+利息费用)/利息费用$$

这一指标反映企业用自身的利润支付利息费用的能力，这一指标越大，说明企业支付利息的能力越强；反之，则说明企业支付利息的能力比较弱。此指标如低于1，说明企业

实现的利润不足以支付其当期的利息，表明企业面临较大的财务风险。

3) 反映获利能力的比率

(1) 营业净利率。营业净利率是指饭店的净利润与营业收入的比率，计算公式为

$$营业净利率=净利润/营业收入净额×100\%$$

营业净利率体现了饭店的收益水平，这一指标越高，说明饭店的获利能力越强。

(2) 投资报酬率。投资报酬率又称资产净利率，是饭店净利润与平均资产占用额之比，其计算公式为

$$投资报酬率=净利润/平均资产占用额×100\%$$

$$平均资产占用额=(期初资产占用额 + 期末资产占用额)/2$$

该指标反映饭店投入的全部资金的盈利能力。指标数值越高，说明资产的利用效果越好，饭店的获利能力越强。

(3) 权益资本报酬率。权益资本报酬率又称净资产报酬率，是饭店净利润与平均净资产的比率，其计算公式为

$$权益资本报酬率=净利润/所有者权益平均占用额×100\%$$

$$所有者权益平均占用额=(期初所有者权益 + 期末所有者权益)/2$$

所有者权益报酬率反映了股东财富的增长速度，是饭店投资者极为关注的一个重要指标。

4) 反映资产管理能力的指标

资产管理比率是用来衡量饭店资产管理效率的财务比率。主要包括存货周转率、应收账款周转率、平均收账期间、总资产周转率和固定资产周转率。

(1) 存货周转率。它是指营业成本与存货平均占用额之比。该指标用以衡量企业在一定时期内存货的周转速度。速度越快，说明存货的利用效果越好。存货周转率的计算公式为

$$存货周转率=营业成本/存货平均占用额×100\%$$

(2) 应收账款周转率。它是指赊销收入净额与应收账款平均占用额之比。该指标反映企业在一定时期内应收账款的周转速度。速度越快，说明应收账款的利用效果越好。其计算公式为

$$应收账款周转率=赊销收入净额/应收账款平均余额×100\%$$

(3) 平均收账期间。平均收账期间的计算公式为

$$平均收账期间=360/应收账款周转率$$

评价这一指标的标准，是饭店赊销条件中规定的放出账款期限。如果实际收回账款所需天数超过了规定的账款偿还期限，说明顾客拖欠账款；若超过偿还期限较多，发生坏账损失的可能性就很大。这一指标超过偿还期限，还说明因催收账款不力，饭店有过多的营运资金呆滞在应收账款上，已经影响了正常的资金周转。

(4) 总资产周转率。它是指营业收入与资产总额之比。该指标用来衡量饭店在一定时期内总资产的周转速度。该指标数值越大，说明饭店资产总额的周转速度越快，资产在总体上的利用效果越好。其计算公式为

$$总资产周转率=营业收入/平均总资产占用额$$

(5) 固定资产周转率。固定资产周转率是指企业年销售收入净额与固定资产平均净值

的比率。它是反映企业固定资产周转情况，从而衡量固定资产利用效率的一项指标。其计算公式为

$$固定资产周转率=销售收入/平均固定资产净值$$

5) 市场比率

市场比率是反映上市公司财务状况、股票价格和盈利能力的重要指标，主要包括每股收益额、每股股利、股利支付比率、股利报酬率、市盈率等指标。

(1) 每股收益额。它是指股份有限公司普通股每股的收益额，是企业净利润扣除优先股股利后的余额，再除以普通股发行总股数后所得的金额。每股收益额越高，表明企业盈利能力越强，股东投资效益越好。其计算公式为

$$每股收益额=(净利润-优先股股利)/普通股股数$$

(2) 每股股利。它是指股份有限公司流通在外的普通股每股所获取的现金股利。每股股利越高，说明每一普通股获取的现金股利越多，投资者的收益越高。其计算公式为

$$每股股利=普通股股利总额/普通股股数$$

(3) 股利支付比率。它是指股份有限公司每股股利与每股收益额之比。该指标反映股份有限公司实现的净利润中直接支付给普通股股东现金股利的多少，其水平的高低，一般取决于股份有限公司的股利分配政策。其计算公式为

$$股利支付比率=每股股利/每股收益额×100\%$$

(4) 股利报酬率。它是指股份有限公司普通股每股股利与每股市场价格之比。该指标反映股份有限公司按股市价格计算的股票投资获利水平，即股票投资者可以获得的实际报酬率。其计算公式为

$$股利报酬率=每股股利/每股市价×100\%$$

(5) 市盈率。市盈率是普通股每股市价与普通股每股盈余进行对比所确定的比率。其计算公式为

$$市盈率=普通股每股市价/普通股每股盈余$$

饭店内部的财务人员和外部投资者对这一比率都很关心。饭店内部的财务人员在做出财务决策之前要很好地考虑其财务决策对这一比率的影响；投资者在投资之前，一般都对不同股票的市盈率进行对比，然后再决定投资于何种股票。

3. 因素分析法

因素分析法是把由多个因素组成的综合指标分解为多个因素，并确定各个因素变动对综合指标的影响程度。具体步骤是：首先将综合指标分解为多个因素，每次按顺序替代一个因素，然后将替代结果与前一结果相比较，依次计算出每一个因素对总指标的影响。通过分析各因素变动对总指标的影响，有针对性地采取相应措施解决经营过程中存在的问题。

因素分析法的具体应用有不同的形式。其中，差额计算是比较常见的一种，它利用各个因素实际数与标准数之间的差异，来计算各因素变动所产生的影响。

设某财务指标 E 受 a、b、c 三个因素的影响，且 E 为三个因素的乘积。则 E 的实际数与计划数及有关因素的关系为

$$计划指标： E_0 = a_0 b_0 c_0$$

实际指标：$E_n = a_n b_n c_n$

分析实际指标与计划指标所产生的差异，其计算公式为

a 因素变动产生的影响：$(a_n - a_0) b_0 c_0 = A$

b 因素变动产生的影响：$a_n (b_n - b_0) c_0 = B$

c 因素变动产生的影响：$a_n b_n (c_n - c_0) = C$

三因素变动产生的影响合计为：$E_n - E_0 = A + B + C$

例9-4：G饭店餐厅，本月耗用原材料计划总额为4250元，实际为5184元，超支934元。计划加工饮料1000瓶，实际加工数量为1200瓶。具体情况见表9-2。

表9-2　G饭店餐厅原材料耗用资料

单位	计划数	实际数	差额
产量/瓶	1000	1200	+200
单耗/千克	5	4.8	−0.2
原料单价/元	0.85	0.9	+0.05
成本总额/元	4250	5184	934

利用因素分析法，对成本总额的变动进行如下分析。

产量变动对成本总额的影响：$(1200 - 1000) \times 5 \times 0.85 = 850$(元)

单耗变动对成本总额的影响：$1200 \times (4.8 - 5) \times 0.85 = -204$(元)

原料单价变动对成本总额的影响：$1200 \times 4.8 \times (0.9 - 0.85) = 288$(元)

三因素对成本总额的共同影响：$850 + (-204) + 288 = 934$(元)

因素分析法在财务分析中的应用很广泛，既可作全面分析，也可分析各因素对某一经济指标的影响。

4. 趋势分析法

趋势分析法是指通过比较饭店连续数期财务报表有关项目的金额，以揭示其财务状况和经营成果变动趋势的一种分析方法。它从动态的角度反映饭店的财务状况，揭示各财务指标的变化及发展趋势，有利于饭店对未来的经营状况做出准确的预测。

根据比较指标的不同，趋势分析法可分为绝对数趋势分析和相对数趋势分析两种方法。

(1) 绝对数趋势分析法。绝对数趋势分析法是将同一指标的数据按时间先后顺序排列，据此计算逐期的增减量，以反映逐期财务指标的增减变动的分析方法。

例9-5：某饭店自2010年到2014年连续5年的营业收入如表9-3所示。

表9-3　某饭店营业收入发展趋势

年份		2010	2011	2012	2013	2014
营业收入/万元		800	890	1100	1280	1300
增长量/万元	逐期	—	90	210	180	20
	累计	—	90	300	480	50

由表9-3中的数据可以看出，该饭店5年来的营业收入呈连续增长趋势。

(2) 相对数趋势分析法。相对数趋势分析法是将同一指标连续数期的指标数值与基期对比，计算增减速度，以观察指标的增减变化及趋势的分析方法。

例9-6：在例9-5中，根据该饭店5年来的营业收入，计算各期的增减速度，如表9-4所示。

表9-4 某饭店营业收入增长速度

年份		2010	2011	2012	2013	2014
增长速度/%	定基	—	11.25	37.5	60.0	62.5
	环比	—	11.25	23.6	16.4	1.6

上述数据表明，该饭店连续5年来的营业收入一直保持着持续增长态势，但2014年的增长速度有所减慢。

案例分析

P饭店2013年末的资产负债表如表9-5所示，2013年的利润表如表9-6所示。

表9-5 P饭店资产负债表

2013年12月31日　　　　　　　　　　　　　　　　元

资产	年初数	年末数	负债及所有者权益	年初数	年末数
流动资产：			流动负债：		
现金	20 000	24 000	应付票据	30 000	33 000
应收账款	25 000	30 000	应付账款	20 000	30 000
存货	100 000	99 000	应付费用	10 000	12 000
流动资产合计	145 000	153 000	流动负债合计	60 000	75 000
固定资产	500 000	500 000	长期负债：	100 000	100 000
资产总计	645 000	653 000	负债合计	160 000	175 000
			股东权益		
			普通股	400 000	400 000
			保留盈余	85 000	78 000
			权益合计	485 000	478 000
			负债与所有者权益总计	645 000	653 000

表9-6 P饭店利润表

2013年度　　　　　　　　　　　　　　　　元

项目	上年累计数	本年累计数
一、营业收入	1 401 800	1278 700
减：营业成本	400 600	390 300
营业费用	457 600	493 004
营业税金及附加	126 000	112 500
二、经营利润	417 600	302 896
加：其他业务利润		11 500
减：管理费用	223 000	250 050
财务费用	101 130	48 500

(续表)

项目	上年累计数	本年累计数
三、营业利润	93 470	15 846
加：投资收益	5600	8700
补贴收入		
营业外收入	3100	3500
减：营业外支出	2800	1600
四、利润总额	99 470	26 446
减：所得税	32 825	8727
五、净利润	66 645	17 719
加：年初未分配利润	10 740	1080
减：提取盈余公积金	9997	2659
其中：公益金	3332	886
应付利润	35 000	5400
六、未分配利润	32 388	10 741

（资料来源：酒店前厅服务管理案例. 百度文库. http://wenku.baidu.com/view/8cac01f59e314332396893e5.html）

思考：

结合表中数据，对该饭店进行财务比率分析。

本章小结

　　饭店财务管理是在饭店经营管理过程中出现的一种管理职能，它主要解决饭店经营过程中的一些理财问题，如：如何筹集资金、如何控制成本费用、如何使利润最大化、如何分配利润等。财务管理是企业经营管理的一部分，管理者应根据饭店经营目标和经营需要，按照资金运动方向，对饭店的财务问题进行科学有效的管理，并正确处理饭店与各相关利益主体的经济关系。

复习思考题

　　1. 饭店的财务关系有哪些？

　　2. 谈谈饭店各种财务管理目标的优缺点。

　　3. 饭店的成本费用是如何划分的？包括哪些具体内容？

　　4. 饭店的成本费用控制应遵循哪些原则？

　　5. 饭店营业收入的内容有哪些？

　　6. 饭店应按怎样的顺序进行利润分配？

　　7. 财务分析的方法有哪些？

◄第十章►
饭店安全与危机管理

▌知识目标▐

- 掌握饭店安全、安全管理的概念和饭店安全管理的内容与特点
- 了解饭店安全的类型、饭店安全网络、安全组织与安全职责
- 掌握饭店危机的定义、特点、分类
- 了解饭店危机管理的定义

▌技能目标▐

- 熟悉饭店犯罪与盗窃的防范计划、控制与管理、防火安全计划与消防管理措施
- 掌握饭店危机管理的对策与措施

引导案例┃核心员工跳槽引发经营危机

　　某知名饭店集团非常重视员工培训，并成立了员工培训中心，新招来的员工一到饭店就被送到培训中心接受长达一年的业务培训，全部费用由饭店承担。至2004年，该培训中心已先后培训了5届员工。然而，由饭店花大本钱培训的员工，特别是核心员工在近两年先后跳槽。在第一届参加培训的40人中只有10人留在饭店时，并没有引起饭店管理者的关注，他们认为这是偶然现象，以至于第二届、第三届也只剩下7人。在问及离职原因时，离职员工大都认为：自身价值得不到体现，缺乏晋升机会，绩效与薪酬不挂钩，工资和福利待遇差，致使员工在工作中常常心不在焉，工作绩效下降，服务态度差等。面对大量人才流失，饭店现在已无心培训员工，害怕培训后的员工翅膀硬了，饭店留不住，白白为他人作嫁衣，于是取消了员工培训中心，员工服务水平与技能每况愈下，饭店口碑大不如前，致使人才流失更为严重，饭店经营陷入危机。

　　案例分析：

　　在此案例中，饭店员工接受培训后，知识、技能都有不同程度的提高，为饭店创造的价值比以往有了成倍的增长。而此时，饭店却没有意识到这些改变，仍以从前的价值观来衡量这些员工，没有向员工提供较好的福利待遇和发展空间，薪资与绩效没有挂钩，于是，对饭店越来越失望的员工纷纷离职。还有一些经过培训，能力有了明显提高的饭店管理人员，希望自己有升迁的机会，但是没有得到饭店的赏识，因此，这些核心人才的流失

也就成为必然。参加第一届培训后的人才大量流失和员工的消极服务态度，并没有引起饭店管理人员的关注与思考，表明饭店没有人才流失的危机意识，更谈不上建立人才危机预警机制。饭店面对员工离职时，没有采取任何积极的挽留措施，以致饭店人才大量流失，危及饭店的经营、财务以及信誉等各个方面，使饭店陷入全面危机。

（资料来源：http://news.hrloo.com/zhanlue/46024.html）

本章导语

在当代市场经济背景下，饭店的生存与发展与周围环境紧密相连。饭店在自身发展过程中，都会遇到各类涉及饭店客人、员工及饭店自身的安全问题及危机状况。这些问题都或多或少地给饭店带来直接或间接损失。对饭店而言，能否正确地认知自身的安全状况并对可能出现的危机做好预案，是衡量饭店的生存能力及竞争能力的重要因素。

第一节 饭店安全管理概述

一、饭店安全概述

1. 饭店安全的定义

饭店安全是指在饭店范围内所涉及的人、财、物的安全及所营造的没有危险、不受任何威胁的生理的、心理的安全环境。

2. 饭店安全的内涵

饭店安全包含以下4个层面的内容。

(1) 饭店以及来店客人、本店职工的人身和财物，在饭店所控制的范围内不受侵害，饭店内部的生活秩序、工作秩序以及公共场所等内部秩序保持良好的状态。

(2) 饭店本身的财产安全与名誉安全。

(3) 饭店安全不仅指饭店及其人员的人身和财产不受侵害，而且指不存在其他因素导致这种侵害的产生即心理安全。饭店安全状态是一种既没有危险，也没有可能发生危险的状态，使客人在心理上获得安全感。虽然客人的人身和财产并未受到伤害和损失，但客人若在住店时感到有威胁，存在一种恐慌心理，比如设施、设备安装不合理或不牢固，电器设备有漏电现象，住客楼层有闲杂人员，地面光滑易摔倒，娱乐场所有人起哄等，都会造成客人心理的不安全感。从保障客人的合法权益的角度来说，只要客人住进了饭店，饭店员工就有责任保障客人的安全，为客人保守秘密和隐私。

(4) 饭店安全还包括名誉安全、饮食安全和其他一些需要注意的安全问题。

二、饭店安全问题的类型

现代饭店中的安全问题主要表现为：以偷盗为主的犯罪行为、火灾、名誉损失、逃账等财产安全问题、其他安全问题。

1. 犯罪

一般来说，盗窃案件是发生在旅游饭店中最普遍、最常见的犯罪行为之一。饭店是一个存放大量财产、物资、资金的公共场所，极易成为盗窃分子进行犯罪活动的目标。饭店客人的物品新奇、小巧、价值高，客人钱财在客房内随意存放，饭店的许多物品具有家庭使用或出售的价值，这些都成为诱惑不法分子犯罪的动机。盗窃案件对饭店造成的后果也较为严重，不但会造成客人和饭店的财产损失，而且会使饭店的名誉受损，直接影响饭店的经营。

2. 火灾

饭店一旦发生火灾，其直接经济损失较高、危害大。据《世界饭店安全》(《Hotel Security World-wide》)杂志统计，1982年，全世界由于饭店火灾所造成的直接经济损失就高达1.5亿美元。近些年来，我国饭店的火灾也时有发生。1997年1月22日，福建安溪的××饭店发生重大火灾，死亡3人，伤3人，直接经济损失达59万元；1999年12月9日，上海××大酒店发生火灾，8人当场残废，30多人重伤。饭店火灾不仅危及客人、饭店员工的生命，使饭店遭受重大的经济损失、名誉损失，而且给国家带来了不可估量的损失。

3. 名誉损失

饭店安全中的名誉损失包括住店客人的名誉安全、隐私安全与心理安全三个方面。

1) 名誉安全

名誉安全是指客人因住店行为或他人行为而受到名誉或人格的损害。例如，由于饭店内有卖淫、嫖娼现象的存在，有赌博、打架斗殴等不良行为的存在，导致形象不良而使入住该店的客人认为"到此饭店投宿很羞耻、很不光彩"，从而使客人的名誉受损、人格受到伤害。

2) 隐私安全

隐私安全是指客人的一些个人生活习惯、爱好、嗜好甚至一些不良行为和生理缺陷的安全保障问题。客人住店期间，在消费中或在被服务过程中有时会无意间流露出难以启齿的个人生活中的一些嗜好、不良习惯与行为，甚至一些生理缺陷。这些隐私如果外泄，会影响客人的人格甚至影响其工作。因此，楼层服务员有责任为客人保守秘密和隐私，使客人能够放心、无拘束地消费与生活。

3) 心理安全

心理安全是指客人在入住现代饭店后对环境、设施和服务的信任感。有时虽然客人的人身和财产并未受到伤害和损失，但客人却感到有不安全的威胁，存在一种恐慌心理，比如设备安装不牢固、电器设备有漏电现象、楼层有闲杂人员等。从保障客人的合法权益的角度来说，只要客人住进了饭店，饭店的任何人员，在没有特殊情况时，都不得随便进入该客房。饭店的员工有责任为客人保守秘密和隐私。有些客人不愿将自己的情况告诉别人，那么饭店员工就要为他保密，不要轻易将他的房号等告诉外来人员，让客人在心理上获得安全感。

4. 逃账

逃账现象在饭店中经常出现。在饭店经营管理中，常把冒用信用卡、盗用支票、假支票、假钞、逃单等现象统称为逃账。逃账无疑会给饭店带来经济损失和人力耗损。因此，逃账是危及饭店正当利益的财产安全问题。

5. 其他安全问题

现代饭店中的其他安全问题主要有以下三个。

1) 食物中毒

这是由饮食卫生引发的较为严重的饮食安全问题。其主要是指由于饮食供应方提供的食品及饮品过期、变质或不洁净等原因而导致的较为恶性的事故。食物中毒对旅游者的伤害较大，严重时会危及旅游者的生命安全。例如，1999年6月13日，厦门××酒店就发生过28人集体食物中毒的事件。

2) 打架斗殴

打架斗殴多发生在饭店的歌舞厅、卡拉OK厅、酒吧等娱乐场所，主要源于酗酒。娱乐场所的打架斗殴容易殃及其他旅游者，不仅会对旅游者造成身体伤害，也将使旅游娱乐企业蒙受财产损失和经济损失。

3) 黄赌毒

黄赌毒是指在旅游娱乐场所发生的卖淫嫖娼、赌博、吸毒等严重损害人们身心健康的不法活动。黄赌毒不仅严重危害旅游者的利益，而且严重妨碍旅游业的健康发展。

三、饭店安全管理

饭店安全管理是指饭店为了保障客人、员工的人身和财产安全以及饭店自身的财产安全而进行的计划、组织、协调、控制与管理等一系列活动的总称。这些活动既包括安全的宣传与教育，安全管理方针、政策、法规、条例的制定与实施，也包括安全防控、管理措施的制定与安全保障体系的构建与运作。饭店安全管理的目的是防止火灾、犯罪活动和其他不安全事故的发生，保障客人、员工的人身和财产安全以及饭店自身的财产安全，保证饭店的正常运营。

饭店安全管理涉及三个方面。

1. 宏观行业安全管理

宏观行业安全管理是指全国性、地区性的宏观行业安全管理。由国家或地区制定相应的法规，设置专门的机构和人员，对全国饭店接待设施加以规范、管理，落实饭店接待设施的安全和安全管理工作，从宏观上把握饭店业的行业安全。例如，通过《治安管理条例》《旅馆业治安管理办法》《消防法》对饭店业的治安、消防等予以宏观管理。因此，行业安全管理在很大程度上体现为国家、地区的安全管理政策法规。

2. 微观饭店企业安全管理

微观饭店企业安全管理主要是指饭店企业根据国家的相应政策法规开展的企业内部安全管理。饭店企业内部的安全管理千头万绪，工作较为琐碎，难度也较大。归纳起来，涉及以下几个方面：安全管理规章制度、安全管理机构、安全设施设备、部门安全管理、防火管理、防盗管理以及其他安全管理。

3. 客人管理

客人管理包括两方面内容。

1) 对客人的管理与引导

一方面要对客人进行管理，防止某些不法分子借助客人身份的掩护变成旅游安全问题的故意肇事者；另一方面要正确引导客人，使客人能够遵守相应的安全规章制度，安全操作，不致引发旅游安全问题。例如，据统计，饭店火灾中约有40%是由于客人吸烟时不注意引发的。因此，劝导客人不要卧床吸烟、对饭店客人加强管理就显得非常重要。

2) 客人自我安全管理

旅游安全问题的发生，有很大一部分是由客人自身的原因造成的。例如，客人疏忽大意而在饭店丢失东西或物品被盗，客人吸烟引发的火灾等。因此，客人一方面要提高警惕，充分认识到旅游饭店中潜在的不安全因素；另一方面应该尽量克制自己的不良行为，避免使自己成为旅游安全问题的肇事者，尤其是故意肇事者。

四、饭店安全管理的内容与特点

1. 饭店安全管理的内容

现代饭店安全管理包括三个方面的内容。

1) 建立有效的安全组织与安全网络

现代饭店安全管理工作通常是由专门成立的安全部门(如饭店的安全部或保安部)负责的。鉴于现代饭店安全管理的复杂性，现代饭店的安全管理工作除由安全部门具体负责外，还应根据现代饭店的特征，建立有效的安全组织与安全网络。现代饭店的安全组织和安全网络由现代饭店的各级管理人员和一线服务员组成，与现代饭店的保安部共同完成安全管理工作。工作内容包括现代饭店的消防管理、治安管理以及日常的楼面安全管理。

2) 制订科学的安全管理计划，制定相关制度与安全管理措施

科学的安全管理计划、制度和安全管理措施可防患于未然，避免饭店不安全问题的发生或减少发生的频率。现代饭店安全管理计划、制度与安全管理措施包括：犯罪和防盗控制计划与管理措施、防火安全计划与消防管理措施、常见安全事故的防范计划与管理措施。安全制度包括治安管理制度、消防管理制度等。

3) 紧急情况的应对与管理

紧急情况是指发生在现代饭店中的一些突发的、重大的不安全事件或事故。从安全角度看，现代饭店中容易发生的紧急情况一般有：停电事故，客人违法事件，客人伤、病、亡事故，涉外案件以及楼层爆炸等。加强对紧急情况引发因素的控制与管理，做好应对紧

急情况发生的准备工作，是现代饭店安全管理的重要工作与任务。

2. 饭店安全管理的特点

饭店安全管理具有其特殊性，具体表现在以下几个方面。

1) 国际性

所有涉外饭店的安全管理均具有国际性的特点。随着中国加入WTO和全球经济一体化的发展，国际交往将越来越频繁。现代饭店的客人来自世界各地，由于各国的法律、道德、准则和行商公约不同，有的甚至差别很大，因此饭店安全管理就应该特别强调国际性。在制定安全防范政策与措施时，既要不违背我国的法律规定，又要注意内外有别，按国际惯例办事；既要考虑来自不同地区、不同国家的客人的习惯与承受能力，又要遵循国际通例，以国际性的安全管理政策与条例来满足不同国家和地区消费者的共同需求。

2) 复杂性

现代饭店是一个公共场所，是一个消费场地，每天都有大量的人流、物流和信息流。人流中，有住客、有访客，也可能有寻机作案的犯罪分子，而犯罪分子往往又不能从外表上加以辨认；物流中，既有客人与饭店、客人与客人、客人与外界的物流过程，也有服务过程所需要的物质(资)流；信息流中，既包括电波流、文件流、数据流，也包括商务过程的洽谈、会议期间的报告和产品演示的交流。大量的人流、物流与信息流的存在造成了现代饭店安全管理的复杂性。这种复杂性在安全管理方面表现为既要防火，又要防盗；既要保护客人的生命、财产安全，又要考虑客人的娱乐安全、饮食安全，还要考虑防暴力、防突变、防黄赌毒、防突发事件等。

3) 广泛性

现代饭店安全管理的广泛性体现在：第一，安全管理内容的广泛性。现代饭店安全管理的内容涉及供给方的安全管理与需求方的安全管理两大方面。前者包括饭店员工的人身安全、服务用品安全以及设施设备安全；后者除包括客人的生命、财产、隐私安全外，还包括客人的食、娱安全等内容。第二，安全管理涉及范畴的广泛性。首先，现代饭店安全管理的范围既涉及现代饭店本身，还涉及饭店以外的区域；其次，现代饭店安全管理不仅涉及现代饭店各个工作岗位和每位员工，还涉及每个住店客人。现代饭店安全管理的广泛性要求各部门、各岗位通力合作，需要依靠全体员工的努力和配合，需要把安全工作与各部门、各岗位的职责、任务结合起来，在现代饭店中形成一个安全管理工作网络体系。

4) 全过程性

饭店接待设施一天24小时、一年365天，都要常备不懈地进行安全管理。从饭店每一种服务产品的生产到客人的消费，从客人入住登记到客人离开的整个过程，都存在着安全管理的问题。

5) 突发性

饭店接待设施的各类安全问题往往是在很短的时间内发生的，如火灾、抢劫、凶杀、爆炸等。因此，只有在平时做好处理各种突发事件的准备，才能在发生突发事件时临危不乱，及时进行控制与处理。

6) 强制性

饭店安全管理必须依据具有规范性和约束力的规章制度来执行，违者则以行政、经济等手段进行处罚。只有健全、有力、高效的管理制度才能保证饭店的经营安全以及正常运行，才能使饭店取得良好的经济效益与社会效益。

7) 全员性

饭店安全管理涉及每个部门、各个工作岗位和每个员工。饭店安全管理虽由安全部门主要负责，但由于饭店接待设施的特点，必须要求各部门通力合作，必须依靠全体员工的共同努力。安全部门要将安全工作与各部门及岗位的职责结合起来，要在现代饭店内形成一个安全工作网络体系。只有各级管理者和全体员工都增强了安全管理意识，饭店安全才能有保障。

8) 政策性

饭店安全管理的政策性是由饭店安全管理的性质和内容决定的。饭店安全管理既要维护客人的合法权益，又要对一些触犯法规的人员进行适当的处理。在面对安全问题时要根据不同的对象、性质和问题，依据不同的法规和政策进行处理。

第二节 饭店危机管理概述

一、饭店危机的定义

所谓"危机"，一般是由客观(社会)或主观(人为)的因素，有时甚至是"不可抗拒力"所引发的意外事件，而使企业产生的紧急或危险状态。企业发生危机，是企业面临危险与机遇的分水岭。国际上对"危机"的权威定义可理解为，在任何组织系统及其子系统中，因其外部环境或内部条件的突变，而导致的对组织系统总体目标和利益构成威胁的一种紧张状态。这种具有不确定性的重大事件，可能对组织及其相关成员、产品服务、资产和声誉造成巨大的损害。

根据这一定义，饭店危机指的是由于发生突发性的重大事件而对饭店业造成的重大破坏和后续不良影响的状态。

二、饭店危机的特点

1. 发生突然

由于饭店内部因素所导致的危机出现前都会有一些表象。但由于人为疏忽，对这些事件可能会视而不见。因此危机的爆发经常出于员工的意料之外，危机爆发的具体时间、实际规模、具体态势和影响深度，都可能在没有防备的状态下发生。

2. 传播迅速

进入信息时代后，危机的信息传播比危机本身发展要快得多。信息传播渠道的多样化、传播的高速化、范围的全球化，使饭店危机信息迅速公开化，成为公众关注的中心，成为各种媒体炒作的素材。而社会公众了解饭店危机的信息来源是各种形式的媒体，而媒体对饭店危机报道的内容和态度将在很大程度上影响着公众对危机的看法和立场。

3. 危害性大

不论什么性质和规模的危机，都必然不同程度地给饭店造成破坏，并造成混乱和恐慌。如果决策的方向或措施失利，则将会给饭店带来无可估量的损失。而且危机往往具有连锁反应，容易引发一系列的矛盾和问题，从而使事态更加严重。对于饭店而言，危机不仅会破坏正常的经营秩序，更严重的是会破坏饭店持续发展的基础和未来。

4. 紧迫性强

对饭店而言，危机一旦爆发，其破坏性将呈快速蔓延之势。如果不加以及时控制，饭店局势将会急剧恶化，使饭店蒙受更大损失。而且由于危机的连锁反应以及各路媒体的快速传播，如果给公众留下处理反应迟缓、漠视公众利益的形象，势必会失去公众的谅解和同情，甚至损害品牌的美誉度和忠诚度。因此对于危机处理，可供做出正确决策的时间是极其有限的，而也这要求饭店决策者必须审时度势，善于处理危机，并能把握住大局。

三、饭店危机的分类

1. 形象危机

形象危机也称为信誉危急、信任危机。饭店形象是饭店在长期的经营和管理过程中，产品和服务、环境和氛围以及现场管理和企业文化等给消费者带来的整体印象和评价。良好的社会形象是饭店重要的无形资产，是饭店生存和发展的基础，树立良好的社会形象是企业的战略计划和行为。如果饭店发生严重事件，如违法经营、欺骗顾客、食物中毒、安全事故等，都容易成为社会焦点问题，若处理不当，不仅使饭店的社会形象受到损害，还极易使饭店的经营陷入危机，甚至使饭店难以为继。

2. 人事危机

部分饭店为了节约成本，违法招工、违法用工、拒签劳动合同、不给员工参加社会保险，强行收取押金或变相收取押金，处理员工或辞退员工存在随意性和简单化。随着社会的发展和员工法律意识的提高，员工的维权意识在不断增强，一旦员工向社会和劳动保障部门投诉，劳动和社会保障部门必然要对违法违纪饭店进行惩处，从而给饭店造成人事危机和员工对饭店的信任危机。另外，饭店或对现有管理人员及后备管理人员队伍缺乏培养和储备，或缺乏有效的激励机制，致使骨干管理人员流失和后备管理人员匮乏，使饭店管理队伍断层，也将成为饭店潜在的危机。

3. 财务危机

财务危机产生的原因包括：高层经营决策不当给饭店造成财务危机，如投资新领域、扩大经营规模、增加经营项目等，因缺乏科学论证而盲目投资，致使饭店流动资金短缺，经营难以为继；饭店制度不健全、管理有漏洞，导致流动资金私自被挪用、被挥霍、被贪污等。

4. 财产危机

饭店在经营过程中，都可能遇到不可抗拒的力量和意外事故，如地震、飓风、洪水、以及火灾、员工的人身事故等。若饭店没有规避自然灾害和意外事故的行为和措施，都可能给饭店造成财产危机，轻则给饭店造成大的损失，重则使饭店经营难以继续。

5. 信息危机

由于对信息保护和利用不力而给饭店造成危机的情况屡见不鲜。有些饭店员工对保护饭店商业秘密认识和重视不够，把饭店的发展规划、投资意向提前泄漏，被其他饭店抢先一步；还有饭店员工对内部经营控制指标、经济协议内容等不加保护，被其他饭店窃用、模仿等，给饭店工作造成被动，降低了饭店竞争优势。另外，饭店不注意行业经营和管理的发展趋势，不注意借鉴同行以及竞争对手的经验和教训，也会给饭店造成信息危机。

6. 公共危机

饭店经营的特点是对社会依赖性强，且对外部反应极其敏感。如SARS和禽流感病毒等，作为典型的公共危机，对饭店乃至整个社会的影响都是巨大的。如果应对不力，将会使饭店遭受重创。

四、饭店危机管理的定义

饭店危机管理是对危机进行控制和管理，以防止和避免危机，使饭店组织和个人在危机中得以生存下来，并将危机所造成的损害限制在最低限度。在管理过程中，根据危机演变的时间过程，危机管理过程可划分为危机预警与准备阶段、识别危机阶段、隔离危机阶段、管理危机阶段及危机后处理阶段。

因此，可以认为，饭店危机管理是指为避免和减轻饭店危机可能带来的严重威胁，通过危机研究、危机预警和危机救治等手段为达到恢复饭店经营环境、恢复饭店消费者信心的目的而进行的非程序化的决策过程。它包括政府(主要指政府主管部门)、饭店、饭店从业人员、公众(消费者)等多个行为主体，以及沟通、宣传、安全保障和市场研究等多个实施途径。

五、饭店危机管理的对策与措施

1. 扎实做好饭店危机管理预案

饭店的危机管理预案至少应包括下面几个方面：防范火灾的；防范各类治安性突发事件的，如爆炸等；防范各种可能面对的自然灾害的；防范食物中毒、服务过失等多种易发性事件的；防范各种设施、设备安全隐患的；防范媒体恶性炒作等。

2. 危机管理必须坚持统一指挥及科学分工

在危机发生时，各级人员的分工、职责、工作程序必须明确，以确保能在第一时间内果断采取措施，这将是战胜"危机"的关键因素。现代企业危机管理组织结构见图10-1。

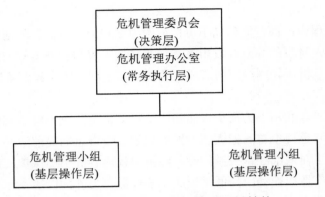

图10-1　现代企业危机管理组织结构

(资料来源：梁玉社，白毅. 饭店管理概论. 北京：旅游教育出版社，2006)

3. 建立健全危机管理预警体系制度

要用制度来规范各级人员应对危机的具体做法，形成一套切实有效的预警体系制度，这是应对危机的最有效办法。一旦饭店出现危机苗头，就能及时发现、上报，并及时发出警报，视情形及时采取各种应急措施，进入"危机"处理程序。

4. 加强饭店危机教育，提高员工危机意识

为将饭店的一切"危机"消灭在萌芽里，饭店可以将员工的思想教育作为切入点，加强员工危机意识教育，把危机意识融入日常培训工作中去。这样可以在全员中树立全方位的预警意识，使所有员工都能熟练地掌握和运用各种应急措施，切实提高员工的发现和防范能力。

5. 危机处理过程要迅速有效

在饭店危机发生时，应立即采取果断有效的措施解决问题，同时要及时向公众公布有关信息，避免由于信息不及时和不准确引起客人和社会更大的误会和恐慌。

6. 做好危机公关，避免不良局势蔓延

饭店应该认识到危机发生时的"危机公关"是危机处理的重要工作。危机发生时，首先要尽快弄清真相，分清责任，加强与各方面的沟通联络，把危机真相尽快通过新闻媒体告知社会，以真实的信息去引导公众。以避免引发舆论的围堵和谴责，防止进一步引发饭店的公关危机。

案例分析

安防到位　服务一流

4月16日中午，一对新人在饭店举行了隆重的结婚典礼，为新人祝贺的亲朋好友多达700余人。为确保此次婚庆典礼安全、圆满、成功，饭店安全部、公关营销部、餐饮娱乐部积极安排专人负责婚庆现场的安全保卫和协调工作。在婚庆典礼及宴会结束后，负责该场婚礼的摄像师卢先生和他的同事找到安全保卫部，反映其放在桃花园餐厅舞台中间箱子里面的DV摄像机不见了，里面录有新人的典礼过程。"摄像机价值2800元，但更重要的

是无法弥补一对新人终生的遗憾。一旦新人要求赔偿，损失也将非常巨大。"卢先生非常焦急地说。监控员小李感到事情严重，立即向部门主管汇报，备存该时间段的录像，帮助失主分析和查找可疑人员。经调查分析，从丢失的时间上锁定了可疑人，认为其同事"拿"走摄像机的可能性较大，为避免打草惊蛇和及时找回摄像机，安全部主管与失主私下沟通决定：先进行询问和冷处理，然后根据可疑人员的反常情况再仔细查看录像。

卢先生反映：经过两天的询问和等待，嫌疑人有思想斗争，但未做出明确表示。为切实找到证据，安全部再次安排详细查看录像。从19日上午8点半至下午4点监控员小李积极耐心地查看录像，在卢先生的指认下确认该婚庆策划负责人教唆其妻子"拿"走了摄像机，监控记录了其"拿"走摄像机的全过程，录像显示可疑人作案时间和动机与安全部分析结论相吻合。因此，安全部主管与失主卢先生商议，在征求其暂不报案的意见后，通过精心策划，采取电话警告方式从思想上瓦解嫌疑人最后的精神防线，迫使其及时送还摄像机，否则依法处理。结果嫌疑人很快回了电话，并表示在处理完私事后，于当晚9点亲自送还。

4月20日，卢先生打来电话称摄像机已送还，心情非常激动，对饭店安全部工作人员的安防意识和热情服务表示感谢，并给予了很高的评价，还赠送锦旗一面：安防到位，服务一流。

思考并回答：

1. 你认为该饭店的安全保卫工作是否完善，为什么？

2. 通过此案例，你认为做好饭店安全保卫工作应从哪些方面着手开展？

(资料来源：全国旅游星级饭店评定委员会办公室. 星级饭店经典服务案例及点评. 北京：中国旅游出版社，2008)

本章小结

饭店安全是指在饭店范围内所涉及的人、财、物的安全及所产生的没有危险、不受任何威胁的生理的、心理的安全环境。饭店安全包含4个层面的内容：饭店以及来店客人、本店职工的人身和财物，在饭店所控制的范围内不受侵害，饭店内部的生活秩序、工作秩序、公共场所等内部秩序保持良好的状态；饭店本身的财产安全与名誉安全；饭店内不存在其他因素导致人身、财产侵害的产生即心理安全；饭店安全还包括名誉安全、饮食安全和其他一些需要预防的安全问题。

饭店中的安全问题主要表现为5种类型：以偷盗为主的犯罪行为、火灾、名誉损失、逃账等财产安全问题和其他安全问题。饭店安全管理具有国际性、复杂性、广泛性、全过程性、突发性、强制性、全员性、政策性等特点。饭店的安全管理也包括对一些紧急情况做出应对管理，主要包括：国内客人违法的处理；涉外案件处理；客人伤、病与死亡的处理；食物中毒事故的处理；停电事故的处理；防爆；重大事故处理等。

饭店危机指的是由于突发性的重大事件的发生而对饭店造成重大破坏和后续不良影响的状态。饭店危机的特点包括：发生突然、传播迅速、危害性大和紧迫性强。饭店危机的分为：形象危机、人事危机、财务危机、财产危机、信息危机和公共危机。

饭店危机管理是指为了避免和减轻饭店危机可能带来的严重威胁，通过危机研究、危机预警和危机救治等手段，为了达到恢复饭店经营环境、恢复饭店者消费信心的目的而进行的非程序化的决策过程。饭店危机管理的对策与措施包括：扎实做好饭店危机管理预案；危机管理必须坚持统一指挥及科学分工；建立健全危机管理预警体系制度；加强饭店危机教育，提高员工危机意识；危机处理过程要迅速有效；做好危机公关，避免不良局势蔓延。

复习思考题

1. 什么是饭店安全？
2. 饭店安全包含哪些层面的内容？
3. 简述饭店安全问题表现的类型。
4. 饭店安全管理中的紧急情况包括哪些？
5. 饭店危机管理的含义是什么？
6. 饭店危机分为哪几种类型？
7. 简述饭店危机管理的对策与措施。

第十一章
饭店后勤保障管理

▌知识目标▐

- 了解现代饭店后勤部门管理的内容、特点
- 熟悉饭店物资、设备的分类和维护方法
- 掌握饭店物资、设备的采购和验收保管的基本方法
- 掌握饭店卫生管理的基本原则

▌技能目标▐

- 能够预防和解决饭店卫生管理中容易出现的问题
- 掌握饭店物资、设备的采购和验收保管的方法并能进行物资设备管理

引导案例｜绿色饭店的起源

1991年，"威尔士王子商业领导论坛"创建了"国际旅馆环境倡议"机构，该机构由世界11个著名的饭店管理集团组成，由英国查尔斯王子任主席。1993年，英国查尔斯王子倡议召开了旅馆环境保护国际会议，通过了这11个国际旅馆集团签署的倡议，并出版了《旅馆环境管理》一书，目的是指导旅馆业实施环保计划，改进生态环境，加强国际合作，交流旅馆环境保护工作的经验和有关信息，促进政府、社区、行业及从业人员对旅馆环境保护达成共识并付诸实践。从那时起，欧美许多国家的饭店纷纷重新审视企业的经营方式和服务程序是否符合环境保护的要求，并着手改进经营和服务方式，其中最主要的就是采用先进的节能设备；加强排放物的污染控制；尽量回收可再生的物资，同时倡导绿色消费。在全球性的绿色浪潮的推动下，我国一些大城市的饭店也开始重视环境保护，不断增强员工的环保意识，注意在经营中节能、降耗、减少污染。

(资料来源：百度文库. http://wenku.baidu.com)

思考：

1. 为什么要倡导开展"绿色饭店"活动？
2. 绿色饭店对物资设备的要求有哪些？

▌本章导语▐

后勤保障管理包括对饭店的物资、设备以及卫生等方面的管理。随着饭店业的发展，

饭店的服务项目越来越多，其后勤保障工作越来越受到人们的重视。例如，就物资管理而言，饭店的经营管理活动必须以一定数量的物资作为基础。但是，如果饭店物资储备数量过大，不仅会造成资金的积压，而且饭店必须为大量储存的物资支付库存保管费用。其中，食品原料经过长期贮存会逐渐地腐烂变质或降低规格，造成大量的浪费。因此，为了提高经济效益，现代饭店应该合理地控制物资采购数量，科学地进行物资管理。饭店保障管理的其他方面也同样非常重要。

本章从物资、设备、卫生等几个方面阐述了饭店后勤管理的一些实用技巧，虽然知识比较零散，但对于有志于从事饭店业管理的人来说，掌握本章所讲授的知识和技能同样非常重要。

第一节 饭店物资管理

饭店物资管理是指围绕着饭店物质资料的使用价值的效用发挥而进行的计划、采购、保管和使用等一系列组织和管理活动的总称。

现代饭店的许多物资单价低，但是需要量大，如客户用品中的小香皂、牙刷，餐厅中的餐巾纸、客用的水杯等。由于这些物品价值较小，容易被管理人员所忽视。但是，这些物品需要量大，如果管理不善，造成丢失和浪费，势必会增加饭店的成本，影响饭店的经济效益。

饭店的物资中还有相当一部分重复使用次数多、周转环节多，如客房中的棉织品，餐厅中的台布、餐具等，这些物品在使用的过程中，要经过客房、餐厅、洗衣房、仓库等许多地方，这在一定程度上加大了管理的难度。

物资管理工作直接影响饭店的服务质量。物资供应是现代饭店前台部门如客房部、餐饮部、康乐部等正常运营和提供服务的基础。如果物资不能按时供应，必然影响饭店的正常经营；如果物资的质量较差，就会影响使用效果，从而降低服务质量；如果物资的品种不全，就无法为客人提供高质量的服务。因此，饭店服务的质量与物资的供应、物资的质量、物资的保管工作是密不可分的。

一、饭店物资管理的特点及任务

1. 饭店物资管理的特点

饭店素有"小社会"之称，饭店物资涵盖的面非常广，因而饭店物资管理具有复杂性的特点。

1) 客人需求的多样性决定了饭店物资管理的差异性

饭店各种管理工作的最终目的是以优质的服务满足客人的需要，从而提高饭店的经济效益。而饭店的客人来自五湖四海、各个阶层，因而其生活习惯、兴趣爱好以及对饭店服务质量的期望并不相同，使得他们对饭店各类物资的需求差异很大。

2) 饭店营销效果的不稳定性影响着饭店物资管理的计划性

饭店产品的价值实现有赖于强有力的营销手段，而饭店产品的销售与物资的消耗紧密相关，也就是说，饭店物资消耗的多少和营销手段、营销效果有着直接的关系。而随着饭店业竞争日益加剧，以及旅游业所具有的季节性、不稳定性等特点，饭店营销的效果有时并非饭店本身所能把握的。

3) 饭店物资的丰富性决定了物资管理技巧的多样性

饭店物资品种丰富，各不相同，因此，对各类物资的管理技巧也不同，需要因"物"而异。

4) 饭店部分物资的相对不可储存性决定了物资管理的时效性

饭店部分物资尤其是食品、饮品、鲜活原料等，为了确保其品质，需要及时投入使用；而棉织品、低值设备等物资，则可适当地储存。因此，在饭店物资管理工作中，应了解不同物资在管理上的不同时效性。

2. 饭店物资管理的任务

1) 做好开业标准配备，保证饭店等级规格

在饭店正式开业之前，就应该按照饭店的等级规格和接待能力完成饭店的物资配备工作。它既是饭店物资用品管理的起点和重要任务，又是保证饭店等级规格和开业后的业务活动需要并满足客人消费需求的重要条件。

2) 合理制定消耗定额，为物品管理提供依据

饭店物资用品配备完成后，随着业务活动的开展，各种物资用品都处于消耗过程中，消耗方式有一次性消耗和多次性消耗两种。为此，饭店物资用品保障管理就要针对物品消耗方式的不同，分别制定消耗定额和储备定额。

3) 编制物品采购计划，保证业务开展需要

饭店物资用品在开业初期大多是成套配备的，其他物品则按一定时期的需要量配备。在业务管理过程中，物资用品的采购以月、季度物品补充采购计划为依据。为此，必须分类做好物品采购计划，掌握资金的使用情况，在保障业务需要的前提下降低资金占用额，提高资金的使用效率。

4) 加强物品使用管理，节省饭店费用开支

饭店每天都应根据各部门业务发展的需要，按消耗定额发放、使用各种物资用品，做好原始记录和统计分析，考核物资用品的使用效果和成本费用消耗，以节省饭店费用开支。

5) 做好物品库房管理，加快饭店资金周转

饭店应制定不同物品的库房储备定额，加强出入库管理，定期盘点，在保证业务需要的前提下管好库存物品，加快饭店资金周转。

二、饭店物资的分类及定额管理

1. 饭店物资的分类

饭店所需要的物资用品种类繁多，其价值构成和管理要求各不相同，为了便于物资管理工作的开展，需要对饭店各种物资用品加以分类，其分类方法大致有以下几种。

(1) 按物资的价值构成分类。可分为低值易耗品和物料用品。

(2) 按物资的自然属性分类。可分为棉织品、装饰用品、清洁用品、服务用品、玻璃瓷器、食品原材料、餐茶具、燃料、印刷品及文具、维修材料及用具、办公用品、消防用品12种。

(3) 按客人消耗和价值补偿的方式分类。可分为客用多次性消耗物品和客用一次性消耗物品。

(4) 按物资的使用方向分类。可分为客用物资用品、生产用原材料、办公用品、清洁和服务用品、基建维修用料、安全保卫用品、后勤用品7种。

2. 饭店物资的定额管理

物资的定额管理主要指物资的消耗定额管理和储备定额管理。

1) 饭店物资消耗定额管理

饭店物资消耗定额是指饭店在一定时期、一定生产技术水平下，为完成某项任务或制造单位产品所必须消耗的物资数量标准。物资消耗定额并不一定等于实际的物资消耗量。

(1) 确定饭店物资消耗定额的工作程序。饭店物资包括客用物资和自用物资两大类。以客用物资为例，饭店物资消耗定额的确定程序如下。

① 饭店将确定物资消耗定额的任务下达各个部门，并详细说明确定物资消耗定额的意义、要求和标准。

② 各部门根据自己的特点详细制定单位产品或单位接待能力所需的物资配备表，注意区别一次性消耗物品和多次性消耗物品。

③ 确定客用一次性消耗物品单位时间或单位产品的消耗定额。注意按照物资的不同特性选用不同的计量标准，如客房的茶叶、香皂、牙刷等一次性消耗物品一般按单位时间计量，如"间/天"；而餐饮部门则一般按单位产品计算，如有的饭店的食品原料消耗定额以"克/份"为计量单位。

④ 确定客用多次性消耗物品在寿命期内的损耗率或一段时间的更新率。因为这些物资一般是在更新周期内逐步补充、更新的。

⑤ 综合汇总。最后，汇总客用一次性消耗物品和客用多次性消耗物品的各种消耗定额。

自用物资消耗定额的确定一般也采用如上做法，只是在确定自用物资的消耗定额时要更加严格，以便在员工中树立节约的观念。

(2) 确定饭店物资消耗定额的方法有如下几个。

① 经验估算法。这种方法一般用于确定某些受各种主、客观因素影响而消耗量变动较大的物资消耗定额。例如，各类随着季节的变化其质量、价格变化较大的食品原料，如虾仁、螃蟹等。对于这类物资，饭店只能根据已有的经验，在分析各个餐厅的接待能力和客源旺淡季差别的基础上，做一个大概的估算。这种方法虽然简单、方便，但易受估算人主观因素的影响，因而要求估算人具有丰富的实践经验。

② 统计分析法。将一定时期内实际消耗物资的统计数字进行加工、整理、分析、计算后，根据它所反映的物资消耗规律制定消耗定额。统计分析法主要适用于确定多次性消

耗物品的消耗定额。通过分析实际物资消耗的历史资料，找出它们的消耗规律，据此做出科学的推断和预测。这种方法的优点在于它摒弃了经验估算法中的主观性，具有一定的准确性和科学性。但是这种方法需要借助于大量的历史资料。

③ 实物实验法。按照饭店生产经营的客观条件，通过反复地实地操作、考察，并经过对实际消耗物资的分析汇总，确定物资的消耗定额。它一般适用于饭店经营中所需燃料消耗定额的计算，如一定时期内空调系统所需燃料的消耗定额。采用这类方法的关键是要选择典型的操作人员和产品。但在饭店中，操作人员和产品都有较大的不确定性，所以实验样本的代表性往往不够。因此，有关人员在采用这种方法确定定额时，应注意多次观察，并请具有不同操作水平的操作人员多次操作后取平均值。

2) 饭店物资的仓储定额管理

仓储定额，简单地说就是饭店规定的各类物资的最高储备额，即在一定的经营条件下，饭店为保证接待服务质量，保证服务活动不间断地顺利进行所必需的、合理的物资用品储备数量。饭店物资仓储定额可分成不同的种类。各类仓储定额的确定方法如下。

(1) 经常仓储定额。它是指为满足饭店日常业务需要而建立的物资储备量。影响经常仓储定额的因素是该类物资平均每天的需要量和两次进货的间隔时间，用公式表示为

经常仓储定额=物资日消耗定额×两次进货间隔天数

(2) 保险贮存量。保险贮存量是一种后备性的仓储，是为了防止某些物资因运送受阻、交货误期、规格品种不符合要求等造成供需脱节而建立的物资仓储定额，用公式表示为

保险贮存量=物资的日消耗定额×保险储备天数

如果某些物资容易因各种原因而延迟交货，则需要在该类物资的经常仓储定额上加上保险贮存量。

(3) 季节仓储定额。季节仓储定额是为了克服某些物资因季节变动导致供需脱节而建立的物资储备定额，用公式表示为

季节仓储定额=平均每天需要量×供应中断天数

(4) 订货点贮存量。为了保证饭店业务不间断地顺利进行，饭店不能等到库存量下降到保险定额以后再订货，而应该在经常储备中确定一个物资储备点，当某物资的库存量降至这个点时，就必须订货。这个点就是订货点贮存量，用公式表示为

订货点贮存量=发货天数×物资日消耗定额+保险贮存量

(5) 经济仓储定额。确定经济仓储定额的目的是通过计算经济合理的订货批量，确定物资储存费用和订货费用之和最低时的仓储数量。仓储费用和订货费用是矛盾的，因为每次订货的批量越大，存储的费用就越高；而每次订货的批量越大，就意味着全年订货的次数越少，订货费用就会减少。经济仓储定额就是要均衡调节它们之间的矛盾，确定物资储存费用和订货费用之和最低时的订货批量。经济仓储定额的计算公式为

$$Q = \sqrt{\frac{2C_a \cdot D}{C}}$$

式中，Q为经济仓储定额，C_a为每次订货成本，D为全年需要量，C为单位物资年储存成本。

三、饭店物资的采购和验收

1. 饭店物资的采购管理

采购管理就是参照既定的物资定额(包括消耗定额和仓储定额),在不同的时间段内采购不同品种、不同数量的物资,以维持饭店的正常运转。

1) 采购管理的主要内容

(1) 认真分析饭店所有业务活动的物资需要,依据市场情况,科学合理地确定采购物资的种类与数量。

(2) 根据饭店各业务部门对物资质量与价格的要求,选择最为合适的供货商,并及时订货或直接采购。

(3) 控制采购活动过程,堵塞每个环节中可能存在的管理漏洞,使物资采购按质、按价、按时到位。

(4) 制定采购各种物资的严密程序、手续和制度,使控制工作的每个环节都卓有成效。同时,建立科学的采购表单体系,为每一环节的工作流程留下可供查询的原始凭证,并以制度保证所有原始凭证得到妥善的收集、整理和保存,为饭店结付款及物资管理的其他环节提供可靠的依据。

(5) 制作并妥善保管与供货商之间的交易合同,保证合同合法有效并对饭店有利。

(6) 协助财务部门做好饭店对供货商的货款清算工作。

通过上述步骤,可达到最及时的供给、最小的投入、最理想的物资质量、最低的净料成本以及在与供货商交往过程中确立最有利的竞争地位的目的。

2) 采购的基本程序

(1) 确定采购程序。饭店物资采购程序大致包括以下几个环节:各物资使用部门或仓库管理人员根据经营需要填写请购单;仓库定期核算各类物资的库存量,若库存降至规定的订货点,仓库向采购部送请购单,申请订购;由采购经理通盘考虑,对采购申请给予批准或部分批准;采购部根据已审核的采购申请向供货商订货,并给验收部、财务部各送一份订货单,以便收货和付款;供货商向仓库发送所需物资,并附上物资发货单;仓库经检验,将合格的物资送到仓库,并将相关的票单(检收单、发货单)转到采购部;采购部将原始票据送到财务部,由财务部向供货商付款。

(2) 选择采购方法。主要有以下4种采购方法可供选择。

① 市场直接采购。采购人员根据批准的采购计划或请购单的具体要求,直接与供货商接洽,采购所需物资。

② 预先订货。饭店采购部根据采购计划及请购单的要求,确定供货商,与之签订订货合同,使之在规定的时间内将所规定的品种、规格和数量的物资送到饭店的指定地点。

③ "一次停靠"采购法。即饭店选择一家实力雄厚、供应物资品种齐全的饭店物资供应公司,以批发价向它订购饭店业务所需的全年量物资,一次订货,分期到货。

④ 集中采购。集中采购是饭店集团常用的一种采购方法,被世界上许多饭店集团所采用。它是指两家以上的饭店联合成立物资采购中心,统一为各饭店采购经营中所需的物资。具体做法是各饭店将需要采购的物资报送采购中心,采购中心将各饭店的同类需求物

资汇总并向供货商订货，统一验收后分送到各饭店。

（3）加强采购凭证管理。设专人专门保管各类凭证，包括供货者的交货通知单、发票、运单、各种费用单据、订购合同、请购单、订货单等；定期将采购凭证按日期装订成册并加具封面，按时归档；凡属因质差、量差、价差等问题所提出的全部或部分拒付理由书，应该附在有关凭证之后；凡向供货商提出索赔的书面异议书，应由采购部门的经办人员妥善保管，以便进一步与供货商协商解决；未经使用的空白购进凭证，如收货单，应由进货部门经办人员妥善保管，防止丢失，并不得私自撕毁和处理。

2. 饭店物资的验收管理

验收是物资采购任务完成以后，由饭店验收人员根据订货单以及批准的请购单，检查所购物资交货是否按时，质量是否达到标准，数量、价格是否准确，并详细记录检验结果，对合格物资准予入库或直拨到使用部门，对于不合格物资则予以拒收。

1）验收的内容

（1）检验。主要核查有关物资采购的凭证、质量、数量、价格、时间等项目。

① 凭证检验。重点核查物资品种、规格、数量、等级和价格。

② 时间检验。对交货时间进行检验，核查交货期是否和订货单上的日期一致。

③ 数量核查。在进行数量核查时，应对订货单数量、送货单数量与实际到货量三者进行交叉检查，确认是否一致。

④ 质量核查。质量核查是物资验收的核心内容。饭店物资种类多，且各类物资的质量要求不同，衡量质量高低的标准也多种多样，需要各种专业知识，这些都对饭店物资的质量验收提出了更高要求。

⑤ 价格核查。核查价格是否与市场报价一致。一般在保证质量的基础上，价格不得高于市场同类物资的价格。

（2）收货。验收合格的物资，验收员要做详细记录，填写验收清单及进货日报表，并将这些物资分类后及时入库或发放给相关的使用部门。

2）验收的程序

（1）前期准备工作。采购员采购任务完成后，应及时将订货单转给验收部门，并将采购物资的基本情况通知验收负责人。验收人员应将订货单与财务部门转送的经批准的请购单相对照，若订购内容与上级批准的采购内容有出入，应及时向财务部门报告。

验收管理人员应在物资到达验收点前督促下属安排好相应的物资验收位置和具体的验收人员，检查验收人员是否已准备好订货单，以便与到店物资核对，同时准备好各类验收设备工具、验收场地，确定验收范围。

（2）验收操作，物资入库。当物资到店后，验收人员要根据订货单或订货合同的内容点数货物的件数，逐个检查密封容器是否有启封的痕迹，逐个称量货物的重量，特别是检查袋装物品的内容，重量是否和袋上印刷的相一致，以防名实不符及数量短缺。在清点数量时，验收人员要按照饭店采购规格书上所规定的质量标准检查和测试货物的外观及内在质量是否完全合乎要求，此外还要逐个检查物品的规格是否符合要求。

在对全部货物进行测试、检验、清点之后，若发现问题，要当场向送货者提出交涉，并做出相应的处理，包括拒收及由双方签字认可。对完全符合要求的货物要尽快选择仓储位置或发放给使用部门使用，不要让货物在验收地点长时间存放，以免因不具备必需的储存条件而影响物资质量，降低安全性。

(3) 记录验收结果。验收人员最终以书面的形式阐述验收情况，包括填签验收单据和形成验收报告及进货日报表。

3) 拒收

拒收是指物资验收人员在验收过程中，对照有关标准，发现物资有严重问题时，拒绝物资入库或进入生产领域。拒收是杜绝伪劣假冒物资流入饭店的有效手段，是维护采购正常权益的有力保证。

拒收应填写拒收通知单，写明拒收理由，经送货方和验收方签字，将拒收通知单和物资以及有关凭证一同退回。在处理拒收问题时，必须特别注意以下几点。

(1) 要认识到这只是交易过程中常见的问题，而不是供购双方的纠纷。故饭店应在坚持原则的前提下尽量保持与供货商及送货者之间的良好关系，以良好的态度向送货人耐心解释拒收的原因，为可能给他们带来的额外工作负担表示歉意。

(2) 在退货通知单上要详尽写明退货的原因，并请送货人签字证明，为与供货商的进一步交涉留下原始凭证。

(3) 要尽快告知饭店的采购部门和相关物资的使用部门，敦促他们及时寻找替代品。

■ 四、饭店物资的仓储和发放

1. 饭店物资的仓储

广义的仓储管理是指物资从入库到出库之间完整的管理和控制过程，它从验收物资开始，将各类物资合理储藏，保障库存物资的数量安全与质量安全，并进行物资出库控制。

饭店所需物资种类繁多，其重要程度、消耗数量、价值大小各不相同，可以依照"关键的是少数，次要的是多数"这一基本原理，把物资分成以下三类。

A类物资：数量上只占饭店使用物资总数量的5%～10%，而资金上占资金总额的60%～70%，这类物资属于关键的少数物资。

B类物资：数量和所占的资金一般在20%左右，属一般物资。

C类物资：数量占饭店使用物资数量的60%～70%，而所占资金额却在资金总额的15%以下，是次要的多数物资。

ABC分类法选择的两个相关标志是物资数量的累计百分比和资金占用额的累计百分比。

仓库管理是饭店经营中的一个不可忽视的环节，它既要保证经营需要和节约使用，又要保持最低限度的周转量，并节约资金。

1) 仓储管理的基本要求

(1) 保证物资数量的充足和质量的完好。

(2) 物资的存放堆码要井井有条，整齐清洁，便于收发、检验、盘点、清仓。

(3) 物资保管要有专人负责。物资入库要先验收，后收料入账；进库物资不论大小，均应过磅点数；能定量包装的物资，做到点数包装；出入库要有完备的手续和凭证，如

"入库单""领用单""调拨单"等。

（4）掌握各类物资日常使用和消耗的动态，合理控制物资库存量。

（5）各种物资都应设有明细台账，收入、发出、结存按时登卡记账，笔笔清楚，要进行不定期的抽查核对和定期的清仓查库，做到账、卡、物(资)、资(金)"四对口"。

2) 仓储管理的内容

（1）组织物资验收入库工作。各种物资，不论是零星的还是大批的，入库前都要通过严格的验收手续。必要时，有些物资要配合有关部门进行化验或用其他方法进行检验。

（2）组织物资发放工作。物资发放要坚持"先进先出"的原则，特别是对那些保鲜要求特别高的食品原料。

（3）组织物资的维护保养工作。

（4）组织废料的回收和利用工作。

（5）及时处理滞留积压的物资。

（6）通过物料台账及其他统计分析资料掌握库存物资的动态。

2. 饭店物资的发放

物资发放必须按照一定的程序进行严格控制，以达到准确、及时、安全、经济的基本要求。

1) 物资发放的原则

（1）先进先出原则。即要求物资发放人在发货时仔细核查进货账目和货架标签，先发早入仓库的物资，目的是防止物资久置所导致的老化，从而影响物资质量。

（2）保证经营原则。饭店仓库中储存的物资种类繁多，以适应不同部门、不同岗位的需求。工作人员在每日规定的发料时间内常常十分繁忙，面临多个部门同时领料的情况。在这种情况下，急用、急需物资应先备料、先分配，以保证生产经营的连续性。

（3）补料审批制度。饭店前台接待部门常常会因为经营业务的变化临时出现某类物资的特急需求。在这种情况下，由于形势紧迫，往往不能按照常规填制正规的领料单据，并逐项办理领料审批手续。这时需要特事特办，以保障前台业务的顺利进行。但即使是特急领料也必须有交接双方的签字和在场的部门管理人员批准的领料单据，并且规定补办手续的时限。

另一种情况是部门工作人员凭手续齐全的请领单到仓库领料时，仓库经审核准予发放，但却发现存货不足，只能发放其中一部分物料。这时，需填制反映实际领料情况的发货单，当仓库进货后，再通知部门补领。补领时虽不用再次履行请领手续，但必须履行补领手续。

以上这些解决问题的方法都必须制度化，即建立健全补料制度，以防止差错和作弊行为的发生。

（4）退库核错制度。有时，由于计划变更或其他原因，物资使用部门会发生物资剩余，这时，应将这些剩料退回仓库，并办理退料登记手续。

（5）以旧换新制度。为防止物资未用完就领取新物资的浪费行为，在物资发放管理中应对一些用量较大或价值较高的多次耗用物资采用以旧换新的领用制度。同时，许多物资的盛装器皿具有回收价值，饭店物资管理部门应通过制定以旧换新的制度全面回收和处理，以减少浪费。

2) 物资发放的程序

(1) 点交。使用部门在每次领取物资时必须填写请领单。仓库接到请领单后要认真检查单上所列物品的名称、规格、等级是否与库存物品相符，凭证字迹是否清楚，有无涂改迹象，印章是否齐全，领料日期是否正确。审查无误，即可将待发物资发放给请领部门，同时根据实际发出的物资品种、规格、数量等填制必要的物资发放单据。

(2) 清理。物资点交工作结束之后，仓储人员需进行内部清理。包括账面上的清理、地面的清理和物资管理。

(3) 复核。为防止物资发放过程中出现差错，仓库发货人员必须对物资发放作业过程中的每一个环节仔细地进行自查、复查、层层复核。一方面复核发货单与实发物是否相符，另一方面要复核货位结存量来验证出库物资的品种、数量是否正确。发货人员自查后，还应由专职或兼职的复核员在搬运过程中进行复核。凡未经复核、单货不符或手续不齐全的物资都不能准予出库。

(4) 原料计价。原料计价是饭店每日成本核算的重要环节。仓库在发放各类物资时，应在物资请领单上填写各类物资的购入单价，并计算出所领物资的总价，以便成本核算。

3) 物资发放管理的重点

在物资发放管理中，首先应当抓住人的因素，其次是做好物的管理。

(1) 审批人环节。审批人是物资的发放把关人，从根本上控制着物资的发放量。审批人是根据需求量的客观性进行物资审批的。饭店必须以制度的形式确定物资分配的审批人。审批人平时应注意和基层保持密切的联系，掌握物资使用情况的动态信息，以动态的眼光来把握物资分配量。

(2) 执行人环节。执行人环节涉及物资发放过程的各个方面的工作人员。在物资发放过程中，核算员要逐一核算已发物资的价值。尤其要注意的是，实物发货人与发货记账人应分岗设置。执行人素质的高低直接关系发放工作质量的好坏。因此，应加强对这些人员的日常管理。

(3) 发货区域。仓库是饭店物资储存的重地，每一种物资对储藏环境和条件都有明确而严格的要求，而大量人员频繁进出仓库会极大地影响应有的储藏环境，同时还会威胁仓储物资的数量安全。因此，有条件的饭店应在仓储空间之外到仓库大门之间设置专门的发货区域。发货人员将需发放的物资搬运到发货区域，领货人在此区域点数交割，而不能直接进入仓库领料。这是防止物资发放出差错的重要手段。

(4) 发货时间。发货时间可根据物资的用途，采取定时和不定时相结合的办法。

(5) 货物交接。发货人员与部门领货人员之间的物资交接是物资发放管理的最后环节。若这一环节出现差错，就会给仓库账目及部门的成本核算等许多管理环节造成混乱，并且当事后发现这种差错时，往往会因为物资已投入使用而难以查清问题及责任所在，使管理工作十分被动。因此，在进行物资交接时，收受双方都必须按照发货单和领料单复核检查，点数所发物资的品种、规格和数量，确保无差错时才准予出库。

(6) 物资数量短缺问题。物资发放过程中很容易出现物资数量的短缺，其直接的起因是物资在入库时一般都是批量进，因此一些以重量为计量单位的物资入库时都是大秤进，而在发放过程中由于执行限量分配制度，每次发放量相对于进货量来说是比较小的，即小秤出，这样就会出现重量流失问题。因此，在盘存时很可能会有数量上的出入。

为解决物资量流失问题，可采取以下办法：为每一种物资的收发制定合理的损耗率；对整进零出的物资在进货之后预先进行拆零包装，按照一般的单位需用量将整包物资变为小包装物资。

第二节 饭店设备管理

饭店设备管理，就是对饭店各种设备从选购、验收、安装开始，经过使用、维护、保养、修理，直到更新改造这样一个全过程的一系列管理活动。饭店设备管理是由工程部主要负责，由饭店全体员工共同参加的综合性管理。

一、饭店设备管理概述

1. 设备管理的分类及特点

在饭店设备管理中，管理的对象包括饭店各部门使用的机器、机具、仪器、仪表等各种物资技术设备，具有长期、多次使用的特性，不是一次性消耗品，并在会计核算中被列为固定资产。

1) 设备管理的分类

饭店设备的分类方法很多，并无统一的规定。这里介绍饭店设备的一般分类。

(1) 建筑物。主要指房屋建筑，包括主楼、裙房及其他附属用房。

(2) 供应设备。供应设备指为饭店各部门供应水、气的设备，包括锅炉、冷冻机、新风设备、热交换器、冷热水箱、冰库以及与此配套的管道系统。

(3) 清洁卫生设备。清洁卫生设备指清洁和洗涤用设备。包括洗衣全套设备、吸尘器、打蜡机等。

(4) 供电设备。主要指供电和用电设备。包括变配电设备、供电系统及用电设备，如照明系统、舞厅等场地的灯光系统。

(5) 厨房设备。厨房用各种烹调及制作设备、冰箱等。

(6) 通信设备。电话、传真等通信设备。

(7) 电梯设备。电梯、自动扶梯等垂直运输设备。

(8) 家具设备。用于接待客人、行政办公及其他用途的各种家具类设备及家用电器。

(9) 计算机设备。饭店的计算机系统。

(10) 接待服务用设备。各前台部门用的服务设备，如服务车、行李车等。

(11) 娱乐健身设备。供客人娱乐或健身用的设备，如网球场、保龄球场、蒸汽浴室、健身房、台球房等场所内的设备。

(12) 系统设备。通过管线或其他方式联系并自成系统的各种设备,如上下水道、排污系统、音响系统、闭路电视等。

(13) 消防报警系统。报警系统和消防供水系统。

各种设备设施如何归类并不是统一的。设备的多少由饭店的星级和饭店管理层的决策而定。饭店的星级标准决定了饭店必备的设备下限,但各饭店设备的设置并不仅限于星级的设备规定。饭店对设备的归类也因各饭店对设备归类法的认识而定。归类的结果既要包括饭店所有的设备,又要便于科学管理。

2) 设备管理的特点

(1) 投资大,资金回收期长。现代饭店用豪华、舒适的设施设备来营造优良的消费环境和气氛。其设施设备投资巨大,大多占饭店总投资的65%~70%以上。这些投资必须通过饭店业务经营和产品销售来获得价值回收,因而其资金回收期较长。

(2) 精神损耗为主,更新周期较短。饭店设施设备在业务经营过程中存在两种损耗:一是物质损耗,即设备在使用过程中造成的物质磨损;二是精神损耗,即因设备陈旧、新设备出现、消费时尚改变等引起的精神上的感觉。为此,饭店应该尽力做好各种设施设备的维护保养,力争延长精神损耗周期和设施改造周期,这样才能提高设备使用的经济效益。

(3) 社会消费性较强,设备质量要求高。饭店设备就其功能而言,可大致分为消费性设备和生产性设备两大类。前者为客人营造优良的享受气氛,以供客人直接消费使用为主;后者主要用来生产产品或提供相关服务。这些设备不仅数量多、投资大、社会消费性强,而且质量要求高。

(4) 涉及范围广泛,管理协作性较强。饭店设备保障管理涉及企业内部和外部两个方面。从内部来看,各种设施设备散布在企业各部门、各环节、各岗位。设备保障管理的工作内容和职责分属不同部门和人员,购置、维修、改造归工程部,设备使用以业务部门为主,价值管理归财务部,因而必须加强内部协调工作。从外部来看,饭店锅炉、配电、燃气等重要设备大多必须接受地方政府的环保、消防、安全、劳保等主管部门的管理或监督,因而又增强了外部协作性。

2. 设备管理的任务及原则

1) 设备管理的任务

保持饭店等级规格,保证各种设备始终处于完好、有效、安全的状态,满足客人消费需求,保证使用方便和满足各部门生产经营活动的需要,是饭店设备保障管理的主要任务。它具体表现在以下几个方面。

(1) 合理选择设备,保证设备配置与饭店等级规格及目标市场的消费需求相适应。

(2) 做好各种设备的维修保养工作,满足各级各部门的业务经营活动需要和客人消费需求。

(3) 加强设备更新改造,以适应饭店客人日益增长的、多层次的物质和精神享受需要。

(4) 做好设备管理过程中的技术经济分析,以降低消耗,提高设备管理的经济效益。

2) 设备管理的基本原则

(1) 分级归口管理的原则。分级管理一般分为三级:第一,企业级。主管副总经理和总工程师负责。主要职责是制定设备管理方针政策、管理制度、预算审批流程等。饭店工程部是企业级的职能管理机构，负责设备保障管理的具体工作。第二，部门级。以使用部门为主，主要负责设备的日常使用、维护与保管工作。设备需要报修时，则协同工程部做好维修工作。第三，班组级。主要负责本班组的设备日常使用，遵守操作使用规则和程序。

归口管理主要分属三个口径：第一，设施设备价值管理，归属财务部管理；第二，设备维修保养与更新改造，即设备物质运动形态管理，归属饭店工程部管理；第三，设备的日常使用与保管，即设备的效用发挥，归属业务和使用部门管理。

(2) 预防为主、保修结合的原则。即要将设备管理工作重点放在各级、各部门的日常使用和维护保养上面。工程部则集中负责设备维修。

(3) 前勤考核后勤，提高设备管理效率的原则。设备管理是为业务经营活动提供后勤保障的。前勤考核后勤就是在设备使用过程中，一线部门如果发生设备故障或损坏，工程部门收到报修通知后，必须在规定时间内(一般为5～10分钟)赶到现场维修，否则即视为维修失职。每次维修完成后经过调试验收，做好记录，由维修人员和使用人员共同签字，以此作为前勤考核后勤的依据。这样，可以提高饭店设备维修的工作效率，防止互推责任，影响一线接待服务活动的顺利进行。

(4) "春备夏、秋备冬"与坚持"三优先"相结合的原则。"春备夏、秋备冬"是指饭店的中央空调、暖气系统、大型锅炉等重要设备因其使用和检修、大修具有季节性，必须坚持"春备夏、秋备冬"的原则，提前做好计划，提前做好维修保养，在日常设备维修的派工安排上要坚持以下原则：影响客人使用的设备优先，影响安全的设备优先，影响观瞻的设备优先。

二、饭店设备的选择与购置

1. 设备的选择

1) 设备的实用性

选择设备首先要考虑实用性，包括设备设计先进、使用方便、便于清洁保养；设备的外观和使用都能给人以舒适感；设备是安全的，具有安全自动控制装置；设备和整个饭店的协调程度。其次还要考虑其效率、占地、耐用性等。

2) 设备的工作质量

饭店设备的工作质量应能达到饭店计划和质量要求所规定的标准。一般的机械和用电设备都可由设备的技术参数来表示，其他设备则根据设备特定的使用要求来衡量和评价。

3) 对设备的经济因素进行评价

评价内容包括投入产出(即投资和效益之间的关系，评价其经济效益上的合理性)和费用支出(使用费用和维修费用)的合理性、使用时间和利用效率的合理性。只有在充分考虑设备的各种因素后，才能对设备的购置选择做出最佳的决策。

2. 设备的购置

设备购置包括两个方面：一是饭店对尚缺设备的购置建设；二是饭店对已有的但与饭店经营不相适应的设备的更新改造。饭店购置设备的主要依据为以下几点。

1) 设备的实际需要

设备的实际需要是根据饭店的星级要求和管理层的经营决策，从实际出发来决定对设备的购置。实际需要既有数量上的要求，也有质量上的要求；数量上考虑的是设备的多少和设备的工作能力；质量上考虑的是能否和饭店星级相一致。从实际需要出发购置设备，可以避免造成设备的闲置。

2) 现有设备情况

在购置设备前，先要对设备情况进行调查分析。具体分析以下几类情况：使用状况良好的；其状况不是最好但尚可继续使用的；应改造的；应更新的。要具体分析不同种类设备现在的适用度、技术指标情况、设备性能、经济效益等。综合上述分析，制订设备购置计划。

3) 同类设备的市场情况

在进行饭店设备的选择和购置前要了解掌握设备的市场情况。市场情况包括两个方面：一方面要注意设备的使用趋势，即国际上和国内先进水平的饭店对该类设备的使用情况；另一方面要注意客人对该类设备的需求倾向。

4) 节能和环保

节能是指利用能源充分，耗能少，是衡量设备质量的一个重要标准。设备选择还要注意环保，以减少噪音、废气、污水、烟尘等的排放。对有污染的设备，要注意配套污染处理设施。

5) 设备的成套性

由于饭店设备种类多，因而要注意设备的互相配套。

(1) 单项配套。这是指某一用途的设备自身要配套。如酒吧吧台与酒吧设施配套、家具配套、卫生洁具配套、舞厅灯光音响配套、洗衣房设备配套等。

(2) 设备间的互相配套。主要是指能源动力、供应设备、使用设备的互相配套。例如，对于客人直接使用的一些设备要求电源和各电插座配套；冷冻水供应量和输送管道、空调用量相一致。

(3) 外观配套。主要是指设备的外观、风格、色彩、造型都要和饭店的基本风格保持一致，互相协调。

三、饭店设备的使用和维护保养

1. 设备的使用

1) 设备使用管理的原则

对设备使用的管理要遵循"谁使用谁负责"的原则。饭店每一台设备都要有明确的责任人，公用设备要指定专门的责任人，而且要每一班都有相应的责任人；独立操作或使用的设备，操作者或使用者就是该设备的责任人。

2) 设备使用前的准备工作

(1) 技术资料的准备。包括设备操作维护规程、设备润滑卡片、设备日常检查和定期检查卡片等。

（2）培训。对操作者的培训包括技术教育、安全教育和业务管理教育三方面内容。操作工人经教育、培训后要经过理论和实践的考核，合格后方能独立操作使用设备。

（3）检查。全面检查设备的安装、精度、性能、安全装置及维护用仪器和工具。

3）设备使用的基本要求

设备使用的基本要求是"三好、四会、五项纪律"，这一基本要求是根据设备全员管理的思想提出的。

（1）部门要做到"三好"。对每一个设备使用部门而言，都要做到"三好"，即"管好、用好、维护好"设备。"管好"是指每个部门必须管好本部门所使用的设备；"用好"是指所有的设备都能正确使用；"维护好"是指部门要建立设备维护的保养制度，定期开展设备维护保养工作，同时要加强对封存、租用、转借、报废等设备的动态管理。

上述工作需要列入部门日常管理工作中。部门设备管理可以由部门经理承担，以利于管理工作的顺利开展。

（2）员工要做到"四会"，即"会使用、会维护、会检查、会排除故障"。"会使用"是指每一个设备操作、使用人员都应熟悉设备的用途和基本原理，学习掌握设备的操作规程，正确使用设备；"会维护"是指每一个设备操作、使用人员要学习和掌握设备维护规程，达到设备使用四项要求：整齐、清洁、润滑、安全；"会检查"要求员工了解自己所用设备的结构、性能，对于饭店主要设备的运行，值班人员要了解设备易损零件的部位，熟悉日常点检及设备完好率的检查项目、标准和方法，并能按规定要求进行检查；"会排除故障"是指工程部及其他部门重要设备的运行值班人员，要懂得所用设备的特点，能鉴别设备正常与异常现象，懂得拆装方法，会进行一般的调整和简单故障的排除，自己解决不了的问题要及时向上级主管报告，并协同维修人员进行检修。

（3）操作者要执行"五项纪律"。实行定人定机、凭证操作制度，严格遵守安全技术操作规程；经常保持设备清洁，按规定加油，做到没完成润滑工作不开车、没完成清洁工作不下班；认真执行交接班制度，作好交接班记录及运转台时记录；管理好工具、附件，不能遗失、损坏；不准在设备运行时离开岗位，发现异常的声音和故障时应立即停车检查，自己不能处理的应及时通知维修工人检修。

4）设备的动态管理

设备资产的动态管理是指对于已投入使用的设备由于闲置、封存、移装、调拨、借用、租赁、报废处理等情况引起设备资产的变动所进行的管理。对设备的动态管理主要是办好手续、做好记录。

2.设备的维护保养

1）设备维护保养的类别和内容

设备的维护保养分为设备的日常维护和定期维护两种，两种维护工作都需要制定维护要求及标准。

（1）日常保养。日常保养又称为例行保养，是设备最基本的保养，分为每班保养和周末保养，一般在每班结束后或每周末实施。每班保养的主要工作是对设备进行清洁、润滑和点检。周末保养则要求用1～2小时的时间对设备进行彻底清洁、擦拭和上油。

(2) 定期维护。定期维护是指由工程部编制设备维护计划，由专业设备维修人员和操作人员一起实施的对设备的维护、修理。设备定期维护保养的间隔时间视设备的结构情况和运行状况而定。

设备的定期维护保养根据保养工作的深度、广度和工作量可分为一级保养和二级保养，简称"一保""二保"。"一保"的工作内容包括对设备的全面清洁、使油路畅通、调整配合间隙、紧固有关部位及对有关部位进行必要的检查。"二保"的作业内容除了"一保"的内容外，还要对设备进行局部接替检查、清洗换油、修复或更换磨损的零部件、排除异常情况和故障、恢复局部工作精度、检查并修理电气系统等。"二保"比"一保"的工作量更大，更全面。

2) 设备维护保养

开展定期维护保养工作的关键是合理制订维护保养计划并有效实施。设备维护保养计划是设备维护保养的指导性文件，编制设备维护保养计划是根据设备的实际技术状况，贯彻以"预防为主"为方针的重要技术措施。通过维护保养计划确定设备维护保养的类别、时间、工作量、材料、费用预算、停机时间等内容。正确地编制维护保养计划，合理安排维护保养工作，可以为保养工作做好充分的准备，缩短停机时间，提高工作效率，降低维护费用。

3) 设备维修管理

设备维修管理是指当设备的技术状态劣化或发生故障后，为了恢复其功能和精度而采取的更换或修复磨损、失效的零部件，并对整机或局部进行拆装、调整的技术活动。设备维修分成两个阶段：一是获得需要维修的设备信息，二是对需要维修的设备实施维修。

(1) 设备维修信息的获得。设备维修信息的获得是设备维修管理的重要环节。一般而言，根据发现设备故障的不同途径，设备维修信息的获得主要有4种方式。

① 报修。报修是指设备使用、操作人员发现设备故障后，通过填写"设备报修单"或以电话、电脑信息传递的方式将设备的故障状况通知工程部，由工程部安排人员进行维修。

② 巡检。巡检是指对设备进行巡视检查，工程部人员根据既定的路线和检查内容对设备逐一进行检查，发现故障及时处理。

③ 计划维修。计划维修是一种以时间为基础的预防性维修方法，一般是根据设备的磨损规律事先确定维修内容。在对设备实施计划维修时，一般会参考该设备的使用说明书、其他单位同类型设备的定期维修经验以及本饭店设备的使用特点来进行。

④ 预知性维修。根据设备的日常点检、定期检查、状态监测和诊断提供的信息，经统计分析、处理，来判断设备的劣化程度，并在故障发生前有计划地进行有针对性的维修。

(2) 设备维修的实施。有两种情况：一种是当设备存在故障时，由饭店的维修人员自行修理；另一种是委托外修，由专业公司的维修人员在饭店内实施维修。

饭店实施自行修理，根据饭店员工的素质状况有两种情况，一是由设备操作人员实施维修，另一种是由饭店维修组的维修人员实施维修，两种方法各有利弊。

根据维修工作量的大小，维修工作可分为小修、项修和大修。小修是工作量最小的一种修理；项修(即项目修理)是在总结了过去实行设备计划预修制度正反两方面经验的基础上，在实践中不断改革而产生的，它取代了与大修难以区分的中修；大修是对设备进行全部解体，修整所有基准件，修复或更换磨损、腐蚀、老化及丧失精度的零部件，使之达到规定的技术要求。

四、设备的改造和更新

1. 设备技术的改造及原则

所谓设备技术改造，就是应用新技术、新工艺流程和先进经验，改变原有的设备结构，装上或更换新部件、新附件、新装置以补偿设备的有形磨损和无形磨损，改变原来的工艺流程或建筑结构，以改进原设计的不足或安装中的缺陷。设备的技术改造要遵循针对性、适应性、可行性和经济性的原则。

(1) 针对性。要从饭店实际出发，按照经营的需要，针对设备在饭店服务过程中的薄弱环节，结合设备在饭店经营过程中所处的地位及技术状况，确定需要进行改造的设备和设施并确定改造的方法。

(2) 适应性。设备改造所采用的技术要先进但更要适用。由于科学技术的迅速发展，设备的技术性能相差很大，技术改造所采用的技术应能满足饭店的实际需要，不要盲目追求高指标。

(3) 可行性。制定设备或系统的改造方案时，采用的新技术、新工艺必须经技术论证或实践证明是可行的。

(4) 经济性。在确定设备设施改造时，要进行经济性分析，综合考虑投入的人力、物力、财力和改造后的效益，力求以较少的投入获得较大的产出。

2. 设备的更新及原则

更新是用比较经济且先进的设备，来替换技术上不能继续使用或经济上不宜继续使用的设备。进行设备更新的目的是提高饭店的现代化水平，以适应旅游业发展的需要。进行更新时，既要考虑设备的物质寿命，又要考虑设备的经济寿命和技术寿命。

饭店对设备更新的原则包括以下5个方面，凡符合下列情况之一的，一般都应更新。

(1) 经多次大修，技术性能达不到标准要求，无法保证饭店服务质量。

(2) 技术性能落后，经济效益很差。

(3) 通过修理、改造虽能恢复性能但不经济。

(4) 耗能大或污染环境严重，进行改造又不经济。

(5) 不能满足饭店经营的需要。

3. 设备改造和更新的工作程序

一般情况下，在对重要设备进行改造或更新时，都会在一定程度上影响饭店的正常经营，而且这些设备的改造、更新费用较大，所以要加强对设备的改造、更新的管理。

(1) 编制改造、更新计划。根据饭店的实际情况和设备的具体技术状态，首先确定需要改造、更新的重点。然后，按照饭店经营目标的要求，编制设备的改造、更新计划。

(2) 进行技术、经济分析。对每一个列入改造、更新计划的设备，都应进行技术、经济方面的可行性分析。因为设备使用到最佳更新期以后不一定立即报废，可以通过大修或技术改造来恢复设备的技术性能。如果大修或改造已不经济，那么就应更新；如果饭店的经营方针将改变或者整个饭店要改造，设备继续使用的时间很短，就可以考虑不更新，甚至也不修理，用到报废为止。因此，对于一台已经到更新期的设备，有多种处理的方法，应通过技术、经济分析来确定最佳的方案。

(3) 编制设备技术改造任务书。确定了设备技术改造的项目后，要编制设备技术改造任务书。

(4) 设备改造、更新的实施。设备改造、更新项目被批准后，由工程部组织实施。如任务重、技术复杂，可委托专业单位承担。

第三节 饭店卫生管理

现代饭店作为人们开展食宿以及娱乐、会议、贸易、外交等活动的场所，是社会关系和人际关系的交融点，具有人员复杂、流动性大的特点，这决定了饭店卫生管理的重要性。饭店卫生管理，贯穿于饭店管理全过程，不仅关系饭店的声誉和效益，也关系宾客的健康。

一、饭店卫生管理的特点与要求

1. 饭店卫生管理的特点

(1) 广泛性。饭店卫生管理的广泛性，是指卫生管理存在于饭店各个部门、各个环节，在饭店的各项管理中都占有一席之地。

(2) 全员性。饭店卫生管理的全员性，是指饭店的每一位员工，上至总经理，下至服务员，搞好卫生，人人有责。各岗位的服务人员除了要履行本岗位的卫生管理职能以外，还要注意搞好个人卫生和维护饭店的公共卫生。

(3) 复杂性。饭店卫生管理的复杂性，是指卫生管理的内容较为复杂，既包括墙面、地面的卫生，又包括家具用品的卫生；既包括空气、环境的卫生，又包括食品、餐具的卫生；既要消除噪声干扰，又要除虫灭害。

(4) 细致性。饭店卫生管理的细致性，是指卫生的清扫整理要细致入微，严格执行卫生管理的有关规定，不能马虎从事。尤其是食品卫生管理，必须一丝不苟，严防因污染而引发疾病或食物中毒。

(5) 经常性。饭店卫生管理的经常性，是指饭店要天天打扫，天天整理，不能间断。遇有刮风、下雨、下雪还要重点清扫，以确保饭店的清洁整齐。

2. 饭店卫生管理的要求

为使饭店保持较高的卫生标准，真正做到整齐清洁，使宾客生活在一个干净优美的环境之中，饭店卫生管理主要应抓好以下几方面工作。

(1) 抓好个人卫生。饭店的每一位员工，不论其职位高低，不管是什么岗位，都必须特别注重个人卫生，养成良好的卫生习惯。这既是讲文明的需要，也是讲究个人仪表、提高个人素质的需要，更是提高饭店服务质量的需要。

(2) 抓好公共卫生。公共场所的卫生涉及的范围广，工作量大，有一定的难度。饭店要注意门前卫生，搞好绿化，注意维护社会秩序。饭店院内，每一个地段、每一扇门窗、每一处走廊楼梯都要责任到人、随时清扫，有些地方还要在晚上或清晨未开始营业之前清扫，以避免影响宾客在饭店内的日常生活。

(3) 抓好客房卫生。保持饭店客房的卫生是一项重要的工作，应定时进行。客房卫生的好坏，常常是饭店服务质量和管理水平高低的综合反映，也是宾客较为敏感的问题，应特别引起重视。除了要制定严格的清洁制度、配有良好的清洁卫生工具之外，还需要训练有素的服务人员，严格按照标准要求来进行管理和检查。

(4) 抓好餐饮卫生。饭店的饮食卫生包括食品卫生、食具卫生、厨房卫生、餐厅卫生等。抓好饮食卫生管理，对提高饭店食品质量，防止食品污染，预防食品中有害因素引起食物中毒，防止肠道传染病和其他疾病的传染，增进宾客和员工的身体健康具有重要的作用。

(5) 抓好检查督促。饭店要制定严格、正规的卫生检查制度，依据详细的卫生检查标准，适时进行定期或不定期的卫生检查。对表现好的部门、班组或个人适时进行表扬和奖励，对发生问题的单位和员工，要进行批评或处罚。检查的方法要科学，要突出重点，注重效果，使之切实有利于加强饭店的经营管理，有利于提高饭店的声誉。

■ 二、饭店卫生管理的主要内容

1. 饭店员工个人卫生管理

1) 个人卫生管理的内容

个人卫生管理主要包括三个方面：一是身体卫生。身体卫生是个人卫生的基础，饭店员工特别是广大服务员必须没有患病毒性肝炎、伤寒、痢疾、活动性肺结核等传染病和传染性皮肤病。另外，个人卫生还包括经常洗澡、洗脸、洗手和仪容整洁等具体内容。二是服装卫生。服装卫生是个人卫生的重要表现形式。服务人员上班穿戴的各种服装配饰必须勤洗、勤换，保持无污迹、无异味、无破损等。三是个人卫生习惯。

总之，饭店员工个人卫生的内容是比较广泛的，它要求饭店员工特别是广大服务人员必须根据饭店有关规定和服务工作的需要搞好个人卫生。

2) 个人卫生管理的要求

(1) 严格遵守各项卫生制度，认真执行卫生操作规程。有关制度和操作规程对服务员提出的卫生要求，都是根据长期的实践经验总结所规定的。服务人员必须认真执行，并坚持始终如一。

(2) 定期检查身体，防止疾病传染。经检查发现患有传染性疾病、皮肤病，包括患有流行性感冒等疾病的服务人员都不能上岗；平时要加强锻炼，注意卫生，增强身体抵抗力。

(3) 勤理发，勤洗澡。服务人员经常会因为体力消耗较大而出汗，或在工作中沾染灰尘或烟尘。这样既影响服务员身体的正常代谢甚至感染皮肤病，而且还会因污物积存发出臭味而使宾客感到厌恶。因此，服务员要经常理发、洗澡，保持容貌的整洁。

(4) 勤洗手、剪指甲。服务员的手经常接触各种物品、钱币和食品。如果指甲不勤剪，积满脏物，就会成为细菌寄生繁殖的地方，并且会非常容易地把细菌带到其他物品或食品上去。因此，服务员应勤剪指甲。在开始工作前、上厕所后，要认真用肥皂洗手。在接触患有疾病的客人或沾染脏物后，要使用酒精或其他物品进行消毒。

(5) 上班时必须穿好规定的工作服，内衣不外露，不卷衣袖，不挽裤腿；接待客人时，不能穿背心、短裤、短裙，不穿拖鞋，养成良好的衣着卫生习惯。

(6) 工作服要勤洗勤换，保持挺括整洁。注意做到无污迹、无汗味。衬衫要系好扣子，挂好领钩；着西装要系好领带或领花；皮鞋应经常擦得光亮，保持干净。

(7) 仪容仪表要美观大方。女服务员工作时不许戴戒指、耳环、项链、耳坠、手链；男服务员一般发不得盖耳，不留大鬓角。

(8) 上班前不准食用异味较大的食品(如饮酒，吃生葱、生蒜、萝卜、臭豆腐等)。

(9) 工作时间不准吸烟、喝酒、吃零食，不准在工作岗位上用餐。

(10) 工作中不许对着宾客或食品打喷嚏、咳嗽，咳嗽或打喷嚏时应用手帕掩住口鼻；禁止随地吐痰。

2. 饭店公共卫生管理

1) 公共卫生管理的范围

(1) 大厅、饭店门前区域、花园及饭店周围的清洁卫生。

(2) 餐厅、咖啡厅、宴会厅、茶座、酒吧、会议厅及舞厅等场所的清洁保养工作。

(3) 饭店所有公共卫生间的清洁卫生。

(4) 地下停车场、地下服务设施、楼顶平台、天井等区域的清洁工作。

(5) 饭店所有下水道、排水排污等管道系统和垃圾房的清疏整理工作。

(6) 饭店卫生防疫工作，定期喷洒药物，杜绝"四害"。

(7) 饭店的绿化布置和苗木的保养种植工作。

(8) 电梯内壁、地面和梯门的清洁工作，并定期对电梯地面磨光，给电梯的内壁、地面和梯门上蜡。

(9) 行政办公区域、员工通道、员工更衣室等员工使用区域的清洁工作。

(10) 雪天及时清扫门外的积雪，铺好防滑胶垫，制定防滑措施。

2) 公共卫生管理的要求

(1) 前厅。地面、楼梯干净无杂物，地毯干净、平整，大厅四壁无灰尘，玻璃明亮无痕，墙壁四角、墙围子、沙发、椅子、服务台、广告牌、花盆架等整齐无尘土，烟缸、痰盂内保持清洁，各处镜子、金属门扶手保持光亮。

(2) 客房部门的楼层环境。服务台、楼梯、楼道及各角落物品陈设整齐无尘土，地毯无杂物，暖气、空调机、墙壁无灰尘，玻璃及各种照明设备、楼道、楼梯表面整洁、光亮。

(3) 会议室。台布干净无污迹、无破洞，地毯保持平整松软无杂物，无地毯的地面光亮无灰尘，椅子、沙发、花架等布局合理、整洁。

(4) 值班室、职工休息室、更衣室的卫生要保持同客房一样的水准。

(5) 客流量较大的公共场所，如各厅、室等，要充分利用客流量少的时候做好卫生清洁工作。如可在白天进行一般性清理，在夜间进行全面清理。白天客流量大，在人多的时候应随脏随清理，特别是沙发、茶几、烟缸、痰盂等都要随时清洁整理，以保持公共场所各个位置的干净、整齐。

(6) 饭店门外的平台、台阶、停车场要求无痰迹、无树叶、无碎纸、无烟头、无杂物。

(7) 地下停车场、地下服务设施、楼顶平台、天井等区域应确保无杂物、无烟头、无痰迹、无污迹。

(8) 庭院卫生要勤打扫，要及时清理草地上及花丛中的腐烂树叶、碎纸、烟头、杂物，及时清理掉在院内的垃圾，保持庭院清洁。

(9) 公共厕所的卫生要随时清扫，保持清洁。手纸、香皂、毛巾保证供应，恭桶、脸盆、水箱等设备损坏或发生故障要及时修理。公共厕所内的卫生质量要求是：马桶及便池无尿碱、无异味，地面无脏物、脏迹，设备完好，保证正常使用。

3. 饭店餐饮卫生管理

1) 员工卫生管理

员工管理好个人卫生不仅可以保证身体健康和高效率地工作，而且可以防止疾病的传播，避免食物污染，并防止食物中毒事件的发生。

(1) 个人清洁是个人卫生管理的基础，个人的清洁状况不仅显示了个人的自尊自爱，也代表了饭店及餐厅的形象。

① 培养员工良好的卫生习惯。员工个人卫生管理除了依靠严格的上岗规章制度外，还应从根本处着手，即培养员工良好的卫生习惯。

② 员工工作服卫生管理。饭店应为餐饮工作人员准备两套以上的工作服，工作服必须每天或定期清洗、更换。特别是厨房工作人员的工作服应结实、耐洗、轻便、舒适，并且具有吸汗作用。

(2) 员工操作卫生管理。员工操作卫生管理的目的是防止工作人员因操作时的疏忽而导致食品、用具遭受污染。员工在操作时，应参照以下几项基本原则：员工在工作场所禁止饮食、吸烟，并尽量不交谈；员工在拿取餐具时应采用符合卫生要求的方法，不能用手直接接触餐具上客人入口的部位；不能用手直接抓取食品，准备食物时尽可能使用各种器皿用具；当必须用手直接进行操作时，应戴好清洁的工作手套，并且在操作结束后处理好使用过的手套；工作时不使用破裂器皿；如器皿器具掉落在地上，应洗净后再使用；若熟食掉落在地上，则应弃置，不可再用；注意成品卫生，避免污染。

2) 厨房卫生管理

厨房卫生管理包括通风照明设施、冷热水设施以及地面、墙壁、天花板等的卫生管理。

(1) 通风照明设施。厨房应安装通风设施以排出炉灶烟气和仓库发出的气味，且通风设施应定时或经常清洁；有效的照明设施可以缓解厨房员工的眼睛疲劳，在厨房应安装防爆灯具，或使用防护罩，以免灯泡爆裂时玻璃片伤人或散入食物内。

(2) 冷热水设施。厨房与备餐间应配有充足的冷热水设施，因为厨房和备餐间的任何清洁工作都必须依靠冷热水设施才能完成。

(3) 厨房墙壁、天花板、地面、门窗的卫生管理。厨房墙壁应采用光滑、不吸油水、易冲洗、浅色的材料，墙壁之间、墙壁与地面之间的连接处应以弧形为宜，以利清扫；用水泥或砖面砌成的内墙应具有易于清洁的表面，各种电器线路和水、气管道均应合理架设，不应妨碍对墙壁和天花板的正常清扫；厨房天花板应选用不剥落或不易断裂及可防止染积尘土的材料，通常，厨房宜选用轻型金属材料做天花板，其优点是不易剥落和断裂并可以拆卸安装，利于清洁；厨房地面应选用耐磨、耐损和易于清洁的材料，必须经得起反复冲洗，不至于受厨房内高温影响而开裂、变软或变滑，一般以防滑无釉砖较为适宜，应经常保持地面清洁，每天冲洗地面；厨房的门窗应没有缝隙，保持门窗的清洁卫生，应每天进行擦拭。

3) 餐具、设备的卫生管理

由于加工设备及厨具与生料直接接触，受微生物污染的可能性较高，因而应切实抓好对这些设备及厨具的洗涤、消毒工作。

对于烹调设备及厨具的要求，主要是控制不良气味的产生，并提高设备的效率。这类设备如果洗刷不净，在烹制食物时能产生大量油烟和不良气味，特别是油锅、烤箱及烤炉等，如不注意清理油垢和残渣，厨房内往往会油烟弥漫。同时，油垢和食物残渣往往会影响烹调效果，并会缩短设备的寿命。

厨房冷藏箱和冷藏柜只能用于短期放置烹调原料，它们并不是万无一失的保险箱。某些微生物在低温环境下仍能生长繁殖，时间一长，同样会引起食物腐败变质。因此，要做好冰箱的清洁工作。

清洁消毒设备在使用后容易沾上污物与食物残渣，正是微生物生长繁殖的最佳场所。因此，保持这些机器、设备的清洁卫生的重要性显而易见，只有先确保机械和设备的清洁卫生，才能确保被洗涤的食具的清洁卫生。

4. 饭店客房卫生管理

(1) 客房卫生用品。客房清洁车、吸尘器、洗涤剂、消毒剂、除尘毛巾等卫生用品应配备齐全、分类存放、专人保管，以方便使用。

各种除尘毛巾应配备齐全、保证专用，无挪用、混用现象发生，无短缺、损坏、乱扔、乱放现象，能够适应客房卫生清扫的需要。

(2) 墙面、地面卫生。客房天花板应确保光洁明亮，无蛛网、灰尘、水印、掉皮；墙面整洁美观，墙饰、壁画美观，无灰尘、蛛网和墙纸脱落现象；地毯应每天吸尘，确保无杂物、死角，铺设平整美观、舒适；灯具应定期循环擦拭，确保光洁明亮，无灰尘；门窗应每天擦拭，确保无印迹、灰尘，开启自如；窗帘应定期换洗，无破旧、无污迹。

(3) 家具、用具卫生。客房家具、用具应每天擦拭，确保桌面、椅子、床头、壁柜、电视、冰箱、行李架、床头柜等表面光滑，无灰尘、污迹；玻璃制品应每天擦拭消毒，确保光亮无水印和其他痕迹；电镀制品表面应光洁无污迹；镜子、画框应明亮，无尘土，无水银脱落现象；各种家具应始终保持干净，整洁，摆放在规定位置，以方便客人使用。

(4) 客用物品卫生。床单、枕套应定期换洗，按饭店规定洗涤消毒，应确保无破损、毛发、污迹，有舒适感；茶杯、口杯应每日擦拭消毒，确保明亮无水渍、手印；毛毯、床罩、床褥、床裙应定期更换洗涤，确保表面干净、柔软，无污迹、毛发；拖鞋每日要换新；客房各种客用物品应始终保持清洁、整齐、美观、舒适，确保无客人消费使用过的痕迹。

案例分析

北京某饭店工程部张工程师主管维修工作，他在工作中感到很被动。一是饭店领导总是批评工程部的维修工作不及时，有时会遭到客人的投诉，如餐厅空调风口偶尔会吹出土来，影响客人就餐。二是工程部维修人员总是充当消防队，饭店内不是这个设备出现问题就是那个机器有故障，四处抢修，不但投入了很多人力，而且还要加班加点，但仍经常陷入被动局面。如正当厨房忙于开饭时，突然排风机皮带断了，油烟排不出去，反而跑到餐厅，熏得客人不得不离开餐厅，影响餐厅的正常营业，即使工程部派人迅速修复，可大家心里总不是滋味。三是张工程师发现由于维修不及时，导致有些设备寿命大大缩短，造成资金的浪费，恶性循环越来越严重。针对这些问题，张工程师向工程部经理提出建议，当务之急是要尽快改变这种工作的被动局面，摸索工作中的规律，制订可行和科学的维修计划，否则后果不堪设想。

（资料来源：酒店前厅服务管理案例. 百度文库. http://wenku.baidu.com/view/8cac01f59e314332396893e5.html）

思考：

1. 工程部陷入被动局面的原因是什么？
2. 工程部经理在制订维修保养工作计划时需要做哪些工作？

本章小结

在饭店管理中，做好物资与设备管理工作对提高饭店服务质量、降低成本消耗、提高经济效益有着十分重要的作用。本章着重介绍了饭店物资管理的采购及验收、仓储及发放；饭店设备管理的原则；饭店设备的购置、使用与维护、改造与更新等相关内容。随着饭店管理的日趋现代化、多样化，饭店卫生管理越来越受到人们的重视，它不仅关系饭店的声誉和效益，也关系到宾客的健康。为此，本章还介绍了饭店卫生管理的原则、内容及相关事件的处理。

复习思考题

1. 饭店物资管理的内容、特点与原则有哪些？
2. 饭店仓储管理包括哪些内容？
3. 饭店设备管理应遵循哪些原则？
4. 饭店设备的使用与维护包括哪些内容？
5. 饭店卫生管理的特点是什么？
6. 饭店卫生管理的要求及原则有哪些？

第十二章
饭店服务质量管理

知识目标

- 了解饭店服务质量的含义及特点
- 熟悉饭店服务质量管理的内容
- 掌握饭店服务质量管理的基本方法

技能目标

- 运用饭店服务质量管理的基本方法进行服务质量分析
- 能够对同一服务质量问题运用多种方法进行分析

引导案例 | 在爱挑剔的客人面前

在某饭店，服务员将客人带到房间后，询问客人有什么吩咐，客人要了杯开水，当开水拿来后，客人说要毛巾，服务员让客人稍等，便将毛巾拿来。这时，客人看见毛巾后说："我不用旧毛巾，我要用没人用过的新毛巾。"服务员向客人道歉承认是自己的错，并马上拿来新毛巾，并询问："您还有什么吩咐？"客人说要几包茶叶，因为他喜欢喝浓茶。当服务员把茶叶拿来后，客人闻了闻说："我不要绿茶，我要红茶。"服务员再次向客人承认错误，又去拿来红茶。这时，客人觉得不好意思，主动向服务人员解释，自己因为心情不好，所以想发泄发泄，但被服务员的真诚态度所感动。那位客人最终向服务员表示了感谢和歉意，服务员则说，这是她应该做的。

(资料来源：酒店前厅服务管理案例. 百度文库. http://wenku.baidu.com/view/8cac01f59e314332396893e5.html)

思考：

请对本案例进行评价。

本章导语

国家宏观政策的支持和倾斜直接促进了饭店业的发展，并由此产生了激烈的市场竞争。要在市场竞争中取胜，关键是占领和巩固客源市场，而影响客源市场的突出问题是饭店的服务质量问题。

现代饭店服务管理的实质就是服务质量管理。服务质量是饭店的生命线，饭店管理人员应把服务质量的管理作为饭店管理的重要内容。饭店服务质量的好坏，直接关系着饭店的经营成败。事实证明：服务是生财之道，饭店如果不重视服务质量，很快就会失去顾客，导致经营亏损。谁能提供全面的、最佳的服务，谁就能在市场上取得优势地位，获得更高的经济效益。

　　近年来，各个饭店的有形产品成分往往比较雷同，饭店在客房等硬件设施上的差别越来越小，很难通过有形产品成分，与竞争对手区别开来。同时，顾客需要的多样性和多变性，也为饭店获得和保持竞争优势增添了新的难度。饭店要想突出重围，在竞争中脱颖而出，就要在提高服务质量上狠下苦功。顾客的服务感知质量是评价服务质量的最终标准，因此饭店要提高服务质量，就要在各个方面和环节中时刻以顾客的需求为焦点，以满足顾客的需求为出发点及最终目的。同时，提高饭店服务质量并不是一个部门、一个员工就可以完成的任务，服务质量的提高要依靠一个完整的系统，并且是一个循序渐进的过程。

　　本章首先概述了饭店服务质量的含义及其评价标准、内容，并在概括当前饭店服务质量问题的基础上，提出饭店服务质量管理的基本方法。

第一节　饭店服务质量的含义及特点

一、饭店服务质量的含义

　　饭店服务质量是指饭店以其所拥有的设施设备为依托，为宾客所提供的服务在使用价值上适合和满足宾客物质和精神需要的程度。

二、饭店服务质量的特点

　　1. 饭店服务质量构成的综合性

　　饭店服务质量构成的综合性即饭店服务质量是有形性和无形性的结合。包括：设施设备质量、服务环境质量、实物产品质量、劳务服务质量等。

　　因此，饭店必须要有整体观念，既要重视设施设备方面的质量，又要重视实物产品的质量，更要重视劳务本身的质量；必须进行多维评价，因为优质服务是由很多具体的内容和劳务活动构成的，这些活动作用于不同的对象，每一次活动的质量好坏都会影响整个服务质量的优劣；必须重视学习和运用心理学知识，服务质量的高低以客人的心理感受作为评价标准，客人的兴趣、爱好、需求及各地风俗习惯不同，评价标准也不完全一样，因此，只有针对客人的心理特点，充分运用心理学知识，做好每一次服务工作，才能提供优质服务。

　　2. 饭店服务质量评价的主观性

　　饭店服务质量评价的主观性即服务对象的个性化。服务人员应根据每个宾客的特别要求提供相应的优质服务。饭店的服务表现为一次次具体的服务过程，而每一次服务的对象各不相同，所以每一位宾客对饭店的服务要求及对饭店服务质量的评价也有不同标准。

3. 饭店服务质量显现的短暂性

饭店服务质量显现的短暂性即服务质量表现的一次性。饭店的服务表现为一次次具体的服务过程，饭店服务质量的水平也是由一次次具体的服务过程来体现的，宾客的评价也是一次性的，它不像实物产品那样能返修、回炉，而是无法补救的。

因此，服务人员必须具有强烈的服务意识、多方面的服务知识及应变能力；服务人员必须十分重视每一次具体的服务活动，要根据服务程序的要求，针对客人的特点提供优质服务。

4. 饭店服务质量内容的关联性

饭店服务质量内容的关联性即饭店的每一次服务活动都不是独立存在的。饭店规模越大，服务活动之间的联系越广泛。从整个饭店看，服务质量在保证设备设施和实物产品的前提下，又包括前厅服务质量、客房服务质量、餐饮服务质量等具体内容。这些内容以客人的活动规律为线索，互相关联、互相依存、互为条件，形成一条服务链。

因此，服务人员必须具有系统观念，要从住店和用餐客人的活动规律出发，加强各个服务环节之间的衔接和协调，树立整体形象；同时，还必须重视各个服务链内部的衔接和协调。

5. 饭店服务质量对员工素质的依赖性

饭店服务质量对员工素质的依赖性即服务人员的素质与服务质量密切相关。饭店服务质量是通过服务人员的劳动表现出来的，这种表现很容易受到员工素质和情绪的影响。

饭店服务是面对面的复杂劳动，较之其他劳动有更高的要求，因此，必须十分注重对服务人员素质的培养，包括对职业道德、语言艺术、形体语言、礼节礼貌、职业知识、职业技能、职业习惯等方面的培训。同时，必须充分调动广大服务人员的主动性、积极性和创造性，也必须培养服务人员的工作责任心和自我管理能力。

6. 饭店服务质量的情感性

饭店与客人之间关系的融洽程度直接影响客人对饭店质量的评价。服务人员在日常工作中与客人建立起良好的、和谐的关系，可使客人最终能够谅解饭店的一些无意间的失误。

7. 标准化服务是服务质量管理的核心

科学化、规范化、制度化、程序化是饭店服务质量管理的核心。饭店是家庭与社会活动的综合体，通过服务而非情绪传递感情，可使客人消除远离家庭所造成的孤独感。

第二节 饭店服务质量的内容

饭店服务质量主要包括以下内容。

一、服务设施设备质量

饭店的设施设备是饭店提供服务的基础，是饭店服务的有形依托和表现形式。饭店服务质量对饭店设施设备的基本要求有以下几个。

(1) 服务设施设备的总体水平应达到与星级标准相对应的水准。

(2) 服务设施设备应尽可能完善，让宾客感到实用、方便。

(3) 各种设施设备应始终处于良好的状态。

(4) 针对各种设施设备应制定严格的维修保养制度，确保饭店的接待服务正常运转。

二、实物产品质量

实物产品质量是满足客人物质消费需要的直接体现，主要内容有以下几个。

1. 饮食产品质量

饮食产品质量包括产品风味、原料选择、原料配备、炉灶制作、食品卫生等，最终体现在食品产品的色、香、味、新、器、名等要素上。饮食产品要精致可口、营养卫生、独具特色，以迎合消费者的需要。

2. 实物商品质量

实物商品质量包括商品数量、商品结构、花色品种、民族特色、纪念意义、外观包装等，最终以商品本身的内在质量为主。饭店商品应货真价实、品种丰富、结构合理、外观精美，所供商品应符合宾客的购买偏好。

3. 服务用品质量

服务用品包括服务人员使用的各种用品和直供给客人消费的各种生活用品。前者是提供优质服务、保证客人需要的重要条件；后者是满足客人物质需要的直接体现。

三、劳务服务质量

劳务服务质量即以劳动为直接形式创造的使用价值的质量，它是无形产品质量。劳务活动质量是饭店服务质量的主要表现形式，其内容包括服务态度、服务知识、服务技能、服务方式、礼节礼貌、劳动纪律、职业道德、职业习惯、服务效率、安全卫生等方面。

四、服务环境质量

服务环境的良好是满足客人精神享受的重要体现。良好的服务环境能给客人提供舒适、方便、安全、卫生的服务，是饭店服务质量的重要组成部分。

服务环境质量包括服务设施、服务场所的装饰布置、环境布局、空间构图、灯光气氛、色调情趣、清洁卫生、空间形象等方面，也包括饭店与客人的人际环境、文化吸引性与相融性、饭店内部人际关系等因素。

五、宾客满意程度

客人满意程度主要表现在他们在消费过程中享受到的服务的使用价值，得到物质和心理满足的感受、印象和评价。它是饭店服务质量的最终体现，是饭店服务质量的关键。

第三节 饭店服务质量管理方法

在服务质量管理中，饭店只有采取有效的管理方法，才能真正提高服务质量，提供令宾客满意的服务，使饭店取得良好的经济效益。目前，饭店通常采用的服务质量管理方法有：全面质量管理法、服务质量分析法、ZD质量管理法、交互服务质量管理法、QC小组法、专项质量管理法、优质服务竞赛和质量评比法、"末日管理"法、现场管理法等。

一、全面服务质量管理法

1. 全面质量管理的含义

全面质量管理(Total Quality Control，TQC)起源于20世纪60年代的美国，首先在工业企业中应用，后又推广到服务性行业，取得了良好的效果。它是把经营管理、专业技术、数据统计和思想教育结合起来，形成从市场调查、产品设计、产品制造直至使用服务的一个完整的质量体系，使企业质量管理进一步科学化、标准化。

饭店全面质量管理是指饭店为保证和提高服务质量，组织饭店全体员工共同参与，综合运用现代管理科学，控制影响服务质量的全过程和各因素，以全面满足宾客需求的系统管理活动。

2. 全面质量管理的内容

(1) 全方位质量管理。即对饭店内部的各个部门以及外部有关的行业，为宾客提供的各个方面服务的质量管理。全方位质量管理包括饭店前台接待部门、后台业务部门、各职能部门以及饭店外部有关的物资供应部门等的服务质量管理。

(2) 全过程质量管理。即对饭店的各项服务从预备阶段到服务过程再到服务结束所采取的具有相关性和连续性的管理。

(3) 全人员质量管理。即各级管理人员、决策人员、操作人员、服务人员等各层级人员的人才素质管理和质量管理，它贯穿于饭店各层级人员执行饭店质量计划、完成质量目标的全过程。

(4) 全方法质量管理。即采用多样性的和全面性的管理方法，以达到高质量的服务目的。其质量管理方法主要有：行政方法、经济方法、法律方法、思想方法、数理统计方法以及定性、定量分析法等。

(5) 全效益质量管理方法。即饭店提高服务质量的目的在于创造更大的经济效益，使饭店在激烈的市场竞争中始终立于不败之地。而且饭店在创造经济效益的同时，也要创造社会效益，把经济效益和社会效益两者紧密地结合起来。

二、服务质量分析法

服务质量分析方法很多，常用的有：ABC分析法、质量结构分析法、因果分析法、PDCA循环法等。

1. ABC分析法

ABC分析法又称主次因素法，ABC分析法以"关键的是少数，次要的是多数"这一原理为基本思想，对影响饭店服务质量诸多方面的因素，以质量问题的个数和质量问题发生的频率为两个相关的标志进行定量分析，计算每个质量问题在质量问题总体中所占的比重，然后按照一定的标准分成A、B、C三类，以便找出对饭店质量影响较大的1～2个关键性的质量问题，并把它们纳入饭店当前重点的质量控制与管理中去，从而实现有效的服务质量管理，使服务质量管理工作既突出重点，又照顾一般。主要包括以下几个步骤。

(1) 收集服务质量问题信息。

(2) 分类、统计、制作服务质量问题统计表，将收集到的质量问题信息进行分类、统计、排列，制作统计表，并计算比率和累计比率，如表12-1所示。

表12-1 服务质量问题统计表

质量问题	问题数量/个	比率/%	累计比率/%
菜肴质量(A)	130	65.0	65.0
服务态度(B)	36	18.0	83.0
外语水平(C)	20	10.0	93.0
娱乐设施(D)	8	4.0	97.0
其他(E)	6	3.0	100.0
合计	200	100.0	100.0

同时，做出有两条纵坐标轴的直角坐标图。横坐标为分类质量问题，排列方法为从左到右按出现次数的多少进行排列；纵坐标为质量问题出现的次数。ABC分析法如图12-1所示。

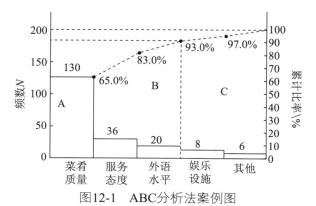

图12-1 ABC分析法案例图

(3) 分析找出主要质量问题。排列图上累计比率为0～70%的因素为A类因素，即主要因素；累计比率为70%～90%的因数为B类因数，即次要因素；累计比率为90%～100%因素为C类因素，即一般因素。找出主要因素就可以抓住主要矛盾。

2. 质量结构分析图法

质量结构分析图又称圆形分析图、饼形分析图。它根据饭店服务质量调查资料，将统计结果绘制在一张圆形图上，如图12-2所示。它可以非常直观、形象地表达影响饭店服务质量的主要因素，便于饭店有针对性地提出改进措施，主要包括以下几个步骤。

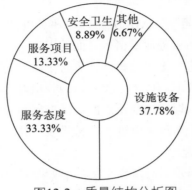

图12-2　质量结构分析图

(1) 收集质量问题信息。饭店管理者应通过各种原始记录、质量信息报表、质量检查结果、宾客意见调查表、客人投诉处理记录、质量考核表等途径多方收集饭店现存的质量问题。

(2) 信息的汇总、分类和计算。对收集到的质量问题信息进行汇总，并根据不同的内容将其分类，然后计算每类质量问题的构成比例。

(3) 画出圆形图。首先画一个大小适宜的圆形，并在圆形中心画一个小圆圈；然后从最高点开始，按顺时针方向，根据问题种类及其构成比例分割圆形，并用直线与小圆圈相连；最后在分割的圆形中填入相应的问题种类及构成比例。

3. 因果分析图法

因果分析图法又称鱼刺图、树枝图，是分析质量问题产生原因的一种有效工具。因果分析图对产生质量问题的原因进行分析，并把原因与结果之间的关系用鱼刺图表示出来，如图12-3所示，主要包括以下几个步骤。

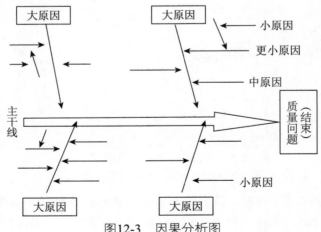

图12-3　因果分析图

(1) 确定要分析的质量问题，用ABC分析法找出存在的问题。

(2) 寻找A类问题产生的原因。要从大到小、从粗到细、寻根究源直到能够采取具体措施为止。

(3) 整理并找出原因，按结果与原因的关系画出因果图。对于影响服务质量问题的大原因，通常从人、方法、设备、原料、环境等角度加以考虑。

4. PDCA循环法

PDCA即计划(Plan)、实施(Do)、检查(Check)和处理(Action)的英文简称。它是按计划、实施、检查、处理这4个阶段开展管理工作，并循环下去的一种科学管理方法，如图12-4所示。

1) PDCA循环的特点

(1) 该循环不停地转动，每转动一周提高一步。每次循环都有新的目标和内容，质量问题才能不断地得到解决，饭店的服务水平才能不断提高。

(2) 大环套小环，小环保大环。小环以大环为整体，是大环的分解和保证。

(3) 强调管理的完整性。PDCA的4个循环是一个整体，每一个阶段都同等重要。每一个阶段的工作都是下一个阶段工作的开始，不可忽视或缺少。

2) PDCA循环的步骤

(1) 第一步骤：计划阶段。

① 分析现状，找出存在的质量问题。

② 分析产生质量问题的原因。

③ 找出影响质量的主要原因。

④ 制订解决主要质量问题的措施、计划。

(2) 第二步骤：实施阶段。

这一阶段只有一个步骤：实施计划。要按照制订的措施、计划严格地执行。

(3) 第三步骤：检查阶段。

这一阶段只有一个步骤：检查计划的执行情况，是否达到了预期要求。

(4) 第四步骤：处理阶段。

① 总结经验和教训，实行标准化。

② 提出遗留问题，转入下一个循环。

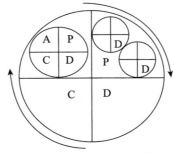

图12-4　PDCA循环图

三、ZD质量管理法

ZD质量管理法又称零缺点质量管理法。"ZD"是英文Zero-Defects的缩写，其含义是无缺点计划管理，即零缺点管理。它是美国人克劳斯比于20世纪60年代提出的管理观念，主要用于控制产品的质量。

1. ZD质量管理法的含义

无缺点管理的本意并非绝对地无缺点，而是要将缺点和差错减少到最低限度。包括三个要点：①以"无缺点"为管理目标；②每位员工都是主角；③充分挖掘人的内在潜力。

2. ZD质量管理法的特点

(1) 一次性。即第一次就把事情做好。这是"零缺点"管理的核心。

(2) 超前性。即以预防为主，防患于未然。强调事前控制。

(3) 全员性。即全员都将缺点和错误降到最低点。

3. ZD质量管理法的步骤

(1) 建立服务质量检查制度。许多饭店建立了自查、互查、专查、抽查和暗查5级检查制度。

(2) DIRFT。即每个人第一次就把事情做对(Do It Right the First Time)。

(3) 开展零缺点工作日竞赛，使员工养成DIRFT的工作习惯。

四、交互服务质量管理法

1. 交互服务质量管理的含义

饭店交互服务质量管理是指为实现饭店交互服务质量的提高，而采取的加强交互过程的控制、服务人员的培训，并创造顾客参与环境等的管理活动。

2. 交互服务质量管理的基本内容

1) 服务供求管理

良好的服务质量首先需要有一个良好的服务环境。饭店应对供求进行合理调节，加强管理，从而为员工创造良好的服务环境。

2) 员工授权管理

由于交互服务的过程十分短暂，因此要想在短暂的时间内满足顾客需要，员工就必须有一定的权力。授权不仅仅意味着权力的重新分配，还需要提供给员工必要的信息，使员工具备更好地为顾客服务的知识和能力；同时授权还应与奖励结合起来，出色的员工应获得更高的薪酬。

3) 现场督导管理

交互服务是在"现场"完成的，交互过程中出现的任何差错都可能给顾客留下不好的印象。因此，饭店需要加强现场督导和监控，从而使交互过程顺利进行。

4) 服务补救管理

虽然饭店讲究ZD管理，但即使是最优秀的服务人员，在服务工作中也难免会发生差错。这就要求饭店能及时采取一系列补救措施，纠正差错，使顾客从不满意转变为满意。

5) 人际交往管理

交互服务是由服务人员和顾客共同参与完成的。服务人员不仅要具有较强的服务意识，还应掌握丰富的服务技能和人际沟通技能，以便处理好与顾客接触过程中所出现的各种问题。

五、QC小组法

1. QC小组法的内涵

QC小组，即质量管理小组，是指在各个岗位上工作的员工，围绕企业的方针目标和现场存在的问题，以改进质量、降低消耗、提高经济效益为目的组织起来，运用质量管理的理论和方法开展活动的小组。

2. QC小组法的实施步骤

(1) 调查现状。对拟解决的质量问题进行现状调查，以保证其真实性。

(2) 分析原因。发动全组成员集思广益，找出问题产生的主要原因。

(3) 制定措施。针对主要原因制定相应的对策，就确定的对策安排实施计划，实行进度管理，加强预测。

(4) 按计划实施。在实施过程中，应随时把握实施的情况，检测质量趋势，根据分析结果，采用专业技术或组织管理措施，及时解决遇到的新问题，同时做好详细记录。

(5) 检查效果。将实施计划前后的效果进行对比，看是否达到预定目标，分析达标或不达标的原因，不达标的应重新调查分析。

(6) 制定巩固措施。如达到目标并通过三个月左右的考验，则说明问题已基本解决，应将行之有效的方法上升为标准，经有关部门审定后，纳入饭店有关质量标准的管理文件。

(7) 遗留问题的处理。对遗留问题加以分析后，将需要进一步解决的问题，作为QC小组下一个循环的课题，继续深入开展活动。

(8) 总结成果资料。这是QC小组自我提高的重要环节，也是进行下一循环的开始。

六、专项质量管理法

1. 专项质量管理的内涵

专项质量管理又称为项目管理，是对每一个服务质量专项所进行的管理。意在强化质量体系中某一环节的质量控制。饭店经常开展的"微笑服务月""礼貌服务周""环境卫生日"，以及星级复查的准备活动、旅游主管部门倡导的优质服务评比和专门工种技能培训等均属于专项质量管理范围。

2. 专项质量管理的特点

(1) 授权某一个人负全责。

(2) 由某一个组织完成。

(3) 在明确的时间内结束。

(4) 有相对简练实用的评价审核标准。

(5) 有一个清楚的目标。

(6) 项目完成后应有完整的质量文件材料。

3. 专项质量管理的步骤

(1) 确定项目概念。

(2) 进行项目的可行性分析。

(3) 设计并确定项目实施的步骤、评价审核标准等。

(4) 与该项目有关的组织、人员按规定的步骤完成各自的任务。

(5) 总结和记录项目执行情况，进行效果评价、经验教训总结等。

七、优质服务竞赛和质量评比法

1. 优质服务竞赛和质量评比的含义

饭店可定期组织和开展优质服务竞赛和质量评比等活动，以促使饭店全体员工树立质量意识，提高执行饭店服务质量标准的主动性和积极性，营造提高饭店服务质量的气氛。

2. 优质服务竞赛和质量评比的特点

1) 定期组织，形式多样

饭店应定期组织和开展丰富多样的优质服务竞赛和质量评比等质量管理活动，要明确范围和意义、确定参与对象及要求、制定评比标准与方法，从而激发广大员工的参与愿望。

2) 奖优罚劣，措施分明

竞赛和评比活动的开展应制定具体的奖罚措施。一般应遵循"奖优罚劣、以奖为主"的奖惩原则，如给优胜者发奖金、授予荣誉称号、以VIP身份免费入住饭店一天、去国外或外地考察旅游等。

3) 总结分析，不断提高

每次活动结束后，所有的质量管理人员都应认真总结与分析。总结经验加以推广应用，提出不足以便改进提高，从而不断改善饭店服务质量。

八、"末日管理"法

"末日管理"也称为"危机管理"，它包含两个层次的含义。

(1) 对于效益好的饭店，应以严厉的规章制度来要求。对于那些效益良好的饭店企业而言，在饭店内部树立危机意识，在质量管理和控制上采取严厉的措施，是为了巩固市场占有率，维护良好的饭店形象。

(2) 对于效益差的饭店，应以非常规的方式来进行管理。对濒临破产的饭店而言，管理者可采取非常规的方式扭转劣势，提高服务质量。

九、现场管理法

"现场管理"是指一个组织为了实现自己的经营目标，有效地利用所拥有的资源，有计划、高效率地进行运作所采取的措施，它对生产的范围、时间、进度等各个方面进行规范，并设置目标，把握实际进程。在现场管理中，有一个很重要的方面就是整个现场要处在受控状态，现场出了问题要立即解决。

案例分析

行李员小李按照离店客人王先生的要求到15楼帮王先生取行李，当小李与王先生从15楼进入电梯时，看到电梯从14楼到1楼的按钮都已经亮了，可电梯内只有4位客人。

小李观察到，其中有个小伙子把手插在兜里，一副若无其事的样子，可目光却有些躲躲闪闪。小李立即明白了是这个小伙子做的坏事。但小李没有直接去责怪小伙子，而是重新启动电梯，重新按好了客人们要去的楼层按钮。几位客人都向小李投去了赞许的目光，那位小伙子更是在不安中流露出感激之情。

(资料来源：酒店前厅服务管理案例. 百度文库. http://wenku.baidu.com/view/8cac01f59e314332396893e5.html)

思考：

试运用所学的饭店服务质量管理原理，分析小李的做法。

本章小结

本章介绍了饭店服务质量的含义及特点；阐述了饭店服务质量管理的内容；归纳了多种饭店服务质量管理的方法。

复习思考题

1. 什么是饭店服务质量？
2. 饭店服务质量有哪些特点？
3. 饭店服务质量管理的内容有哪些？
4. 饭店服务质量管理的方法有哪些？
5. 什么是因果分析法？
6. PDCA循环法的步骤有哪些？
7. "零缺点"管理的含义是什么？
8. QC小组法的步骤有哪些？
9. 什么是"末日管理"法？
10. 什么是现场管理？

参考文献

[1] 蒋丁新. 饭店管理概论[M]. 大连：东北财经大学出版社，2002.

[2] 陆慧. 现代饭店管理概论[M]. 北京：科学出版社，2005.

[3] 徐文苑. 酒店经营管理[M]. 广东：广东经济出版社，2006.

[4] 邹益民. 现代饭店管理[M]. 杭州：浙江大学出版社，2006.

[5] 董观志. 现代饭店经营管理[M]. 广州：中山大学出版社，2004.

[6] 谢丽萍. 酒店管理概论[M]. 北京：中国财政经济出版社，2005.

[7] 杨秀丽. 酒店前厅客房服务管理[M]. 沈阳：东北大学出版社，2003.

[8] 孟庆杰. 前厅客房服务与管理[M]. 大连：东北财经大学出版社，2002.

[9] 李丽. 前厅与客房服务实训[M]. 北京：中国劳动社会保障出版社，2005.

[10] 李勇平. 餐饮服务与管理[M]. 大连：东北财经大学出版社，2002.

[11] 劳保. 客房服务员[M]. 北京：中国劳动社会保障出版社，2001.

[12] 李小兵. 餐厅服务[M]. 北京：旅游教育出版社，2006.

[13] 谢彦君. 饭店营销学[M]. 大连：东北财经大学出版社，2003.

[14] 钱炜. 饭店营销学[M]. 北京：旅游教育出版社，2003.

[15] 谷慧敏. 旅游市场营销[M]. 北京：旅游教育出版社，2003.

[16] 朱承强. 旅游市场营销[M]. 北京：中国财政经济出版社，2006.

[17] 吴勇. 市场营销[M]. 北京：高等教育出版社，2001.

[18] 蔡万坤. 餐厅与宴会服务实训[M]. 北京：中国劳动社会保障出版社，2005.

[19] 李坤生. 餐饮服务技术[M]. 下. 天津：南开大学出版社，2005.

[20] 于佩珍. 餐饮服务技术[M]. 上. 天津：南开大学出版社，2005.

[21] 徐虹. 饭店企业核心竞争力研究[M]. 北京：旅游教育出版社，2004.

[22] 奚晏平. 世界著名酒店集团比较研究[M]. 北京：中国旅游出版社，2004.

[23] Raphael. R. Kavangugh. 饭店业督导[M]. 张俐俐，译. 北京：中国旅游出版社，2002.

[24] 叶万春. 服务营销管理[M]. 北京：中国人民大学出版社，2003.

[25] 邹统纤，等. 理论前沿与中国的实践[M]. 广州：广东旅游出版社，2002.

[26] 魏小安. 旅游热点问题实说[M]. 北京：中国旅游出版社，2001.

[27] 李天元，王连义. 旅游学概论[M]. 天津：南开大学出版社，1997.

[28] 陈志辉，陈小春. 旅游信息学[M]. 北京：中国旅游出版社，2003.

[29] Robert. H. Woods，等. 饭店业质量管理[M]. 纪俊超，译. 北京：中国旅游出版社，2003.

[30] 戴斌. 2006年度中国酒店产业走势分析. http：//www.ctha.org.cn/zuixinzixun/content.asp?nwesid=1637.

[31] 加里·德斯勒. 人力资源管理[M]. 吴雯芳，译. 9版. 北京：中国人民大学出版社，2005.

[32] 彼得·德鲁克. 管理前沿[M]. 闾佳，译. 北京：机械出版社，2006.

[33] 海因茨·韦里克，哈罗德·孔茨. 管理学——全球化视角[M]. 英文版. 北京：经济科学出版社，2004.

[34] 张永安. 现代饭店管理[M]. 广州：暨南大学出版社，2004.

[35] 张少龙，等. 中国市场消费报告[M]. 北京：社会科学文献出版社，2005.

[36] 谷惠敏. 世界著名饭店集团管理精要[M]. 沈阳：辽宁科学技术出版社，1999.

[37] Denny G. Rutherford. 现代美国饭店经营与管理[M]. 赵媛，译. 长沙：湖南科学技术出版社，2003.

[38] 朱卓仁. 休假地的开发及其管理[M]. 王永贵，译. 北京：旅游教育出版社，1998.

[39] 全国旅游星级饭店评定委员会办公室. 星级饭店经典服务案例及点评[M]. 北京：中国旅游出版社，2008.

[40] 牟昆，王林峰. 饭店管理概论[M]. 北京：电子工业出版社，2009.

[41] 张虹薇，陈艳珍. 饭店管理实务[M]. 北京：北京师范大学出版社，2012.

[42] 金祖良. 旅游危机处理指南[M]. 杭州：浙江大学出版社，2006.

[43] 唐文. 现代酒店管理[M]. 下. 北京：企业管理出版社，2003.

[44] 梁玉社，白毅. 饭店管理概论[M]. 北京：旅游教育出版社，2006.

[45] 李辉作. 现代饭店管理[M]. 北京：电子工业出版社，2010.

[46] 马勇. 饭店管理概论[M]. 北京：清华大学出版社，2006.

[47] 梁玉社，李烨. 饭店管理[M]. 上海：上海人民出版社，2010.

[48] 初晓恒，章平，何军杰. 饭店管理概论[M]. 上海：上海财经大学出版社，2010.

[49] 叶昌建，李民田. 饭店管理概论[M]. 北京：北京理工大学出版社，2010.

[50] 谷慧敏，田桂成. 饭店集团案例库[M]. 中国卷. 北京：旅游教育出版社，2008.

[51] 邓峻枫. 国际饭店集团管理[M]. 广州：广东旅游出版社，2006.

[52] 范运铭. 现代饭店管理概论[M]. 北京：首都经济贸易大学出版社，2009.

[53] 王少蓉. 现代饭店管理[M]. 天津：天津大学出版社，2011.

[54] 薛秀芬. 中外酒店集团比较研究[M]. 北京：北京师范大学出版社，2011.

[55] 逄爱梅，王春林. 旅游企业人力资源管理与开发[M]. 上海：华东理工大学出版社，2009.

[56] 吴中祥，王春林，周彬. 饭店人力资源管理[M]. 上海：复旦大学出版社，2001.

[57] 王伟. 饭店人力资源开发与管理[M]. 北京：旅游教育出版社，2006.

[58] KATHLEEN M. IVERSON. 饭店业人力资源管理[M]. 北京：旅游教育出版社，2002.

[59] 蒂莫西·R. 辛金. 饭店管理案例[M]. 大连：大连理工大学出版社，2003.

[60] Raphael R. Kavanaugh，Jack D. Ninemeier.饭店业督导[M]. 3版. 北京：中国旅游出版社，2007.

[61] (美)格林豪斯.职业生涯管理[M].北京：清华大学出版社，2006.

[62] 吴玲.康乐服务[M].北京：高等教育出版社，2010.

[63] 杨建容.康乐技术与服务[M].北京：中国地图出版社，2007.

[64] 刘俊敏.酒店康乐部精细化管理与服务规范[M].北京：人民邮电出版社，2009.

[65] 谭晓蓉，王辉，黄刚.康乐服务员实战手册[M].北京：旅游教育出版社，2006.

[66] 时永春.康乐中心服务技能与实训[M].北京：清华大学出版社，2010.

[67] 牛志和社会保障部教材办公室.康乐服务员(高级)[M].北京：中国劳动社会保障出版社，2007.

[68] 朱瑞明.康乐服务实训[M].北京：中国劳动社会保障出版社，2006.

[69] 吴克祥，周昕.饭店康乐经营管理[M].北京：中国旅游出版社，2004.

[70] 李玫.康乐服务实训教程[M].北京：机械工业出版社，2008.